说文易检

【清】史恩绵编

上海书店出版社

自黎氏通檢出一時治祭酒之書者群
趨於簡易有塗徑可尋厥後乃列字
而遂義據解之士仍苦之史君中平引
信於意取建首之字依於畫之繁簡
以次列焉以為部每部之中与以於例
為先後而解字從焉更取古今通假之
說與夫經典相承之俗字次第附之以為
廣義于於初學益甚便矣往時阮氏
成纂詁朱氏治之為通訓要以取便於承
學之士云斯篇之成此物此志也於時為
光緒癸未海內學子方承乾嘉諸老
之流議斷斷焉奉許君為祖師學
術蔚然可稱道迄今日猶猶寅夫更
歷數十年至惟篆籀之不詳哉於于
益三傳學不墜將付之手民以余姻
婭有連屬為之序余夙聞史君工
為秦相書是篇乃弟三次手寫本
所詣固已深矣烏摩取此書以詔
今日之士至可少哉戊申季夏東
阿周雲

同里史君中平善大小篆熟精說文之書見黎震伯通檢而善之謂可津逮學僮以大徐本寫之而小變其例復取承用篆字孳乳浸多之文以本字證之通假說之別爲二卷附後較黎氏書益詳益便矣令子益三能傳其學出以見眎將雕印以廣其傳年來更歷奇變古訓所留將滅絕學得此以便俗俾不苦其難讀以維持絕續之文亦未始非許氏功臣也辛丑十一月費念慈

余自髫年即習篆籀三十餘載其好躝管窺謂周秦碑刻奇而畱傳于今日者自當奉爲楷要但欲盡識篆籀之偏旁非從事于說文不可說文五百四十部類厥羣分以義毋屬秩肰各有條理然非博通訓詁之學者尋求殊不易㝵近見番禺鄒震伯說文通檢以之檢每部之字隨手可㝵實愜心期暇輒就其條例將解字一書寫爲一通置之案頭以備繙閱同志見而韙之謂宜公諸同好爰付剞劂名之曰說文易檢識知此書豈當小學訓詁之用若由是而盡識篆籀之偏旁再進求周秦石刻或亦臨池家所不棄爾

光緒九年歲在癸未冬十一月南蘭陵史恩綿識

說文易檢凡例

一部首之字列于卷首以全字畫數爲次弟毎字注明卷數上下及部數冓後

一毎部之字除偏旁外以畫數爲次弟依說文五百四十部分爲十四卷毎卷分爲上下毎部標明數目

一是書嫥爲易于檢篆而設凡从某某聲等字芟而未錄以省繁帙

一古文籀文依說文列于本篆之下其偏旁與本部無異者仍以畫數相次注明某字重文見弟幾畫

一古今字同而義解不同者注明本篆之下以資攷覈

一疑難之字偏旁互異者仍以眞書㓝于卷末檢之卽得其部

一經典相承俗字爲說文所無而不可廢者仿字典部數次弟坿于卷末注明篆文應作何字

說文易檢部目

一畫

一 卷一上部 一
丨 卷一上部 十
丶 卷五上部 一百七十四
𡿨 卷十一下部 四百十三
乚 卷十二上部 四百三十一
丿 卷十二下部 四百四十六
乀 卷十二下部 四百四十八
亅 卷十二下部 四百五十四
乚 卷十二下部 四百五十六
乙 卷十四下部 五百十四

二畫

丄 卷一上部 二
八 卷二上部 十六
凵 卷二上部 二十三
丩 卷三上部 五十三
十 卷三上部 五十四
又 卷三下部 七十六
𠂇 卷三下部 七十七
几 卷三下部 八十八
卜 卷三下部 九十四
刀 卷四下部 一百三十七
乃 卷五上部 一百五十二
丂 卷五上部 一百五十三
凵 卷五上部 一百七十一
入 卷五下部 一百八十四
冂 卷五下部 一百八十八
𢎘 卷七上部 二百四十四
冖 卷七下部 二百七十五
人 卷八上部 二百八十七
匕 卷八上部 二百八十八
匕 卷八上部 二百八十九
儿 卷八下部 三百十一
卩 卷九上部 三百三十八
勹 卷九上部 三百四十三
厶 卷九上部 三百四十八
厂 卷九下部 三百五十四
巜 卷十一下部 四百十四
𠂆 卷十二下部 四百四十七
匸 卷十二下部 四百五十八
匚 卷十二下部 四百五十九
二 卷十三下部 四百七十九
力 卷十三下部 四百八十八
几 卷十四上部 四百九十三
七 卷十四下部 五百九
九 卷十四下部 五百十
丁 卷十四下部 五百十六
了 卷十四下部 五百二十

三畫

三 卷一上部 四
士 卷一上部 九
屮 卷一下部 十一
小 卷二上部 十五
口 卷二上部 二十二
彳 卷二下部 三十四
廴 卷二下部 三十五
干 卷三上部 四十七
寸 卷三下部 八十九
幺 卷四下部 一百二十三
刃 卷四下部 一百三十八
丌 卷五上部 一百四十五
工 卷五上部 一百四十七
亏 卷五上部 一百五十七
亼 卷五下部 一百八十一
夊 卷五下部 一百九十八

夂 卷五下部 二百三
夊 卷五下部 二百四
才 卷六上部 二百九
乇 卷六下部 二百十六
口 卷六下部 二百二十六
夕 卷七上部 二百四十一
宀 卷七下部 二百六十九
冂 卷七下部 二百七十六
巾 卷七下部 二百八十五
尸 卷八上部 三百五
彡 卷九上部 三百三十一
山 卷九下部 三百五十
广 卷九下部 三百五十三
丸 卷九下部 三百五十五
彑 卷九下部 三百六十四
大 卷十下部 三百八十九
川 卷十一下部 四百十五
卂 卷十一下部 四百三十
女 卷十二下部 四百四十三
亾 卷十二下部 四百五十七
弓 卷十二下部 四百六十三
土 卷十三下部 四百八十
勺 卷十四上部 四百九十二
己 卷十四下部 五百十八
子 卷十四下部 五百二十五
巳 卷十四下部 五百三十三

四畫

王 卷一上部 五
气 卷一上部 八
牛 卷二上部 十九
止 卷二上部 二十七
牙 卷二下部 三十九
𠬞 卷三上部 六十二
𠬜 卷三上部 六十三
爪 卷三下部 七十三
丮 卷三下部 七十四
支 卷三下部 七十九
殳 卷三下部 八十六
攴 卷三下部 九十二
爻 卷三下部 九十六
予 卷四下部 一百二十七
丰 卷四下部 一百四十
曰 卷五上部 一百五十一
兮 卷五上部 一百五十五
丹 卷五下部 一百七十五
井 卷五下部 一百七十七
木 卷六上部 二百六
之 卷六下部 二百十一
帀 卷六下部 二百十二
日 卷七上部 二百三十一
月 卷七上部 二百三十七
毌 卷七上部 二百四十三
片 卷七上部 二百四十九
凶 卷七上部 二百六十
朩 卷七下部 二百六十一
冃 卷七下部 二百七十七
巿 卷七下部 二百八十二
从 卷八上部 二百九十
比 卷八上部 二百九十一
壬 卷八上部 二百九十五
毛 卷八上部 三百三
尺 卷八下部 三百六
方 卷八下部 三百十
先 卷八下部 三百十三
欠 卷八下部 三百二十
丏 卷九上部 三百二十七
文 卷九上部 三百三十三
勿 卷九下部 三百五十九
冄 卷九下部 三百六十
犬 卷十上部 三百七十七
火 卷十上部 三百八十二
夨 卷十下部 三百九十一
夭 卷十下部 三百九十二
亢 卷十下部 三百九十四
亣 卷十下部 三百九十九

夰 卷十下部 四百二
夫 卷十下部 四百三
心 卷十下部 四百八
水 卷十一上部 四百十
仌 卷十一下部 四百二十一
不 卷十二上部 四百三十二
户 卷十二上部 四百三十七
手 卷十二上部 四百四十二
毋 卷十二下部 四百四十四
氏 卷十二下部 四百四十九
戈 卷十二下部 四百五十二
瓦 卷十二下部 四百六十二
斤 卷十四上部 四百九十五
斗 卷十四上部 四百九十六
五 卷十四下部 五百七
六 卷十四下部 五百八
厹 卷十四下部 五百十一
巴 卷十四下部 五百十九
壬 卷十四下部 五百二十三
𠫓 卷十四下部 五百二十八
丑 卷十四下部 五百二十九
午 卷十四下部 五百三十四

五畫

示 卷一上部 三
玉 卷一上部 六
半 卷二上部 十八
癶 卷二上部 二十八
正 卷二下部 三十一
疋 卷二下部 四十一
只 卷三上部 四十九
句 卷三上部 五十一
古 卷三上部 五十三
史 卷三下部 七十八
聿 卷三下部 八十
皮 卷三下部 九十
用 卷三下部 九十五
目 卷四上部 九十九
白 卷四上部 一百四
𦫳 卷四上部 一百十二
玄 卷四下部 一百二十六
歺 卷四下部 一百三十二
左 卷五上部 一百四十六
甘 卷五上部 一百五十
可 卷五上部 一百五十四
号 卷五上部 一百五十六
皿 卷五上部 一百七十
去 卷五上部 一百七十二
矢 卷五下部 一百八十六
出 卷六下部 二百十三
朮 卷六下部 二百十四
生 卷六下部 二百十五
𥝌 卷六下部 二百二十
旦 卷七上部 二百三十二
禾 卷七上部 二百五十三
瓜 卷七下部 二百六十七
穴 卷七下部 二百七十二
疒 卷七下部 二百七十四
白 卷七下部 二百八十四
北 卷八上部 二百九十二
丘 卷八上部 二百九十三
兄 卷八下部 三百十二
皃 卷八下部 三百二十三
司 卷九上部 三百三十六
危 卷九上部 三百三十七
印 卷九上部 三百三十九
卯 卷九上部 三百四十一
包 卷九上部 三百四十四
屵 卷九下部 三百五十一
石 卷九下部 三百五十七
夲 卷十下部 四百
夰 卷十下部 四百一
立 卷十下部 四百四
永 卷十一下部 四百十八
民 卷十二下部 四百四十五
氐 卷十二下部 四百五十

戊 卷十二下部 四百五十二
它 卷十三下部 四百七十五
田 卷十三下部 四百八十四
且 卷十四上部 四百九十四
矛 卷十四上部 四百九十七
四 卷十四下部 五百三
宁 卷十四下部 五百四
甲 卷十四下部 五百十三
丙 卷十四下部 五百十五
戊 卷十四下部 五百十七
未 卷十四下部 五百三十五
申 卷十四下部 五百三十六

六畫

艸 卷一下部 十二
吅 卷二上部 二十四
此 卷二上部 三十
行 卷二下部 三十七
冊 卷二下部 四十四
舌 卷三上部 四十六
卅 卷三上部 五十五
䇂 卷三上部 五十九
共 卷三上部 六十四
聿 卷三下部 八十一
臣 卷三下部 八十五
自 卷四上部 一百三
羽 卷四上部 一百八
羊 卷四上部 一百十四
𢆶 卷四下部 一百二十四
𠬪 卷四下部 一百二十九
死 卷四下部 一百三十二
冎 卷四下部 一百三十三
肉 卷四下部 一百三十五
㓞 卷四下部 一百三十九
耒 卷四下部 一百四十一
竹 卷五上部 一百四十三
旨 卷五上部 一百五十八
虍 卷五上部 一百六十七
血 卷五上部 一百七十三
缶 卷五下部 一百八十五
舛 卷五下部 一百九十九
叒 卷六下部 二百十
㫃 卷七上部 二百三十四
有 卷七上部 二百三十八
多 卷七上部 二百四十二
束 卷七上部 二百四十五
朿 卷七上部 二百四十八
米 卷七上部 二百五十七
臼 卷七上部 二百五十九
尗 卷七下部 二百六十四
网 卷七下部 二百七十九
襾 卷七下部 二百八十
㐺 卷八上部 二百九十四
㐆 卷八上部 二百九十九
衣 卷八上部 三百
老 卷八上部 三百二
舟 卷八下部 三百九
兆 卷八下部 三百十五
先 卷八下部 三百十六
后 卷九上部 三百三十五
色 卷九上部 三百四十
由 卷九上部 三百四十七
屾 卷九下部 三百五十一
危 卷九下部 三百五十六
而 卷九下部 三百六十一
亦 卷十下部 三百九十
交 卷十下部 三百九十三
囟 卷十下部 四百六
𠂢 卷十一下部 四百十九
至 卷十二上部 四百三十三
西 卷十二上部 四百三十四
耳 卷十二上部 四百三十九
曲 卷十二下部 四百六十
弜 卷十二下部 四百六十四
系 卷十二下部 四百六十七
虫 卷十三上部 四百七十一
劦 卷十三下部 四百八十九
幵 卷十四上部 四百九十一

𠂤 卷十四上部 四百九十九
厽 卷十四下部 五百二
戌 卷十四下部 五百三十九
亥 卷十四下部 五百四十

七畫

釆 卷二上部 十七
告 卷二上部 二十一
走 卷二上部 二十六
步 卷二上部 二十九
辵 卷二下部 三十三
延 卷二下部 三十六
足 卷二下部 四十
谷 卷三上部 四十八
㕯 卷三上部 五十
言 卷三上部 五十六
𦥑 卷三上部 六十七
華 卷六下部 二百二十一
𣦼 卷四下部 一百三十四
角 卷四下部 一百四十二
巫 卷五上部 一百四十九
豆 卷五上部 一百六十三
皀 卷五下部 一百七十八
弟 卷五下部 二百二
東 卷六下部 二百二十四
貝 卷六下部 二百二十八
邑 卷六下部 二百二十九
囧 卷七上部 二百四十
克 卷七上部 二百五十一
呂 卷七下部 二百七十一
㒳 卷七下部 二百七十八
㡀 卷七下部 二百八十五
身 卷八上部 二百九十八
尾 卷八下部 三百七
皃 卷八下部 三百十四
秃 卷八下部 三百十七
見 卷八下部 三百十八
次 卷八下部 三百二十二
𦣻 卷九上部 三百二十五
彣 卷九上部 三百三十二
豕 卷九下部 三百六十二
豸 卷九下部 三百六十六
囪 卷十下部 三百八十五
赤 卷十下部 三百八十八
谷 卷十一下部 四百二十
匚 卷十二上部 四百四十
我 卷十二下部 四百五十三
系 卷十二下部 四百六十六
卵 卷十三下部 四百七十八
里 卷十三下部 四百八十三
男 卷十三下部 四百八十七
車 卷十四上部 四百九十八
辛 卷十四下部 五百二十一
丣 卷十四下部 五百三十一
辰 卷十四下部 五百三十二
酉 卷十四下部 五百三十七

八畫

珏 卷一上部 七
隶 卷三下部 八十三
臤 卷三下部 八十四
㸚 卷三下部 九十七
隹 卷四上部 一百九
叀 卷四下部 一百二十
放 卷四下部 一百二十八
虎 卷五上部 一百六十八
青 卷五下部 一百七十六
京 卷五下部 一百九十
㐭 卷五下部 一百九十四
來 卷五下部 一百九十六
東 卷六上部 二百七
林 卷六上部 二百八
明 卷七上部 二百三十九
彔 卷七上部 二百五十二

林 卷七下部 二百六十二　帛 卷七下部 二百八十三　臥 卷八上部 二百九十七　長 卷九下部 三百五十八
希 卷九下部 三百六十三　易 卷九下部 三百六十八　㹜 卷十上部 三百七十八　炎 卷十上部 三百八十三
炙 卷十下部 三百八十七　㚔 卷十下部 三百九十七　沝 卷十一下部 四百十一　雨 卷十一下部 四百二十二
非 卷十一下部 四百二十九　門 卷十二上部 四百三十八　甾 卷十二下部 四百六十二　弦 卷十二下部 四百六十五
金 卷十四上部 四百九十　阜 卷十四下部 五百　叕 卷十四下部 五百五　亞 卷十四下部 五百六
庚 卷十四下部 五百二十

九畫

是 卷二下部 三十二　品 卷二下部 四十二　音 卷三上部 五十八　革 卷三下部 七十
旻 卷四上部 九十八　眉 卷四上部 一百一　盾 卷四上部 一百二　苜 卷四上部 一百十三
壴 卷五上部 一百六十　食 卷五下部 一百八十　亯 卷五下部 一百九十一　畗 卷五下部 一百九十三
韋 卷五下部 二百一　卣 卷七上部 二百四十六　香 卷七上部 二百五十六　耑 卷七下部 二百六十五
韭 卷七下部 二百六十六　重 卷八上部 二百九十六　頁 卷九上部 三百二十四　面 卷九上部 三百二十六
首 卷九上部 三百二十八　県 卷九上部 三百二十九　茍 卷九上部 三百四十五　兔 卷十上部 三百七十五
思 卷十下部 四百七　泉 卷十一下部 四百十六　飛 卷十一下部 四百二十八　風 卷十三下部 四百七十四
垚 卷十三下部 四百八十一　癸 卷十四下部 五百二十四　孨 卷十四下部 五百二十七　酋 卷十四下部 五百三十八

十畫

哭 卷二上部 二十五　丵 卷三上部 六十　舁 卷三上部 六十六　鬲 卷三下部 七十一
鬥 卷三下部 七十五　殺 卷三下部 八十七　䀠 卷四上部 一百　烏 卷四上部 一百二十
冓 卷四下部 一百二十二　骨 卷四下部 一百三十四　豈 卷五上部 一百六十二　鬯 卷五下部 一百七十九
倉 卷五下部 一百八十三　高 卷五下部 一百八十七　㫗 卷五下部 一百九十二　桀 卷五下部 二百五

𣎵 卷六下部 二百十七　員 卷六下部 二百二十七　倝 卷七上部 二百三十三　冥 卷七上部 二百三十五
秝 卷七上部 二百五十四　宮 卷七下部 二百七十　髟 卷九上部 三百三十四　鬼 卷九上部 三百四十六
馬 卷十上部 三百七十　㲋 卷十上部 三百七十四　能 卷十上部 三百八十　竝 卷十下部 四百五
珡 卷十二下部 四百五十五　素 卷十三上部 四百六十八　畕 卷十三下部 四百八十五

十一畫

教 卷三下部 九十三　習 卷四上部 一百七　奞 卷四上部 一百十　鳥 卷四上部 一百十九
麥 卷五下部 一百九十七　巢 卷六下部 二百二十三　桼 卷六下部 二百二十三　麻 卷七下部 二百六十三
敝 卷七下部 二百六十八　豚 卷九下部 三百六十五　鹿 卷十上部 三百七十二　魚 卷十一下部 四百二十四
鹵 卷十二上部 四百三十五　𠦬 卷十二上部 四百四十二　率 卷十三上部 四百七十　堇 卷十三下部 四百八十二
寅 卷十四下部 五百三十

十二畫

茻 卷一下部 十四　㗊 卷三上部 四十五　業 卷三上部 六十一　異 卷三上部 六十五
畫 卷三上部 八十二　皕 卷四上部 一百六　萑 卷四上部 一百十一　筋 卷四下部 一百三十六
㠭 卷五上部 一百四十八　喜 卷五上部 一百五十九　舜 卷五下部 二百　華 卷六下部 二百十九
晶 卷七上部 二百三十六　黍 卷七上部 二百五十五　黹 卷七下部 二百八十六　毳 卷八上部 三百四
須 卷九上部 三百三十　𤉡 卷九下部 三百六十七　象 卷九下部 三百六十九　萈 卷十上部 三百七十六
黑 卷十上部 三百八十四　焱 卷十下部 三百八十六　壺 卷十下部 三百九十五　壹 卷十下部 三百九十六
奢 卷十下部 三百九十八　惢 卷十下部 四百九　雲 卷十一下部 四百二十三　絲 卷十三上部 四百六十九
蚰 卷十三下部 四百七十二　黽 卷十三下部 四百七十七　黃 卷十三下部 四百八十六

十三畫

十四畫

十五畫

十六畫

十七畫

十八畫

二十二畫

二十四畫

二十五畫

二十七畫

二十九畫

三十三畫

說文易檢部目

說文易檢卷一上

一部一

一一惟初太始道立於一造分天地化成萬物於悉切　弌古文一

㊂元元始也愚袁切　天天顛也至高無上他前切　㊃丕丕大也敷悲切

㊄吏吏治人者也力置切

上部二

丄今字作上　二高也此古文上時掌切　上篆文上。今各本篆作丄後人所改　丅今字作下　一氐也此古文下胡雅切　丅篆文下。今各本篆作丅後人所改　㊆帝帝諦也王天下之號都計切　帝古文帝

㊇旁旁溥也步光切。籀文从雨作雱詩曰雨雪其雱傳曰雱盛皃與許訓溥正合今人不知旁雱同字音讀各殊古形古音古義皆廢矣傍近之傍見人部徬徉之徬見彳部　㫄古文旁　旁亦古文旁　雱籀文旁

示部三

示示天垂象見吉凶所以示人也从二二古文上字　三垂日月星也觀乎天文以察時變示神事也神至切　𡕜古文示。凡古文从示之字皆應作𡕜各本多有舛誤今正

㊀礼古文禮見下十三畫　㊂祀祀祭無已也詳里切　禩祀或文　礿礿夏祭也以灼切。經傳亦作禴　社社地主也周禮二十五家為社常者切　㊃祉祉福也敕里切

祇祇地祇提出萬物者也巨支切　祊鬃重文見下十二畫　𥙀𥙀以豚祠司命也漢律曰祠𥙀司命卑履切　祈祈求福也渠稀切　㊄祜祜福也靈啟切

祐祐助也于救切。古祇作右　祗祗敬也旨移切　神神天神引出萬物者也食鄰切　祕祕神也兵媚切　祡祡燒祡燎祭天也虞書曰至于岱宗祡仕皆切。此祡祭本字　𥛛古文祡　祔祔後死者合食於先祖符遇切　祖祖始廟也則古切

祏祏宗廟主也周禮有郊宗石室一曰大夫以石為主常隻切　祠祠春祭曰祠品物少多文辭也仲春之月不用犧牲用圭璧及皮幣似茲切

祝祝祭主贊詞者之六切。詛丨之丨作詶　祓祓除惡祭也敷勿切　祟祟神禍也雖遂切　䄔籀文祟　祘祘明視以筭之逸周書曰士分民之祘均分以祘之也讀若筭蘇貫切。凡說文讀若之字可同音段借筭筭之筭筭數之算並見竹部　㊅祥祥福也一云善似羊切　祭祭祭祀也子例切　祪祪袝祪祖也過委切　祫祫大合祭先祖親疏遠近也周禮曰三歲一祫侯夾切　祮祮祀也古末切。段氏曰疑禬之或體　㊆祰祰告祭也苦浩切　祲祲精氣感祥春秋傳曰見赤黑之祲子林切　祳祳社肉盛之以蜃故謂之祳天子所以親遺同姓春秋傳曰石尚來歸祳時忍切。今別作脤　祴祴宗廟奏祴樂古哀切　𥘵社重文見前三畫　𥛻禱重文見後十四畫

㊇祿祿福也盧谷切　祺祺吉也渠之切　禥籀文祺　祼祼灌祭也古玩切。此灌祭之本字　禂禂禱牲馬祭也詩曰既禡既禂都晧切　𩣡禂或文。各本作𩣡今依小徐本

祽祽月祭也祖對切　祅今作祅　祅地反物為祅也於喬切。祅異字當作此　禁禁吉凶之忌也居蔭切　㊈禎禎祥也陟盈切　福福祐也備也方六切

禔禔安福也易曰禔既平市支切　禋禋絜祀也一曰精意以享為禋於真切　𥛏籀文禋　禘禘諦祭也周禮曰五歲一禘特計切　禖禖祭也莫桮切　䄍䄍祭具也私呂切　禓禓道上祭與章切　𥛛祡重文見上五畫

禍禍害也神不福也胡果切。禍丨之丨篆作禍見先部　㊉禛禛以真受福也側鄰切　禠禠福也息移切　禜禜設綿蕝為營以禳風雨雪霜水旱癘疫於日月星辰山川也一曰禜衛使災不生禮記曰雩

禜祭水旱為命切 禡禡師行所止恐有慢其神下而祀之曰禡周禮曰禡於所征之地莫駕切 ⑪ 禥禥祺重文見上八畫 禦禦祀也魚舉切。禦禦之丨篆作敔

禮禮祭也祐也才旁切 ⑫ 禧禧禮吉也許其切 齋齋戒絜也側皆切 𩱦𩱦籀文齋 祊祊禮重文見上九畫 禩禩祀重文見上三畫 鬃鬃門內祭先祖所以旁皇也詩曰祝祭于鬃補盲切。今小雅从或文作祊 祊祊鬃或文 𥜹𥜹數祭也讀若舂麥為𥜹之𥜹此芮切 禷禷祝禷也力救切。玉篇云古文作袖 禪禪祭天也時戰切。禪位之篆作嬗 ⑬ 禮禮履也所以事神致福也靈啟切 𥘉古文禮 禬禬會福祭也周禮曰禬之祝號古外切 ⑭ 禱禱告事求福也都浩切 祀禱或省 𥜐𥜐籀文禱 ⑰ 禳禳磔禳祀除癘殃也古者燧人禜子所造汝羊切 ⑱ 禜禜禜重文見上五畫 ⑲ 禷禷以事類祭天神力遂切 ⑳ 𥜐禱重文見上十四畫 ⑮ 𩱦齋齋重文見上十二畫

三部四

三三數名天地人之道也於文一耦二為三成數也 弎古文三

王部五

王王天下所歸往也董仲舒曰古之造文者三畫而連其中謂之王三者天地人也而參通之者王也孔子曰一貫三為王雨方切 𤣪古文王 ⑥ 皇今字作皇 皇大也从自自始也始皇者三皇大君也自讀若鼻今俗以始生子為鼻子胡光切 ⑧ 閏閏餘分之月五歲再閏也告朔之禮天子居宗廟閏月居門中从王在門中周禮閏月王居門中終月也如順切

玉部六

玉玉石之美有五德者潤澤以溫仁之方也鰓理自外可以知中義之方也其聲舒揚專以遠聞智之方也不橈而折勇之方也銳廉而不忮絜之方也象三玉之連丨其貫也陽冰曰三畫正均如貫玉也魚欲切 𤣩古文玉 ② 玎玎玉聲也齊大公子伋謚曰玎公當經切。詩椓之丁丁伐木丁丁當以玎為正字 玌玌石之似玉者讀與私同息夷切 ③ 玕玕琅玕也禹貢雝州球琳琅玕古寒切 𤦴古文玕 玒玒玉也戶工切 玖玖石之次玉黑色者詩曰貽我佩玖讀若芑或曰若人句脊之句舉友切 玗玗石之似玉者羽俱切 玓玓玓瓅明珠光也都歷切。今作的皪此其正字 ④ 玠玠大圭也周書曰稱奉介圭古拜切 玦玦玉佩也古穴切 玩玩䝝重文見下十一畫 玩玩弄也五換切 貦玩或从貝 玤玤石之次玉者以為系璧讀若詩瓜瓞菶菶一曰讀若蛤蚌補蠓切 玪玪玪塾石之次玉者古函切 𤦡𤦡玉屬讀若沒莫悖切 玭玭珠也宋弘曰淮水中出玭珠玭珠之有聲者步因切 𤨥夏書玭从虫賓 玟玟玫瑰火齊珠一曰石之美者莫桮切 ⑤ 玥瑁重文見下九畫 珌珌佩刀下飾天子以玉卑吉切 𤪚古文珌各本無玉篇曰珌古文作𤪚汗簡古文四聲韻皆云𤪚見說文今據補必畢古通用 珇珇琮玉之瑑則古切 玼玼玉色鮮也詩曰新臺有玼千礼切 珍珍寶也陟鄰切 玲玲玉聲也郎丁切 玽玽石之似玉者讀若苟古厚切 珉珉石之美者武巾切 珊珊珊瑚色赤生於海或生於山穌干切 ⑥ 珦珦玉也許亮切 珣珣醫無閭之珣玗琪周書所謂夷玉也一曰器讀若宣相倫切 琇琇朽玉也讀若畜牧之畜許救切 珩珩佩上玉也所以節行止也戶庚切 珥珥瑱也仍吏切 珆珆石之似玉者讀若貽

與之切 珢珢石之侶玉者語巾切 玴玴石之侶玉者余制切 珠珠蚌之陰精春秋國語曰珠吕禦火災是也章俱切 珕珕蜃屬禮記曰佩刀士珕琫而珧珌郎計切 珧珧蜃甲也所吕飾物也禮云佩刀天子玉琫而珧珌余昭切 ⑦ 琁璿重文見下十四畫 球球玉聲也巨鳩切 璆球或从翏 珽珽大圭長三尺抒上終葵首他鼎切 理理治玉也良止切 琂琂石之侶玉者語軒切 琅琅玕侶珠者魯當切 琀玕重文見上三畫 珋珋石之有光者璧珋也出西胡中力求切 琀琀送死口中玉也胡紺切。含鉉字當作此 ⑧ 琠琠玉也。多殄切。玉篇曰琠古文作璥 琜琜琜瓄玉也落哀切 琳琳美玉也力尋切 琮琮瑞玉大八寸侶車釭藏宗切 琥琥發兵瑞玉為虎文春秋傳曰賜子家雙琥呼古切 琬琬圭有琬者於阮切 琰琰璧上起美色也以冉切 琫琫佩刀下飾天子吕玉諸侯吕金邊孔切 琢琢治玉也竹角切 琱琱治玉也一曰石侶玉都寮切。此雕琢本字雕者鷻也又彡部曰彫琢文也凡琱琢成文曰彫 琤琤玉聲也楚耕切 琚琚佩玉石也詩曰報之吕瓊琚九魚切 琟琟石之侶玉者讀若維以追切 琨琨石之美者虞書曰揚州貢瑤琨古渾切 瑻琨或从貫 琛琛寶也丑林切。此新附據御覽八百二引移入正文 ⑨ 瑜瑜瑾瑜美玉也羊朱切 瑓瑓玉也盧達切 瑛瑛玉光也於京切 瑗瑗大孔璧人君除陛吕相引爾雅曰好倍肉謂之瑗肉倍好謂之璧王眷切 瑒瑒圭尺二寸有瓚吕祠宗廟者也丑亮切 瑁瑁諸侯執圭朝天子天子執玉吕冒之侶犂冠周禮曰天子執瑁四寸莫報切 玥古文瑁。各本篆體作玥今據玉篇正 瑞瑞吕玉為信也是偽切 瑑瑑圭璧上起兆瑑也周禮曰瑑圭璧直戀切 瑕瑕

玉小赤也乎加切 瑝瑝玉聲也乎光切 瑀瑀石之侶玉者王矩切 瑿瑿石之侶玉者烏貫切 瑂瑂石之侶玉者讀若眉武悲切 瑎瑎黑石侶玉者讀若諧戶皆切 瑚瑚珊瑚也戶吳切 ⑩ 瑱瑱吕玉充耳也詩曰玉之瑱兮他甸切 𦗩瑱或从耳 瑵瑵車蓋玉瑵側絞切 瑬瑬今俗作旒垂玉也冕飾力求切 瑳瑳玉色鮮白七何切。段氏謂即玼之或體 瑮瑮玉英華羅列秩秩逸論語曰玉粲之璱兮其瑮猛也力質切 瑩瑩玉色也一曰石之次玉者逸論語曰如玉之瑩烏定切。李善引說文烏明切 瑲瑲玉聲也詩曰鞗革有瑲七羊切。秦風佩玉將將玉藻然後玉鏘鳴皆當作此鏘者鏘之俗字 瑣瑣玉聲也蘇果切。瑣屑瑣之正字作貨見貝部 瑦瑦石之侶玉者安古切 碧碧石之青美者兵尺切 瑤瑤石之美者詩曰報之吕瓊瑤余招切 瑰瑰玫瑰也一曰圜好公回切 ⑪ 瑾瑾瑾瑜美玉也羊朱切 璆球重文見上七畫 璋璋剡上為圭半圭為璋禮六幣圭吕馬璋吕皮璧吕帛琮吕錦琥吕繡璜吕黼諸良切 璕玜重文見上五畫 璂瑧重文見下十四畫 璊璊玉䞓色也禾之赤苗謂之虋言璊玉色如之莫奔切 𤩽𤩽玪𤩽也盧則切 璓今字作琇 璓璓石之次玉者詩曰充耳璓瑩息救切 璪璪石之侶玉者子浩切 璁璁石之侶玉者讀若蔥倉紅切 瑻琨重文見上八畫 ⑫ 璙璙玉也洛蕭切 璠璠璵璠魯之寶玉孔子曰美哉璵璠遠而望之奐若也近而視之瑟若也一則理勝二則孚勝附袁切 璚瓊重文見下十五畫 璑璑三采玉也武扶切 璿璿重文見下十四畫 璜璜半璧也戶光切 璏璏劍鼻玉也直例切 璡璡石之侶玉者讀若津將鄰切 璔璔石之侶玉者側岑切

璣璣珠不圜者居衣切 瑬瑬石之佀玉者都騰切 璗璗金之美者與玉同色禮佩刀諸侯璗琫而璆珌徒朗切 （十三） 璥璥玉也居領切 璐璐玉也洛故切 璧璧瑞玉圜也比激切 環環璧也肉好若一謂之環戶關切。古通用還 璬璬玉佩古了切 璪璪玉飾如水藻之文虞書曰璪火黺米子皓切 瑟瑟玉英華相帶如瑟弦詩曰瑟彼玉瓚所櫛切。今本作瑟此其正字也 琥琥石之佀玉者讀若鎬乎到切 （十四） 瑴瑴玉也讀若鬲郎擊切 璵璵璠璵也以諸切。此大徐所增十九文之一古璠璵字作與 璿璿美玉也春秋傳曰璿弁玉纓呂沿切 琁璿或文。按此各本璿瓊璚瓗三字之下解云瓊或从旋省今依李善注陶徵士誄引移正 璿古文璿。段氏云疑當古文作璿小篆作璿 叡璿籀文璿。各本篆體作叡今依段說叡見奴部訓深明也為璿之正文 瑇瑇玉器也讀若淑殊六切 璱璱弁飾往往冒玉也渠之切 琪璂或从基 璨璨石

之佀玉者讀若曷胡捌切 璶璶石之佀玉者徐刃切 （十五） 瓊瓊赤玉也渠營切 璚瓊或从矞 瓗瓊或从巂 瓃瓃玉器也魯回切 瓅瓅玓瓅也郎擊切。今作的皪此其正字 （十六） 叡璿見上十四畫 （十七） 瓏瓏禱旱玉龍文力鍾切 瓔瓔石佀玉蘇叶切 靈靈靈巫以玉事神郎丁切 靈靈或从巫 （十八） 瓘瓘玉也春秋傳曰瓘斝工玩切 瓔瓔俗作瓔 瓀瓀玉也讀若柔耳由切 瓗瓗瓊重文見上十五畫 （十九） 瓚瓚三玉二石也禮天子用全純玉也上公用駹四玉一石侯用瓚伯用埒石半相埒也徂贊切 （二十） 瓛瓛桓圭公所執。胡官切此桓圭之正字

珏部七

珏今字作玨 珏二玉相合為一珏古岳切 瑴珏或从㱿。左傳納玉十瑴如此作 （二） 班班分瑞玉布還切。周禮以頒為班 （七） 班班車笭間皮匧也古者使奉玉所以盛之讀與服同房六切

气部八

气气雲气也去既切。气氣古今字自以氣為雲气字乃又作餼為廩氣字矣今又省作乞為气假于人之乞 （四） 氛氛祥气也符分切。氛或从雨作雰玉篇雰霧气今字書韻書並分為二字 雰氛或文。段氏曰按此為詩小雅雨雪雰雰之字月令雰霧冥冥釋名氛粉也雰與祥气之氛各物佀不當混而一之

士部九

士士事也數始於一終於十孔子曰推十合一為士鉏里切 （四） 壯壯大也側亮切 （九） 壻壻夫也詩曰女也不爽士貳其行士者夫也讀與細同穌計切 婿壻或从女 （十二） 墫墫士舞也詩曰墫墫舞我慈損切。今詩作蹲。墫今俗从土作墫反以从士為誤豈不大謬

丨部十

丨丨上下通也引而上行讀若囟引而下行讀若退古本切 （三） 中中內也从口丨下上通也陟弓切。按中字會意之指必當从口音圍俗皆从日失之矣 中古文中 𠁩籀文中。小徐本無 （六） 㫃㫃旌旗杠皃丑善切

說文易檢卷一上

說文易檢卷一下

屮部十一

屮 艸木初生也象丨出形有枝莖也古文或㠯為艸字讀若徹丑列切

屯 難也象艸木之初生屯然而難从屮貫一屈曲之也易曰屯剛柔始交而難生陟倫切

每 今字作每又別作苺 艸盛上出也武罪切

毒 厚也害人之艸往往而生徒沃切 𥊴 古文毒。各本篆體作𥊴曰从刀萵今據汗簡及古文四聲韻改正

熏 今字作熏 火煙上出也許云切

④ 屮 菌屮地蕈叢生田中力竹切 𡴀 籀文屮从三屮

芬 艸初生其香分布也撫文切 芬 芬或文。今字从此。

艸部十二

艸 百艸也倉老切。此草木本字 草者即今之皁字也

② 艾 冰臺也五蓋切

芀 葦華也徒聊切

芊 芊熒朐也天經切

卉 艸之總名也許偉切

艽 遠荒也詩曰至于艽野巨鳩切

艿 艸也如乘切 大篆作𦮀

③ 芓 麻母也疾吏切。今爾雅作茡

芋 大葉實根駭人故謂之芋也王遇切

芎 營重文見下十畫

芄 芄蘭莞也詩曰芄蘭之枝胡官切 今詩作支

芞 芞輿也去訖切

芐 地黃也禮記鈃毛牛藿羊芐豕薇是侯古切

芍 鳧茈也胡了切

芒 艸耑武方切。鋩亦用此字

芃 艸盛也詩曰芃芃黍苗房戎切

芑 白苗嘉穀驅里切 大篆作𦬼

④ 芝 神艸也止而切

芧 艸也可㠯為繩直呂切

芨 堇艸也讀若急居立切

𦬕 艸也陟宮切

芺 艸也味苦江南食㠯下气烏浩切。大徐於竹部襍笑篆

黃芩之芩字作莶

詩召伯所茇广部引作废正字也

此其本字也 芹 楚葵也巨斤切。芹菹之本字作近 𧃒 古文芹。各本別為一字篆解曰艸也巨支切今據爾雅釋艸陸釋文引移併。蘄鐘鼎款識段為祈字

芩 艸也詩曰食野之芩巨今切

芸 艸也似目宿淮南子說芸艸可㠯死復生王分切。耕芸之正字篆作䅵或作耘見耒部

芰 蔆也奇記切 茤 杜林說芰从多

芡 雞頭也巨險切

茚 昌蒲也五剛切

茺 艸也直深切

芪 芪母也常之切。芪毋即知毋

芫 魚毒也愚袁切

芘 艸也一曰芘茉木房脂切

芽 萌芽也五加切

芣 華盛一曰芣苢縛牟切

芛 艸之皇榮也羊捶切

芮 芮芮艸生皃讀若汭而銳切

芼 艸覆蔓詩曰左右芼之莫抱切

芳 香艸也敷方切

芟 刈艸也所銜切

芻 刈艸也叉愚切。芻豢之正字作犓

折 今字从篆文作 斷也食列切 籀文折从艸在仌中仌寒故折 篆文折从手

芥 菜也古拜切。大篆作𦯬。芥蔕艸芥之正字作丰

芴 菲也文弗切。大篆作𦷢

⑤ 𦬘 菜也失匕切

苹 萍也無根浮水而生者符兵切。此與萍蓱通用

苺 馬苺也武皋切

苷 甘艸也古三切。今俗通作甘字

苦 大苦苓也康杜切

茅 菅也莫交切

苢 今字作苡 芣苢一名馬舄其實如李令人宜子羊止切

苓 卷耳也郎丁切

苖 蓨也徒歷切又他六切

茈 茈艸也將此切

苞 艸也南陽㠯為麤履布加切。苞苴篆作包苴

茄 夫渠莖古牙切

苿 山薊也直律切

苵 蒢英也徒結切

苽 雕苽一名蔣古胡切

茁 艸初生出地皃詩曰彼茁者葭鄒滑切

英 艸榮而不實者一曰黃英於京切

茇 艸根也春艸根枯引之而發土為撥故謂之茇一曰艸之白華為茇北末切

茂 艸

豐盛也莫候切。林部曰楙木豐也音義略同 苗 艸生於田者武鑣切 苛 小艸也乎哥切 芝 艸浮水中皃匹凡切 苑 所吕養禽獸也於阮切 茀 道多艸不可行分勿切 苾 馨香也毗必切 苫 蓋也失廉切。喪寢苫枕塊。篆作葠凷 若 擇菜也一曰杜若香艸而灼切。語詞之若篆當作叒部首叒文作 苴 履中艸子余切。包苴土苴篆當作蒩 苣 俗別作炬 束葦燒也其呂切 苟 艸也古厚切。大篆作䒦。此與部首茍字異茍音棘敬之从者 范 艸也房芝切。大篆作䕯 苳 艸也都宗切。大篆作蕻 苕 艸也徒聊切。大篆作䒴 ⑥ 荅 小尗也都合切。叚借為酬荅今俗別作答按亼部合合口也合口者荅口也爾雅釋詁合對也郭注相當對合口之合正如此解正字侶郎合字此古字之僅存者至分合之合其正字當作亼 荏 桂荏蘇匌說文匌帀也玉篇匌亦作合升合之合當作亼也如甚切。荏弱之正字作集 茝 艸也稹鄰切 茞 今俗作茝 𦽏 蘺也昌改切 茿

茿 萹茿也陟玉切 茖 艸也古頟切 蔽 蚍虾也 萸 艸也杜兮切 荎 蕻盆也苦圭切 荌 艸也烏旰切 茜 茅蒐也倉見切 茦 莿也楚革切。木芒曰束艸芒曰茦 菩 今字作苦 蓓 蔞果蓏也古活切 芰 上四畫芰重文見 若 蕣若也胡口切 茢 芀也良辭切 荎 蓳藸艸也直尼切 茱 茱萸茱屬市朱切 茮 今俗作椒 茮 茉 莍也子寮切。 荊 荊重文見下八畫 荄 艸根也古哀切又古諧切 茲 艸木多益子之切。經典茲此也玄部曰玆黑也與此異 荒 蕪也一曰艸掩地也呼光切。凶荒之正字作穅荒大之正字作㠩見川部 荘 今俗作莊 茌 艸皃濟北有茌平縣仕之切 茷 艸葉多春秋傳曰晉糴茷符發切 芾 艸葉多皃沛城父有楊芾亭如之切 莱 耕多艸盧對切 荐 薦席也在甸切。釋天仍饑為荐薦部曰薦獸所食之艸按二字音同而經傳不分然承藉字皆多用薦殊非許意 茨 吕茅葦蓋屋疾茲切。詩如茨如梁是此本義牆茨之本字作薺 荃 芥脃也此緣切 茜 吕艸補缺讀若陸或吕為綴一曰約空也直例切 茵 車重席於真切 鞇 司馬相如說茵从革 茭 乾芻一曰牛蘄古肴切 茹 飲馬也人庶切 𦼮 蠶薄也止王切 莣 蕪重文見下十畫 荔 艸也似蒲而小根可作㕞郎計切。大篆作𦽏 荍 艸也呼決切。大篆作䔢 茸 艸茸皃而容切。大篆作䓄 草 俗吕此為艸木字別作皁非也 草 草斗櫟實也一曰象斗子自保切。大篆作𦺯櫟實可吕染帛黑色故曰草。按石鼓文有䒠篆薛氏作莽郭氏云恐是莽鄭氏作莽愚謂即籀文草字今隸書草下作十與石鼓篆體適合 ⑦ 莊 大也側羊切 𣑎 古文莊 蒲 萴 蓮蒲也方矩切 莥 鹿藿之實名也敕久切 莠 禾粟下

生莠也与久切 莧 莧菜也侯澗切 莒 齊謂芋為莒居許切 葱 葱冬艸而軫切。名醫別錄作忍冬 堇 艸也讀若釐里之切 莞 艸也可吕作席胡官切 著 井藻也讀若威渠殞切 莩 艸也芳無切 蒤 兔葵也香衣切 莣 杜榮也武方切 䓷 茅秀也息夷切 茚 茚茆也以遮切 荷 芙渠葉胡哥切。負荷祇作何 莪 蘿莪蒿屬五何切 莔 貝母也武庚切。詩言采其蝱此其正字 莕 萎餘也何梗切 䓄 莕或文。按各本篆體作䓄今據爾雅正義五經文字正 莍 椒茱實裏如裘也巨鳩切 莨 艸也魯當切 莖 枝柱也戶耕切 莛 莖也特丁切 莢 艸實古叶切 菂 芡也子敢切 荻 萑也徒歷切。各本奪此今補廣雅作藡 䕀 艸多皃江夏平春有䕀亭語斤切。今作蘄亭誤蘄乃䕀之古文也 葥

惡艸皃 所文切 莜 今別作蓧 莜 艸田器論語曰目杖荷莜 徒弔切。今論語亦作蓧
蓃 覆也 七叔切 荹 亂艸 薄故切 莝 斬芻也 麤臥切 莎
莎 鎬侯也 穌禾切。大篆作𦺐 菩 艸也楚詞有菩蕭 吾乎切。大篆作𦽅。按楚詞
無菩蕭惟宋玉九辯有梧楸蓋許所見作菩蕭正百艸之二也 茆 今字凡从丣者皆作卯 茆 鳧葵也詩曰言
采其茆 力久切。大篆作𦶁 今詩言作薄 荼 今別作茶 荼 苦荼也 同都切。大篆作𦾉 萐
萐莆瑞艸也堯時生於庖廚扇暑而涼 士洽切 蓬重文見下十一畫 (八) 萐
萁 豆莖也 渠之切 萉 枲實也 房未切 𪎊 萉或从麻賁。今周禮作蕡
菦 菜類蒿周禮有菦菹 巨巾切。此今所食之芹菜也 菊 大菊蘧麥
居六切。秋菊之本字作蘜 菁 韭華也 子盈切 菔 蘆菔佀蕪菁實如
小尗者 蒲北切。即今之蘿蔔 蔔俗字 萇 萇楚銚弋一名羊桃 直良切 䓞

艸也可目染留黃 郎計切 菩 菩艸也 步乃切 菅 茅也 古顏切 ⿱艹固
⿱艹固 艸也 古慕切 ⿱艹弦 艸也 胡田切 荓 馬帚也 薄經切 ⿱艹金
黃⿱艹金也 巨今切。本艸經廣雅皆作黃芩 莿 莿茦也 七賜切 茦 莿重文見下十畫 菣
香蒿也 去刀切 𦺒 菣或从堅 菻 蒿屬 力稔切 菀 茈菀出漢中
房陵 於阮切。詩菀彼北林 有菀者柳 段為鬱字 菋 荎藸也 无沸切 菨 菨餘也
子葉切 ⿱艹育 艸也 余六切 菌 地蕈也 渠殞切 菭 今俗作苔 菭 水衣
徒哀切 荊 楚木也 舉卿切 𦮃 古文荊 萌 艸芽也 武庚切 萋
艸盛詩曰菶菶萋萋 七稽切 菶 艸盛 補蠓切 萃 艸皃讀若
瘁 秦醉切 ⿱艹爭 ⿱艹爭薴艸亂也 側莖切 菸 鬱也一曰殘也 央居切
菜 艸之可食者 蒼代切 ⿱艹屈 刷也 區勿切 菹 酢菜也 側魚切

詩萋兮斐兮成是貝錦糸部引作緀已字也

⿱艹泜 菹也 直宜切 ⿱⿱艹泜皿 ⿱艹泜或从皿 皿器也 萆 雨衣一曰衰衣一曰萆
藨佀烏韭 扶歷切 萎 食牛也 於偽切。今字作餧見月令各本食部有餧篆今依段說改作餧
蘄 蘄重文見上四畫 菲 芴也 芳尾切。大篆作𦽅 萑 艸多皃 職追切。大篆作𦺸

萑葦之本字作萑

萊 蔓華也 洛哀切。大篆作𦶁 菉 王芻也 力玉切。大篆作𦾉 ⿱艹浩
艸也 昨焦切。大篆作𦺐 萄 艸也 徒刀切。大篆作𦺘 萍 苹也 薄經切。大篆作𦾉 此
篆原列水部按篇韵皆云萍苹同字今據移正 蓱 萍或从洴。大篆作𦾉 菆 麻蒸也一曰
蓐也 側鳩切。大篆作𦺘 萅 推也 昌純切。今字作春 大篆作𦿊 菿 艸大也
都盜切。大篆作𦿊 各本別有菿篆菿之誤也 (九) 葵 今字作葵 葵 菜也 彊惟切。按癸籒文作𥎨
从之 葷 臭菜也 許云切 萱 藼重文見下十六畫 葌 香艸
也出吳林山 古顏切 葰 薑屬可目香口 息遺切 萹 萹茿也

方沔切 蒁 艸也 食聿切 葥 山莓也 子賤切 ⿱艹毗 蒿也 房脂切
萭 艸也 王矩切 萯 王萯也 房九切 蕌 葍也 方布切 ⿱艹昜
艸也枝枝相值葉葉相當 楮羊切 葴 馬藍也 職深切 ⿱艹叔 今別作蒯
艸也 苦怪切。姓氏之蒯疑當作蒯 萴 烏喙也 阻力切 葎 艸也 呂戌切
葑 須從也 府容切 萩 蕭也 七由切。古多目萩為楸 葛 絺綌
艸也 古達切 荇 莕重文見上七畫 葽 艸也詩曰四月秀葽劉向說此
味苦苦葽也 於消切 䓴 木耳也一曰萮茈 而容切 葚 桑實
也 常衽切 萸 茱萸也 羊朱切 葉 艸木之葉也 與涉切。書卷之葉
篆作葉 葩 華也 普巴切 葼 青齊沇冀謂木細枝曰葼
子紅切 ⿱艹敄 細艸叢生也 莫候切。此與茂音義同 葻 艸得風皃讀若婪 盧含切

落 凡艸曰零木曰落 盧谷切。雨曰霝零竝見雨部 菑 不耕田也 易曰不菑畬 側詞切。或段為戴字按夫戴之戴又作災宊狀見大部丨害之正字作巛見川部 甾 菑省艸

葺 茨也 七入切 蓋 苫也 古太切 ⿱艹是 艸也 是支切 ⿱艹囟 糞也 式視切。左氏傳史記段矢字為之今俗別作屎為屎糞字按屎篆文作屎從之古文在辵部 ⿱艹侵 藉也 失廉切。此苫塊本字今俗㠯為漫苓字誤 葦 大葭也 于鬼切。大篆作 葭 葦之未秀者 古牙切。大篆作 萺 艸也 莫報切。大篆作 葆 艸盛皃 博裒切。大篆作 ⿱艹津 艸皃 子僊切。大篆作 集韻一先曰詩⿱艹津⿱艹津者莪

(十) 蓏 在木曰果在地曰蓏 郎果切。齊民要術引說文在艸曰蓏 蓈 禾粟之采生而不成者謂董蓈 魯當切。今詩爾雅皆从或文作稂 稂 蓈或从禾 ⿱艹豈 菜之美者雲夢之⿱艹豈 驅喜切 蒩 菜也 則古切 营 营藭香艸

也 去弓切 芎 司馬相如說营或从弓 蔌 𦳝重文見下十三畫 蓡 人蓡藥艸出上黨 山林切。今俗誤㠯蓡為蓡苓字 蒢 黃蒢職也 直除切 蒲 水艸也可㠯作席 薄胡切 蒻 蒲子可㠯為平席世謂蒻蒲 而灼切 蒚 夫離上也 力的切 蒬 棘蒬也 於元切 蒐 茅蒐茹藘人血所生可㠯染絳 所鳩切。經傳多㠯為春獵字 蓻 蓻重文見下十七畫 蒹 雈之未秀者 古恬切 薍 雈之初生一曰薍一曰騅 五敢切 菼 薍或从炎 菡 菡蔄也 胡感切 蓍 蒿屬生千歲三百莖易㠯為數天子蓍九尺諸侯七尺大夫五尺士三尺 式脂切 蓂 析蓂大薺也 莫歷切 ⿱艹奉 蒿屬也白華 古勞切 蒟 果也 俱羽切 蒝 艸木形 愚袁切 菽 艸旱盡也詩曰菽菽山川 徒歷切。今詩作滌按篇韻皆作蔋 蓁 艸盛皃 側詵切

詩毳衣如菼糸部引作綱西字也

夏書箘簬字當作枸

釋艸藿山韭韭部作韱藿韱段借字也

蒼 艸色也 七岡切 蒔 更別種 時吏切 蓆 廣多也 祥易切。簟席之席見巾部 蒩 茅藉也禮曰封諸侯㠯土蒩㠯白茅 子余切。凡土苴包苴字皆當作此 ⿱艹宰 羹菜也 阻史切。集韻有宷字烹也即此字 ⿱艹敕 㠯穀萎馬置莝中 楚革切 蒸 析麻中榦也 煑仍切 蒸或省火 蒜 葷菜也 菜之美者雲夢之葷菜 蘇貫切 ⿱艹雈 艸也 余六切。大篆作 蒙 王女也 莫紅切。大篆作 覆之正字作冡見冃部 ⿱艹迺 艸也 以周切 大篆作 蒿 菣也 呼毛切。大篆作 蒿里之正字作薨見死部 蓄 積也 丑六切。大篆作

(十一) 蓼 辛菜薔虞也 盧鳥切 蓶 菜也 以水切 蓩 毒艸也 莫候切。按此鍇本皆作蓩別有務篆解云卷耳也今依段說刪併 ⿱艹深 蒲蒻之類也 式箴切 蓷 萑也詩曰中谷有蓷 他回切 蓲 烏蓲艸也 去鳩切 蔗 諸蔗也 之夜切 ⿱艹寅 兔瓜也 翼真切 䔯 薔重文見下十六畫 蓨 苗也 徒聊切。又湯彫切 蔞 艸也可㠯亨魚 力朱切 蔁 艸也 諸良切 蔦 寄生艸也詩曰蔦與女蘿 都了切 樢 蔦或从木 蔆 今俗作菱 芰也楚謂之蔆秦謂之薢茩 力膺切 司馬相如說蔆从遴 蓮 夫渠之實也 洛賢切 蔤 夫渠本 美必切 菣 菣重文見上八畫 蔚 牡蒿也 於胃切。古多借為茂字 蔓 葛屬也 無販切。凡滋蔓蔓延等字祇作曼 蔣 苽也 子良切 蔈 苕之黃華也一曰末也 方小切 ⿱艹移 艸萎移 弋支切 蔕 瓜當也 都計切。或借為柢字 蓻 艸木不生也一曰茅芽 姊入切 蔭 艸陰地 於禁切 ⿱艹造 艸皃 初救切 蔇 艸多皃 居味切。木部概稠也音義同 蔫 菸也 於乾切 蔡 艸也 蒼大切 蔎 香艸也 識列切

蔪 艸相蔪苞也 慈冉切 藂 蔪或从槧 蓴 今別作蒓 蒲叢也 常倫切
蔟 行蠶蓐 千木切。引伸為六律大蔟字 蔥 菜也 倉紅切。大篆作蔥
萍重文見上八畫 堇 艸也根如薺葉如細柳蒸食之甘 居隱切。大篆作𦹠
經典通用堇字 蓸 艸也 昨牢切。大篆作蓸 蓬 蒿也 薄紅切 大篆作
古文（十二）萁 芋也 羊吏切 䓯 水萹茿也讀若督 徒沃切。玉篇曰䓯同蓫
蓬 莞 夫離也 胡官切。亦作莞夫作荇 釋艸莞 薔 今作蔷 薔 薔苔一曰薔英 於力切
蕈 蕃也 徒南切。各本篆文作蕈誤今正 蕈 蕈或从炎 蕕 水邊艸也 以周切
蕧 盜庚也 房六切 蓄 蓄也 方布切 蔌 艸也 蘇老切
蓳 亦作堇古 堇通用 蓳 鼎蓳也杜林曰藕根 多動切 蔢 艸也 蘇老切
蕅 今俗作藕 蓮 夫渠根 五厚切 蒲 今字作蒲 王彗也 昨先切 薦

艸也 于鬼切。左傳蔿蘧錯出蘧即蔿字 荑 荑芙也 大兮切。按木部無稊蓋稊之誤 蕣 舒閏切。今詩
桑莫 慈衽切 蕣 木堇朝華莫落者詩曰顏如舜華
作舜為段借 蒯 艸之小者蒯籀文銳字讀若芮 居例切 蕤 艸
木華垂皃 儒佳切 蔇 藍蓼秀 羊捶切。段氏曰按蔇與蓛字皆切羊捶蓋即蓛字之異者 蕃蕪
林部 傅 華葉布也讀若傅 芳遇切 蕪 薉也 武扶切。蕃蕪之本字作𣞤見
藍 莖也 女庚切 蔽 蔽蔽小艸也 必袂切 蕝 朝
會束茅表位曰蕝春秋國語曰致茅蕝表坐 子悅切 蕩 蓋
也 於蓋切。段氏曰今人露字當用此 酤 䔳韭鬱也 苦步切 蕈 叢艸也 慈損切
蕢 艸器也 求位切 臾 古文蕢 蕘 艸薪也 如昭切 蕉 生
枲也 即消切 蕨 鼈也 居月切。大篆作蕨 蕇 亭歷也 多殄切 大篆作蕇

劉遂之本字作鄭

萑 薍也 胡官切。此萑葦本字 大篆作萑 蕃 艸茂也 甫煩切 大篆作蕃（十三）
蘧 菜也佀蘇者 其呂切 薇 菜也佀藿 無非切 薇 籀文薇省
蕿 蕙重文見下十六畫 藒 藒車芞輿也 去謁切。玉篇作藒 蒯 芙也
古詣切 萸 嬰萸也 於六切 薛 牡贊也 蒲計切 蘞 白
蘞也 良冄切。本艸經作白斂 蘝 蘞或从斂 薛 薛芷也 胡畏切 薕
蒹也 力鹽切 蘋 青蘋佀莎而大者 附袁切 蕭 艾蒿也 蘇彫
切 薖 艸也 苦禾切 蕡 艸多皃 疾滋切 薈 艸多皃詩
曰薈兮蔚兮 烏外切 薉 俗作穢 薉 蕪也 於廢切 薀 俗作蘊 薀 積也 於粉切。
蘊藉之正字作醞 薄 林薄也一曰蠶薄 旁各切。俗別作薄為簿書字 薙 除
艸也明堂月令曰季夏燒薙 他計切。按周禮薙氏掌殺草薙即雉字 蕡

襍香艸 浮分切。周禮段為𥎿字 薪 蕘也 息鄰切 薔 薔虞蓼 所力
切。大篆作薔。今俗呂此為東藩藩薇字大誤 蔴 艸也 莫厚切。大篆作蔴（十四）薲 今俗作蘋
大萍也 符真切 藍 染青艸也 魯甘切 薰 香艸也 許云切。
煙熏之熏見中部 藎 艸也 徐刃切 藋 釐艸也一曰拜商藋 徒弔切
𦿝 艸也 古歷切 蘇 艸也 古案切 萁 土夫也 渠之切。土爾雅作芏
夢 灌渝讀若萌 莫中切 蘈 豕首也 側鄰切 薺 疾棃也詩
曰牆有薺 疾咨切。此牆茨本字今詩亦作茨 薾 華盛詩曰彼薾惟何 兒氏切
薿 茂也詩曰黍稷薿薿 魚己切 蕩 艸茂也 丑亮切。此暢茂本字
歊 艸皃周禮曰轂敝不歊 許嬌切 縈 艸旋皃也 於營切。此與
縈音義同 藉 祭藉也一曰艸不編狼藉 慈夜切又秦昔切。耕藉之正字作耤見耒部

薶 俗作埋 瘞也 古皆切。周禮段貍字為之 藻 水艸也 子晧切。大篆作藻。藻火之正字作璪 藻 藻或从澡 蘩 俗作蘩 白蒿也 附袁切。大篆作蘇 (十五) 蒻 營 菁也 渠弓切 藪 蘦 可以作縻綆 女庚切 蔄 艸也 斯義切 蔓 茅蒐也 一名㚈 渠營切 蕌 艸也 詩曰莫莫葛蕌 一曰秬鬯 力軌切 隸 今字作隸 赤隸也 息利切 藨 鹿藿也 讀若剽 一曰蔽之屬 平表切 藗 牡茅也 藗籀文速 桑谷切 蘢 艸也 符羈切 藪 大澤也 九州之藪 楊州具區 荊州雲夢 豫州甫田 青州孟諸 沇州大野 雝州弦圃 幽州奚養 冀州楊紆 并州昭餘祁是也 蘇后切 藥 治病艸 以勺切 藩 屏也 甫煩切。藩籬篆作桝杷 籬俗字 蘄 蘄重文見上十一畫 藻 藻重文見下十六畫 蕢 水舄也 詩曰言采其蕢 似足切。大篆作藚 藜 艸也 郎奚切。大篆作藜 (十六) 蘇 桂荏也 素孤切 蘇息之本字作穌 薑 今俗作薑 禦溼之菜也 居良切 蘆 蘆菔也 一曰薺根 落乎切。蘆菔俗作蘿蔔 藼 令人忘憂艸也 詩曰安得藼艸 況袁切 蕿 藼或从煖。萱 或从宣 此篆張次立補 薛 艸也 私列切 蘄 芹重文見上四畫 藺 莞屬 良刃切 蕁 蕁重文見上十二畫 藷 藷蔗也 章魚切 [illegible] 艸也 郎古切 蓾 或从鹵 藐 今作藐 茈艸也 莫覺切。古多借用為眇字 如孟子說大人則藐之 凡言藐藐者皆是也 蘧 蘧重文見上十一畫 蘜 日精也 以秋華 居六切。此秋菊本字 月令鞠有黃華 離騷餐秋菊之落英 說文繩之 皆段借也 蘜玉篇作蘜 蓻 蘜或省 藺 俗作蘭 菡 菡藺 夫蓉華未發為菡藺 已發為夫容 徒感切 藷 蓋 藷也 直魚切 蘀 俗作蘀 艸木凡皮葉落陊地為蘀 詩曰十月

隕蘀 他谷切。木部曰梟 木葉陊地也 二字音義略同 大氐梟為木葉陊地 蘀兼艸木葉陊地也 蘈 乾梅之屬 周禮曰饋食之籩其實乾蘈 盧晧切 蘈 蘈或从潦 藻 藻重文見上十四畫 (十七) 蘧 蘧麥也 彊魚切 蘘 蘘荷也 一名蒚葙 汝羊切 蘭 香艸也 落干切 蘪 今俗作蘼 蘪蕪也 靡為切 蘞 蘞重文見上十三畫 蘥 爵麥也 以灼切。釋艸作雀。爵 蘢 天蘥也 盧紅切 蘜 治牆也 居六切 蘠 蘠靡虋冬也 賤羊切 [illegible] 艸也 古渾切 蘦 大苦也 郎丁切 蘨 艸盛皃 夏書曰厥艸惟蘨 余招切 蘫 瓜菹也 魯甘切 (十八) 蘳 黃華 讀若墮壞 乎瓦切 蘬 薺實也 驅歸切 大篆作蘬 叢 艸叢生皃 祖紅切。大篆作䕺。此專言艸之叢聚 今人祇用叢而不復用䕺矣 (十九) 蘺 江蘺蘼蕪 呂之切 蘿 莪也 魯何切 [illegible] 艸也 如延切。按鳥部難一字 而艸部難鶧各字 恐有誤 (二十) [illegible] 艸木相附麗土而生 易曰百穀艸木麗於地 呂支切。坩麗字當作此麗 今本作麗 蘻 狗毒也 古詣切 鷊 綬艸也 五狄切。釋艸作鷊 此其正字 陳風卭有旨鷊 傳曰鷊綬艸也 為段借字 (廿一) 虈 楚謂之蘺 晉謂之虈 齊謂之茝 許驕切 [illegible] 今字作蒏 艸也 籀文囿 于救切 (廿二) [illegible] 艸也 呼旰切。大篆作[illegible] (廿三) 虊 鳧葵也 洛官切 蘱 煎茱萸 漢律會稽獻蘱一斗 魚既切 內則三牲用藙 鄭云煎茱萸也 按玉篇藙同蘱 段氏謂藙即艾字 非也 (廿四) 蘿 今字作藿 尗之少也 虛郭切 [illegible] 菜也 女亮切 [illegible] 艸也 一曰薏苢 古送切 又古禫切 (廿五) 虋 赤苗嘉穀也 莫奔切。詩維糜維芑 按糜即虋之異體 又作穈 (卅三) [illegible] 艸履也 倉胡切

蓐部十三

蓐蓐陳艸復生也一曰蔟也而蜀切。引伸為薦席之蓐今別作褥非𦵦籀文蓐
㊂薅薅披田艸也呼毛切𦳊籀文薅省茠茠薅或从休詩曰既茠荼蓼。今詩作以薅

茻部十四

茻茻眾艸也讀若與冈同模朗切。凡經傳艸莽字當用此㊃莫今字作莫又別作暮
莫莫日且冥也莫故切又慕各切。此日暮本字引伸之義為有無之無與口部嗼略同莽莽南
昌謂大善逐兔艸中為莽謀朗切。此卤莽字，艸莽之本字作茻，本部首㊅葬
葬葬臧也从死在茻中一其中所㠯荐之易曰古者葬厚衣
之㠯薪則浪切

說文易檢卷一下

說文易檢卷二上

小部十五

小小物之微也私兆切㊀少少不多也書沼切𡮐𡮐少也讀
若輟子結切

八部十六

八八別也象分別相背之形博拔切㊁分分別也甫文切介
介畫也古拜切。此界畫本字凡介福介壽貴介等字篆作夵𠔁𠔁分也孝經說曰故上
下有別兵列切。段氏謂即兆字公公平分也韓非曰背厶為公古紅切㊂
尒尒詞之必然也兒氏切。語詞之爾當作此必必分極也卑吉切㊄余余
語之舒也以諸切㊅尚尚曾也庶幾也時亮切㊆㒸㒸从意也
徐醉切。遂意字當作此今遂行而㒸廢矣㊈⿱余余⿱余余二余也讀與余同。段氏補其義曰按易困九四來徐徐子夏作荼荼王肅作余余皆舒意也㊉曾曾詞之舒也昨稜切⑫詹詹多言
也職廉切

釆部十七

釆釆辨別也象獸指爪分別也讀若辨蒲莧切𠂹古文釆㊂
宷宷悉也知宷諦也式荏切審篆文宷从番㊃悉悉詳盡也息七切
𢚫古文悉㊄番番獸足謂之番附袁切今別作蹯蹞番或从足从煩𤰕古文番
㊇審宷重文見上三畫⑬釋釋解也賞職切詩釋之叟叟其字當作𥻘𥻘釋者譌字也

半部十八

半半物中分也博幔切㊃胖胖半體也一曰廣肉普半切叛

來牟之牟當作麰或作䅘漢書借牟字當作麰見麥部麥下

叛半反也薄半切

牛部十九

牛牛事也理也象角頭三封尾之形也語求切 ②牝牝畜母也易曰畜牝牛吉毗忍切 牟牟牛鳴也莫浮切 ③牡牡畜父也莫厚切 牢牢閑也養牛馬圈也魯刀切 牣牣滿也詩曰於牣魚躍而震切 ④𤚗𤚗二歲牛博蓋切 㸩㸩牛舌病也巨禁切。廣韵亦作齡 物物萬物也天地之數起於牽牛文弗切 ⑤牭牭四歲牛息利切 ⿰牛貳⿰牛貳籒文牭从貳。朱翱云⿰牛貳乃二歲牛之正字按犙為三歲牛字从參牭為四歲牛字从四則⿰牛貳从貳其為二歲牛明矣如云牭之籒文當作牭也 ⿰牛平⿰牛平牛駁如星普耕切 ⿰牛攸⿰牛攸牛徐行也讀若滔土刀切。俗謂舒遲曰⿰牛攸⿰牛攸 牲牲牛完全也所庚切 牴牴觸也都禮切。此牴觸之正字 ⑥特特特牛也徒得切。字亦作犆 牷牷牛純色疾緣切 ⑦牻牻白黑襍毛牛莫江切 ⿰牛余⿰牛余黃牛虎文讀若涂同都切 ⿰牛寽⿰牛寽牛白脊也力輟切 牿牿牛馬牢也周書曰今惟牿牛馬古屋切 牼牼牛厀下骨也春秋傳宋司馬牼字牛口莖切。按仲尼弟子列傳宋司馬耕字牛左傳哀十四年兩書司馬牛不備其名許云司馬牼豈即司馬耕與 ⿰牛角⿰牛角大也疏也物不精也讀若麤倉胡切。與粗麤通用此篆各本無今補。段說謂經傳觕字皆⿰牛角之譌 ⑧犅犅特也古郎切。詩白牡騂剛此其正字 㹁㹁牻牛也春秋傳曰牻㹁呂張切。今本作尨涼 犉犉黃牛黑脣也詩曰九十其犉如勻切 牽牽引而前也苦堅切 ⿱非牛⿱非牛兩壁耕也一曰覆耕種也讀若匪非尾切 ⿱臤牛⿱臤牛牛很不從牽也一曰大皃讀若賢喫善切 犀犀徼外牛一角在鼻一角在頂似豕先稽切 ⑩

犗犗騬牛也古拜切。騬犗馬今之騸馬 犖犖駁牛也呂角切 ⿰牛隺⿰牛隺白牛也五角切。白部曰皠鳥之白也與此聲義皆同 犓犓㠯芻莖養圈牛也春秋傳曰犓豢幾何測愚切。此犓豢正字今經傳皆作芻 ⑪犙犙三歲牛蘇含切 ⿰牛產⿰牛產畜牲也所簡切。今祇作產無復作⿰牛產者 犕犕易曰犕牛乘馬平秘切。今繫辭作服段借字也。㠯車駕牛馬之字當作此今或作備亦非其正 ⑫⿰牛貳牭重文見上五畫 ⑬⿰牛畺⿰牛畺牛長脊居良切 ⑭⿰牛壽⿰牛壽牛羊無子也讀若糗糧之糗徒刀切 ⑮犢犢牛子也徒谷切 犡犡牛白脊也洛帶切 犥犥牛黃白色補嬌切 ⿱𥝢牛⿱𥝢牛耕也郎奚切今省作犂 ⑯⿰牛衛⿰牛衛牛踶⿰牛衛也于歲切。此與足部躛音義略同 ⑰犧犧宗廟之牲也賈侍中說此非古字許羈切。段氏篆作包戲 ⑱⿰牛夒⿰牛夒今字作擾牛柔謹也而沼切。凡馴擾字當作此 ㉓犨今字作犨犨牛息聲一曰牛名赤周切。今本篆文皆作犨玉篇廣韻皆作犫五經文字且云犫作犨譌按經典釋文唐石經作犫蓋唐以前所據說文無不从言者

犛部二十

犛犛西南夷長髦牛也里之切。唐韻今本莫交切 氂氂犛牛尾也唐韻莫交切今本里之切。孟康注十豪為氂氂亦通用作豪氂字 斄斄彊曲毛也可㠯箸起衣洛哀切 𠩺古文斄省

告部二十一

告告牛觸人角箸橫木所㠯告人也易曰僮牛之告古奧切 ⑬嚳嚳急告之甚也苦沃切。此與酷音義皆同

口部二十二

部首口下云嘾也艸木之華未發函然讀若含凡含嗞字當用之

口口人所以言食也苦后切 ㊁ 召召評也直少切 台台說也與之切。台說怡悅之正字 叴叴高气也巨鳩切。詩厹矛是此字卽蹂之訓歡足蹈地篆體作 古文 吒吒訶也昌栗切 叫叫嘑也古弔切。此與𠯑部訆言部訆音義略同 谷谷山閒陷泥地讀若沇州之沇以轉切 㕡古文谷 ㊂ 名名自命也 吃吃言蹇難也居乙切 吃今省作吃 吒吒噴也吒怒也陟駕切 吉吉善也居質切 吐吐寫也他魯切 咢咢譁訟也五各切 吒今作咤 吻吻口邊也武粉切。今云吻合字當作𠰍 脗吻或从肉从昏。脗俗又作胳 嗛嗛口有所銜也戶監切 吞吞咽也土根切 ㊃ 各各異辭也古洛切 吮吮敕也徂沇切 含含嗛也胡男切。含辭之含篆作㪟含斂之正字作琀 吸吸內息也許及切 吹吹噓也昌垂切。吹壎之本字作籥 吾吾我自偁也五乎切 君君尊也舉云切 咠古文象君坐形 听听笑皃也宜引切 启启

開也康禮切。此開啟之正字 哆哆謆哆多言也當侈切。周伯琦六書正譌曰謆哆別作嚅噴並非 呈呈平也直貞切 咿咿唸咿也馨伊切。各本篆文作叩誤今據爾雅音義五經文字正 吟吟呻也魚音切 訡吟或从言 𠲛吟或从音 吪吪動也詩曰尚寐無吪五禾切。又或寱或吪式吪爾心今本皆作訛非也訛卽譌之俗字又俗語云訛詐篆作𠰎 吝吝恨惜也易曰以往吝良刃切 吝古文吝从彣 舌舌塞口也古活切。此栝囊之正字 𠯑古文舌从甘 與舌相混 吠吠犬鳴也符廢切 局局促也一曰博所以行棊渠綠切 ㊄ 呱呱小兒嗁聲詩曰后稷呱矣古乎切 咀咀含味也慈呂切 味味滋味也無沸切 呬呬東夷謂息為呬詩曰犬夷呬矣虛器切。今大雅作混夷駾矣 呼呼外息也荒烏切。呼號之本字作嘑亦通作謼嚎呼之本字作虖呼召之本字作評 命命使也眉病切 和和相應也戶戈切。此唱

字調聲之和篆作龢調味之和篆作盉 呭呭多言也詩曰無然呭呭余制切。今詩作泄泄言部又曰詍多言也引詩無然詍詍 咄咄相謂也當沒切 呷呷吸呷也呼甲切 周周密也職畱切。周徧之正字作𠳒見勹部 㝤古文周字从古文及 咈咈違也周書曰咈其耆長符弗切 呧呧訶也都禮切。集韻詆呧為一字。按言部有詆云訶也丁禮切。此與呧音義略同 呶呶讙聲也詩曰載號載呶女交切 呰呰訶也將此切 呻呻吟也失人切 咆咆嗥也薄交切 呝呝喔也烏格切。今字作呃 呦呦鹿鳴聲也伊虯切 ㊅ 咽咽嗌也烏前切 哆哆張口也丁可切 嗁嗁號也杜兮切 咺咺朝鮮謂小兒泣不止曰咺況晚切 咷咷楚謂兒泣不止曰噭咷徒刀切 咳咳小兒笑也戶來切。古文孩从子作孩今俗多以咳為咳欬字孩為孩提字匙知本係一字者 孩古文咳 咦咦南陽謂大呼曰咦以之切 咨咨謀事曰咨卽夷切。咨嗟篆作嗞蓍

咥咥大笑也詩曰咥其笑矣許旣切又直結切 哉哉言之閒也將來切 咠咠聶語也詩曰咠咠幡幡七入切。今詩卷伯三章緝緝翩翩四章捷捷幡幡不知許所引為第幾章句也 咸咸皆也悉也胡監切 哇哇諂聲也讀若醫於佳切 舌舌語相訶歫也讀若櫱五葛切 哀哀閔也烏開切 咼咼口戾不正也苦媧切。此與喎音義略同 咮咮鳥口也章俱切 ㊆ 哺哺哺咀也薄故切 哲哲知也陟列切。按凡从折之字皆當作斦从斷艸各本篆文皆作手旁是用隸改篆也今悉正之。 嚞古文哲从三吉 悊哲或从心 明哲之哲篆作哲 喜喜 唏唏笑也一曰哀痛不泣曰唏虛豈切 唉唉應也讀若塵埃烏開切。古與欸通用 唐唐大言也徒郎切。凡陂塘字古祇作唐自部曰隄唐也是 啺古文唐从口易 𠷎𠷎誰也直由切。此疇誰正字 𠷎古文疇 𠷎又或从 𠷎 疇昔之正字作曙 哯哯不歐而吐也胡典切 嘠

𠯑語為舌所介也讀若井汲綆 古沓切 㗇妄語也讀若莢 古叶切 唇驚也 側鄰切。後人以震字為之，俗又通作脣，大誤 哤異之言一曰襍語讀若尨 莫江切。襍語猶聚語也 唌語唌嘆也 夕連切 哨不容也 才笑切 吺 吝重文見上四畫 唁弔生也詩曰歸唁衛侯 魚變切 哮豕驚聲也 許交切亦許角切

⑧ 唴秦晉謂兒泣不止曰唴 丘尚切 啜嘗也一曰喙也 昌說切 啗食也讀與含同 徒濫切 唾口液也 湯臥切 啍口气也詩曰大車啍啍 他昆切 唫口急也 巨錦切 問訊也 亡運切 唯諾也 以水切 唱導也 尺亮切。唱樂之本字作倡 啞笑也易曰笑言啞啞 於革切。俗訓為瘖，幺下切，別作瘂 非 唪大笑也讀若詩曰瓜瓞菶菶 方蠓切。今生民作唪唪，而說文玉口

二部兩引皆作菶菶蓋本作菶菶後人所妄改也 啖噍啖也一曰噉 徒敢切。韵會無一曰噉三字云或作噉按本部無噉字玉篇廣韵皆正作噉云啖同 啁嘐也 陟交切 啐驚也 七外切 唸吚也詩曰民之方唸吚 都見切。今本作殿屎，釋訓殿屎呻也，毛傳殿屎呻吟也，陸氏詩爾雅音義皆云殿屎說文作唸吚 㗳嘆也 前歷切。㗳嘆寂寞之正字，宋即今寂字，又歹部募死宋募也，音義略同，本義為宋靜 容 谷重文見上二畫 啄鳥食也 丁角切 唬虎聲也讀若暠 呼許切。說文無暠字玉篇呼交切

⑨ 喙口也 許穢切 喉咽也 乎鉤切 喗大口也 牛殞切 啾小兒聲也 即由切 喤小兒聲詩曰其泣喤喤 乎光切 喑宋齊謂兒泣不止曰喑 於今切。喑之言瘖也謂嚨極無聲 喘疾息也 昌沇切 喟大息也 丘貴切 嘳喟或从貴 敝喟或文。爾雅釋詁敝息也。案說文蔽从艸敝聲而無敝篆是或奪漏也今補亦段作快 喅音聲喅喅然 余六切

啺 唐重文見上七畫 啻語時不啻也一曰啻諟也讀若鞮 施智切。凡从啻之字隸變作商 嘼 囂重文見上七畫 喝㵣也 於介切 喔雞聲也 於角切 喈鳥鳴聲也一曰鳳皇鳴聲喈喈 古諧切 喁魚口上見 魚容切

⑩ 嗌咽也 伊昔切 𦏧嗌籀文 嗛口有所銜也 戶見切 㗘噍兒 補各切 嗤笑兒 赤之切。本字作欪 嗔盛气也詩曰振旅嗔嗔 待年切。今詩作闐闐按闐訓盛兒聲義與此同今俗用為瞋恚字誤 嗂喜也 余招切 嗢咽也 烏沒切 嗜憙欲之也 常利切 嗑多言也讀若甲 候榼切 嗙訶聲嗙喻也司馬相如說淮南宋蔡舞嗙喻也 補盲切 嗞嗟也 子之切。嗞嗟之正字 嗁 俗作啼 嗁号也 杜兮切 嗀歐兒春秋傳曰君將嗀之 許角切

嗥咆也 乎刀切 獋譚長說嗥从犬

⑪ 𠹭小歠也讀若啟 所劣切 噓吹也 朽居切 嘒小聲也詩曰嘒彼小星 呼惠切 嚖嘒或从慧 嘌疾也 撫招切 嘑號也 荒烏切。此呼號本字凡諸書云叫呼者其字皆當作此或通作謼 嗿聲也詩曰有嗿其饁 他感切 嘐誇語也 古肴切 嗻遮也 之夜切 嘖大呼也 士革切 譖嘖或从言 嗷眾口愁也詩曰哀鳴嗷嗷 五牢切。按篆體當作嗸 嘅嘆也詩曰嘅其嘆矣 苦蓋切。此嘅歎正字 嘆吞歎也一曰大息也 他案切。今歎嘆二字多通用，依說文則歎近于喜，嘆近于哀，音同而義實背，故嘆訓吞歎，吞其歎而不能發也 嗼㗳嗼也 莫各切。夕部募宋也歹部募死宋募也義略同 嗾使犬聲春秋傳曰公嗾夫獒 穌奏切

⑫ 㗱噍兒讀若集 子入切 噍齧也 才肖切 嚼噍或

禮樂記嘽以緩其字書作嘽

从爵 嘰 小食也 居衣切。玉藻進機，少儀注曰已沐飲曰機，皆即嘰字 嘽 喘息也一曰喜也詩曰嘽嘽駱馬 他干切 嘳 喟重文見上九畫 嘫 語聲也 如延切。此然諾字，然即今之嘫字 嘾 含深也 徒感切 噎 飯窒也 烏結切

嘮 嘮呶讙也 敕交切 噊 危也 余律切 嘵 懼聲也 許幺切 噆 嗛也 子荅切 (十三) 噭 口也一曰噭嘑也 苦弔切。與器部噭音義略同 噣 喙也 陟救切 噲 咽也或讀若快 苦夬切 噬 啗也喙也 時制切。段本作齧 啜 滿口食 丁滑切 噫 飽出息也 於介切 噤 口閉也 巨禁切 噱 大笑也 其虐切 嘯 吹聲也 穌弔切 歗 籀文嘯从欠。按欠部重出歗篆引詩其歗也謌，今詩作嘯，惟條其歗矣作歗，删彼存此 噦 气悟也 於月切 噧 高气多言也春秋傳曰噧言 訶介切 噴 吒也一曰鼓鼻 普魂切。又欠部曰歕吹气也，音同義似而異，此蓋俗所謂噴嚏字，歕即噴水噴气正字，今但用噴不復知有歕矣

噳 麋鹿羣口相聚皃 魚矩切。詩麀鹿噳噳，即噳之段借也，按說文無麌 (十四) 㘈 小兒有知也詩曰克岐克㘈 魚力切。今詩作嶷，蓋俗人所妄改，此其正字也 嚌 嘗也周書曰大保受同祭嚌 在詣切 嚏 悟解气也 都計切 (十五) 嚛 食辛嚛也 火沃切 ⿰口質 野人之言 之日切。語言質實字當作此 嚞 哲重文見上七畫 ⿰口⿱鳥木 俗省作嘄 聲嘄嘄也 古堯切。按玉篇有嘄無⿰口⿱鳥木，嘄呂倒眢之梟為聲，即嘄字也。廣韵引漢刑法志梟首，今志作梟首，地理志鉅鹿鄡縣，今說亦作鄡縣，嘄與鄡疑皆淺人妄改，非許書本字 嚖 嘒重文見上十一畫 嚘 語未定皃 於求切。集韵憂或作嚘 (十七) 嚨 喉也 盧紅切 嚶 鳥鳴也 烏莖切 (十八) 嚼 噍重文見上十二畫 嚵 小啐也一曰喙也 士咸切 俗作饞 (二十) 嚴 呻也 五銜切。廣韵作巖

凵部二十三

凵 張口也 口犯切

吅部二十四

吅 驚嘑也讀若讙 況袁切。俗別作喧，或通作讙 (六) 咢 今字作咢 譁訟也 五各切。今俗諤字當作此 單 大也 都寒切。單複之單篆作襌 喌 呼雞重言之也讀若祝 之六切 (九) 𡀝 亂也一曰窒𡀝讀若禳 女庚切 籀文𡀝 (十四) 嚴 教命急也 語杴切 古文嚴

哭部二十五

哭 哀聲也 苦屋切 (三) 喪 今字作喪 亾也 息郎切。古無去聲

走部二十六

走 趨也 子苟切。大推段本奏為奔走 (二) 赴 趨也 芳遇切。古赴告字用此，俗作訃非是。又赴疾字可作𧺆 赳 輕勁有才力也讀若鐈 居䵷切 (三) 𧺳 疑之等𧺳而去也 倉才切。猜疑字當作此 起 能立也 墟里切 ⿺辶己 古文起从辵 䞘 直行也 魚訖切 赶 舉尾走也 巨言切 (四) ⿺走支 緣大木也一曰行皃 巨之切。與蚑音義略同 赹 獨行也讀若煢 渠營切。與煢同義 趹 蹶也 古穴切。此蹶趹之正字 ⿺走斤 行難也 丘堇切。靳固字當作此 (五) 超 跳也 敕宵切 越 度也 王伐切。與逑書義同 趁 𧼎也讀若塵 丑忍切。俗以此為趁逐字，別作迍邅字非 趀 倉卒也 取私切。各本有趀篆，此其本字，今刪。趑趄古作次且，趄大徐所補 趄 趑趄也 七余切。此篆大徐所增十九文之一，古祇作且 ⿺走此 淺渡也 雌氏切 趆 趍也 都禮切 趉 走也讀若無尾之屈 瞿勿切 ⿺走屰 距也漢令曰

趆張百人切車者 (六) 趆 行皃讀若匠 疾亮切 趙 走也讀
若又 于救切 趌 趌趨怒走也 去吉切 趍 趍趙久也 直離切 趚
側行也詩曰謂地蓋厚不敢不趚 資昔切。今詩作蹐 䞨 俗作跬 半
步也 丘弭切 趄 趄田易居也 羽元切 趒 雀行也 徒遼切。今槩用跳
(七) 趖 走意 蘇和切 趕 留意也讀若小兒咳 戶來切 趙
趨趙也 治小切 趛 行速趛趛也 七倫切 踊 喪擗踊 余隴切。
擗踊為擗踊之正字 (八) 趣 疾也 七句切 趞 趞趬也一曰行皃 七雀切
趚 急走也 胡田切 趣 行皃讀若菣 棄忍切 趣 走意 丘忍切
趛 低頭疾行也 牛錦切 趠 遠也 敕角切。與走部逴音義皆同或通作踔為段借字
趚 走也 數勿切。篇韵皆作趚 趜 窮也 居六切。與竆音義同 趚 趚趨也

趨 僵也讀若匐 朋北切。此與踣音義皆同 趡 動也 千水切 (九) 趥
行皃 千牛切 趨 趌趨也 居謁切 趨 超特也 丑例切。廣韵曰趨同跇
趧 趧婁四夷之舞各自有曲 都兮切。趧婁今周禮作鞮鞻 (十) 趚 走也
七適切 趬 走輕也讀若鄔 安古切 蹇 走皃 九輦切 趠 行
也 香仲切 趨 蹇行趨趨也讀若愆 去虔切 趗 䟫趗輕薄
也讀若池 直離切。趍本作讀若池 趚 走頓也讀若顛 都年切。顛蹎字當作此又足
部蹎跋也音義略同 (十一) 趬 輕行也 撫招切。輕飄字當作此 趨 行遲也 其還切。
此遲慢正字 趕 俗作蹕 止行也一曰竈上祭名也 卑吉切。篇韵皆有禪字云竈上祭
(十二) 趫 善緣木之士也讀若王子蹻 去詔切。俗所謂蹻倚字正當作此
趨 蹠也 居月切 趬 行輕皃一曰趬舉足也 牽遙切。翹足字當用此又俗

語輕佻正是趬字 趩 行聲也一曰不行皃讀若敕 丑亦切 趯 走
也 居衣切 趫 狂走也 余律切。玉篇趫同趨 (十三) 趮 俗作躁 疾也 則到切 煩躁
之躁篆作譟 趨 俗作邅 趁也 張連切。按趁邅即屯六二屯如邅如亦通作駗驙俗作迍邅 趯 行
皃讀若爛 之欲切 趧 疾也讀若讙 況袁切。詩子之還兮此其正字 (十四) 趯
躍也 以灼切 趨 走急 布賢切 趫 走也讀若詩威儀
秩秩 直質切 趨 安行也 余呂切。論語與與如也蓋即趨字
也讀若繘 居月切。按玉部瓊璚同字角部觼鐍亦同字故趫趨同字 趮 俗作躒 動也春秋傳
有輔趮 郎擊切。今傳作躒又有蔇躒從俗字也 (十六) 趨 走皃讀若紃 詳遵切 各本
篆文作趨今據篇韵改正 趣 走意 許建切 (十七) 趨 走意讀若髮結之
結 古屑切。結者今之髻字 趨 今作躡 趨 趠趨也 以灼切 (十八) 趯 走顧皃讀
若劬 其俱切 趩 趨進趩如也 與職切。今鄉黨作翼此蓋本字 趯 行趩趩
也一曰行曲脊皃 巨員切 (二十) 趯 大步也 丘縛切

止部二十七

止 下基也象艸木出有阯故以止為足 諸市切。許書無趾字止即趾也 𣥂
蹈也讀若撻 他達切。與躂義略同 (四) 疌 疾也 疾葉切。凡便捷字當作此 (五)
歫 止也一曰槍也一曰超歫 其呂切。許書無拒字歫即拒也 疌 機下足
所履者 尼輒切 (六) 峙 躇也 直離切。峙躇俗作踟躕 歬 不行而進
謂之歬 昨先切。今俗以齊斷之剪為前後字幾不知有歬字者 (八) 堂
歫也 丑庚切。今字作牚俗又作撐 𣦼 至也 昌六切 歸 歸重文見下十四畫 (九) 𣦗
跟也 之隴切。此足踵之正字 (十) 澀 俗作澀 不滑也 色立切。與澀通用 (十二) 歷

過也傳也(郎擊切。作厤余並見部首)歷錄篆 (十三) 躄 躄 人不能行也(必益切。俗作躄文)作辭為辭踊字並非 (十四) 歸 歸 女嫁也(舉韋切) 㱕(籀文歸省)

癶部二十八

癶 癶 足剌癶也讀若撥(北末切) (四) 發 登 以足蹋夷艸春秋傳曰發夷蘊崇之(普活切 音潑。今版本左傳作芟 韵會芟亦作發 集韵或作蹳撥) (七) 登 登 上車也(都滕切。豆登之正字作𤼷 見豆部) 𤼷(籀文登从奴)

步部二十九

步 步 行也(薄故切) (六) 歲 歲 木星也越歷二十八宿宣徧侌昜十二月一次律歷書名五星為五步(相銳切)

此部三十

此 此 止也(雌氏切) (六) 呰 呰 窳也(將此切) 柴 柴 識也一曰藏也(遵誄切)

說文易檢卷二下

正部三十一

正 正 是也(之盛切) 𤴓(古文正从二 二古文上字) 𤴕(古文正从一足 足亦止也) 乏 乏 春秋傳曰反正為乏(房法切)

是部三十二

是 是 直也(承紙切) 昰(籀文是从古文正) (四) 尟 尟 是少也是少俱存也(穌典切。此鮮少之正字) (九) 韙 韙 是也春秋傳曰犯五不韙(于鬼切) 愇(籀文韙从心)

辵部三十三

辵 辵 乍行乍止也春秋傳曰辵階而走(丑略切。今版本作躇 此蓋本字) (三)

巡 巡 視行也(詳遵切) 辻 辻 步行也(同都切。今字作徒) 迅 迅 疾也(息進切) 迆 迆 衺行也夏書曰東迆北會于匯(移尓切) 达(達重文見下九畫) 迀 迀 進也讀若干(古寒切。干求字當作此) 迂 迂 避也(憶俱切) (四) 迋 迋 往也春秋傳曰子無我迋(于放切) 迎 迎 逢也(疑卿切) 𨑒(今字作徙) 迻 迻也(斯氏切) 征(迣或从彳) 𢓊(古文迣) 返 返 還也商書曰祖伊返(扶版切) 彼(春秋傳返从彳。今左傳無彼字 輒寫改易盡矣) 近 近 附也(渠遴切) 岸(古文近) 迊 迊 行皃(蒲撥切) 迒 迒 獸迹也(胡郎切) 䟰(迒或从足更) 𨑥 𨑥 至也(都歷切。凡經傳弔訓至者皆當作此) (五) 延 延 正行也(諸行切) 征(延或从彳) 退 退 往也(全徒切 退齊語) 徂(退或从彳) 𨘢(籀文从虘) 述 述 循也(食聿切) 𨔈(籀文从秫) 迮 迮 迮迮起也(阻革切。與作音義同 引伸為迫迮 即今之窄字也) 迪 迪 道也(徒歷切) 迟 迟 曲行也(綺戟切。軍法

有逗橈逗者迟之誤字　逗怒不進也都礼切　迭更迭也一曰迭字徒結切

迫近也博末切　遲遲重文見下十二畫　迣迾也晉趙曰迣讀若寘征例切　𨒪踰也易曰襍而不𨒪王伐切。與越音義略同　迥遠也戶穎切　迩邇重文見下十四畫

⑥

迹步處也資昔切　蹟迹或从足責　速籒文迹从朿　迨遝也侯閣切　适疾也讀與括同古活切　逆迎也關東曰逆關西曰迎宜戟切　順逆之本字作屰見干部　交會也古肴切。此交會之正字　迻遷徙也弋支切。此移徙之正字　送遣也蘇弄切　籒文不省　迵迵迭也徒弄切。此洞達之本字　迷惑也莫兮切　逃亡也徒刀切　追逐也陟隹切　迾遮也良薛切

⑦

逝往也讀若誓時制切　造就也譚長說造上士也七到切　艁古文造从舟　速疾也桑谷切　籒文速从欶　古文速从欶从言　逢遇也符容切　通達也他紅切　逗止也田候切　逡復也七倫切　連負車也力延切。引伸為連屬連綴連緜等字義當作聯　逑斂聚也虞書曰旁逑孱功又曰怨匹曰逑巨鳩切。今堯典作方鳩僝功又人部僝下作旁救僝功蓋古文旁方通用逑救鳩亦通用也又勹部勼聚也音義亦同　退數也周書曰我興受其退薄邁切。此與敗音義皆同　逋亡也博孤切　籒文逋从捕　逐追也直六切　逎迫也字秋切　逎或从酋　逞通也楚謂疾行為逞春秋傳曰何所不逞欲丑郢切　逖遠也他歷切　逷古文逖

⑧

進登也即刃切　逪迹逪也倉各切。詩獻醻交錯當作迹逪　逮唐逮及也徒耐切。此與部首隶音義皆同　逶逶迤衺去之皃於爲切　或从虫爲　逯行謹逯逯也盧谷切。逯逯通作錄錄　逭逃也胡玩切　或逭

□嫡庶字作適

从雚从兆　逿逖重文見上七畫　𨔎過也去虔切。此與愆音義略同　逴遠也一曰蹇也讀若棹苕之棹敕角切。此與趠踔字通用

⑨

過度也古禾切　逾𨒪進也周書曰無敢昏逾羊朱切。此踰越之正字　遄往來數也易曰巳事遄往市緣切　遒逎重文見上七畫　遇逢也牛具切　遻相驚遇也五各切　運迻徙也王問切　遁遷也徒困切。此遁逃之正字當作遯　□送重文見上六畫　違羽非切。違背之正字作韋　□行皃烏懸切　□前頓也賈侍中說一讀若拾又若郅□黠竹李二切。各本篆文作□與前訓行皃之迹無別汲古改本作□皆非也今依玉篇正　達行不相遇也詩曰挑兮達兮徒葛切　达達或从大　遂亡也徐醉切。遂意之正字作㒸見八部　古文遂　遏微止也讀若桑蟲之蝎烏割切　□迦互令不得行也古牙切。此即今之迦字　□自進極也子僊切　道所行道也一達謂之道徒皓切　古文道从首寸

⑩

□述重文見上五畫　遟遲重文見下十二畫　遝迨也徒合切。廣韻迨遝行相及也目部云眾目相及也義略同　遘遇也古候切。易姤卦釋文曰薛云古文作遘　□遂重文見上九畫　遞更易也特計切　遜遁也蘇困切。遜順之遜篆作愻古祇作孫　□逋重文見上七畫　遣縱也去衍切　遠遼也雲阮切　古文遠

⑪

□先導也疏密切。此率循正字經典又叚帥字為之　□□重文見上五畫　適之也適宋魯語施隻切　遦習也工患切。手部曰摜習也音義皆同蓋此為行之遦故从辵左傳曰貫瀆鬼神釋詁貫習也是叚貫為遦也毛詩曰串夷載路是叚串為遦也案說文無串字串者毌之隸變　遬速重文見上七畫　遭遇也一曰邐行作曹切　遷登也七然切。升遷之正字作䙴見舁部　拪古文遷　遰去也特計切　遯逃也徒困切。此逃遁之本字　遮遏也止車切　遱

詩遹求厥寧欠部引作欥字也

詩視我邁邁心部引作怫怫

遱 連遱也洛侯切 ⑪ 𨓱 恭謹行也讀若九居又切 隨 從也旬爲切 導 循也將倫切 選 遣也一曰擇也思沇切 遲 徐行也詩曰行道遲遲直尼切。語言遲鈍之遲篆作誀 迡 遲或从尸 遟 籀文遲从犀 遹 回辟也余律切 遴 行難也易曰以往遴良刃切。今易作吝口部引之 僯 或从人 遺 亡也以追切 𨗨 近也人質切。釋言馹傳也郭云本或作遷此段遷為馹也聲類云遷亦馹字則竟合為一字矣 遻 遝重文見上十畫 遼 遠也洛蕭切 ⑬ 邁 遠行也莫話切 𨘝 邁或从蠆。段本作𨘝 還 復也戶關切。詩子之還兮本字作嫙今環繞字古衹作還 避 回也毗義切。經傳多段辟為避 送 遣也予線切 遽 傳也一曰窘也其倨切 ⑭ 達 無違也讀若害胡蓋切 邇 近也兒氏切 迩 古文邇 邊 行垂崖也布賢切 ⑮ 遺 媟嬻也徒谷切。媟嬻褻瀆之本字又女部曰嬻媟嬻也音義並同 邌 徐也郎奚切。黎明黎旦字當作此 邋 搚也良涉切 ⑯ 邍 高平曰邍人所登也愚袁切。此原野之本字灥部曰厵水本也篆文作原即今源泉之源 ⑰ 邎 行邎徑也以周切。論語行不由徑當作此字 ⑲ 邁 邁重文見上十三畫 邐 行邐邐也力紙切 邁 不行也讀若住中句切。說文無住字段氏謂即侸之俗字也案邁與住音義並同則邁即住也又馬部曰駐馬立也音訓略同

彳部三十四

彳 小步也象人脛三屬相連也丑亦切音敕 亍 步止也讀若畜丑玉切。按彳亍與躑躅之義甚近疑可作此 ④ 彶 急行也居立切。今汲汲字當作此 衲 復重文見下七畫 𢓊 行示也司馬法斬以𢓊詞閏切。今俗作徇徇行字當作此 ⑤ 往 之也于兩切 𨑱 古文往从辵 彼 往有所加也補委切 㣙 行㣙㣙也徒歷切。玉篇云㣙除又切與宙同 ⑥ 𢓡 行平易也以脂切。此夷易之本字今則夷行而𢓡廢矣 待 竢也徒在切 很 不聽從也一曰行難也一曰盭也胡懇切。鬭很字當作此 後 遲也胡口切 𨒌 古文後从辵 律 均布也呂戌切 ⑦ 徑 步道也居正切 徎 徑行也丑郢切 徐 安行也似魚切 復 卻也一曰行遲他內切 衲 復或从內 退 古文从辵。今字多用古文不用小篆 𢔌 使也讀若螽敕容切 ⑧ 𢓮 迹也慈衍切。凡踐言踐行字皆當作此又行部衛迹也音義同 得 行有所㝵也多則切。按此下各本有㝵字篆云古文省彳今得已見於見部訓取也義微別今刪 徛 舉脛有渡也去奇切 御 使馬也牛據切。禁御之正字作敔 馭 古文御从又馬 ⑨ 復 往來也房六切。緟復之復篆作复易无往不復七日來復並當作复 𢓑 復也人九切。玉篇云習也忕也或與狃同 循 行也詳遵切。此遵循字揗循之循篆作揗 徥 徥徥

行皃也爾雅曰徥則也是支切。今本作是則也古蓋段徥為是也 徧 帀也比薦切 徦 至也古雅切。假字格字訓至訓來者皆徦之段借字假古無入音 𢔖 相迹也之隴切。踵迹字當作𢔖此玄應合踵𢔖為一字 ⑩ 微 隱行也春秋傳曰白公其徒微之無非切。微細之本字作𢼸見人部微雨之微篆作溦微伺篆作覹 徬 附行也蒲浪切。人部曰傍近也音同而義微別傍徨篆作方皇 徯 待也胡計切。徯或文作蹊凡始行之已待後行之徑曰蹊引伸之義也今相承以蹊為蹊徑字與徯截然異解音則徯上蹊平誤矣 蹊 徯或从足 ⑫ 德 升也多則切。道德之德篆作悳 徲 久也讀若遲杜兮切。此與遲音義略同屖遲字當作此 ⑬ 徼 俗又作邀 徼 循也古堯切。引伸為徼求為邊徼徼幸之徼篆作僥 ⑭ 𢓺 行皃一曰此與馺同蘇合切。謂𢓺即馺字也 𢔇 使也普丁切。玉篇云俗作俜 ⑱ 𢖌 行皃其俱切。此與足部躣音義同走部又有𧾍

衛率之正字作衛

廴部三十五

廴 長行也 余忍切。凡引領引導延引接引等字皆當作此引，是引弓本字，今引行而廴廢矣 ④ 廷 朝中也 特丁切 ⑤ 延 行也 諸盈切。此與辵部延征字音義同，多誤為延，又或改為延，亦非也 ⑥ 建 立朝律也 居萬切

延部三十六

延 隸變作延 安步延延也 丑連切 ① 延 長行也 以然切。衍緣字當作此

行部三十七

行 人之步趨也 戶庚切 ③ 衎 行喜皃 空旱切 ⑤ 術 邑中道也 食聿切。引伸為技術 衖 衖重文見下七畫 ⑥ 街 四通道也 古膎切 衕 通街也 徒弄切 ⑦ 衙 衙衙行皃 魚舉切 衒 行且賣也 黃絢切 衒 衒或从言 ⑧ 衛 迹也 才線切。此與後音義同 ⑩ 衛 宿衛也 于歲切 ⑪ 衛 將衛也 所律切。此將帥之正字，帥行而衛又廢矣 ⑬ 衝 今字作衝 衝 通道也 春秋傳曰及衝以擊之 昌容切 ⑯ 衢 四達謂之衢 其俱切

齒部三十八

齒 口斷骨也象口齒之形 昌里切 𠧪 古文齒 ② 齔 毀齒也男八月生齒八歲而齔女七月生齒七歲而齔 按此篆各本作齔，初忍初覲二音，今依段說差貴切，讀如槩 ③ [illegible] 齒見皃 五版切 齕 齧也 戶骨切 ④ 齗 齒本肉也 魚斤切。今用齦為齗，誤 齘 齒相切也 胡介切 ⑤ 齜 齒相齗也一曰開口見齒之皃讀若柴 仕街切 齞 張口見齒也 研繭切 [illegible] 齗腫也 巨圭切 [illegible] 齚齧也 仕乙切 齝 俗別作齝 齝 吐而噍也 爾雅曰牛曰齝 丑之切 齰 齰重文見下八畫 齛 羊糧也 私列切。唐人諱世作齥 齦 齧也 康很切 ⑥ 齤 缺齒也一曰曲齒讀又若權 巨員切。此與豕部豢音義並同，今又用為齒齗字，誤 [illegible] 齒分骨聲讀若剌 盧達切。篇韵皆作[illegible] 齩 俗作咬 齩 齧骨也 五巧切。按咬訓鳥鳴，俗以為齩齧字，誤 [illegible] 齧堅聲 赫鎋切 齧 噬也 五結切 齨 老人齒如臼也一曰馬八歲也 其久切。馬八歲曰馴，齒亦如臼，亦作齨 [illegible] 齧堅也 陟栗切 ⑦ 齬 齟齬也 魚舉切 [illegible] 今字作[illegible] [illegible] 噍聲 古活切 ⑧ 齱 齱齵齒不正也 側鳩切 齯 老人齒 五雞切。詩黃髮兒齒，是段兒為齯也 齮 齧也 魚綺切 齰 齧也 側革切 齚 齰或从作 [illegible] 齰也 昨沒切 齭 今又作齼 齭 齒傷酢也讀若楚 創舉切。酢者今之醋字，痛楚字當作此 ⑨ 齵 齱齵也 五婁切 齹 齹 齒差跌皃春秋傳鄭有子齹 昨何切。今傳作齹，按各本別有[illegible]字與齹實一字也，今據鉉云說文無佐，當是[illegible]傳寫之誤，改 齳 無齒也 魚吻切 [illegible] 齧也 苦洽切 ⑩ [illegible] 齒差也 語廉切 齺 齒搚也一曰馬口中糜也一曰齰也 側鳩切 [illegible] 齒差也讀若切 千結切。此與[illegible]訓齒差異，謂齒相摩切也，切磋字可作此 [illegible] 齧牙也 五來切 齸 鹿麋糧 伊昔切 [illegible] 齧骨聲 戶八切 [illegible] 噍堅也 補莫切。廣韵曰[illegible]同[illegible] ⑫ [illegible] 齒相值也一曰齧也春秋傳曰皙[illegible] 士革切 ⑯ [illegible] 齒皃 力延切 [illegible] 俗作[illegible] [illegible] 齒不相值也 側加切 ⑳ 齾 缺齒也 五轄切

牙部三十九

牙 壯齒也 五加切 [illegible] 古文牙 ⑧ 𤘒 虎牙也 去奇切 ⑨ 𤘘

𤘘齒蠹也區禹切 齲或从齒

足部四十

足足人之足也在體下即玉切 ②𧿹𧿹趣越皃芳遇切。與赴音義略同 ③𧿳跀重文見下四畫 ④𧿺𧿺封也承紙切 趿趿進足有所擷取也。爾雅曰趿謂之擷穌合切 跀跀斷足也魚厥切。此刖足本字經傳多段刖字為之刖絕也非其義 𧿳跀或从兀 趽趽曲脛馬也讀與彭同薄庚切 趹趹馬行皃古穴切。廣雅趹奔也踶趹之正字作趉 跂跂足多指也巨支切。此枝指之本字跂望之企見人部 ⑤跖跖足下也之石切。今所謂腳掌或借蹠為之亦作跖 𧿒𧿒輕也王伐切。與越音義略同 𨁎𨁎跳也敷勿切 跇跇述也丑例切。廣韻同趩 跋跋蹎也北末切 跌跌踢也一曰越也徒結切 跛跛行不正也一曰足排之讀若彼布火切。按跛即彼之隸變可刪因經傳多作跛姑存之

跔跔天寒足跔也其俱切 距距雞距也求許切。凡距止距禦皆當作歫 ⑥跟跟足踵也古痕切 𧿶跟或从止 跪跪拜也去委切 跧跧蹴也一曰卑也絭也莊緣切 跳跳蹶也一曰躍也徒遼切。走部曰趒雀行也雀行者行不循步也今多作跳 跲跲躓也居怯切 跣跣足親地也穌典切 趼趼獸足企也五甸切 路路道也洛故切 ⑦跽跽長跽也渠几切 𨂂𨂂疾也長也式竹切。按方言透𨂂也式竹切吳都賦𨂂透沸亂透即𨂂字音義正同今人呂為透漏字他候切 踊踊俗作踴 踊跳也余隴切。踊正字作擁踴 踄踄蹈也旁各切 䟴䟴動也側鄰切。此與口部唇雨部震手部振音義略同震動字可作此 䟺䟺步行獵跋也博蓋切。今俗狼狽字當作此 𨁏𨁏脛肉也一曰曲脛也讀若逵渠追切 ⑧踝踝足踝也胡瓦切 踦踦一足也去奇切 踧踧行平易也詩曰踧踧周道子六切

書鳥獸𨂁迒 倉部引作𨂁 𨂁之字也

欠部引孟子曾西𣢸然蓋本字也

踖踖長脛行也一曰踧踖資昔切。字亦作蹟 踐踐履也慈衍切 。足之著地曰履彳部曰𢓜迹也為踐迹之正字二字音訓略同又行部曰衛迹也二字通用 踔踔踶也知教切。又敕角切與逴趠 踤踤觸也一曰駭也一曰倉踤昨沒切。此蒼猝正字古書多用倉卒 踣踣僵也春秋傳曰晉踣之蒲北切。與趠音義同 踒踒足跌也烏過切 𨃭𨃭瘃足也苦本切 𨁲今又作剕 𨁲跀也扶味切。跀𨁲者刖剕之正字 ⑨踽踽疏行也詩曰獨行踽踽區主切 踰踰越也羊朱切。與逾音義略同 踵踵追也一曰往來皃之隴切。足踵之正字作歱踵接之正字作種 踶踶躗也特計切 踢踢跌也一曰搶也徒郎切 蹁蹁足不正也一曰拖後馬足讀若苹或曰徧部田切 𨃅𨃅足所履也乎加切 ⑩蹏蹏俗作蹄 蹏足也杜兮切 蹌蹌動也七羊切 蹋俗作踏 蹋踐也徒盍切 蹈蹈踐也徒到切 𨃝𨃝趿也他合切

䠛䠛跳也余招切 蹎蹎跋也都年切。顛蹎顛倒字从此 蹐蹐小步也詩曰不敢不蹐資昔切 跨跨居也苦化切。各本別出跨篆按即跨之俗體也今刪。跨步之跨篆作午見夊部 蹇蹇跛也九輦切。易曰蹇難也行難謂之蹇言難亦謂之蹇俗作謇非 ⑪蹡蹡行皃詩曰管磬蹡蹡七羊切。今詩作磬筦將將字亦作蹡 蹛蹛踶也當蓋切。按蹛即䠠字 蹀蹀足也徒叶切。蹀即今之蹀字也段借作啑作喋 蹢俗作躑 蹢躅逗足也賈侍中說足垢也直隻切。蹢躅通作彳亍 蹠蹠楚人謂跳躍曰蹠之石切。足掌之正字作跖今俗多混之 ⑫蹻蹻舉足小高也詩曰小子蹻蹻丘消切。玄應引文穎曰蹻猶翹也今俗云蹻蹺字當作趬 蹴亦作蹵 蹴躡也子宿切 蹩蹩踶也一曰跛也蒲結切 蹷亦作蹶 蹷僵也一曰跳也讀亦若橛居月切 𨇉蹷或从闕 躇俗作躇俗作𨅗 䠧峙䠧不前也直魚切。峙䠧踟躇之正字篆作篆箸 蹲蹲居也徂尊切。山海經作跧

蹳蹳行也[北末切。集韻與𤼵同字]𨆬[俗別作𨄕]𨆬轢也[良𠮦切]（十三）躅[俗別作躅]躅躅也[直錄切]（十四）躠[亦作躠]躠踐處也[徒管切]躋躋登也商書曰予顛躋[祖雞切。今文作隮俗字]躍躍迅也[以灼切]（十五）躔躔踐也[直連切]蹪蹪跆也詩曰載蹪其尾[陟利切。今詩作疐]（十六）躗躗衛也[于歲切。與衛音義略同]（十八）躡躡蹈也[尼輒切]躝[蹷重文見上十二畫]躣躣行皃[其俱切]（十九）躧[俗作蹝]躧舞履也[所綺切]韃[躧或从革]（二十）躩躩足躩如也[丘縛切]

足部四十一

足足足也上象腓腸下从止弟子職曰問足何止古文以為詩大雅字亦以為足字或曰胥字一曰足記也[所菹切。足疏古今字與足迹別一義]（四）疋疋通也[所菹切。凡𤕟疏疏密字皆當作此]（七）䟽䟽門戶青疏窗也讀若疏[所菹切]

品部四十二

品品眾庶也[丕飲切]（三）喦喦多言也春秋傳曰次于喦北讀與聶同[尼輒切。今左傳作聶北邢地杜氏說此與讘音義皆同]（四）喿喿[俗作噪]鳥羣鳴也[穌到切。此譟噪本字許譟字亦當作此]

龠部四十三

龠龠樂之竹管三孔以和眾聲也[以灼切。此與籥異義經傳多用籥字非也]（五）龢龢調也讀與和同[戶戈切。此與口部和音同義別經傳多段和為龢調味之盉見皿部]（八）龡龡音律管壎之樂也[昌垂切。此吹壎吹本字箎凡吹笙吹籟皆當作此亦作歈]（九）龤龤樂龢也虞書曰八音克龤[戶皆切。與言部諧音同義異各當多用諧為龤凡音律龢諧字當作此]（十）𪛗𪛗管樂也[直離切]篪[𪛗或从竹。樂記又作箎]

冊部四十四

冊冊符命也諸侯進受於王者也象其札一長一短中有二編之形[楚革切。冊告簡冊之冊篆作𠕋亦通用作策]䈂[古文冊从竹]（四）扁扁署也[方沔切]（八）嗣嗣諸侯嗣國也[祥吏切。引伸為凡繼嗣之偁]孠[古文嗣从子]

說文易檢卷二下

說文易檢卷三上

㗊部四十五

㗊衆口也讀若戢一曰呶 阻立切 ㊁ 嘂高聲也一曰大嘑也春秋公羊傳曰魯昭公嘂然而哭 古弔切。今本昭公於是噭然而哭此與許音義略同與叫噭音同而義異 ㊃ 器皿也象器之口犬所以守之 去冀切 ㊅ 嚚語聲也 語巾切 嚚古文嚚 ㊈ 囂聲也气出頭上 許嬌切 嚣囂或省 ⑫ 嚾嘑也讀若讙 呼官切。按說文無喚字嚾即喚字也亦作嚾

舌部四十六

舌在口所以言別味者也 食列切 八 䑙歠也 他合切。曲禮曰無嚃羹䑙即嚃字 舓以舌取食也 神紙切 舓或从也。或作舐俗字

干部四十七

干犯也 古寒切。干城之正字作戰通作扞干求之正字作迂干戈之正字作戟干旄干旌當作竿 ㊁ 屰今字作屰 不順也 魚戟切。此順逆之本字 羊今字作羊 撴也讀若飪 如甚切 ㊉ 幹能事也 古案切。古祇作榦

谷部四十八

谷口上阿也 其虐切 啣谷或如此 臄谷或从豦肉 西舌皃 他念切。或作𦧝作餂皆西之俗字也 丙古文西讀若三年導服之導一曰竹上皮讀若沾一曰讀若誓。沾古添字

只部四十九

只語已詞也 諸氏切 ㊆ 𠰱聲也讀若馨 呼形切。晉宋人多用馨字若冷如鬼手馨强來捉人臂何物老嫗生此寧馨兒是也馨行而𠰱廢矣

㕯部五十

㕯今字作吶 言之訥也 女滑切。與訥音義皆同 ㊃ 商从外知內也 式羊切 古文商 亦古文商 籀文商 ㊄ 矞以錐有所穿也一曰滿有所出也 余律切

句部五十一

句曲也 古侯切 ㊂ 拘止也 舉朱切 ㊅ 笱曲竹捕魚笱也 古厚切 ㊇ 鉤曲鉤也 古侯切。鉤鎌之本字作釽

丩部五十二

丩相糾繚也一曰瓜瓠結丩起 居虯切。此糾纏之正字 ㊅ 糾繩三合也 居黝切。此糾合之本字 ㊇ 𦬳艸之相丩者 居虯切。艸相糾繚故从𦬳不得讀秦艽也艽即𦬳之俗字今作艽誤

古部五十三

古故也 公戶切 古文古 ㊈ 嘏大遠也 古雅切

十部五十四

十數之具也一為東西丨為南北則四方中央備矣 是執切 ㊀ 千十百也 此先切 ㊁ 丈十尺也 直兩切 协材十人也 盧則切。材十人者十倍于人也十人為协千人為俊王制祭用數之仂注仂什一也段氏曰按一當十為协故十取一亦為仂蓋仂本作协也 廿二十并也古文省多 人汁切。省多者省二十兩字為一字也 ㊅ 肸響布也 羲乙切 ㊈ 卙卙卙盛也汝南名蠶盛曰卙 子入切。江南俗云卙卙讀如纖 𠦜詞之集也 秦入切。車部輯車輯也音義略同

此蓋緝言咠之集今編輯字當作此 ⑩ 博 大通也 補各切。博弈之正字作簙

卅部五十五

卅 今字作卅 三十幷也古文省 蘇沓切。此亦當云省多聲耳 世 三十年爲一世 舒制切 卌 四十幷也 先立切。此篆各本無今據廣韵緝部引補

言部五十六

言 直言曰言論難曰語 語軒切 ② 訂 平議也 他頂切 訒 厚也 如乘切 信 誠也 息晉切。古叚爲屈伸之伸 㐰 古文信省 訫 古文信从言心 計 會也算也 古詣切 訇 駭言聲漢中西城有訇鄉又讀若玄 虎橫切 𧦝 籀文訇 訆 大嘑也春秋傳曰或訆于宋大廟 古弔切。今俗作叫此與㗊部嘂口部叫音義皆同 訄 追也讀又若丘 去鳩切。今俗謂逼迫人有所爲曰訄音正同丘 ③ 訓

訓 說教也 許運切 訊 問也 思晉切 𧦒 古文訊从鹵 託 寄也 他各切。人部曰侂寄也音義皆同此蓋謂以言託寄也 記 疋也 居吏切。古者以木鐸記詩言其本字作迒 訖 止也 居迄切 訒 頓也論語曰其言也訒 而振切 訕 謗也 所晏切。此與姍音義同 𧥤 和也如求婦先𧥤叕之 苦后切 訌 讀也詩曰蟊賊內訌 戶工切 這 誕重文見下八畫 訏 詭譌也一曰訏謩齊楚謂信曰訏 況于切 訐 面相厈罪相告訐也 居謁切 訧 罪也周書曰報以庶訧 羽求切。尤字當作此 討 治也 他皓切 ④ 訨 詩重文見下六畫 許 聽言也 虛呂切。國與氏之許篆作鄦 訫 信重文見上二畫 𧥬 快也 於力切。今俗憶字當作此 訪 汎謀曰訪 敷亮切 訦 燕代東齊謂信曰訦 是吟切。與忱音義皆同 䚻 徒歌 余招切 䛻 䚻或从䍃 訢 喜也 許斤切。此與欣音義皆同 設

施陳也 識列切 訝 相迎也周禮曰諸侯有卿訝也 吾駕切 迓 訝或从辵。按此篆大徐所增古通作御 訥 難言也 內骨切。與呐音義皆同 𧦝 訇重文見上二畫 訮 今字作訮又俗作講作喃 詽 詽詽多語也樂浪有詽邯縣 汝閻切 訬 擾也一曰訬獪讀若毚 楚交切。俗語云炒鬧者當作此字 訩 詾重文見下六畫 訟 爭也一曰歌訟 似用切。歌訟後人叚頌字爲之頌兒也爲容兒本字 𧦮 古文訟 ⑤ 詇 早知也 於亮切 詖 辯論也古文以爲頗字 彼義切 謩 謀重文見下九畫 詔 告也 之紹切。此大徐所增十九文之一古通作召 証 諫也讀若正月 之盛切。證字當作此 詁 訓故言也詩曰詁訓 公戶切 詠 歌也 爲命切 咏 詠或从口 評 召也 荒烏切。此呼召之本字後人以呼代評而評廢矣 訹 誘也 思律切 詑 沇州謂欺曰詑 託何切。孟子訑訑之聲音顏色距說文無訑訑即詑之隸變俗又作詑 詒 相欺詒也一

曰遺也 與之切。此欺紿本字又釋言毛傳皆曰詒遺也俗以貽字爲之 詛 詶也 莊助切 詶 詶也 直又切 䛌 譸重文見下八畫 詍 多言也詩曰無然詍詍 余制切。口部引詩作呭呭按詍與呭音義皆同 訾 訾訾不思稱意也詩曰翕翕訿訿 將此切 詄 忘也 徒結切 詐 欺也 側駕切 訶 大言而怒也 虎何切。俗別作呵又呵气篆作𠀀从反丂 訴 告也論語曰訴子路於季孫 桑故切。凡从厈之字隸變爲斥俗又譌斥 𧦝 訴或从朔心。今論語作此 𧩼 訴或从言朔 詘 詰詘也一曰屈襞 區勿切。屈伸字當作此 䛄 慰也 於願切。字亦作怨 詗 知處告言之 朽正切。孟康曰詗音偵西方人以反間爲偵王使其女爲偵於中也服虔亦云偵伺之也如淳曰詗音朽政反按說文無偵字則從服孟說詗即偵是也 詆 訶也 都禮切 診 視也 直刃切又之忍切 訽 詬重文見下六畫 ⑥ 詵 致言也詩曰螽斯羽詵詵兮 所臻切。陸氏詩音義

云詄說文作䛐此引詩說段借也 詩 志也書之切 𧦝 古文詩省 詻 論訟也
傳曰詻詻孔子容五陌切 詳 審議也似羊切。經傳多段爲祥字又音羊爲陽狂字陽狂俗作佯狂 詧 言微親察也楚八切。此與察音義略同蓋察言字當作詧明察字作察
試 用也書曰明試以功式吏切 詮 具也此緣切 詥 諧也候閤切。此諧之正字
話 會合善言也傳曰告之話言胡快切
譮 籒文話从言會 詡 大言也况羽切 詷 共也周書曰在后之
詷一曰譀也徒紅切。某氏尚書作在後之侗釋文曰馬本作詷共也 詣 候至也五計切 詶
詶 詛也市流切。玄應六引曰詶今作呪說文作詶之授切詛也 誃 離別也讀若論
語啟予之足周景王作洛陽誃臺尺氏切。東京賦曰於南則謻門曲榭謻者誃之或體爾雅連謂之簃郭云堂樓閣邊小屋今呼之簃廚連觀也蓋亦誃之異體 [illegible] 語重文見下七畫 詯 俗作咱 詯 膽

气滿聲在人上讀若反目相睞荒內切 訮 諍語訮訮也呼堅切
誂 相呼誘也徒了切。今俗多用挑字 誇 譀也苦瓜切 詪 狠戾也
乎懇切。犬部曰狠犬鬥聲是狠戾字當作此 詾 訟也許容切 訩 詾或省 [illegible] 詾或从兇
謊 今作謊 夢言也呼光切 [illegible] 訐也讀若指職雉切 諫 數
諫也七賜切。譏刺字當作此 詰 問也去吉切 詭 責也過委切。詭篆作恑憰
誅 討也陟輸切 誄 諡也力軌切。禱誄之誄字作讄見下或又作讄 詬
謑詬也呼寇切 訽 詬或从句。俗又作呴 該 軍中約也讀若心中滿該
古哀切。凡俗云當該字本此兼該之該篆作晐 詿 誤也古賣切 ⑦ 語 論也魚舉切
誦 諷也似用切 誨 曉教也荒內切 誠 信也氏征切 誡
敕也古拜切 誋 誡也渠記切。誋今作戒忌 誥 告也古到切。按召

古經龠字作論

言告人當用此字 𠳋 古文誥。按从言从肘 誓 約束也時制切 誎 餔旋
促也桑谷切 說 說釋也一曰談說失爇切又弋雪切。許書無悅懌二字說釋即悅懌
誐 嘉善也詩曰誐以謐我五何切。今毛詩作假以溢我 誧 大也一
曰人相助也讀若逋博孤切 [illegible] 待也讀若餐胡禮切。此與後字義相通
詐 慙語也鉏駕切。此與怍音同義近。論語其言之不怍當作此字 誚 譙重文見下十二畫 誑
欺也居況切 誣 加也武扶切 諂 讇重文見上四畫 誖 亂也蒲沒切
悖 誖或从心 𧦧 籒文誖从二或 誤 謬也五故切 誒 可惡之暑一曰
誒然春秋傳曰誒誒而出許其切。今傳作譆譆此與口部唉欠部欸可通用 諗 譣重文見下十三畫
誕 詞誕也徒旱切 𧬒 籒文誕省正 ⑧ 談 語也徒甘切 諒
信也力讓切。經傳或段亮為諒 請 謁也七井切又才性切。請召之請篆作靚 諄

告曉之孰也讀若庵章倫切。字又作訰 誾 和說而諍也語巾切 諏
聚謀也子于切 論 議也盧昆切 [illegible] 訦重文見上三畫 諗 深諫
也春秋傳曰辛伯諗周桓公式荏切。今左傳諗作諫 課 試也苦臥切
調 龢也徒遼切 諈 諈諉絫也竹寘切 諉 諈諉也女恚切
誼 人所宜也儀寄切。此仁義之本字 諓 善言也一曰謔也慈衍切
諍 止也側迸切。經傳通作爭 諎 大聲也讀若笮莊革切。爾雅行扈唶唶
釋文曰唶說文云借字也一曰大聲也按說文人部本無借字為徐氏所增韻資夜切 唶 諎或从口 [illegible] 謓重文見下十六畫
誹 謗也敷尾切 謟 往來言也一曰小兒未能正言也一
曰祝也大牢切 [illegible] 謟或从包 誻 譶誻也徒合切。與本部䜪音義皆同 詉
言相說司也女家切 諅 忌也周書曰上不諅于凶德渠記切。今書作忌

詵 詵也。乎刀切。此與號音義皆同，名號字義當作詵。 諆 欺也。去其切。 ⿰言亞 相毀也。一曰畏⿰言亞。宛古切。此與惡惡之惡略同。 誶 讓也。國語曰：誶申胥。雖遂切。 詘 詘重文見上五畫。 誰 誰何也。示隹切。 ⑨ 謂 報也。于貴切。 謁 白也。於歇切。 諾 譍也。奴各切。 諸 辯也。章魚切。 諷 誦也。芳奉切。 諭 告也。羊戍切。今別作喻。 謀 慮難曰謀。莫浮切。 𢘓 古文謀。徐本作𠰒。小 𢘓 亦古文謀。 諟 理也。承紙切。 諦 審也。都計切。 諶 誠諦也。詩曰：天難諶斯。是吟切。今詩作忱。按諶、忱通用。今詩其命匪諶，心部引作天命匪忱。 諝 知也。私呂切。此相胥本字。心部曰：慉，知也。音義同。蓋諝見其言之知，慉見其心之知也。 諫 証也。古晏切。 諴 龢也。周書曰：不能諴于小民。胡毚切。 諧 詥也。戶皆切。凡音樂和諧，篆作龢龤。 諰 思之意。胥里切。廣韻曰：言且思之，蓋慎言之意也。

諺 傳言也。魚變切。 諛 諂也。羊朱切。 諼 詐也。況袁切。按諼訓詐，詩終不可諼兮，傳曰：諼，忘也。此諼蓋藼之段借。藼本令人忘憂之艸，引伸之凡忘皆曰藼可也。 諞 便巧言也。周書曰：截截善諞言。論語曰：友諞佞。部田切。今論語作便。按此便佞之正字。 謔 戲也。詩曰：善戲謔兮。虛約切。 諣 疾言也。呼卦切。 諯 數也。一曰相讓也。讀若專。尺絹切。 諽 飾也。讀若戒。一曰更也。古覈切。飾之義同悈，更之義同革。諽蓋謂言之更革也。 諳 悉也。烏含切。玄應書卷廿一云說文諳於禁切，大聲也，不知所據何本。 諱 忌也。許貴切。 諜 軍中反閒也。徒叶切。太史公書借為牒札字。 ⑩ 謜 徐語也。孟子曰：故謜謜而來。魚怨切。此與水原字音義皆同。 謘 語諄謘也。讀若行道遲遲。直离切。謘猶遲遲也。 謐 靜語也。一曰無聲也。彌必切。 謙 敬也。苦兼切。 謝 今字作謝。 謝 辭去也。

辭夜切。經典無榭字，祇作謝。 講 和解也。古項切。 謄 迻書也。徒登切。 謍 小聲也。詩曰：營營青蠅。余傾切。今詩作營營，此蓋本字。 謗 毀也。補浪切。 譸 譸重文見下十一畫。 謈 大嘑自冤也。蒲角切。自冤者，自偁己冤枉也。 謠 䚻重文見上四畫。 ⿱差言 今字作⿰言差，俗又作嗟。 ⿱差言 嗞也。一曰痛惜也。子邪切。嗞⿱差言，咨嗟之正字。 謓 恚也。賈侍中說：謓，笑。一曰讀若振。昌眞切。謓，恚字當作此。 ⿰言朔 訴重文見上五畫。 ⿱斯言 俗作嘶。 ⿱斯言 悲聲也。先稽切。文日本或作⿱斯言。釋詁釋 諡 行之迹也。神至切。按此篆各本作謚，復出謚篆，訓笑皃。此後人妄改也。今正，說詳段本。 謑 謑詬恥也。胡禮切。謑或从奊。 ⑪ 謦 欬也。殸，籒文磬字。去挺切。 謨 議謀也。虞書曰：咎繇謨。莫胡切。 ⿱莫口 古文謨，从口。 謹 慎也。居隱切。謹身之謹，篆作巹，見巳部。 謳 齊歌也。烏侯切。 評 召也。荒烏切。此與嘑通用。 謯 謯娽也。側加切。 謷 不省人言也。一曰哭不止，悲聲謷謷。五牢切。 謾 欺也。毋官切。此欺瞞之正字。 謺 謺讘也。之涉切。 謰 謰謱也。力延切。 謱 謰謱也。洛侯切。 謲 相怒使也。倉南切。 謧 謧詍多言也。呂之切。 謣 妄言也。羽俱切。 ⿰言荂 謣或从荂。玉篇云同譁。 謬 狂者之妄言也。靡幼切。凡差謬、紕繆、繆亂等字皆當作此。古作繆，段借字。 謵 言謵讋也。秦入切。 讁 俗作謫。 讁 罰也。陟革切。 ⑫ 譔 俗作撰。 譔 專教也。此緣切。 識 意也。一曰知也。賞職切。古與志通用。 譒 敷也。商書曰：王譒告之。補過切。今書作播。手部播，一曰布也，音義同。 譊 恚呼也。女交切。 譇 譇拏，羞窮也。陟加切。 譏 誹也。居衣切。 䜌 亂也。一曰治也。一曰不絕也。呂員切。與𤔔部𤔔、乙部亂音義同。 ⿰言䜌 古文䜌。 譆 痛聲也。火衣切。 譄 加也。

作勝切 譀譀誇也 下闞切 𧦅 俗譀从忘 [言貴][言貴]中止也司馬法曰師多則民[言貴] 胡對切。潰敗潰亂字當作此 譁譁讙也 呼瓜切 譌譌譌言也詩曰民之譌言 五禾切。今詩作訛。訛者俗字 譎譎權詐也益梁曰謬欺天下曰譎 古穴切。此譎詐詭譎篆作恑憰 讆讆相毀也 雖遂切 譖譖愬也 莊蔭切 譙譙嬈譙也讀若嚼 才肖切 誚 古文譙从肖周書曰亦未敢誚公 證證告也 諸應切。證驗當作証譣 讕 讕重文見下十七畫 (十三) 譬譬諭也 匹至切 議議語也一曰謀也 宜寄切 譣譣問也周書曰勿以譣人 息廉切。凡徵驗証驗等字皆當作此 譪譪臣盡力之美詩曰譪譪王多吉士 於害切 譮 話重文見上六畫 警警言之戒也 已皿切 譞譞慧也 許緣切。儇音義皆同 與 譽譽偁也 羊茹切 譝譝譽也一曰舞舉也 食陵切 譥譥痛呼也 古弔切。噭義略同 與 譔譔相誤也 古罵切。段氏云譔誤蓋同詿誤 [言萬][言萬]譀也 莫話切 [言歲][言歲]聲也詩曰有[言歲]其聲 呼會切。今詩有嘒其星 譟譟擾也 穌到切。此煩躁本字急躁之本字作趮呼噪之本字作喿今作躁噪皆非 譯譯傳四夷之語者 羊昔切 (十四) 譻譻譻譻聲也 烏莖切。口部曰嚶鳥鳴也嚶義蓋傳言鳥聲凡人物之聲當作譻思元賦鳴玉鸞之譻譻原注譻譻聲也是也 護護救視也 胡故切 譺譺騃也 五介切 譸譸訓也周書曰無或譸張為幻 張流切。譸張亦作侜張或作侏張或作輈張 䜚䜚遝䜚語相及也 他合切。辵部曰遝迨也行相及也目部曰眔目相及也分析甚明 譴譴謫問也 去戰切 [言望][言望]責望也 巫放切。段氏云按望之古文作𦣠故[言望]之古文亦作[言𦣠] 譶譶疾言也讀若沓 徒合切。此與本部誻曰部沓音義皆同 (十五) 譍譍以言對也 於證切。此大徐所增十九文之一古祇作應 讀讀籀書也 徒谷切。竹部曰籒讀書也 讀

讂流言也 火縣切 讄讄禱也累功德以求福也論語云讄曰禱爾于上下神祇 力軌切。今語作誄按禱誄字當作此讄誄施于生者以求福誄施于死者以作謚也 讄 讄或从纍。論語釋文或云作讄蓋即讄之譌字 (十六) 讎 售俗字 讎猶譍也 市流切。引伸為物價之讎與部首雔音義皆同 讇讇諛也 丑剡切 諂 讇或从臽 [言頻][言頻]匹也 符眞切 (十七) 讖讖譣也有徵譣之書河雒所出書曰讖 楚蔭切 讋 讋失气言一曰言不止也傅毅讀若慴 之涉切。與慴音義同 讋 籀文讋不省 讒讒譖也 士咸切 讓讓相責讓 人漾切。謙讓揖讓之正字作攘經傳多叚讓之字為 讕讕抵讕也 洛干切。俗語云抵賴也。抵讕猶 譋 讕或从閒 (十八) 讗讗言壯皃一曰數相怒也讀若畫 呼麥切 讙讙譟也 杜回切 讙讙譁也 呼官切。與部首吅音義略同 讙 俗別作謼 譶譶嗑也 徒盍切 讘 俗別作囁 讘讘多言也河東有狐讘縣 之涉切 (廿一) 讄 讄重文見上十五畫 (廿四) 讋 讋重文見上十七畫

誩部五十七

誩誩競言也讀若競 渠慶切。競音義略同 與 (四) 競 今字作競 競競彊語也一曰逐也 渠慶切 (六) 譱 今从篆文作善 譱譱吉也此與美同意 常衍切 善 篆文从言 (十五) 讟讟痛怨也春秋傳曰民無怨讟 徒谷切

音部五十八

音音聲生於心有節於外謂之音宮商角徵羽聲也絲竹金石匏土革木音也 於今切 (二) 章章樂竟為一章从音十十數之終也 諸良切。篇章字本此文章章采之正字作彰 竟竟樂曲盡為竟 居慶切。引伸之凡事之所止土地之所止皆曰竟俗別製境字非 (五) 韶韶虞舜樂也書曰簫韶九

成鳳皇來儀（市招切。周禮段聲字爲之）⑫ 韽 韽 下徹聲（恩甘切）⑬ 響 響 聲也（許兩切）

辛部五十九

辛 辛 辠也讀若愆（去虔切。廣韻曰辛古文愆）③ 妾 妾 有辠女子給事之得接於君者春秋傳云女爲人妾妾不娉也（七接切）⑦ 童 童 男有辠曰奴奴曰童女曰妾（徒紅切。此僮僕本字凡蒙童童子等字說文本作僮今童僮二字與古義適相反蓋皆漢晉㠯後所改）䇖（籀文童中與竊中同从廿廿古文㠯爲疾字）

丵部六十

丵 丵 叢生艸也象丵嶽相竝出也讀若浞（士角切。說文無嶽字丵嶽即岸嶽也）④ 業 業 大版也所㠯飾縣鐘鼓捷業如鋸齒㠯

白畫之象其鉏鋙相承也詩曰巨業維樅（魚怯切。𨿅俗字）𦏊（古文業）⑥ 對 對 譍無方也（都隊切）對（對或从士漢文帝㠯爲責對而面言多非誠對故去其口㠯從士也。今字作對既不从口亦不从士矣）⑧ 叢 叢 聚也（徂紅切。叢之叢篆作叢）

業部六十一

菐 菐 瀆業也（蒲沃切）② 僕 僕 給事者（蒲沃切。凡僕僕字可作菐又攴部𢽎行𢽎𢽎也讀若僕即今僕僕道途之謂）𤰈（古文从臣）𢍺 𢍺 賦事也讀若頒一曰讀若非（布還切。玉篇敷尾切此頒賦之正字）

𠬞部六十二

𠬞（隸變作廾）𠬞 竦手也（居竦切。此與𢪒拱音義皆同）𢪒（楊雄說𠬞从兩手）奉 奉 承也（扶隴切。今作俸作捧皆奉之俗字）丞 丞 翊也（署陵切）奐 奐 取奐也一曰大也（呼貫切）具 具 共置也（其遇切）兵 兵 械也（補明切）𠈏（古文兵）𢍮（籀文兵）③ 异 异 舉也唐書曰嶽曰异哉（羊吏切。异者異之段借字）④ 弄 弄 玩也（盧貢切）𢍭 𢍭 持弩拊（渠追切）戒 戒 警也（居拜切。誥誡誡誋篆竝作誡）⑤ 畁 畁 舉也春秋傳曰晉人或以廣隊楚人畁之黃顥說廣車陷楚人爲舉之杜林㠯爲騏麐字（渠記切。今傳畁作惎。各本篆从鬼頭之由非也此从東楚名缶之由糸部緷之所從廣韻七志曰畁說文音其是也又丌部畀相付与也與此音義竝異今俗多混之）𢍏 𢍏 兩手盛也（余六切。廣韻曰說文音匊）⑥ 弇 弇 蓋也（古南切。又皿部盦覆蓋也音義俱同）𥥼（古文弇）弈 弈 圍棊也論語曰不有博弈者乎（羊益切。此與大部奕異博說文作簙）⑦ 𢍎 𢍎 摶飯也讀若書卷（居倦切）⑬ 𢍰 𢍰 引給也（羊益切。凡今俗通行睪字皆當作此睪部曰睪司視也非義𡨛鐘鼎文用爲擇字）⑰ 龏 龏 慤也（紀庸切。此與心部恭音義同）

𠬜部六十三

𠬜 𠬜 引也（普班切）攀（𠬜或从手从樊。今字作攀俗又作扳。按攀）⑫ 樊 樊（今字作樊）鷙不行也（附袁切。詩折柳樊圃是段爲棥字樊地之𨙨字作𨙨見邑部）⑲ 𤔸（今字作攣）𤔸 𤔸 也（呂員切。此與攣音義皆同）

共部六十四

共 共 同也（渠用切）𢀧（古文共。體从小徐本按𢀧有睽異之象古文四聲韻引說文誤㠯䒜爲共）⑰ 龔 龔 給也（俱容切。供給字當作此）

異部六十五

異 異 分也（羊吏切）⑥ 戴 戴 分物得增益曰戴（都代切）𢑷（籀文戴）

舁部六十六

舁𦥑 共舉也。讀若余。以諸切。𢍁𢍁 升高也。七然切。與遷音義略同。升遷字當作此。𢍁 𢍁或从卩。隸變作卷。𢍁 古文𢍁。與𦦝 黨与也。余呂切。賜與之與篆作与。見勺部。此推與之本字作予。見部首。𦔻 古文與。興𦥛 起也。虛陵切。興說之正字作𢍁。

詩如鳥斯革其字當作翱

臼部六十七

臼臼 叉手也。居玉切。玉篇曰古文匊字。要要 身中也。於消切。又於笑切。㠯以要約簡要字。按各本篆作要。今依玉篇九經字樣訂。今別作腰。俗 𡡾 古文要。

晨部六十八

晨晨 早昧爽也。食鄰切。此早晨本字。按晨為星晨本晶部。為晨之重文。⑥ 農農 耕人也。奴冬切。今字作農。𦦵 籀文農从林。𨐨 古文農。𨐨 亦古文農。鍇本从艸。鉉本从林。夏昧曰晨。見古尚書。

爨部六十九

爨爨 齊謂炊爨。七亂切。㸑 籀文爨省。𦥎𦥎 所目枝鬲者。渠容切。釁釁 血祭也。象祭竈也。虛振切。俗別作衅。

說文易檢卷三下

革部七十

革革 獸皮治去其毛曰革。革更也。象古文革之形。古覈切。言部諽一曰更也。謂語言之更諽也。𡗂 古文革从卅。卅年為一世而道更也。② 靪靪 補履下也。當經切。俗謂補綴曰打補靪。勒勒 馬頭落銜也。盧則切。③ 靬靬 乾革也。武威有麗靬縣。苦旰切。⿰革于⿰革于 鞄內環靼也。羽俱切。④ 靸靸 小兒履也。穌合切。⿰革卬⿰革卬 鞄角鞮屬。五剛切。靶靶 轡革也。必駕切。靳靳 當膺也。居近切。靳固之正字作斳。靷靷 所目引軸者也。余忍切。䪊 籀文靷从䌛。䌛字見女部。各本篆體作䪊不知所从。今正。⿰革今⿰革今 鞮也。巨今切。⑤ 鞄鞄 柔革工也。讀若朴。周禮曰柔皮之工鮑氏。鮑即鞄也。蒲角切。謂鮑即鞄之段借字。劉昌宗音僕。靼靼 柔革也。旨熱切。⿰革亶 古文靼从亶。鞀鞀 遼也。徒刀切。鞉 鞀或从兆。鼗 鞀或从鼓兆。磬 籀文鞀从殸召。周禮段為鞀字。鞃鞃 車軾中把也。丘宏切。詩曰鞹鞃淺幭。讀若穹。亦作鞃。又作軚。䩛䩛 車束也。毗必切。鞁鞁 車駕具也。平秘切。鞊鞊 鞌鞊。他叶切。鞅鞅 頸靼也。於兩切。⿰革它⿰革它 馬尾⿰革它也。徒何切。今之般緧。⑥ ⿰革各⿰革各 生革可目為縷束也。盧各切。鞏鞏 目韋束也。鞏用黃牛之革。居竦切。鞉 鞀重文見上五畫。鞎鞎 車革前曰鞎。戶恩切。䩞䩞 蓋杠絲也。脂利切。鞌鞌 馬鞁具也。烏寒切。亦作鞍。鞈鞈 所目防扞也。古洽切。⑦ 鞔鞔 履空也。母官切。⿰革夾⿰革夾 鞮⿰革夾沙也。古洽切。⿰革夾沙廣推之鞈靮也。⿰革豆⿰革豆 車鞁具也。田候切。鞙鞙 大車縛軛靼。狂沇切。⿰革見⿰革見 系牛脛也。呼結切。⑧

鞠 蹋鞠也 居六切。廣韻曰今通謂之毬子 巨鳩切。鞠䩡之鞠篆作匊見勹部 鞠育之鞠篆作𥷚見宀部 鞠究之鞠篆作𥷚見夲部 𩍣 鞠或从𥷚 ⿰革宛 鞔重文見下十畫 鞞 刀室也 并頂切 ⿰革官 車轂具也 古滿切 ⿰革奄 車具也 烏合切 ⿰革殹 車具也 防方切

（九）韗 攻皮治鼓工也讀若運 王問切 韗 韗或从韋 鞣 耎也 耳由切 鞮 革履也胡人履連脛謂之絡鞮 都兮切。周禮鞮鞻氏走部引作趧婁 按革部無鞻 鞪 車軸束也 莫卜切。與𣓀音義同 小戎音義曰𣓀本又作鞪 玉篇亦曰鞪亦作𣓀 疑本一字 許書有鞪無𣓀 後人補之 鞥 轡鞥讀若譍一曰龍頭繞者 烏合切 ⿱㞢革 今作鞋誤 ⿰革蚩 驂具也讀若騁蜃 丑郢切 ⿰革面 勒靼也 彌沇切 鞬 所以戢弓矢 居言切 ⿰革亟 急也 紀力切 鞭 毆也 卑連切 𠊞 古文鞭

（十）鞶 大帶也易曰或錫之鞶帶男子帶鞶

婦人帶絲 薄官切 鞵 俗作鞋 生革鞮也 戶佳切 ⿰革冤 量物之⿰革冤一曰抒井⿰革冤古以革 於袁切 ⿰革宛 ⿰革冤或从宛 ⿰革尃 車下索也 補各切 ⿰革茸 毳飾也 而隴切

（十一）鞹 革也論語曰虎豹之鞹 苦郭切 ⿰革徙 俗作屣 鞮屬 所綺切

（十二）鞼 韋繡也 求位切

（十三）⿰革亶 靼重文見上五畫

（十四）韄 佩刀系也 乙白切

（十六）𩏂 鞠重文見上八畫

（十五）韇 弓矢韇也 徒谷切

（十八）⿰革𧶠 靷重文見上四畫 ⿰革巂 綏也 山垂切

（十九）⿰革贊 ⿰革爨重文見下廿九畫

（廿三）韅 今俗作韅 箸亦鞥也 呼典切。檀弓子顯以公子縶也 盧氏植云古者名字相配顯當作韅。說文無腋 亦即腋之本字

（廿九）⿰革爨 曲轅⿰革爨縛直轅暈縛讀若論語鑽燧之鑽 借官切。按火部無燧 祇可作隧在𨸏部為䆗之重文 ⿰革贊 ⿰革爨或从革贊

鬲部七十一

鬲 鼎屬也實五觳斗二升曰觳象腹交文三足 郎激切 ⿰鬲瓦 鬲或从瓦 ⿸厤瓦 漢令鬲从瓦麻聲

（三）⿰鬲午 秦名土鬴曰⿰鬲午讀若過 五禾切。此即今俗鍋字

（四）⿰鬲瓦 鬲重文見鬲部首 ⿰鬲支 三足鍑也一曰滫米器也 魚綺切

（六）鬳 鬵屬 牛建切 融 炊气上出也 以戎切 𩰗 籀文融不省 鬺 煑也 式羊切。今俗烹字可作此 鬺亦作觴作𩱦

（七）鬴 鍑屬也 扶雨切 釜 鬴或从金父聲。經典多作釜惟周禮作鬴

（八）鬵 大鬴也一曰鼎大上小下若甑曰鬵讀若岑 才林切 ⿱兟䰜 籀文鬵从䰜 ⿱沸鬲 涫也 芳未切。涫即今俗滾字 水部沸畢沸字也不可通用

（九）鬷 鬴屬 子紅切

（十一）鬹 三足鬴也有柄喙讀若嬀 居隨切

（十二）⿰鬲曾 鬵屬 子孕切。篇韵皆云甑⿰鬲曾同字此蓋後人妄增也

（十四）⿱兟䰜 鬵重文見上八畫

（十六）⿰鬲蟲 融重文見上六畫

（廿一）⿰䰜囂

炊气皃 許嬌切

䰜部七十二

䰜 古文亦鬲字象孰飪五味气上出也 郎激切

（五）⿱䰜古 鍵也 戶吳切。釋言餬饘也當作此字 餬寄食也為餬口字 今江蘇俗粉米麥為粥曰餬 俗又作糊 又黍部黏 黏也 為粘糊之正字

（六）⿱䰜米 俗作粥 鍵也 之六切。衒鬻賣鬻之正字作𧷸見貝部 ⿱䰜耳 粉餅也 仍吏切 餌 ⿱䰜耳或从食耳

（七）⿱䰜孛 炊釜鬻溢也 蒲沒切。今江蘇俗謂火盛水鬻溢出為鋪 出鋪者鬻之轉語 正當作此字

（八）⿱䰜侃 鬻也 諸延切 𩞁 ⿱䰜侃或从食衍聲 飦 ⿱䰜侃或从食干聲 ⿰食建 ⿱䰜侃或从食建聲

（九）⿱䰜者 鬺也 章與切。鬺即今之烹字 經傳用亯用烹 皆當作鬺 煑 ⿱䰜者或从火 ⿱者水 ⿱䰜者或从水

（十）⿱䰜羔 五味盉羹也詩曰亦有和鬻 古行切。今詩从小篆作羹 羹 ⿱䰜羔或省 ⿱䰜美 ⿱䰜羔或从美鬻省

省羹小篆从羔从美鬻俗作炒鬻熬也尺沼切。按方言有煼即鬻字又或作𪌉 ⑫
鬻鬻鼎實也惟葦及蒲陳畱謂健為鬻桑谷切。詩其蔌惟何即鬻字鬻或省
餗鬻或从食束 ⑭ 鬻鬻重文見上九畫 鬻鬻鬻也余六切 鬻鬻或省从米
鬻鬻內肉及菜湯中薄出之以勺切。玄應曰江東謂瀹為煠音助甲切此其正字今作瀹亦作煠
沟為段借字 ㉒ 鬻鬻涼州謂鬻為鬻其結切 粖鬻或省从末

爪部七十三

爪爪丮也覆手曰爪側狡切。爪甲之正字作叉見又部 爪爪亦丮也从反爪諸兩切。爪之變爲仉見廣均孟子母仉氏今或作掌非 ③ 孚孚卵即孚也一曰信也芳無切 𤓰古文孚从禾禾古文保 ⑧ 爲爲母猴也其爲禽好爪爪下復爲母猴形王育曰爪象形也薳支切。借爲作爲之字凡有所變已曰爲 𤓰古文爲象兩母猴相對形

丮部七十四

丮丮持也象手有所丮據也讀若戟几劇切。凡从丮之字隸變作丸
𢀜𢀜亦持也居玉切。戟挶可作丮𢀜讀若掬 ③ 巩巩褱也居竦切。手部𢹌同字
④ 𢀳𢀳擊踝聲也讀若踝胡瓦切 ⑦ 𢀸𢀸相踦𢀸也其虐切
⑧ 埶埶種也詩曰我埶黍稷魚祭切 蓺埶或从艸。此篆各本無今據經典釋文補俗又作藝 孰熟俗字 𩞁食飪也易曰孰飪殊六切 ⑫ 𩞁𩞁設飪也讀若載作代切。石鼓詩載作𩞁

鬥部七十五

鬥鬥兩士相對兵杖在後象鬥之形都豆切。此爭鬭之本字 ④ 鬨
鬩試力士錘也讀若縣胡畎切。左傳曰主人縣布堇父登之及堞而絕之喙則又縣之此兩縣字正當作鬩 ⑦ 鬨鬨鬥也孟子曰鄒與魯鬨胡弄切 ⑧ 鬩鬩恆訟也詩曰兄弟鬩于牆許激切 ⑪ 鬮鬮經繆殺也力求切。手部曰摎縛殺也音義略同蓋縛殺已一繩勒死玉篇又經繆殺已二繩絞死也吉了切 鬮鬮鬬連結繽紛相牽也讀若繽匹賓切。按說文無繽鬮即繽字 ⑭ 鬮鬮智少力劣也奴禮切。莊子苶然疲役而不知其所歸段云苶即鬮字 ⑮ 鬭鬭遇也都豆切。古凡鬭接用鬭字爭鬥用鬥字俗皆用鬭為爭競而鬥廢矣 鬮鬮鬥取也讀若三合繩糾古侯切 ⑯ 鬮鬮鬩鬮也撫文切。讀若紛按鬮鬮即繽紛之正字

又部七十六

又又手也象形三指者手之列多略不過三也于救切。左右古祇作ナ又左右即俗之佐佑字 ① 叉叉手指相錯也初牙切。叉杈篆作杈材 尹尹

治也余準切 𦘴古文尹 ② 厷厷臂上也古薨切 𠃋古文厷象形 肱厷或从肉。今皆作此 叉叉手足甲也側狡切。爪甲之本字。此 夬夬分決也古賣切 父父巨也家長率教者扶雨切。經傳多借父為甫 及及逮也巨立切 乁古文及秦石刻如此 弓亦古文及。按凡字从此 𨓏亦古文及。蓋从辵从筆 反反覆也府遠切 𠬡古文反 𠬝治也房六切。此服治之本字服為服用之服 友友同志為友云久切 𦫵古文友 習亦古文友 ③ 右右助也于救切。左右本字作ナ又此與祐音義略同 右即今佑字 反反重文見上二畫 𠬛𠬛滑也詩曰𠬛兮達兮一曰取也土刀切。此挑達之本字今詩作挑蓋段借字也 ⑤ 秉秉禾束也兵永切 𠭁𠭁入水有所取也莫勃切。此與頁部頸水部沒音同義近而有別 ⑥ 㕞㕞飾也所劣切。飾即今之拭字刷巾之刷當作此 叔叔拾也式竹切。豳風九月叔苴毛曰叔拾也是此本義今叚叔為伯叔字尟知叔訓為拾者尗豆之尗見部首 取取捕取也周

禮獲者取左耳司馬法曰載獻聝聝者耳也七庚切 ⑦ 叜 今字作叟
叜老也蘇后切 𡨦 籀文叜 傁 叜或从人。今左傳如此作 叚 叚借也古雅切。凡云
假借當作此人部曰假非真也爲真假字 𠬛 古文叚 譚長說叚如此 ⑧ 度 灋制也徒故切
彗 埽竹也祥歲切 篲 彗或从竹 䇶 古文彗从竹習 叚 叚重文見上七畫 ⑨
傁 叜重文見上七畫 㝗 引也無販切。凡漫熳縵等字皆說文所無衹作㝗 𠬧 伸也
籀文申 失人切。與伸音義略同引伸字當作此 ⑩ 㪂 楚人謂卜問吉凶曰㪂
讀若贅之芮切 ⑪ 𠭥 叉卑也側加切。此與担音義略同亦作摣 𠭯 引也
里之切 ⑮ 燮 和也讀若溼蘇叶切 燮 籀文燮从羊。此與炎部燮異

ナ部七十七

ナ 左手也臧可切。俗㠯左右爲ナ又字乃作佐佑爲左右字 卑 賤也執事者補移切

史部七十八

史 記事者也从又持中中正也疏士切 事 職也鉏史切 𠭏 古文事

支部七十九

支 去竹之枝也章移切 㩻 古文支 ⑧ 攲 持去也。去奇切 攲器 飯攲字當作此

聿部八十

聿 手之疌巧也尼輒切 ⑧ 肅 持事振敬也息逐切 𢗍 古文肅从心卪 𦘔 習也羊至切。今字从篆文省變作肄 𦘫 籀文𦘔。此依小徐右从聿左从籀文希也各本篆體誤左旁不知所從 隸 篆文𦘔。按𦘔从隶而肄作肄猶肄从隶而隸亦作肄也

聿部八十一

聿 所㠯書也楚謂之聿吳謂之不律燕謂之弗余律切。弗因拂拭之拂是筆亦可作聿也 ③ 𦘕 聿飾也俗語㠯書好爲𦘕讀若津也將鄰切。今人所謂津津麈麈者蓋出此歎羨其好則口流盡液音義與盡皆通 ⑥ 筆 秦謂之筆鄙密切 ⑨ 書 今字作書 箸也商魚切

畫部八十二

畫 介也从聿象田四介聿所㠯畫之胡麥切。與刀部劃通用 𤱪 古文畫 𠟭 古文畫
晝 日之出入與夜爲介陟救切 𦘠 籀文晝

隶部八十三

隶 及也从又尾省又持尾者從後及之也徒耐切。此與逮音義皆同 ⑨ 隸 及也詩曰隸天之未陰雨徒耐切。今詩作迨俗字也與隶音義亦同 隸 附箸也郎計切 𣝰 篆文隸从古文之體

臤部八十四

臤 堅也讀若鏗鎗古文㠯爲賢字苦閑切 ③ 堅 土剛也古賢切 ⑥ 緊 纏絲急也糾忍切。春秋鄭伯緊按即緊字又譌作紅 ⑦ 豎 俗作竪 豎 立也臣庾切。與壴部尌音義同 𥪿 籀文豎从殳

臣部八十五

臣 牽也事君者植鄰切 ⑥ 𦣞 乖也讀若誑居況切。義與誑可通用 ⑧ 臧 善也則郎切。今俗作藏爲藏匿字又作贓爲賍私字皆非古衹用臧 𦣝 籀文臧

殳部八十六

殳𠬛以杖殊人也周禮殳以積竹八觚長丈二尺建於兵旅賁以先驅（市朱切。軍中所持之殳作杸見杸下）③役𠬛戍也（營隻切）𠊲（古文役从人）④杸𣏂軍中士所持殳也司馬法曰執羽從杸（市朱切。今多以殳爲之）𣪊𣪊下擊上也（知朕切）⑤祋𥙊殳也或說城郭市里高縣羊皮有不當入而欲入者暫下以驚牛馬曰祋詩曰何戈與祋（丁外切）段𣪁椎物也（徒玩切。此鍛物之正字金部曰鍛小冶也小冶者小鑄之竈也此與文義不同分段之段當作斷）⑥㱿（俗作殼或作轂）㱿從上擊下也一曰素也（苦角切）毅毅毅改大剛卯也以逐精鬽（古亥切）⑦𣪘𣪘繇擊也古文投如此（度侯切）殹殹擊中聲也（於計切。秦權銘其於久遠殹石鼓文汧殹沔沔皆以殹爲也字）

⑧豛豛椎擊物也（各毒切。此與攴部毃木部椓音義略同）殽殽相雜錯也（胡茅切。說文無淆崤字皆當作此）𣪃𣪃揉屈也皀古文叀字（居又切。說文無㮶字當作𣪃）⑨殿𣪌擊聲也（堂練切。殿字本義未見今祇爲宮殿字）⑩毄毄相擊中也如車相擊故从殳从軎也（古歷切。此擊撞之本字車相擊擊亦也搏指擊扑而言）毃毃擊頭也（口卓切。淮南書注老人敲其頭敲當作毃）𣪍（字亦作𣪍）𣪍擊空聲也（徒冬切又丈宮切。𣪍枯公切）⑪毆毆捶擊物也（烏后切）毅毅妄怒也一曰毅有決也（魚既切）⑭𣪉（从今字）𣪉縣物殹擊也（市流切。此與擣音義同）

殺部八十七

殺𣏂戮也（所八切。殺从殳杀聲鉉等曰說文無杀字相傳音察未知所出按張參曰杀古殺字張說佀近是則大徐新坿刻字疑又杀之或體也）𣏂（古文殺。鉉本宋刻無此字）𢼛（古文殺）𢽟（古文殺）杀（古文殺。凡物之杀僾字可作此）

段氏云按此蓋即杀字轉寫譌變耳古文四聲韵𣏂爲崔希裕纂古𣏂爲說文則夏氏所據說文爲善本正與張參說合𣏂（籒文殺。鉉本宋刻無此字。周禮矢人𣏂矢參分其長而𣏂其一陸釋文曰𣏂本作殺蓋即籒文𣏂字轉寫譌誤而爲𣏂也）弒𢾊臣殺君也易曰臣弒其君（式吏切）

几部八十八

几𠘧鳥之短羽飛几几也讀若殊（市朱切。此與几異）③𠘩𠘩新生羽而飛（之忍切。此與彡部㐱音同形佀而義殊）⑪鳧鳧舒鳧鶩也（房無切）

寸部八十九

寸寸十分也人手卻一寸動脈謂之寸口（倉困切）③寺寺廷也有灋度者也（祥吏切）⑦尃尃布也（芳無切。與敷音義皆同）⑧將將帥也（即諒切。此將帥字凡相將將養等字篆作𤖟）專（俗字塼甎皆）專六寸簿也一曰專紡專（職緣切。專壹之專作嫥專謹之專作叀見部首）⑫㝵（今字作尋俗又作㝷）㝵繹理也度人之兩臂爲㝵八尺也（徐林切）⑬導導引也（徒皓切。此三年禫服本字示部禫後人所增也今刪）

皮部九十

皮𣪏剝取獸革者謂之皮（符羈切）𥳑（古文皮）𡰣（籒文皮。石鼓文作𡰣）③皯皯面黑气也（古旱切）⑤皰皰面生气也（旁教切。玄應引作皰）

𤿺部九十一

𤿺（今字作𤿺）𤿺柔韋也讀若耎一曰若儁（而兖切。各本篆體皆誤下从皮省非耳非瓦今則竟作瓦矣）𤿺（古文𤿺）𤿺（籒文𤿺）⑧𤿺（今字作𤿺）𤿺羽獵韋絝（而隴切）𤿺（𤿺从朕从衣虞書曰鳥獸𤿺毛）

釋詁曰暋強也
石敉之段借字

支部九十二
攴此即今之扑字 小擊也 普木切。今經典皆作扑 ㊁收 捕也 式州切 攷
敂也 苦浩切。此考覈本字 ㊂𢻫 敷也 讀與施同 式支切。此敷施之本字
今傳用施而𢻫廢矣 孜 孜孜汲汲也 周書曰孜孜無怠 子之切。子部孳
孳孳汲汲生也音義皆同 攸 行水也 以周切。凡悠長悠悠等字皆當作此 汥 秦刻石嶧山石
文如此 改 更也 古亥切 攺 撫也 讀與撫同 芳武切。此與撫音義皆同 攻
攻 擊也 古洪切 改 㪣改大剛卯以逐鬼鬽也 余止切。小徐本作改
㊃攽 分也 周書曰乃惟孺子攽 讀與彬同 布還切。此頒分之正字今書
作頒爲段借字 牧 養牛人也 詩曰牧人乃夢 莫卜切。牧野篆作坶野 ㊄敃
彊也 眉殞切。玉篇謂與敯同字 敄 彊也 亡遇切 敀 迮也 周書曰常

敀常任字也 傅陌切。今書作伯 蓋壁中古文段借字也 按敀與迫音義同 伯敀不可通用 故 使爲之也
古慕切 政 正也 之盛切 㪅 今字作更 改也 古孟切又古行切 敂 擊
也讀若扣 苦候切。按說文無叩 敂即叩字 手部曰扣牽馬也 爲叩馬之本字 叩求之叩篆作訽 畋
平田也 周書曰畋尒田 待年切。齊風無田甫田 上田即畋字 ㊅效 像
也 胡教切 𢼬 使也 而涉切 敒 敒重文見下七畫 敆 合會也 古沓切。今俗云敆縫
敉 撫也 周書曰亦未克敉公功 讀若弭 綿婢切 侎 敉或从人 救
𢿿 擊馬也 楚革切。此驅策之本字 敕誡之敕見下 ㊆啟 教也 論語曰不憤
不啟 康禮切。開啟之正字作启 見口部 敏 疾也 眉殞切 𢽧 止也 周書曰𢽧
我于艱 侯旰切。今書作扞 干城字當作此 敒 理也 直忍切。伸理字當作此 敕 誡
也 一曰臿地曰敕 恥力切。後人或用勅爲誡敕字 誤 力部曰勑 勞也 洛代切 爲勞徠之正字 救 止也 居又切

書在受德敃
心部引作忞

切 敓 彊取也 周書曰敓攘矯虔 徒活切。今尚書作奪 按此爲爭奪之正字 奪篆文
作奪見奞部 今之失脫字也 赦 置也 始夜切 𢼁 赦或从亦 敗 毀也 薄邁切。辵部
曰退敗也 音義皆同 𣁋 籒文敗从䀠 寇 暴也 古候切 𢻎 放也 迂往切。與放音義略同
𢽳 坼也 許其切 敔 禁也 一曰樂器 椌楬也 形如木虎 魚舉切。
此禁禦之本字 敘 次第也 徐呂切。此次序之本字 ㊇敟 主也 多殄切。凡
典法等字皆當作此 經傳多作典 典行而敟廢矣 敞 平治高土可以遠望也
昌兩切。俗別作廠 敡 侮也 以豉切。侮易字本此 敦 怒也 詆也 一曰誰何
也 都昆切。敦厚之本字作惇 今墩煌字从此 敜 捻俗字 敜 塞也 周書曰敜乃穽 奴叶切。
士喪禮隸人涅廁塞 也蓋即敜之段借字 㪇 擊也 竹角切。與椓音義皆同 敤 研治也
舜女弟名敤首 苦果切 鈙 持也 讀若琴 巨今切。此與捦音義略同 𢽬

毀也 辟米切 𢾚 數也 五禮切 ㊈𢾺 戾也 羽非切 𢿝 閉也
讀若杜 徒古切。杜門字當作此 鼓 擊鼓也 公戶切。此鼓鐘鼓琴鼓之鼓 見部首 敯
冒也 周書曰敯不畏死 眉殞切。釋詁曰敯彊也 案說文作敯彊也 蓋許所據爾雅如是 此玉篇所謂敯敯同字是也 ㊉敷 𢻫也 周書曰用敷遺後人 芳無切。今俗作敷 寸部曰尃 布也 音義同
敳 有所治也 讀若豤 五來切。左傳八凱有隤敳 𢽩 刺也 豬几切
敲 橫擿也 口交切。左傳奪其杖以敲之 釋文曰說文作敲 此謂㠯字當作敲也 殳部曰㱿 擊頭也 口卓切 今俗
有此語 ㊉㊀徹 通也 丑列切。古有徹無轍 車轍字亦用此 撤除之撤 篆作徹 𢾝 古文徹
數 計也 所矩切 敶 陳俗作 列也 直刃切。凡軍陳陳設字皆作此 敹 擇也
周書曰敹乃甲胄 洛蕭切 敵 仇也 徒歷切 𢿽 盡也 卑吉切。事畢
之畢當作此 ㊉㊁整 齊也 之郢切 𢿋 辟潄鐵也 郎電切。精鍊字當作此

敽敽繫連也周書敽乃干讀若矯居夭切 𢿱𢿱煩也郎段切。按𢿱與𠬪部𤔔乙部亂言部䜌音義皆同煩曰𢿱治其煩亦曰亂也于義人心煩亂字當作此 ⿰堯攴田也韋遥切 ㊂ 徹徹重文見上十一畫 斂斂收也良冉切。斂篆作斂撿手之 斁斁解也詩曰服之無斁斁厭也一曰終也羊益切。經典亦段射為斁詩秏斁下土其字當作殬 ⿰羣攴⿰羣攴朋侵也渠云切 斀斀劅俗字去陰之刑也周書曰刵劅斀黥竹角切。今或用椓字非其義 ㊃ 敗敗重文見上七畫 𣀓𣀓棄也周書以為討詩曰無我𣀓兮市流切。今詩作魗釋文曰本亦作𣀓 ⿰算攴⿰算攴小舂也初委切。廣韻亦作䈞 ㊈ 變變更也祕戀切 ⿰麗攴⿰麗攴數也力米切。詩其麗不億毛曰麗數也方言作⿰麗攴亦云數也正應作⿰麗攴字

教部九十三

教教上所施下所效也古孝切 𢽈古文教 效亦古文教 斆斆覺悟也胡覺切。斆篆文作學今相承以斆為胡孝切音斆以學為學習字截然分為二矣 學學篆文斆省

卜部九十四

卜卜灼剝龜也象灸龜之形一曰象龜兆之縱橫也博木切 𠁽古文卜 ㊁ 卟卟卜以問疑也讀與稽同古兮切俗作乩 占占視兆問也職廉切 ㊄ 𠧩𠧩卜問也市沼切。此即後人杯珓字俗又作筊 ㊅ 卦卦所以筮也古壞切 𠁼𠁼灼龜坼也治小切。按周禮大卜三兆尚从卜卜師四兆从古文作兆段氏曰古本說文無𠁼字八部𠓜即龜兆字也 兆古文兆畔之兆𠁼省篆作兆 ㊆ 貞貞卜問也陟盈切 𠧧𠧧易卦之上體也商書曰曰貞曰𠧧荒內切。此易悔字之本字今尚書左傳皆作悔𠧧是壁中古文孔安國以今文讀之易為悔也

言部曰書見也 揚著庸西庸 曰書古庸之古文

用部九十五

用用可施行也余訟切 𠂵古文用 ㊂ 甫甫男子之美稱也方矩切。引伸為大也經典通用作父又引伸為始也 ㊅ 葡葡具也平祕切。全備字本此防備字作備今則備行備而葡廢矣 ㊆ 庸庸用也余封切。鄘庸之正字作鄘 寧寧所願也乃定切。此與丂部寍音義皆同惟寍為願詞寧為所願略區別耳隸變作寗非安寍之寍見宀部

爻部九十六

爻爻交也象易六爻頭交也胡茅切 ㊇ 棥棥藩也詩曰營營青蠅止于棥附袁切。言部引詩作營營青蠅止于藩今詩作樊按樊在𠬞部篆作𤗺與此音義略同 藩𦼮字當作此 𦼮俗字篆作杝

㸚部九十七

㸚㸚二爻也力几切 ㊂ 爽爽明也疏兩切 爽篆文 ㊅ 爾爾麗爾猶靡麗也兒氏切。後人段爾為爾汝字語詞之爾篆作尒見八部

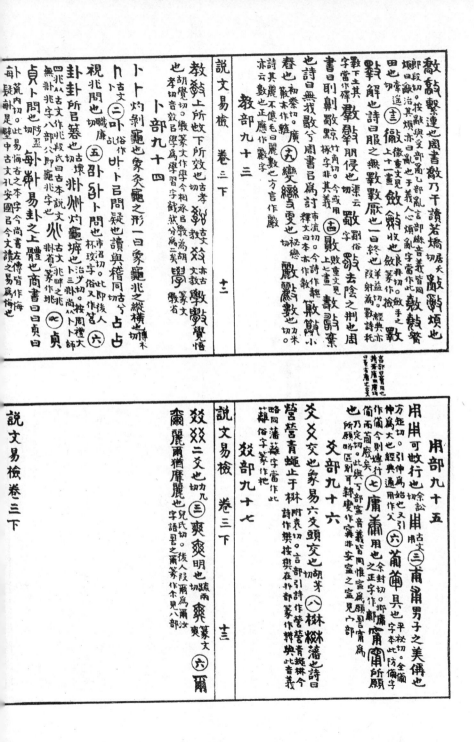

說文易檢卷三下

說文易檢卷四上

旻部九十八

旻 舉目使人也。讀若颭。火劣切 ㊂ ⿱大旻 大視也。讀若齤。況晚切 ㊅ 夐 營求也。商書曰高宗夢得說使百工營求得之傅巖。巖穴也。朽正切 ㊇ 閺 俗作閿 氐目視也。弘農湖縣有閺鄉。汝南西平有閺亭。無分切。建安中改作閿

目部九十九

目 人眼也。象形。重童子也。莫六切 𡇂 古文目 ㊁ 旬 目搖也。黃絢切 眴 旬或从目旬。俗重文見下七畫 ㊂ 盰 目白皃。古旱切 盱 張目也。一曰朝鮮謂盧童子曰盱。況于切 盲 目無牟子也。武庚切 ㊃ 盼 白黑分也。詩曰美目盼兮。匹莧切。按盼眄盻形近而音義各別不可不正 販 多白眼也。春秋傳曰鄭游販字子明。普班切 眊 目少精也。亡報切。漢書多叚眊為耄字 眡 視皃也。承旨切。字亦作睹。按此與眡迥別。宋元以來多亂之。眡古文視字。在見部 眈 視近而志遠。易曰虎視眈眈。丁含切 䀛 目冥遠視也。一曰久視也。莫佩切 相 省視也。易曰地可觀者莫可觀於木。詩曰相鼠有皮。息良切 看 睎也。苦寒切 𥈏 看或从倝 ⿰目夬 涓目也。古穴切 眇 小目也。亡沼切。古多叚藐字為之。如孟子說大人則藐之。凡言藐藐者皆是也。段氏云眇訓小目引伸為凡小之偁。又引伸為微妙之義。說文無妙字。眇即妙也 眄 目徧合也。莫甸切。今多混作盼字 ⿰目叉 捾目也。烏括切。捾即今之剜字 盻 恨視也。胡計切。孟子引龍子曰為民父母使民盻盻然。是此本字。顧盻之盻見上

㊄ 眩 目無常主也。黃絢切。漢書借為幻字。犛靬眩人是也 眥 亦作眦 目匡也。在詣切 窅 深目皃。烏皎切。漢禮樂志窅窊桂華。蘇林曰窅音窅眇之窅。按窅眇即今坳突字。玄應云倉頡篇作䆗突。葛洪字苑作凹凸。許皆不收。然則許用窅眇也 ⿰目必 直視也。讀若詩曰泌彼泉水。兵媚切。今詩作毖。泌之段借也 眓 視高皃。讀若詩曰施罟濊濊。呼括切。濊字當作此 眕 目有所恨而止也。之忍切 眔 目相及也。讀若與隶同也。徒合切。眔與遝音義略同 眜 目不明也。莫撥切 眛 目不明也。莫佩切。按此與眜音雖異而義則同。段云从未之眛蓋淺人所增也 ⿱夗目 目無明也。讀若委宛。一丸切 □ 睫重文見下八畫 眚 目病生翳也。所景切 眣 目不從正也。丑栗切。所謂胃中不正者也 眙 直視也。丑吏切。索隱曰眙與瞪同。段氏云眙瞪古今字 眝 長眙也。一曰張眼。陟呂切。按說文無佇竚字。凡竚立佇望延佇等字皆當作此。貝部曰貯積也亦非其義 □ 目不明也。莫未切。段云□即昒之或字 ㊅ 眼 目也。五限切 瞷 吳楚謂瞋目顧視曰瞷。徒弄切 ⿰目幵 蔽人視也。讀若攜手。一曰直視也。苦兮切 ⿱幵目 ⿰目幵或从目在下 □ 相顧視而行也。于線切。以然切。按廣韻延字可作此。則𥉉觀一字也。文選𥉉皆𥉉之譌 䁘 目衺視也。莫獲切。此與𠂢部䁘音義皆同。釋詁釋文曰䁘字又作脈然 瞚 瞚重文見下十畫 眴 旬重文見上二畫 睠 顧也。詩曰乃眷西顧。居倦切。睠同眷。引伸之訓為眷屬。史記作婘 眵 目傷眥也。叱支切。一曰瞢兜也 眯 艸入目中也。莫禮切 眺 目不正也。他弔切。眺望字其正字作覜 䀩 眄也。盧谷切 ㊆ 䀹 目旁毛也。子葉切。玄應曰睫說文作䀹。釋名作睫 睅 大目也。戶版切。此下大徐補睆篆云或睅字。今移刀部剴下

睥睨當作俾倪睥者俗字也

睍睍目出皃也胡典切　睌睌睌瞖目視皃武限切　睊睊視皃也於絹切　睎睎望也海岱之閒謂眄曰睎香衣切　眼[illegible]目病也力讓切　偺偺眣也敕鳩切　眑从丩偺或　睉睉小目也昨禾切。鉉曰尚書元首叢脞哉今从肉非是　睇睇小衺視也南楚謂眄曰睇特計切。周易夷于左股夷子夏作睇鄭陸同云旁視曰睇京作䁐按䁐亦即睇字也（八）[illegible]大目也[illegible]徹切　瞖瞖大目也侯簡切　睔睔目大也春秋傳有鄭伯睔古本切　睒睒暫視皃讀若白蓋謂之苫相似失冉切　睨睨衺視也研計切　睘睘目驚視也詩曰獨行睘睘渠營切　𥈄𥈄謹鈍目也之閏切　睢睢仰目也許惟切。今从且作雎俗字　鴡之鴡見鳥部　睦睦目順也一曰敬和也莫卜切　𡳐古文睦。各本篆文作𡳐非

是今依六書故正　䁈䁈省視也苦系切　睗睗目疾視也施隻切　督督察視也一曰目痛也冬毒切。隸省作督　睡睡坐寐也是偽切　睞睞目童子不正也洛代切。目精注人故从來屈賦所謂目成也　睩睩目睞謹也讀若鹿盧谷切（九）暖暖大目也況晚切　睴睴大目出也古鈍切　䁋䁋氐目視也周書曰武王惟䁋亡保切。此今書作冒蓋古文以䁋爲冒也　睽睽目不相聽也苦圭切。此與睽音義同今作睽俗字　睹睹見也當古切　覩古文睹。按篇均皆不言覩爲古文　睯睯氐目謹視也莫侯切　睼睼迎視也讀若珥瑱之瑱他計切。詩題彼脊令毛云題視也此睼之段借也　䁍䁍目陷也苦夾切　瞍瞍無目也蘇后切（十）𥉛𥉛轉目視也薄官切。國策有田𥉛高注𥉛讀斯游盼之盼姚宏曰𥉛恐是𥉛𥉛同盼

瞋瞋張目也昌真切　𥅻秘書瞋从戌　䁯䁯目宂皃也讀若易曰勿卹之卹於悅切　䁙䁙目相戲也詩曰䁙婉之求於殄切。今詩作燕此其正字也　瞖瞖短深目皃也烏括切　𥄫看重文見上[illegible]　瞑俗作眠　瞑翕目也武延切　䁝䁝惑也戶扃切。今皆段熒字爲之（十一）瞞瞞平目也母官切。欺瞞之本字作謾　瞟瞟瞭也敷沼切　𥈤𥈤察也戚細切　𥌕𥌕失意視也他歷切。各本篆作𥌕今依段說按𥌕之本字即偺見上　瞗瞗目孰視也讀若雕都僚切　瞚俗作瞬　瞚開闔目數搖也舒閏切。段氏謂爲眣之譌字公羊又有眣（十二）瞦瞦目童子精瞦也讀若禧許其切　瞵瞵目精也力珍切　瞴瞴瞴婁微視也莫浮切。篇韻婁作瞜　瞤瞤目動也如勻切　䁱䁱小視也莫佳切

瞫瞫深視也一曰下視也又竊見也式荏切　瞥瞥過目也又曰翳也一曰財見也普滅切。莊子作覕　瞯瞯戴目也江淮之閒謂眄曰瞯戶閒切。按此字諸多从閑作瞯（十三）𥉡𥉡兒初生蔽目者方辯切　𥊬𥊬視而不止也旨善切　瞻瞻臨視也職廉切　𥌤字亦作䁾　𥌤𥌤兜兒目䁅也莫結切。𥌤兜之兜當从見部作覕　瞽瞽目但有眹也公戶切（十四）矊矊目旁薄緻宀宀也武延切。方言作顤　𥌪𥌪小兒白眼視也蒲莧切　矉矉恨張目也詩曰國步斯矉符眞切。今詩作頻顰戚是字當作此　矆矆大視皃許縛切。篇韻皆矆爲正字矆爲或字　𥌃𥌃視也古銜切。此監視之正字　矇矇童蒙也一曰不明也莫中切。此與周易童蒙異謂目童子如冢覆也（十六）矑矑盧童子也洛胡切

切。又胡涓切 (六)矔 矔 目多精也益州謂瞋目曰矔 古玩切 (十九)矕 矕 目矕矕也 武版切 (二十)矘 矘 目無精直視也 他朗切

䀠部一百

䀠 䀠 ナ又視也讀若拘又若良士瞿瞿 九遇切。凡詩齊風唐風禮記檀弓曾子問雜記玉藻或言瞿或言瞿瞿蓋皆䀠之叚借今瞿行而䀠廢矣 (三)𥄕 𥄕 目圍也讀若書卷之卷古文以爲醜字 居倦切 ⿻大䀠 ⿻大䀠 目衺也 舉朱切

眉部一百一

眉 眉 目上毛也从目象眉之形上象頟理也 武悲切 省 今字从古文作省 省 視也 所景切。減省之省篆作媘又水部曰渻水減也謂水之渻減也音義亦同 𥄉 古文省。各本篆作𥄉非也古文目作囧此與眘字皆从之

盾部一百二

盾 盾 瞂也所以扞身蔽目 食閏切。或借楯字爲之 (五)瞂 今或作瞂 瞂 盾也 扶發切 (六)䬲 䬲 盾握也 苦圭切

自部一百三

自 自 鼻也象鼻形 疾二切 𦣹 古文自 (八)臱 臱 宀宀不見也 武延切

白部一百四

白 白 此亦自字也省自者詞言之气从鼻出與口相助 疾二切。黑白之白見卷七下部首 (一)百 百 十十也數十十爲一百百白也十百爲一貫貫章也 博陌切。古文百 𦣻 (四)皆 皆 俱詞也 古諧切 者 者 別事詞也 𣥐古文旅 之也切 (十二)魯 魯 今字从日作魯 鈍詞也論語曰參也魯 郎古切 𥏼 今字作智 𥏼 識詞也 知義切。𣉻 古文𥏼。此依鍇本鉉本作𣉻疑有誤此與矢部知音義皆同故多通用 (十四)𠷎 今字作疇 𠷎 詞也虞書曰𠷎咨 直由切。今書作疇爲叚借字此與口部𠷎音義同

鼻部一百五

鼻 鼻 所以引气自畀也 父二切 (二)鼽 鼽 病寒鼻窒也 巨鳩切 (三)鼾 鼾 臥息也讀若汗 侯幹切 (八)齂 齂 臥息也讀若虺 許介切。此與尸部屆音義皆同 (十)齅 齅 以鼻就臭也讀若畜牲之畜 許救切。玉篇引論語三齅而作今字作嗅

皕部一百六

皕 皕 二百也讀若逼 彼力切 (三)奭 奭 盛也此燕召公名讀若郝史記名醜 詩亦切 奭 古文奭。古文百作百則知皕亦可皕

習部一百七

習 習 數飛也 似入切 (四)翫 翫 習猒也春秋傳曰翫歲而愒日 五換切。猒飽也此翫習字按心部忨下引春秋忨歲而愒日爲翫愒本字又玉部曰玩弄也爲玩弄字三字音同義近而別

羽部一百八

羽 羽 鳥長毛也象形 王矩切 (四)翁 从羽 翁 頸毛也 烏紅切。俗言老翁者叚爲公字也 翄 今字作翅 翄 翼也 施智切 䎗 䎗 翄或从羽氏 𦐒 𦐒 飛盛

皃土盍切。按廣雅之翋䍃即說文之翊䍃 𦐇𦐇羽盛皃也侍之切 翌翌樂舞㠯羽翿自翳其首㠯祀星辰也讀若皇胡光切。翿同翳 ⑤翑翑羽曲也其俱切 翏翏高飛也力救切 翊翊飛皃與職切。字又作㹑作翌翊日之正字作昱 翇翇樂舞執全羽㠯祀社稷也讀若紱分勿切。周禮舞師有皇舞樂師有帗舞翇翌者帗皇之本字 ⑥羿羿羽之羿風亦古諸侯也一曰䠶師五計切。此謂有窮后羿弓部曰彃帝嚳䠶官乃夏后之彃羿俗作羿 翕翕起也許及切 翔翔回飛也似羊切 ⑦翜翜捷也飛之疾也讀若濇一曰俠也山洽切。俗語雯翜時者當作此 ⑧翟翟山雉也尾長徒歷切 翡翡赤羽雀也出鬱林房未切 翠翠青羽雀也出鬱林七醉切 翣翣棺羽飾也天子八諸侯六大夫四士二山洽切

⑨翨翨鳥之彊羽猛者居豉切 翦翦羽生也一曰矢羽即淺切。翦滅之正字作揃 䩐䩐翄也古翮切。詩如鳥斯革此其正字也 翭翭羽本也乎溝切 翥翥飛舉也章庶切 翬翬大飛也一曰伊雒而南雉五采皆備曰翬詩曰有翬斯飛許歸切 翩翩疾飛也芳連切 ⑩翰翰天雞也赤羽逸周書曰文翰若翬雉一名晨風周成王時蜀人獻之侯幹切。翰墨之翰通作乾翰毛之翰篆作鶾翰雞之翰篆作鶾。翰石鼓文作𩙺 翮翮羽莖也下革切 翱翱翱翔也五牢切 翯翯鳥白肥澤皃詩曰白鳥翯翯胡角切。賈誼書作皜。白部曰皠鳥之白也音義皆同 ⑪翳翳華蓋也於計切 翿翿翳也所㠯舞也詩曰左執翿徒到切。釋言曰翢纛也纛翳也王風毛傳曰翿纛也翳也按翳翢翿三字同纛俗作纛玉篇徒到切羽葆幢也亦作翿是纛亦翿字也 ⑫翹翹尾長毛也渠遙切。故高舉曰翹翹足之翹篆作趬 ⑬翾翾小飛也許歸切 翽翽飛聲也詩曰鳳皇于飛翽翽其羽呼會切

隹部一百九

隹隹鳥之短尾總名也職追切。詩翩翩者鵻當作此古文亦段為惟字 ②隻隻鳥一枚也从又持隹持一隹曰隻持二隹曰雙之石切 ③雀雀依人小鳥也讀與爵同即略切。爵與雀同音後人因書小鳥之字為爵矣 琟琟鳥肥大琟琟然也戶工切。鴻當作此字。鴻鴈之鳿玄應曰琟或从鳥。鳿古文琟聲類㠯為鴻鵠之或字 隿隿繳䠶飛鳥也與職切。此弋䠶之正字 ④雅雅鵶俗字雅楚烏也一名鸒一名卑居秦謂之雅五下烏加二切。此鵶鵲正字雅頌之雅篆作疋見部首。卑居俗作鵯鶋 雃雃鳥也讀若方府良切。此與鴋各物 雓雓鳥也睢陽有雓水五佳切。雓字亦作猚玉篇邪胡灰切睢陽鄉名亦即猚字又集韻類篇作鳹 雂雂鳥也春秋傳有公子苦雂巨淹切 雁雁鳥也呼旱切。此雁鴈之正字鳥部鴈異 雇雇九雇農桑候鳥扈民不婬者也春雇鳻盾夏雇竊玄秋雇竊藍冬雇竊黃棘雇竊丹行雇唶唶宵雇嘖嘖桑雇竊脂老雇鷃也侯古切。今用為雇傭字 𩿍雇或从雩鳥 鳸籀文雇从鳥。今爾雅同籀 𨾊鴳俗字 䧖䧖鳥也一曰雉度章移切 雄雄鳥父也羽弓切 ⑤雉雉有十四種盧諸雉卜雉秩秩海雉翟山雉翰雉卓雉伊雒而南曰翬江淮而南曰搖南方曰𨉢東方曰甾北方曰稀西方曰蹲

雡州之雡當作鄒

直几切。今爾雅甾作鶅稀作鵗蹲作鷷 鴺古文雉从弟 雊雊雄雌鳴也雷始動雉乃鳴而句其頸古候切 雖雖雖也處脂切 鴟籀文雖从鳥 雃雃牟毋也人諸切。月令作鴽 鴽雃或从鳥 䧹䧹䧹鳥也於陵切。今多从籀 此篆各本無今依韵會補按䧹古文也 䧹古文䧹从人 鷹籀文䧹从鳥 雌雌鳥母也此移切 雋雋鳥肥也長沙有下雋縣徂沇切

⑥ 雒雒忌欺也盧各切。釋鳥作鵅鵋鶀又作鵋。河洛字當作此 鳽雃石鳥一名雝渠一曰精列春秋傳秦有士雃苦堅切。精列者脊令之轉語釋鳥作鶺鴒俗字也 雐雐雐鳥也荒烏切 𦊾𦊾覆鳥令不得飛走也讀若到都校切。此罩之本字网部曰罩捕魚器也與此不特魚鳥異用亦且罩非网罟之類也

⑦ 䧹䧹重文見上五畫 鴺雉重文見上五畫

⑧ 閵閵今閵侶鴝鵒而黃良刃切 𨶚籀文閵不省 雕雕鷻也都僚切。雕琢之正字作琱雕零之正字作凋 鵰籀文雕从鳥 𨿽𨿽鷗也是偽切 䧼䧼雕屬也常倫切。按說文無鶉字鶉者䧼之省文惟有詩縣鶉內則鶉羹字當作此互詳鳥部鷻下

⑩ 巂巂巂周燕也一曰蜀王望帝婬其相妻慙亡去為子巂鳥故蜀人聞子巂鳴皆起曰是望帝也戶圭切。今作子規此其本字也 閵閵重文見上八畫 雗雗雗鷽也侯旰切。此與鳥部鶾各物 雞雞知時畜也古兮切 鷄籀文雞从鳥 雛雛雞子也士于切 鶵籀文雛从鳥 雝雝雝𪇰也於容切。隸變作雍凡雝和辟雝字篆作廱 魋魋如小熊赤毛而黃杜回切。斯篆大徐所增十九文之一原列鬼部今依爾雅移入隹部驗亦可言隹也

⑫ 雡雡鳥大雛也一曰雉之莫子為雡力救切。此與翏剔而俗通用釋鳥字作鷚郭云晚生者 離離離黃倉庚也鳴則蠶生呂支切。今別作鸝誤鸝者離之俗字 𩀏𩀏雜屬也思含切 𩀏籀文𩀏从鳥

⑬ 𩁆𩁆繳𦦺也一曰飛𢿌也蘇旰切。段氏云繳𦦺者謂繳𦦺增矢散之加於飛鳥也按繳𦦺字當作此亦取先斂後放也

⑫ 䧢䧢飛也山垂切

⑮ 𩁗𩁗𩁗黃也一曰楚雀也其色黎黑而黃郎兮切。𩁗字林省作雈又作鵹𩁗黃即離黃見離下俗又作鸝

⑯ 鷹䧹重文見上五畫

奞部一百十

奞奞鳥張羽自奮奞也讀若睢息遺切。又先晉切與丮音義同奮丮當作此

⑵ 奪奪今字作奪 奪手持隹失之也徒活切。引伸為凡失去物之偁此失脫本字也肉部曰脫消肉臞也義別爭奪之奪篆作敓

⑤ 奮奮翬也詩曰不能奮飛方問切

雈部一百十一

雈雈鴟屬从隹从丫有毛角所鳴其民有旤讀若和胡官切

⑵ 蒦蒦規蒦商也一曰視遽皃一曰蒦度也乙虢切 彠彠蒦或从尋尋亦度也楚辭曰求矩彠之所同

⑥ 雚雚雚雀也詩曰雚鳴于垤工奐切。今作鸛俗字也按雚之字从隹不必更加鳥旁矣今字此類者甚多 舊舊鴟舊舊留也巨救切。舊之或文作鵂今俗嫥吕舊為新舊字而吕鵂為鵂留字分平去二音而舊之本義廢矣。留俗又作鶹 鵂舊或从鳥休。今音許流切

丫部一百十二

丫丫羊角也象形讀若乖工瓦切。按此疑即今之丫字江蘇謂叉竿為丫叉其形亦侶羊角也

⑵ 芇芇相當也讀若宀母官切。廣韵曰今人賭物相質謂之芇當也

⑷ 乖乖隸變作乖 乖戾也古懷切

首部一百十三

𥄕𥄕 目不正也讀若末 莫結切 ㊃ 𦱊𦱊 火不明也周書曰布重𦱊席𦱊席纖蒻席也讀與蔑同 莫結切。今書作敷重蔑席許引之說段借也 ㊅ 蔑蔑 勞目無精也人勞則蔑然也 莫結切。經典蔑之本字作懱 ㊆ 瞢瞢 目不明也 木空切。按小雅視天夢夢與瞢音義同也

羊部一百十四

羊羊 祥也从𦍌象四足之形孔子曰牛羊之字㠯形舉也 與章切。羊訓祥故亦段爲祥字 ㊀ 羋羋 羊鳴也从羊象气上出與牟同意 緜婢切。各本篆文中筆直作半今依五經文字篆韻譜正气出不徑直也 ㊁ 羌羌 西戎羊種也南方蠻閩从虫北方狄从犬東方貉从豸西方羌从羊此六種也 上文衹有四種或云此當作有謂羌有六種 西南僰人僬僥从人蓋在坤地頗有順理之性唯東夷从大大人也夷俗仁仁者壽有君子不死之國孔子曰道不行欲之九夷桑桴浮於海有㠯也 去羊切 𢀖 古文羌如此 ㊂ 羍羍 小羊也讀若達同 他末切 㚆 羍或省。段氏云此不當从入當是从人羊有仁義禮之德故从人 美美 甘也羊在六畜主給膳也美與善同意 無鄙切。美色之美當篆作媄 羑羑 進善也文王拘羑里在湯陰 與久切。此篆又見厶部曰羑古文今刪 ㊃ 羔羔 羊子也 古牢切 羒羒 牂羊也 符分切。國語土之怪羵羊雌雄未成亦作墳羊 牂牂 牝羊也 則郎切 羖羖 夏羊牡曰羖 公戶切 ㊄ 羜羜 五月生羔也讀若煑 直呂切 羝羝 牡羊也 都兮切 羠羠 羊名

瞿然字當作䀠

蹏皮可㠯割桼 此思切 ㊅ 䍫䍫 羊未卒歲也或曰夷羊百斤左右爲䍫讀若春秋盟于洮 治小切 羠羠 騬羊也 徐姊切 ㊆ 羥羥 羊名也 口莖切 羣羣 輩也 渠云切。羣居之羣篆作宭 ㊇ 䍬䍬 羊相䍬積也 於偽切。夏小正三月䍬羊䍬即䍬 ㊈ 䍮䍮 六月生羔也讀若霚 已遇切 羭羭 夏羊牝曰羭 羊朱切 羯羯 羖羊犗也 居謁切 䍠䍠 羣羊相積也一曰黑羊也 烏閑切。字林䍠黑色也䍠即羻般色字當作此 ⑫ 䍽䍽 羊名汝南平輿有䍽亭讀若晉 即刃切 羵羵 羊相羵積也 子賜切 ⑬ 羳羳 黃腹羊也 附袁切 ⑭ 羸羸 瘦也 力爲切

羴部一百十五

羴羴 羊臭也 式連切 羶 羴或从亶。今經傳皆作此字 ㊂ 羼羼 羊相廁也一曰相出前也 初限切。顏氏家訓曰典籍錯亂皆由後人所羼此相出前引伸之義

瞿部一百十六

瞿瞿 鷹隼之視也讀若章句之句又音衢 九遇切。凡毛詩禮記瞿字當作䀠 ㊁ 矍矍 隹欲逸走也讀若詩云穬彼淮夷之穬一曰視遽皃 九縛切。今詩作憬釋文云憬說文作懬音獷

雔部一百十七

雔雔 雙鳥也讀若醻 市流切。此與言部讎音義皆同 ㊁ 雙雙 隹二枚也 所江切 ㊇ 靃靃 俗作霍 雨雔飛聲也 呼郭切。今俗霍字當作此

雥部一百十八

雥雥雥 羣鳥也 徂合切 ㊃ 雧雧 羣鳥在木上也 秦入切。引伸為凡聚之偁 集集 雧或省。今字从或體 ㊈ 雦雦 鳥羣也 烏主切。蓋謂鳥聚如淵也

鳥部一百十九

鳥鳥 長尾禽總名也 都了切 ㊁ 鳩鳩 鶻鵃也 居求切。鳩聚之正字作勼見勹部 ㊂ 鳳鳳 神鳥也天老曰鳳之像也麐前鹿後蛇頸魚尾龍文龜背燕頷雞喙五色備舉出於東方君子之國翱翔四海之外過崐崘飲砥柱濯羽溺水莫宿風穴見則天下大安寧 馮貢切 鵬 古文鳳象形鳳飛羣鳥從㠯萬數故㠯為朋攩字。朋本神鳥㠯為朋攩字此說叚借也 鵬 亦古文鳳。今俗㠯鳳朋鵬分作三字尟知本係一字者 鳴鳴 鳥聲也 武兵切。引伸凡出聲皆曰鳴 ㊃ 鴂鴂 寧鴂也 古穴切。小正孟子借鴂為鶪寍俗作鴂 鴋鴋 澤虞也。分兩切 釋鳥鴋澤虞釋文鴋本或作鴋說文作鴋 鴈鴈 鵝也 五晏切。鴈與雁各字禮經凡單言鴈者皆鴻雁也言舒鴈者則鵝也今鴈雁不分久矣學者不可不宷 鴇鴇 鴇鳥也 博好切 鳵。鴇或从包。亦作鴇 鴧鴧 鴧雀也佀鶡而青出羌中 古拜切 鴆鴆 毒鳥也一曰運日 直禁切。今作酖毒叚借字也 鳻 字亦作鳻 鳻 鳥聚皃也一曰飛皃也 府文切 ㊄ 鴠鴠 渴鴠也 得案切。古祇作旦。 鴞鴞 雎鴞寍鴂也 于嬌切 鴩鴩 鋪豉也 徒結切 鴸鴸 鴸鳥也 天口切 鴛鴛 鴛鴦也 於袁切 鴦鴦 鴛鴦也 於良切 鴔鴔 鵖鴔也 平立切 鳵 鴇重文見上四畫 䳊䳊 䳊鳥也讀若撥 蒲達切 鴗鴗 天狗也 力入切 鴜鴜 鴜鸃也 即夷切 鴚鴚 鴚鵝也 古俄切 鴡鴡 王鴡也 七余切。雎者俗字睢字見目部 鴥鴥 鸇飛皃詩曰鴥彼鷐風。余律切。今詩作晨。按各本篆文作

鴥陸云鴥說文作鴥 鴝鴝 鴝鵒也 其俱切。字亦作鸜。 䳇 字今作鵡 䳇 鸚䳇也 文甫切。鸚䳇亦作嬰母 ㊅ 鵃鵃 鶻鵃也 張流切 鴿鴿 鳩屬也 古沓切 鵅鵅 烏鸔也 盧各切。此與雒音同義別 鴻鴻 鵠也 戶工切。鴻鴈之本字作雁並見隹部 鶖鶖 禿鶖也 七由切 鶖 鶖或从秋 鶇鶇 鶇胡污澤也 杜兮切。釋鳥鵜鶘即污澤 鵜 鶇或从弟。今字多作鵜 鴰鴰 麋鴰也 古活切 鵁鵁 鵁鶄也一曰鵁鸕也 古肴切。亦作鵁 鳽鳽 鵁鶄也 古賢切。此與雃各物。此 鳶鳶 鷙鳥也 弋笑切。大徐㠯為鳶字段玉裁云即今之鷂字也較是此篆注家各據一說其實究非鳶字也 玉篇鳶即鳶之俗字今補鳶篆 鳶 即今鳶字 鳶 鴟類也 與專切。此篆各本無今據玉篇補入 于古所當作弋夏小正十二月鳴弋是也 鴳鴳 雇也 烏諫切。鷃即鴳字 ㊆ 鶪鶪 鶪鳥也 居玉切 䳱䳱 䳱鳥也 弋雪切 鵠鵠 黃鵠也 胡沃切 鵝 今作鵞 鵝 鴚鵝也 五何切 鵖鵖 鵖鴔也 彼及切 鵜 鶇重文見上六畫 鶃 鶂重文見下八畫 鵒鵒 鴝鵒也古者鴝鵒不踰泲 余蜀切 雓 鵒或从隹臾 鵔鵔 鵔鸃鷩也 私閏切 ㊇ 鵬 鳳重文見上三畫 鶌鶌 鶌鳩也 九勿切 鵻鵻 祝鳩也 職追切。詩釋文鵻本又作隹 隼。鵻或从隹一曰鶉字。今俗㠯鵻為祝鳩字㠯隼為鷹隼然則鵻平隼上截然分作二字矣 鴁鴁 鴁鳥也 烏浩切 鴖鴖 鴖鳥也 巾武切。玉篇作[illegible] 鵽鵽 鵽鳩也 丁刮切 鵱鵱 蔞鵝也 力竹切。爾雅作鵱鷜 鶂鶂 鶂鳥也春秋傳曰六鶂退飛 五歷切。今字多作鷁 鷊 鶂或从鬲。詩卭有旨鷊是借為虉字也 鶃 司馬相如鶂从赤。今上林賦亦作鷁蓋凡[illegible]作如此也 鶄鶄 亦作鶄 鶄 鵁鶄也 子盈切 ㊈ 鶢 鷫重文見下十三畫 鶪

伯勞也古闃切。鶪夏小正孟子作鴂乃雙聲段借字伯勞夏小正作百鷯月令注作博勞 雒 鶪或从隹
鶤字或作鵾 鶤 鶤雞也讀若運古渾切 鴫 鴫 鷦鴫也亡沼切
鶨 鶨 欺老也丑絹切。爾雅作鶨老 鶠 鶠 鳥也其雌皇一曰
鳳皇也於幰切 鷔 鳩重文見上六畫 鶩 鶩 舒鳧也莫卜切 ⿱契鳥
⿱契鳥 ⿱契鳥辭鳥凡屬古節切 鶡 鶡 佀雉出上黨胡割切 ⑩ 鶻
鶻 鶻鵃也古忽切 鶽 鶽 鶽鳥也辛聿切 鶴 鶴 鶴鳴九皋
聲聞于天下各切。後人鶴與鵠相亂 鷉 鷉 鸊鷉也土雞切 鷀 鷀 鸕
鷀也疾之切 鶬 鶬 麋鴰也七岡切。倉庚字不得作此 鷂 鷂 鷙鳥也
弋笑切 鷸 鷸重文見上八畫 鶯 鶯 鳥有文彰皃詩曰有鶯其羽
烏莖切 鶾 鶾 雗肥翰音者也魯郊㠯丹雞祝曰㠯斯翰音
赤羽去魯侯之咎侯旰切。此與隹部雗義別 鷇 鷇 鳥子生哺者口豆
切 鶱 鶱 飛皃也虛言切。此鶱騰之本字 ⑪ 鷟 鷟 鸑鷟也士角
切。鸑鷟即鸑鷟詳說鸑下 鷞 鷞 鷫俗鷞也所莊切 鷚 鷚 天龠也
力救切。釋鳥鷚天鸙釋文曰鷚字又作鷚鸙。說文作蘥。此與隹部雡異 鶔 鶔 鶔鳥也親吉切 鷬
鷬 鷬鳥也那干切。今用為難易字而本義隱矣 難 鷬或从隹。今字皆作此 難 古文鷬
難 古文鷬 鷖 鷖 鳧屬也詩曰鳧鷖在涇烏雞切
鷗 鷗 水鴞也烏侯切。列子作漚 鷛 亦作鷛 鷛 鷛鳥也余封切 鷐 鷐
鷐風也植鄰切。毛詩作晨古文段借 鷙 鷙 擊殺鳥也脂利切。字又作鷙 鸐 鸐
雉屬戇鳥也都歷切 鷕 鷕 雌雉鳴也詩曰有鷕雉鳴以沼切
⑫ 鷲 字亦作鷲 鷲 鷲鳥師曠曰南方有鳥名曰羌鷲黃頭赤目

五色皆備疾僦切 鷦 鷦 鷦鴫桃蟲也即消切。字亦作鷦 鶹 鶹 鳥少
美長醜為鶹離力求切 鷯 鷯 刀鷯剖葦食其中蟲洛蕭切。
刀鷯玉篇亦作鷯俗字也 鷸 鷸 知天將雨鳥也禮記曰知天文者冠
鷸余律切 鷸 鷸或从遹。莊子鷸一作鷸蓋即鷸之省變也 鷧 鷧 鷀也疾之切 ⿰渠鳥
⿰渠鳥 雝⿰渠鳥也強魚切 鷻 鷻 雕也詩曰匪鷻匪鳶度官切。今詩作鶉按鷻
說文無鶉字鶉者即鷻之省變與隹部雜字別經典鶉火鶉尾字當為鷻魏風縣鶉內則鶉羹字當為雜當隨文釋之也
鷳 鷳 鴟也戶閒切。段氏謂鷳為鳶之正字 鷢 鷢 白鷢王鴡也居月切 鷩 文 鷩
鷩 赤雉也周禮曰孫服鷩冕并列切 鷮 鷮 長尾雉走且
鳴乘輿尾為防釳著馬頭上巨嬌切 ⑬ 鷫 鷫 鷫鷞也五方神
鳥也東方發明南方焦明西方鷫鷞北方幽昌中央鳳皇息逐切。
鷫鷞亦作肅爽又作肅霜霜俗又作鸘 鷽 司馬相如說从穴聲 鷽 鷽 雗鷽山鵲知來
事鳥也胡角切 雤 鷽或从隹 鷺 鷺 白鷺也洛故切 鸊 鸊 鸊鷉
也普擊切。鸊鷉亦作鷿鷈南都賦作䴙鷉 鸇 鸇 鷐風也諸延切 鸇 籀文鸇从廛
鸃 鸃 鵔鸃也秦漢之初侍中冠鵔鸃魚羈切 ⑭ 鸑 鸑
鸑鷟鳳屬神鳥也春秋國語曰周之興也鸑鷟鳴於岐山江中
有鸑鷟佀鳧而大赤目五角切。吳都賦作鸑鷟郭璞曰鸑鷟佀鳧而大長頸赤目紫紺色蓋即江中
鸑鷟別是一物非神鳥也 鸒 鸒 卑居也羊茹切 鸏 鸏 水鳥也莫紅切 ⑮
鵴 鵴 秸鵴尸鳩也居六切。說文無秸字按即鴶字也爾雅釋鳥曰鳲鳩鴶鵴毛傳尸鳩秸鞠
也字異音同方言作結誥擊穀郭云今之布穀也 ⿰截鳥 ⿰截鳥 ⿰截鳥鳥也子結切。篇韻皆云小鷄 鸔
鸔 鳥鸔也蒲木切 ⿰箴鳥 ⿰箴鳥 ⿰箴鳥鳶也職深切 鷹 鷹重文見上十三畫 鸓

鸓鸓鼠形飛走且乳之鳥也 力軌切。其字亦作鼺又作䴎或作蝠或作猵已其佀鳥佀鼠佀蟲佀獸也 鸓 籀文 (十六)鸊鸊鷉鸊也 扁列切 鷉 上鷉重文見上十二畫 鸕鸕 鸕鷀也 洛乎切。字亦作鸕今作鸕鷀者誤也 (十七)鸚鸚鸚鴞能言鳥也 烏莖切 (十八)鸛鸛 鸛尊畐踍如雛短尾射之銜矢射人 呼官切。尊音團 (十九)鸞鸞赤神靈之精也赤色五采雞形鳴中五音頌聲作則至周成王時氐羌獻鸞鳥 洛官切。鸞縣之鸞篆作鸞 (廿五)鸓鸓 鸓重文見上十五畫

烏部一百二十

烏 今別作鳴非 烏孝鳥也象形孔子曰烏亏呼也取其助气故目爲烏呼 哀都切 𦾓 古文烏象形 於 象古文烏省。此即今之於字也 舄舄雒也 則削切。謂舄即雒字此已今字釋古字之例也自段爲履舄字而舄之本義廢矣 雒 隸變作鵲 雒 篆文舄从隹昔 焉焉焉鳥黃色出於江淮象形凡字朋者羽蟲之長烏者日中之禽舄者知大歲之所在燕者請子之候作巢避戊己所貴者故皆象形焉亦是也 有乾切。自借爲語助而焉之本義廢矣

說文易檢卷四上

說文易檢卷四下

華部一百二十一

華華箕屬所已推糞之器也 北潘切 畢 从今字作已下同 畢田网也 卑吉切。攴部曰數畫也爲畢畫之正字 糞糞棄除也 方問切。與土部坌音義皆略同禮記作糞亦作擹亦作拼拚者段借擹者俗字 棄 今字从籀文省變 棄棄捐也 詰利切 弃 古文棄。按隸變棄字中體佀世唐人諱世故開成石經及凡碑版皆作弃近人乃謂經典多用古文矣 棄 籀文棄

冓部一百二十二

冓冓交積材也象對交之形 古候切。按結構當專用此字 再再一舉而二也 作代切 爯爯并舉也 處陵切。凡手舉字當作爯偁揚作偁偁乃銓衡字今皆通用作稱而偁爯廢矣

幺部一百二十三

幺幺小也象初生子之形 於堯切。俗謂一爲幺亦謂晚生子爲幺 (二)幼幼少也 伊謬切

𢆶部一百二十四

𢆶𢆶微也 於虯切。小之又小曰微幽微當作𢆶微 (三)幽幽隱也 於虯切。𢆶微字見上 (六)幾幾微也殆也 居衣切。庶幾之正字作𧯛見豈部

叀部一百二十五

叀叀小謹也 職緣切。專謹字本此 𠀃 古文叀 𠨐 亦古文叀 (四)惠惠仁也 胡桂切。經傳或段惠爲慧 𢡆 古文惠从芔。隸變作𢡆 (六)疐疐礙不行也詩曰載疐其尾 陟利切。此與躓音義略同

玄部一百二十六

玄 幽遠也黑而有赤色者爲玄 胡涓切 古文玄 ⑥ 玈 黑色也 洛乎切。此新坿字據春秋傳僖二十八年釋文引移爲正文徐氏曰義當用驢。亦通作旅盧 ⑤ 玆 黑也春秋傳曰何故使吾水玆 胡涓切。本子之切非也按左傳釋文曰玆音玄今正辯詳段說。此與艸部茲迥別凡說文滋孳鷀等篆體各本皆誤从玆

予部一百二十七

予 推予也象相予之形 余呂切。此推與本字又段爲余我之余 幻 相詐惑也周書曰無或譸張爲幻 胡辦切。到予字也 ⑧ 舒 伸也一曰舒緩也 傷魚切。此與紓音義皆同

放部一百二十八

放 逐也 甫妄切 ③ 敖 遨俗字 出游也 五牢切。經傳借爲倨傲字 ⑤ 敫 光景流皃讀若龠 以灼切。與爚字音義略同

𠬪部一百二十九

𠬪 物落也上下相付也讀若詩摽有梅 平小切。毛傳摽落也按摽擊也摽正𠬪之段借也又今漂落亦作飄於義皆當作𠬪 ① 𤓯 撮也 力輟切。鉉本作从己今依鍇本从乙按此與手部撮音義略同 爭 引也 側莖切 寽 五指寽也讀若律 呂戌切。凡今俗用五指持物引取之曰寽 ② 受 相付也 殖酉切 ③ 爰 引也籀文以爲車轅字 羽元切。與援音義並同 𤔌 有所依也讀與隱同 於謹切。安隱字當作此今作安穩俗字也 ⑤ 𠭥 進取也 古覽切 籀文𠭥。今字作敢敢之隸變 古文𠭥 ⑥ 𤔔 治也讀若亂同 郎段切。此與乚部亂攴部敽音義皆同 古文𤔔

𣦼部一百三十

𣦼 殘穿也讀若殘 昨干切。按殘爲殘賊𣦼爲𣦼餘𣦼爲殘穿許書分晳極明今殘行而𣦼𣦼皆廢矣。殘穿者殘賊而穿之也異𣦼謂穿地使空也 ④ 𣦸 阬也 疾正切。此與井部阱穽音同義 ⑦ 叡 溝也讀若郝 呼各切 叡或从土。今字从此 𣦿 深堅意也讀若概 古代切 ⑨ 叡 深明也 以芮切 睿 今通行此字 古文叡 籀文叡从土 ⑩ 壡 叡重文見上七畫 ⑫ 壑 叡重文見上九畫

歺部一百三十一

歺 列骨之殘也讀若屵岸之屵 五割切。鉉曰義不應有中一秦石刻文有之。殘當作歺 古文歺 ② 𣦹 腐也 許久切。今从朽而𣦹廢矣 朽 𣦹或从木 ④ 歾 終也 莫勃切 殁 歾或从𠬡。按歾死字當作此𠬡入水有所取也沒湛于水也頞內頭水中也許書之分別如此 ⑤ 殂 往死也虞書曰勳乃殂 昨胡切 古文殂 殆 危也 徒亥切 殃 凶也 於良切 殄 盡也 徒典切 古文殄如此 殆 枯也 苦孤切。玉篇曰殆古文辜字 ⑥ 殊 死也一曰斷也漢令曰蠻夷有罪當殊之 市朱切。按殊與誅音義略同 ⿰歺肉 禽獸所食餘也 昨干切。殘餘字當作此段說改从月近乎武斷矣 ⑧ ⿰歺委 病也 於爲切。⿰歺委與萎可通用 ⿰歺卒 大夫死曰⿰歺卒 子聿切。此生卒之本字 殘 賊也 昨干切。殘餘之殘篆作⿰歺肉殘穿之殘篆作𣦼 殔 瘞也 羊至切。士喪禮殔即肆字猶肆之隸變作肆也 殖 脂膏久殖也 常職切。膱亦殖字 ⿰歺奇 棄也俗語謂死曰大⿰歺奇 去其切 ⑨ 殙

殙瞀也 呼昆切 殛殛殊也虞書曰殛鯀于羽山 ⑩ 殟殟胎敗也 烏沒切。樂記胎生而不殰卽生而不殟說文有殰無殟按殟即殟也俗所用殟病頭殟字篆當作韞 殠殠腐气也 尺救切。此芳殠本字臭者气也今字殠用臭而殠廢矣 ⿰歹豈⿰歹豈殺羊出胎也 五來切

⑪ 殤殤不成人也人年十九至十六死爲長殤十五至十二死爲中殤十一至八歲死爲下殤 式陽切 ⿱莫歹⿱莫歹死宗⿱莫歹也 莫各切。宗⿱莫歹猶嗼嘆也又夕部有⿱莫歹 殣殣道中死人人所覆也詩曰行有死人尚或殣之 渠吝切。今詩作墐爲段借字

⑫ 殪殪死也 於計切 𡔹 古文殪 殨殨爛也 胡對切。此殨爛之本字潰潰屚字也 殫殫極盡也 都寒切

⑬ 殬殬敗也商書曰彝倫攸殬 當故切。今作斁者漢人已今字改之

⑭ 殯殯死在棺將遷葬柩賓遇之夏后殯於阼階殷人殯於賓階 必刃切

⑮ 殰殰胎敗也 徒谷切。集韵曰古作膭

⑰ 殲殲微盡也春秋傳曰齊人殲于遂 子廉切

⑳ ⿰歹羸⿰歹羸畜產疫病也 郎果切

死部一百三十二

死死澌也人所離也 息姊切 𠒁 古文死从古文歺古文人。古文殂古文殪古文伊从之

⑥ 𣨛𣨛戰見血曰傷亂或爲惽死而復生爲𣨛 咨四切。說文無趑𣨛即今之趑字也音更上聲

⑫ 薨薨公侯卒也 呼肱切 又⑫ 薧薧死人里也 呼毛切。此蒿里之本字

冎部一百三十三

冎 即今剮字 冎剮人肉置其骨也象形頭隆骨也 古瓦切

② 𠛱 今字作別 𠛱分解也 憑列切。此離分別之別篆作公見八部

⑧ 𦟝𦟝別也讀若罷 府移切

骨部一百三十四

骨骨肉之覈也 古忽切。覈即今用核字

③ 骭骭骹也 古案切 骫骫骨耑骫奊也 於詭切

⑤ 骴骴鳥獸殘骨曰骴骴可惡也明堂月令曰掩骼薶骴 資四切。玉篇作髊呂氏春秋作髊亦或字也 𦙽 骴或从肉

⑥ ⿰骨舌⿰骨舌骨耑也 古活切 骹骹脛也 口交切 骸骸脛骨也 戶皆切 骼骼禽獸之骨曰骼 古覈切。埤蒼作骼

⑦ 骾骾食骨留咽中也 古杏切。此骨鯁之本字

⑧ 骿骿骿脅幷幹也晉文公骿脅 部田切。其字左傳史記作駢爲段借字。胼俗字 髀髀股外也 幷弭切 𧿒 古文髀 髁髁骨也 苦臥切。字林變作骻又作䯊 ⿰骨易⿰骨易骨閒黃汁也讀若易曰夕惕若厲 他歷切

⑨ 髃髃肩前也 午口切。腢即髃

⑩ 髆髆肩甲也 補各切。今作肩膊大誤

⑪ 髏髏髑髏也 洛侯切 髍髍瘺病也 莫鄱切。今病髍作痳非正字也。漢書敘傳曰又況幺髍不及數子鄭氏曰髍音麼小也是已髍爲麼也許書無麼字當即已髍字爲之

⑫ ⿰骨厥⿰骨厥尻骨也 居月切 ⿰骨貴⿰骨貴厀脛閒骨也 丘媿切

⑬ 髑髑髏頂也 徒谷切 𩪍 今字作髓 𩪍骨中脂也 息委切 體體總十二屬也 他禮切 ⿰骨會⿰骨會骨擿之可會髮者詩曰⿰骨會弁如星 古外切。今詩作會疑後人改竄也

⑭ 髕 臏俗字 髕厀耑也 毗忍切

⑮ 髖髖髀上也 胡官切

肉部一百三十五

肉 胾肉象形 如六切

㊀ 肊 匈骨也 於力切 臆 肊或从意。亦作臆

㊁ 肌 肉也 居夷切 肋 脅骨也 盧則切 肸 振肸也 許乞切。按許無八佾字，佾即肸也 肒 孰腸肉也 讀若舊 巨鳩切 肎 俗作肯 骨間肉肎肎箸也 一曰骨無肉也 苦等切 肎 古文肎

㊂ 肓 心下鬲上也 春秋傳曰病在肓之上 呼光切。鬲之俗字作膈 肝 木藏也 古寒切。藏者今之藏字 肘 臂卩也 陟柳切。卩者今之節字 肖 骨肉相似也 不似其先故曰不肖也 私妙切 肙 小蟲也 一曰空也 烏懸切 肎 肎重文見上二畫

㊃ 胚 婦孕一月也 匹桮切 肫 面頯也 章倫切。凡經典肫字篆當作純 肺 金藏也 芳吠切 肪 肥也 府良切 肩 肩重文見下五畫 肤 孔也 讀若決水之決 古穴切。謂孔空也 股 髀也 公戶切 肢 胑重文見下五畫 肬 俗作疣 贅肬也 羽求切 黕 籀文肬从黑 肕 瘢也 一曰遽也 羊晉切。篇韻以爲胂字 肴 啖也 胡茅切。經傳肴作殽 段借字也 肶 膍重文見下十畫 胏 𦛗重文見下五畫 肰 犬肉也 讀若然 如延切。語詞之嘫見口部 古文肰。按此从二犬 亦古文肰。肰然一字也 段氏改爲从日作𦙶 按古文字多通用 蓋篆體疑有誤 當作𤓲 以別于然者何居 肬 肉汁滓也 他感切。肬醓字當作此 肬血醢也 今字作醓 肥 多肉也 符非切

㊄ 胎 婦孕三月也 土來切 胞 兒生裹衣也 匹交切。斯篆原列包部 今據字義移此。胞與之胞篆作包 胃 穀府也 云貴切 背 脊也 補妹切 胂 夾脊肉也 失人切。字亦作䐜 肩 髆也 古賢切 肩 俗肩从戶 胠 亦下也 去劫切。亦即今之腋字 胑 體四胑也 章移切 肢 胑或从支。今多用此字 胤 子孫相承續也 羊晉切 古文胤

冑 胤也 直又切。此冑與甲冑之冑異 冑見冃部 胗 脣瘍也 之忍切 籀文胗 胝 腄也 竹尼切 胅 骨差也 讀若跌 徒結切。與跌同 音義皆同也。山海經結匈國注云臆前胅出如人結喉 玄應書顧頭胅頷 皆是脊胅 倉頡篇作窅窊 葛洪字苑作凹凸 今俗通用作坳突 胙 祭福肉也 昨誤切 俗別又作祚 [illegible] 肥肉也 蒲結切 胡 牛頷垂也 戶孤切 胘 牛百葉也 胡田切 朐 脯挺也 其俱切。俗用之朐 今俗云曲蟺也。漢巴郡有朐忍縣 其地下溼多朐忍蟲 故名朐忍 漢碑古書皆作朐忍無異 不知何時朐譌胊 胊腮 大徐新坿 胊腮二字非古也 胥 蟹醢也 相居切。胥篆作情 亦作諝 相胥之胥 胜 犬膏臭也 一曰不孰也 桑經切。論語君賜腥必熟而薦之 字當作胜 今經典膏胜胜肉字通用腥爲之 而胜廢矣 而腥之本義廢矣 𦛗 食所遺也 易曰噬乾𦛗 阻史切。𦛗从肉仕 胏 揚雄說𦛗从𠂒 胆 俗作蛆 胆 蠅乳肉中也 七余切

㊅ 脅 兩膀也 虛業切 胳 亦下也 古洛切 胯 股也 苦故切。廣韻曰胯兩股間也 胻 脛耑也 戶更切 胲 足大指毛肉 古哀切 脀 騃也 讀若丞 署陵切。廣韻集韻皆分別脀脅爲二字 脁 祭也 土了切。廣雅云祧祭也 祧當作脁 脛 鳥膍胵也 一曰胵五藏總名也 處脂切 胹 爛也 如之切。廣均作臑 云籀文作䐓 脂 戴角者脂 無角者膏 旨夷切 胾 太臠也 側吏切。胾 即胾 脃 小耎易斷也 此芮切 脆 脃俗體

㊆ 脣 口耑也 食倫切。今或以脣爲脣齒字 大誤 古文脣 从頁 脰 項也 徒候切 脬 旁光也 匹交切。今作膀胱 非也 膀者脅也 胱者俗字也 脟 脅肉也 一曰脟腸間肥也 一曰膫也 力輟切 脢 背肉也 易曰咸其脢 莫桮切 脛 胻也 胡定切 脫 消肉臞也 徒活切。消肉臞者謂臞之甚 俗語謂瘦甚曰脫形 此脫之本義

靦腆字當作㥏

剟有用者解脫之脫，篆作挩，見手部；失脫之脫，篆作奪，見奞部；奪，今字作奪，爭奪之正字作敓。脙 齊人謂臞脙也。讀若休止。巨鳩切 脪 創肉反出也。香近切 脯 乾肉也。方武切 脩 脯也。息流切。修治之修，見彡部。脘 胃脘也。讀若患。古卯切 脠 生肉醬也。丑連切 朘 赤子陰也。子回切。此篆譌入新坿，今據老子釋文引移為正文。肰 肰 皆肰重文，見上四畫

(八) 腎 水藏也。時忍切 脾 土藏也。符支切 脽 屍也。示隹切 腓 脛腨也。符飛切 腄 跟胝也。竹垂切 隋 裂肉也。徒果切 腆 設膳腆腆也。他典切 䠞 古文腆。按此移肉于下也。各本从日作𦟀，誤，今據玉篇正 脼 膎肉也。良獎切 腒 北方謂鳥腊腒。傳曰：堯如腊，舜如腒。九魚切 腤 豕肉醬也。薄口切 腌 漬肉也。於業切。淹漬字當作此。⿰月發 挑取骨閒肉

也。讀若詩曰啜其泣矣。陟劣切 ⿰月臽 食肉不猒也。讀若陷。戶猪切。血⿰月臽之正字作䘖 腐 爤也。扶雨切

(九) 腜 婦孕始兆也。莫桮切 腸 大小腸也。直良切 腹 厚也。方六切 腴 腹下肥者。羊朱切 腳 脛也。居勺切 腨 腓腸也。市沇切。又禮經多作肫，或作膞，皆叚借字 ⿰月皆 臞也。古諧切 腫 癰也。之隴切。瘇者俗字 腬 嘉善肉也。耳由切 腯 牛羊曰肥，豕曰腯。他骨切 𦞅 血祭肉也。呂戌切 膟 𦞅或从率。今毛傳、禮記皆作膟 腝 有骨醢也。人移切。各本有或文臡字，按五經文字、字林皆不曰說文有臡字，今刪 腥 星見食豕，令肉中生小息肉也。穌佞切。腥臊之本字作胜，今作腥，誤 ⿰月枼 薄切肉也。直葉切

(十) 膏 肥也。古勞切 膀 脅也。步光切。膀胱祇作旁光 髈 膀或从骨。髈重文見上五畫 膌 瘦也。資昔切。今俗作瘠，蓋从古文省變 𤻲 古文膌，从疒朿 膍 牛百葉也。一曰鳥膍胵，鳥胃也。房脂切 肶 膍或从比 膋 膫重文見下十二畫 膎 俗作鮭 脯也。戶皆切 膊 薄脯膊之屋上。匹各切。按士喪禮蹄兩胉，胉即膊字，鄭注：胉，脅也。今文作迫，則胉又迫之叚借也。肩膊之正字作髆，見骨部 ⿰月員 切孰肉內於血中和也。讀若遜。穌本切 ⿰月貨 ⿰月員也。穌果切 ⿰月弱 肉表革裏也。而勺切 ⿰月隺 臛俗字 肉羹也。呼各切

(十二) 膚 臚重文見下十六畫 ⿰月眞 肉起也。昌真切 臝 或曰嘼也。郎果切 膢 楚俗以二月祭飲食也。一曰祈穀食新曰膢。力俱切。廣雅膢作褸 膘 牛脅後髀前合革肉也。讀若繇。敷紹切 膟 𦞅重文見上九畫 膜 肉閒胲膜也。慕各切 膞 切肉也。市沇切。與刀部剸義近 膠 昵也。作之吕皮。古肴切

(十三) 䐢 頰肉也。讀若畿。居衣切。䐢，集均或作頎

膳 具食也。常衍切 膫 牛腸脂也。詩曰：取其血膫。洛蕭切 膋 膫或从勞省聲。今毛詩、禮記皆作膋 膴 無骨腊也。楊雄說鳥腊，周禮有膴判。讀若謨。荒胡切 膮 豕肉羹也。許幺切 膩 上肥也。女利切 膬 耎易破也。七絕切。篇韵皆云膬同脃，按膬脃蓋本一字也 𢿌 今字作散 雜肉也。穌旰切。離散之本字作㪚，見𣏟部

(十三) 膽 連肝之府也。都敢切 臆 肊重文見上一畫 臂 手上也。卑義切 膻 肉膻也。詩曰：膻裼暴虎。徒旱切。釋訓、毛傳皆云：膻，肉膻也。是膻為正字，今文作襢，作袒，皆叚借也 ⿰月肅 乾魚尾肅肅也。周禮有腒⿰月肅。所鳩切。今周禮庖人作腒鱐 臊 豕膏臭也。穌遭切。腥臊篆作鮏鱢，並見魚部 膹 膗也。房吻切 膗 膹也。讀若纂。子沇切 𤎌 膗或从火巽 膾 細切肉也。古外切 [illegible] 膏肥兒。烏酷切。依段說增此

(十四) 臑 臂

詩曾不容刀其古字作舠刀者叚借字也

羊豕曰臑讀若儒 人于切 齎 今字作臍 朏齎也 祖兮切 (十五) 膺 今省作膺 胷也 於陵切 臘 冬至後三戌臘祭百神 盧盍切 (十六) 臚 皮也 甫無切。今皮臚字从籀文作膚而以臚為臚傳鴻臚字讀力居切膚行而臚廢矣 膚 籀文臚 (十七) ⿰月襄 益州鄙言人盛諱其肥謂之⿰月襄 如兩切 (十八) 臞 少肉也 其俱切 (十九) 臠 臞也詩曰棘人臠臠 力沇切。古皆讀平聲

筋部一百三十六

筋 肉之力也从肉力从竹竹物之多筋者 居銀切 䈥 筋之本也 渠建切 腱 筋或从肉建。今字多作此 ⿱竹肑 手足指節鳴也 北角切。其聲膊膊然 肑 筋或省竹

刀部一百三十七

刀 兵也象形 都牢切 (二) 切 刌也 千結切。切瑳之切亦可作[illegible] 剩重文見下八畫 (三) 刌 切也 倉本切。寸度之俗作忖亦可作刌 刏 劃傷也一曰斷也又讀若殪一曰刀不利於瓦石上刏之 九祈切 刊 剟也 苦寒切。此與木部栞音同義異書隨山栞木唐衛包乃改為刊誤認為一字也 (四) 列 分解也 良辥切。分裂字當作此 刖 絕也 魚厥切。刖足字當[illegible]用跀 刓 剸也一曰齊也 五丸切。刓齊物論作囩 (五) ⿰句刂 鎌也 古侯切。今作鉤鎌此其本字也 利 銛也易曰利者義之和也 力至切 古文利 初 始也 楚居切 判 分也 普半切 刪 剟也 所姦切 刜 擊也 分勿切 ⿰占刂 缺也詩曰白圭之⿰占刂 丁念切。今詩作玷按⿰占刂玷古今字 (六) ⿰缶刂 刀握也 方九切 刻 鏤也 苦得切 古文刻。各本無此今依玉篇增各本則下有古文作篇均皆不載汗簡載之云說文續添則古本所無可知矣蓋即古文刻之譌字而誤系于則也今補此則後

刳 判也 苦孤切。字亦作挎 刷 刮也禮有刷巾 所劣切。刷巾字當作㕞刷非正字也 刮 掊杷也 古八切 睆 刮或文。此篆大徐所增十九文之一原廁目部睅下云睅或从完今據禮引鄭注及釋文引移此 刲 刺也易曰士刲羊 苦圭切 制 裁也一曰止也 征例切 古文制如此 券 契也券別之書以刀判契其旁故曰書契 去願切。此與力部券迥異 刺 君殺大夫曰刺刺直傷也 七賜切。朿部曰剌戾也盧達切為剌謬乖剌字今俗剌刺二字幾不甚辨又譏之本字作誄艸芒曰朿木芒曰朿許書分別甚明今刺行而誄朿皆廢矣 刵 斷耳也 仍吏切 刑 剄也 戶經切。剄者剄頸之橫絕之也是此本義刑罰之本字作荊見井部 (七) 則 等畫物也 子德切 古文則 籀文則从鼎 削 鞞也一曰析也 息約切。革部曰鞞刀室今作刀鞘亦作刀鞘

剈 挑取也一曰窐也 烏玄切。挑取挩而取之猶俗云剜也說文無剜字 剉 折傷也 麤臥切。剉與挫音同義近而挫折字當縛用剉今俗謂鋼為剉乃錯之聲誤耳篆當作厝 剄 刑也 古零切 (八) 剞 剞劂曲刀也 居綺切 劂 剞劂也 九勿切 剡 銳利也 以冉切 剛 彊斷也 古郎切。詩白牡騂剛其本字當作犅 古文剛如此 剖 判也 浦后切 剟 刊也 陟劣切 剝 裂也一曰剝割也 北角切 剝或从卜 𠝁 制重文見上六畫 釗 刓也周康王名 止遙切 剔 解骨也 他歷切。此篆大徐所增按即鬄之或體 (九) 㓵 刀劒刃也 五各切。文選作鍔今俗用之 籀文㓵从㓞各 前 齊斷也 子善切。前後之本字作歬見止部 俗作剪 剬 斷也 旨兗切 副 判也周禮曰副辜祭 芳逼切。鄭注周禮 疈 籀文副从畐 剫 判也 徒洛切。

左傳山有木工有度之是劃之本義也攴部㪥下各本出重文劃字今刪 ⑩ 䂞 劉重文見上九畫 剴
剴大鐮也一曰摩也五來切 割割剝也古達切 劓劓刑鼻也
易曰天且劓魚器切 劓劓或从鼻。今經典如此作 ⑪ 刪 刪重文見上六畫 剺
剺剝也劃也里之切。方言劙解也。劙當作剺 剽剽砭刺也一曰剽劫也
匹妙切。與勡音義略同 㓼㓼傷也親結切 魝魝楚人謂治魚也讀若
鍥古屑切 ⑫ 劃劃錐刀畫曰劃呼麥切。部首畫下舊有重文劃曰古文畫今刪按
劃古通作畫 劀劀刮去惡創肉也周禮曰劀殺之齊古鎋切。創俗作瘡
罰罰辠之小者未吕刀有所賊但持刀罵詈則應罰房越切
𠞋𠞋減也兹損切。說文無撙𠞋撙古今字蓋隸變也 ⑬ 劊劊斷也古外切
則則重文見上七畫 劌劌利傷也居衛切 劈劈破也普擊切。此字義與

副近而不同蓋劈者破裂也今俗用之劈破劈斷字篆當作劈 剿剿絕也周書曰天用剿
其絕命子小切。按剿本作劋自衛包改劋爲剿吕刀部訓絕之字改爲力部訓勞之字于是五經文字力部曰勦見
禮記究九之曲禮無劋說其字从刀不从力也 劇劇尤甚也渠力切。此篆誤入新附今據文選九廿一
廿八注引移爲正文。劇古通作勮 ⑭ 則則重文見上七畫 辦辦判也符蹇切。按辦爲辦別字古
辦判別三字義同今俗作辨爲辨別字又作辦爲幹辦字古則辦別幹辦無二義亦無二形二音也。辯治之辯見辛部
劑劑齊也在詣切 劓劓重文見上十畫 ⑯ 劈劈斷也私列切。今俗所用劈破劈
斷字當作此 ⑱ 劖劗劖皆俗字 劖斷也一曰剽也釗也鉏銜切

刃部一百三十八

刃刃刀堅也象刀有刃之形而振切 ㊀ 刅刅傷也楚良切
創刅或从刀倉。凡刀創及瘡瘍字皆作此俗變作刅作瘡。創造之本字作刱見井部 ⑬ 劒劒
人所帶兵也居欠切 劒籀文劒

㓞部一百三十九

㓞㓞巧㓞也恪八切 ㊃ 契契齘契刮也一曰契畫堅也古黠切
栔栔俗字 栔刻也苦計切又苦結切

丯部一百四十

丯丯艸蔡也象艸生之散亂也讀若介古拜切。此艸芥之正字 ⑥
格格枝格也古百切。枝格者遮禦之意玉篇曰格枝柯也今格行而格廢矣

耒部一百四十一

耒耒耕曲木也从木推丯古者垂作耒梠吕振民也盧對切
㊃ 耕耕犁也古莖切 ⑥ 𦓸𦓸卌叉可吕劃麥河内用之

古攜切 ⑦ 耡耡殷人七十而耡耡耤稅也周禮曰吕興耡
利萌牀倨切。今萌作甿俗改也 ⑧ 耤耤帝耤千畝也古者使民如
借故謂之耤秦昔切。此耕耤之正字 ⑨ 耦耦耕廣五寸爲伐二伐
爲耦五口切。人部曰偶桐人也凡曰雙言偶者皆當作耦 ⑩ 䎣䎣除苗間穢也羽文切
耘䎣或从芸。今省艸作耘

角部一百四十二

角角獸角也古岳切 ㊁ 觓俗作觩 觓角皃詩曰有觓有角
渠幽切。今作捄者段借字也 ㊃ 𧢲𧢲角長皃讀若粗觕士角切。段氏曰此字見
于經史者皆譌爲觕字 又㊃ 䚗觵亦䚗字 䚗舉角也古雙切 觝觶重文見下十二畫 ㊄
觜觜雖舊頭上角觜也一曰觜觿也子隨遵爲二切 觛觛卮也徒旱切

切 觚 鄉歙酒之爵也一曰觴受三升者 古乎切。觚棱之觚篆作柧
𧣨 今字作觼 調弓也 於角切 ⑥ 觠 曲角也 巨員切。亦可作卷曲字
觢 二角仰也易曰其牛觢 尺制切 觤 羊角不齊也 過委切
觟 牝羊角者也 下瓦切 觡 骨角之名也 古百切 解 判
也一曰解廌獸也。佳買切又戶賣切。解廌俗作獬廌 觥 觵重文見下十二畫 觛
角匕也讀若讙 況袁切 ⑦ 䚩 觶重文見下十二畫 ⑧ 觬 角觬曲
也西河有觬氏縣 研啟切 觭 角一俛一仰也 去奇切。又音羈 ⑨
䚡 角中骨也 穌來切 𧣻 角曲中也 烏賄切 衡 牛
觸橫大木詩曰設其楅衡 戶庚切 𡙸 古文衡如此 䚢 角䚢
獸也狀佀豕角善爲弓出胡尸國一曰出休ㄗ國 多官切。漢書文選作端

觰 觰拏獸也一曰下大者 陟加切 䚷 惟射收繁具讀
若鰌 字秋切 ⑩ 䚸 角傾也 敕豕切 觲 今字作觲 用角低仰
便也讀若詩曰觲觲角弓 息營切。今詩作騂俗字也 觳 盛觵卮也
一曰射具讀若斛 胡谷切 ⑪ 觴 實曰觴虛曰觶 式陽切 𧥅
籒文觴或从爵省 十二 𧣗 角有所觸發也 居月切 觵 兕牛角
可以歙者也其狀觵觵故謂之觵 古橫切 觥 俗觵从光。今毛詩从俗 觶
鄉歙酒觶禮曰一人洗舉觶觶受四升 支義切 䚩 觶或从辰
觶 禮經 ⑬ 觸 抵也 尺玉切 觷 治角也 胡角切。此篆大徐所
增十九文之一通作嚳 𧥄 杖耑角也 胡狄切 ⑭ 觻 角也張掖
有觻得縣 盧谷切 觼 環之有舌者 古穴切 鐍 觼或从金矞。字又

作觿。按通俗文直以鐍爲玦字 十六 觱 隸省作觱 觱 羌人所歙角屠觱以驚
馬也 卑吉切。歙即觱字 ⑯ 䚭 揮角皃梁隅縣有䚭亭又讀
若讙 況袁切。按𨸏部無隅當从地理志作㒚也 觿 佩角銳耑可以解結
詩曰童子佩觿 戶圭切。周禮段鑴爲觿

說文易檢卷四下

說文易檢卷五上

竹部一百四十三

竹竹 冬生艸也象形下垂者箁箬也 陟玉切 ㊂ 竿竿 竹梃也 古寒切。干旄干旌字當作此 竽竽 管樂十六簧也 羽俱切 ㊃ 笐笐 竹列也 古郎切。廣韻四十二宕笐字衣架是也其字亦作桁下浪切 ⿱竹屯⿱竹屯 俗作囤 篅也 徒損切 笙笙 可以收繩者也 胡誤切 互 笙古文省 笍笍 羊車騶箠也箸箴其耑長半分 陟衛切 笑笑 喜也 私妙切。此篆大徐所增十九文之一李陽冰刊定說文从竹从夭作笑鉉雖從之按孫愐唐均作笑蓋唐韻每字皆勒說文篆體此字之从竹从犬孫親見其然是以唐人無不作笑者今存正體 ㊄ 笢 亦作簢 笢 竹膚也 武盡切 笨笨 竹裏也 布忖切 笵笵 灋也竹簡書也古灋有竹刑 防妄切。此範圍模範之正字

符符 信也漢制以竹長六寸分而相合 防無切。符者符之隸變 笮笮 迫也在瓦之下棼上 阻厄切。說文無窄字笮窄古今字也屋笮者本義引伸爲逼窄字通作迮 笫笫 簀也 阻史切 笥笥 飯及衣之器也 相吏切 笯笯 鳥籠也 乃故切 笠笠 簦無柄也 力入切 笭笭 車笭也一曰笭籯也 郎丁切 笘笘 斷竹箠也穎川人名小兒所書寫爲笘 失廉切 笪笪 笞也 當割切 笞笞 擊也 丑之切 笙笙 管樂十三簧象鳳之身也笙正月之音物生故謂之笙大者謂之巢小者謂之和古者隨作笙 所庚切 笛笛 七孔筩也羌笛三孔 徒歷切。周禮笛師字作篴 ㊅ 筍 俗作笋 筍 竹胎也 思允切 等等 齊簡也 多肯切 笄笄 兂也 古兮切 䈕䈕 取蟣比也 居之切。今江浙皆云篦箕比䈕正字也 笿笿 桮笿也 盧各切。此籠絡之正字古者作落 ⿱竹夅⿱竹夅 桮笿也或曰盛箸籠 古送切。是籠笿可作⿱竹夅笿也 筊筊 竹索也 胡茅切 策策 馬箠也 楚革切。此鞭策字驅策之策篆作敉符命之冊見部首告冊之冊見曰部 ⿱竹朵 亦作簻作撾俗作檛 ⿱竹朵 箠也 陟瓜切 ⿱竹朱⿱竹朱 椊櫱也 陟輪切 筒筒 通簫也 徒弄切。所謂洞簫也 筑筑 以竹曲五弦之樂也 張六切 ㊆ 筱 今作篠 筱 箭屬小竹也 先杳切 筡筡 斷竹笢也讀若絫 同都切。醫方竹茹音如即此字 筮筮 易卦用蓍也 時制切。此篆各本無今補按巫爲小篆異爲古文則䈚爲古文巫爲小篆也 䉘 古文筮从古文巫 筳筳 維絲筦也 特丁切 筦筦 筟也 古滿切 筟筟 筳也讀若春秋魯公子彄 芳無切 筵筵 竹席也周禮曰度堂以筵筵一丈 以然切 筥筥 䈮也 字亦作稆 居許切 筤筤 籃也 盧當切 ⿱竹刪⿱竹刪 竹器也 蘇旰切 筩筩 斷竹也 徒紅切 筰

筰 筊也 在各切 筭筭 長六寸所以計麻數者 蘇貫切。算數之算見下此麻筭 第第 次也 特計切。今字作第。此篆各本無據毛詩正義卷一引補 ㊇ 箘箘 箘簬竹也一曰博棊也 渠隕切 箁箁 竹箬也 薄侯切 箋 牋俗字 箋 表識書也 則前切 箅箅 蔽也所以蔽甑底 必至切 箄箄 簁箄也 幷弭切 箓 簏重文見下十一畫 箇箇 竹枚也 古賀切 个 箇或作个半竹也。依段說增此見六書故引 䈴䈴 瀐絜籫也讀若錢 昨鹽切 箑箑 扇也 山洽切 篓篓 箑或从妾 箝箝 籋也 巨淹切。箝者即今鑷字鉗制之鉗見金部二字書史多通用 箠箠 所以擊馬也 之累切 箙箙 弩矢箙也周禮仲秋獻矢箙 房六切 管管 如篪六孔十二月之音物開地牙故謂之管 古滿切 琯琯 古者管以玉舜之時西王母來獻其白琯前零

詩節彼南山其字當作巀

陵文學姓奚於泠道舜祠下得笙玉琯夫以玉作音故神人
以和鳳皇來儀也 箏 箏 五弦筑身樂也 側莖切 籟 籟 吹鞭
也 古乎切 算 算 數也讀若筭 蘇管切。筭籌之筭見上 ⑨ 箭 箭 矢竹
也 子賤切 䈚 䈚 竹萌也 徒哀切 箬 箬 楚謂竹皮曰箬 而勺切 節 節
竹約也 子結切。符節之節篆作卪 篆 篆 引書也 持兗切 篇 篇 書也一曰關
西謂榜篇 芳連切 篁 篁 竹田也 户光切 篅 篅 俗作圌 以判竹圜以
盛穀者 市緣切 葉 葉 籥也 與接切。今書一紙謂之一頁或作葉其實當作葉 箸 箸 飯
攲也 陟慮切。段借為箸落為著明古無去入之別字亦不从艸也。筯俗字 ⿱竹昜 ⿱竹昜 大竹筩也 徒朗
切 箯 箯 竹輿也 旁連切 箱 箱 大車牝服也 息良切 箴 箴
綴衣箴也 職深切。綴衣連綴之也謂鍼之使不褫若用以縫則从金之鍼也引伸之義為箴規 箾 箾

以竿擊人也虞舜樂曰箾韶 所角切。此篆韶之本字 ⿱竹是 ⿱竹是 簞屬
是支切。俗用鍉匙之匙當作此 箹 箹 小籟也 於角切 篎 篎 小管謂之篎 亡沼
切 篍 篍 吹筩也 七肖切 ⑩ ⿱竹散 ⿱竹微重文見下十三畫 䈵 䈵 竹皃 烏紅切
篨 篨 籧篨也 直魚切 䈰 䈰 陳畱謂飯帚曰䈰一曰飯器容
五升一曰宋魏謂箸筩為䈰 所交切。筲者䈰之俗字亦可作⿱竹稍 篝 篝 笿也可
熏衣宋楚謂竹篝牆居也 古侯切 篚 篚 車笭也 敷尾切 ⿱竹剡 ⿱竹剡 所
以檛馬也 丑廉切 ⑪ 篸 篸 參差也 所今切。木部曰槮木長也蓋物有長有短參差
不齊竹木皆然今人作參差古則从竹从木也 ⿱竹將 ⿱竹將 剖竹未去節謂之⿱竹將 即兩切。按蔣即⿱竹將字
俗又作槳 篰 篰 滿爰也 薄口切。廣雅曰滿爰節也曹憲上音滿下音緩廣均曰滿爰簡也節牘也玉篇曰節竹
牘也段氏云按滿爰漢人語俗字加竹許書無簿字節蓋即今之簿字也 簀 簀 牀棧也 阻厄切 簁

論語簡在帝心其字當作簡見心部

簁 簁 簞竹器也 所綺切。簁古簁字古以玉為柱故其字从玉 篿 篿 圜竹器也
度官切 簍 簍 竹籠也 洛侯切 簋 簋 黍稷方器也 居洧切 匭 古文
簋从匚食九 𠥩 古文簋从匚軌 朹 亦古文簋 簏 簏 竹高匧也 盧谷切 箓 簏或从彔
篼 篼 食馬器也 當侯切 篳 篳 藩落也春秋傳曰篳門圭窬
卑吉切 籞 籞 禁苑也春秋傳曰澤之自籞 魚舉切。籞字亦作籞 魰 籞或作魰
从又从魚 ⑫ 簜 簜 大竹也夏書曰瑤琨筱簜簜可為幹筱可
為矢 徒朗切 簡 簡 牒也 古限切。此簡晉字簡擇簡少之簡篆作柬見柬部簡練篆作湅 簟
簟 竹席也 徒念切 ⿱竹稍 ⿱竹稍 飯筥也受五升秦謂筥曰⿱竹稍 山樞切。方言
曰簇南楚謂之筲按簇即筥字筲即⿱竹稍字也⿱竹稍亦通作筲 簞 簞 笥也漢律令簞小匡也傳
曰簞食壺漿 都寒切 簠 簠 黍稷圜器也 方矩切 𠤱 古文簠从匚夫 簝

簝 宗廟盛肉竹器也周禮供盆簝以待事 洛蕭切 簦 簦 笠蓋也
都滕切 簧 簧 笙中簧也古者女媧作簧 户光切。今俗所云鎖鑟者字當作此 簙
簙 局戲也六箸十二棊也古者烏曹作簙 補各切。此博弈之本字 ⑬ 簬
簬 箘簬也夏書曰惟箘簬枯 洛故切 簵 簵 簬或从輅 ⿱竹微 ⿱竹微 竹也
無非切 ⿱竹散 籀文从散 簾 簾 堂簾也 力鹽切 籅 籅 漉米籔也 於六切
⿱竹豦 ⿱竹豦 食牛匡也方曰匡圜曰⿱竹豦 居許切。召南傳方曰筐圜曰筥當作⿱竹豦又月令具曲植⿱竹豦
筐或譌作籧 ⿱竹殿 ⿱竹殿 榜也 徒冤切 簫 簫 參差管樂象鳳之翼
穌彫切。簫韶之簫本字作箾見上 簺 簺 行棊相塞謂之簺 先代切。莊子作博塞 ⿱竹愛 ⿱竹愛
蔽不見也 烏代切。大雅愛莫助之毛曰愛隱也段借字也 ⑭ ⿱竹靡 ⿱竹靡 茶也 武移切 籍
籍 薄也 秦昔切 籃 籃 大篝也 魯甘切 㔋 古文籃如此 籯 即今籯字 籯

籗也 尼輒切 篗 篗 字亦作籰 所㠯收絲者也 王縛切 籌 籌 壺矢也 直由切。籌躊籌畫字篆作㥏見心部 ⑮ 籒 籒 讀書也春秋傳曰卜籒云 直又切。春秋傳卜筮辭今皆作繇據許則當作籒也 䉧 䉧 竹聲也 力求切 籓 籓 大箕也一曰蔽也 甫煩切 籔 籔 炊箅也 穌后切。方言籔同籔 ⑯ 籗 籗 籱重文見下廿四畫 籠 籠 舉土器一曰笭也 盧紅切。凡籠頭籠絡字籠栟籠等字並篆作櫳見有部櫳檻之櫳見木部

籚 籚 積竹矛戟矜也春秋國語曰朱儒扶籚 洛乎切 籟 籟 三孔龠也大者謂之笙其中謂之籟小者謂之箹 洛帶切 ⑰ 籥 籥 書童竹笘也 以灼切。管龠之龠見部首 篹 篹 筭重文見上七畫 籧 籧 籧篨粗竹席也 彊魚切 籢 籢 俗作奩作匳 籢 鏡籢也 力鹽切 籣 籣 所㠯盛弩矢人所負也 洛干切。字林作韊玉篇作韊 籤 籤 讖也一曰銳也毌也 七廉切

[illegible] [illegible] 衺也 如用切。說文無䙴字義當作此 ⑱ 籩 籩 竹豆也 布元切 籩 籒文籩 ⑲ 籭 籭 竹器也可㠯取麤去細 所宜切。此與簁可通用。漢賈山傳作篩 籫 籫 竹器也讀若纂一曰叢也 作管切 䉷 䉷 帷䠶者所蔽者也 語杴切 ⑳ 籯 籯 笭也 以成切 ㉔ 籱 籱 罩魚者也 竹角切 籗 籱或省。此篆段說改作籗據爾雅按說文無霍字亦宜依改爲是

箕部一百四十四

箕 箕 所㠯簸者也 居之切 𠀠 古文箕 𠁽 亦古文箕 𠀠 亦古文箕 𠀠 籒文箕。按經籒通用此字爲語詞學者鮮知爲箕之籒文也 匪 籒文箕 ⑤ 簸 簸 揚米去康也 布火切。此與播布之義相近

丌部一百四十五

古文段箕爲定

經傳多段式爲軾

丌 丌 下基也薦物之丌象形讀若箕同 居之切 ④ 近 䢋 古之人䢋㠯木鐸記詩言讀與記同 居吏切 巺 今字从篆文省變作巽 巺 具也 蘇困切。易巽卦字見下 巺 古文巽 巺 篆文巽 ⑤ 典 典 五帝之書也从冊在丌上尊閣之也莊都說典大冊也 多殄切。典守典常之典篆作敟 𠀔 古文典从竹 ⑥ 畀 畀 相付與也之約在閣上也 必至切。此畀与字與𠬞部畀迥異 ⑨ 奠 奠 置祭也禮有奠祭 堂練切 ⑯ 顨 顨 巽也此易顨卦爲長女爲風者 蘇困切。今卦名字作巽蓋後人所改也

左部一百四十六

左 𠂇 手相左也 則箇切。左者今之佐字左右篆作𠂇又 ⑩ 差 今字作差 差 貳也左不相值也 初牙切。參差篆作參縒 𢀩 籒文差从二

工部一百四十七

工 工 巧飾也象人有規榘與巫同意 古紅切 𢒄 古文工从彡 ② 巧 巧 技也 苦浩切 巨 巨 規巨也 其呂切。今俗規巨字从或體作矩而㠯巨爲巨細之巨不復知爲矩之本字矣 榘 今字省木作矩 榘 巨或从木矢矢者其中正也 𡗕 古文巨 ③ 式 式 灋也 賞職切

㠭部一百四十八

㠭 㠭 極巧視之也 知衍切。展布展視字當作此 ⑦ 𡫳 今字作塞 𡫳 窒也 蘇則切。此與土部塞音同義異凡塡塞字當作此

巫部一百四十九

巫 巫 巫祝也女能事無形㠯舞降神者也象人兩褎舞形與工同意古者巫咸初作巫 武扶切 𢓀 古文巫 ⑦ 覡 覡 能齋肅

事神明者社男曰覡社女曰巫胡狄切

甘部一百五十

甘 𤯓 美也从口含一一道也 古三切。食物不一而道則一 ④ 甚 𠤤 𢀩 尤安樂也 常枕切

𠀤 古文甚 ⑥ 𦧇 今字作甜 𤮋 美也 徒廉切。周禮注恬酒即甛字 ⑧ 猒 俗作饜

𩞁 飽也足也 於鹽切。此與厂部厭音同而義異凡厭憎厭倦字皆當作此淺人多改猒爲厭厭𢓜行而猒廢矣

𢄏 猒或从㠯 ⑬ 㬱 𣅉 𥁐也讀若函 古三切。含和之正字作𣅉𥁐

曰部一百五十一

曰 𠙵 詞也 王代切。詮詞之𣄼見欠部 ④ 㫚 𡇒 从今字作曶 出气詞也春秋傳曰鄭太子曶 呼骨切。今傳作忽蓋後人所改也倏忽忽然字當作此心部曰忽忘也非其義飄忽奄忽篆作𡿺 回 籀文曶一曰佩也象形。按竹部無笏此即佩笏字也 沓 𣱛 語多沓沓也遼東有沓縣

徒合切。此與言部譶譶二字音義同 ⑤ 曹 𣍘 冊告也 楚革切。簡牘曰冊以簡告誡曰曹今冊行而曹廢矣

曷 𣅊 何也 胡葛切 ⑧ 朁 𣅈 曾也詩曰朁不畏明 ⑯ 𣍗 𣍘 隸變作曹 獄兩曹也从棘在廷東也从曰治事者也 昨牢切。今俗作兩造

乃部一百五十二

乃 𠄎 曳詞之難也象气之出難也 奴亥切 𢎗 古文乃 𢎕 籀文乃

迺 𠧪 驚聲也或曰迺往也讀若仍 如乘切。段氏曰此與乃音義俱別詩書史漢發語多用此字作迺而流俗多改爲乃按釋詁曰仍迺侯乃也以乃釋迺則本非一字可知矣 𠧧 古文迺 𠧮 今字作迺

𠧬 气行皃讀若攸 以周切

丂部一百五十三

丂 𠀀 气欲舒出勹上礙於一也古文以爲亏字又以爲巧字

苦浩切 𠀀 反丂也讀若呵 虎何切。按說文無呵字呵者訶之或體則此亦呵字也凡俗云呵气呵欠字義當作此

⑤ 甹 𠄁 亟詞也或曰甹俠也三輔謂輕財者爲甹 普丁切。俠之義與傳同。段氏曰今人謂輕生曰拼命即此甹字 ⑫ 寧 𡨦 願詞也 奴丁切。與用部甯音義略同安寧之寧見宀部

可部一百五十四

可 𠰢 肎也 肎我切 ③ 奇 𠔀 異也一曰不耦 渠羈切。奇零之奇篆作畸

⑤ 哿 𠰳 可也詩曰哿矣富人 古我切 哥 𠯗 聲也古文以爲歌字 古俄切

鉉本有新附叵篆曰不可也普火切按文應引三蒼叵不可也說文敘目亦云雖叵復見遠流是可移入

兮部一百五十五

兮 𠔁 語所稽也 胡雞切 ① 乎 𠂿 語之餘也 户吳切。班史多段虖爲乎 ⑥ 𠬽 驚詞也 思允切 𢗎 𠬽或从心。大學恂慄字當作此𢗎 ⑫ 羲 𦏵 气也 許羈切，伏羲字當作此古無犧字也

号部一百五十六

号 𠰭 痛聲也 胡到切。凡號痛嘑號字當作此今轉以爲號之破體誤矣 ⑧ 號 𧇫 嘑也 乎刀切。凡嘑號號痛字作号又言部曰謼號也音義皆同名號字義當作謼

亏部一百五十七

亏 𠄓 於也象气之舒亏 羽俱切。於者古文烏字 今字作于 ② 平 𠀭 語平舒也 符兵切 𠀭 古文平如此 ③ 吁 𠰱 驚語也 況于切 ⑩ 粵 𡬧 亏也審慎之詞也周書曰粵三日丁亥 王代切。今書作越 ⑭ 虧 𧆨 气損也 去爲切 虧 虧或从兮

四牡彭彭，馬部引作騯騯

旨部一百五十八

旨𣅀美也（職雉切。意旨之正字作恉）𣅀古文旨 (八)嘗嘗口味之也（市羊切）

喜部一百五十九

喜喜樂也（虛里切）歖歖古文喜从欠，與歡同（各本篆文作歖，又部重出，蓋轉寫之誤，今依段說） (四)憙憙說也（虛記切。樂者無所箸之喜，說者有所箸之喜。口部嗜下曰憙欲之也，然則憙與嗜義同，與喜樂義異，淺人不能分別，認爲一字，喜行而憙廢矣） (七)嚭嚭大也。春秋傳吳有大宰嚭（匹鄙切。段注曰：訓大則當从丕，集韻一作嚭是也）

壴部一百六十

壴壴陳樂立而上見也（中句切） (三)尌尌立也。讀若駐（常句切。樹立字當作此）彭彭鼓聲也（薄庚切。詩鼉鼓逢逢，毛曰逢逢和也。埤蒼、廣雅作韸韸，高注淮南、呂覽，郭注山海經引詩皆作韸韸。許無韸字，彭即韸也） (五)嘉嘉美也（古牙切。釋詁又曰嘉善也，與佳略同） (十)鼜鼜夜戒守鼓也。禮昏鼓四通爲大鼓，夜半三通爲戒晨，旦五通爲發明。讀若戚（倉歷切。今周禮作鼜）

鼓部一百六十一

鼓鼓郭也。春分之音，萬物郭皮甲而出，故曰鼓。从壴，从屮，又。屮象㲼飾，又象其手擊之也。周禮六鼓：靁鼓八面，靈鼓六面，路鼓四面，鼖鼓、皋鼓、晉鼓皆兩面（工戶切。郭者今之廓字。此鐘鼓字，鼓鐘之鼓見支部鼓）𡔷籀文鼓从古 (六)鼖鼖大鼓謂之鼖。鼖八尺而兩面，以鼓軍事（符分切）鞼鼖或从革，賁聲 𪔂𪔂鼓聲也（徒合切。此下舊有鞈字，曰古文𪔂，按見革部，別爲訓，後人誤移此增被也。又各本別出𪔭篆，曰鼓𪔭聲，音土盍切，段氏辨明即鼛之譌字，今併刪去） (八)鼛鼛大鼓也。詩曰鼛鼓不勝（古勞切）鼙鼙騎鼓也（部迷切） (九)鼘鼘鼓聲也。詩曰鼗鼓鼘鼘（烏玄切。今詩鞉鼓淵淵，又商頌音義曰淵本又作鼘，譌字也）𪔋𪔋鼓無聲也（他叶切。字又作𪔋） (十二)鼞鼞鼓聲也。詩曰擊鼓其鼞（土郎切。今詩作鏜。按鏜下曰鼓鐘聲也，鼓鐘謂擊鐘也，於鏜爲段借字） (十三)𪔵𪔵鼓聲也（徒冬切。字亦作鼕，作鼕）

豈部一百六十二

豈豈還師振旅樂也，一曰欲登也（墟豨切。此凱歌本字也。按說文無凱，詩凱風則又愷之段借也） (三)愷愷樂也（苦亥切。毛傳釋豈弟曰豈樂也，是愷之段借也。奏豈亦作奏愷，蓋豈愷二字經傳多互相段借也。按凱者愷之俗字） (十三)⿰豈幾⿰豈幾訖事之樂也（渠稀切。庶幾之幾當作此）

豆部一百六十三

豆豆古食肉器也（徒候切。本梪字見下）𣅀古文豆（各本篆文作𣅀，今从鍇本） (四)梪梪木豆謂之梪（徒候切。段氏曰：豆本瓦器，以木爲之，則異其字） (五)䜴䜴（餕即䜴字）豆飴也（一丸切） (六)⿱龹豆⿱龹豆豆屬（居願切。此本艸經之大豆黃卷也） (八)𤼷（登俗字）豋豋禮器也。讀若鐙同（都滕切。玉篇作𥫩。登高之登見癶部） (十)䕆䕆蠡也（居隱切。此合巹之正字，作巹者段借字也）

豐部一百六十四

豊豊行禮之器也。讀與禮同（盧啟切） (七)豑豑爵之次第也。虞書曰平豑東作（直質切。此爵秩之正字，今尚書作平秩，亦段借也）

豐部一百六十五

豐 豆之豐滿也一曰鄉歙酒有豐侯者 敷戎切。酆鎬之酆見邑部灃水之灃見水部 豐 古文豐 ㊈ 豔 字豔俗 豔 好而長也春秋傳曰美而豔 以贍切

䖒部一百六十六

䖒 古陶器也 許羈切。陶當作匋 ㊄ 𧇹 土鍪也讀若鎬 胡到切。 ㊉ 盧 器也 直呂切 廣雅作𧇾

虍部一百六十七

虍 虎文也讀若春秋傳曰虍有餘 荒烏切 ㊃ 虔 虎行皃讀若矜 渠焉切 ㊄ 虙 虎皃 房六切。伏羲字本作此論語孔子弟子宓子賤姓宓即伏羲

之後文字譌舛轉而爲安也 虘 虎不柔不信也讀若戱縣 昨何切 虖 哮虖也 荒烏切。漢書多段虖爲乎 虐 殘也 魚約切 虐 古文虐如此 ㊆ 虞 騶虞也白虎黑文尾長於身仁獸也食自死之肉詩曰于嗟乎騶虞 五俱切。按此字段借多而本義隱矣 (十二) 虨 虎文也 布還切。此虎斑之正字斑者彣辯之俗省 (十三) 虡 鐘鼓之柎也飾爲猛獸 其呂切 鐻 虡或从金豦 虡 篆文虡

虎部一百六十八

虎 山獸之君 呼古切 𧆞 古文虎 𧇁 亦古文虎 ㊁ 𧆸 虎皃 魚廢切 虓 虎鳴也一曰師子 許交切 虒 委虒虎之有角者也 息移切 ㊂ 彪 虎文也 甫州切 ⿰乇虎 虎皃 魚廢切。篇韵作⿰虎乞 ㊃ 䖘 白虎也讀若寫 莫狄切。釋獸甝白虎許無甝蓋即䖘之譌字也 ⿰斤虎 虎聲也 語斤切。猶猜爲犬吠聲 五 ⿰去虎 甝屬 呼濫切 ㊆ 虢 虎所攫畫明文也 古伯切 ㊇ 虦 虎竊毛謂之虦苗竊淺也 昨閑切。苗者今之貓字 ㊉ 虩 易履虎尾虩虩虩虩恐懼也一曰蠅虎也 許逆切 (十四) ⿰虎殳 虎聲也讀若隔 古覈切。篇韵作⿰虎攴 (十九) 虪 黑虎也 式竹切。 (二十) 𧇲 黑虎也 徒登切 釋獸釋文曰今作𧇲

虤部一百六十九

虤 虎怒也 五閑切 ㊃ 𧈅 兩虎爭聲讀若憖 語巾切。與虩音義略同 ㊆ 贙 分別也讀若回 胡畎切

皿部一百七十

皿 飯食之用器也象形與豆同意讀若猛 武永切 ㊂ 盂 飲器也 羽俱切 ㊃ 盄 器也 止遙切 盆 盎也 步奔切 盈 滿器也 以成切 盅 器虛也老子曰道盅而用之 直弓切。今道德經作沖爲段借字此沖虛之本字也 ㊄ 盌 小盂也 烏管切。此與瓦部瓮音義皆同俗作椀作碗 盎 盆也 烏浪切 㼜 盎或从瓦 ⿱宁皿 器也 直呂切 ⿱必皿 飾器也 彌畢切。飾者拭字 盉 調味也 戶戈切。調聲曰龢調味曰盉 益 饒也 伊昔切 昷 仁也 烏渾切。凡溫良溫和溫柔溫煗字皆當作此 盡 盡重文見下 ㊅ ⿱亥皿 小甌也讀若灰一曰若賄 于救切 ⿱右皿 盇或从右 ㊆ 盛 黍稷在器中以祀者也 氏征切 ㊈ 盡 器中空也 慈忍切。儘者盡之俗字 (十一) 盧 飯器也 洛乎切。或段爲黑色之𪑱 盧 籀文盧 盬 器也 公戶切 盦 覆蓋也 盦 俗別作罯非是

也烏合切。今俗盒字當作此廾部曰弇蓋也音義俱同 盥盥澡手也春秋傳曰奉匜
沃盥古玩切。濯灌澣字亦當作此 ⑪ 盨盨檟盨負戴器也直呂切 盪盪
滌器也徒朗切。此蕩滌之本字 ⑫ 醯醯酸也作醯以䰜以酒呼雞切 ⑭
齍齍黍稷器所以祀者即夷切。此齍盛本字經典多通用作粢 盪盪器也古巧切
⑮ 盧盧盧重文見上十一畫

凵部一百七十一

凵凵凵盧飯器去魚切 笑笑凵或从竹去聲

去部一百七十二

去去人相違也丘據切 ⑧ 䔅䔅去也讀若棘陵力膺切 ⑨
朅朅去也丘竭切

血部一百七十三

血血祭所薦牲血也从皿一象血形呼決切 ② 𧖴𧖴定息
也讀若亭特丁切 卹卹憂也一曰鮮少也辛聿切。卹與心部恤音義皆同古書多用卹字後人多改爲恤 ③ 衁衁血也春秋傳曰士刲羊亦無衁呼光切 盇
今字作盇 盇覆也胡臘切 ④ 衃衃凝血也芳杯切 衄衄鼻出血
也女六切 ⑧ 䀋䀋血醢也禮有䀋醢以牛乾脯梁麴鹽酒
也他感切。肉部曰䏙肉汁滓也按醢多汁則曰䏙醢以血爲醢則曰䀋醢此䀋䏙之別也䀋今周禮作醓 衉衉羊
凝血也苦紺切 贛贛衉或从贛 ⑨ 盡盡气液也將鄰切。此津液津潤之本字
⑪ 菹菹醢也側余切 𧗀𧗀菹或从缶。按菹醢二篆又見艸部爲菹之重文後人增之耳今刪
幾幾以血有所刏涂祭也渠稀切 ⑬ 膿膿腫血也奴冬切

膿俗盥从肉農聲。周禮注如此作 ⑮ 菹菹重文見上十二畫 衊衊污血也莫結切
⑯ 衋衋傷痛也周書曰民罔不衋傷心讀若憘許其切。心部無憘喜部有憙而義不相近按當作譆言部曰譆痛也音義皆近 ㉔ 贛贛衉重文見上八畫

丶部一百七十四

丶丶有所絕止丶而識之也知庾切。凡所云心有主者字當作此 ④
主主鐙中火主也之庾切。此即今之炷字也引伸叚借爲臣主賓主之主宗主之主篆作㞷
⑦ 咅咅今字作音 咅相與語唾而不受也天口切。此與否字相似而別今俗有此
欧欧咅或从豆欠

說文易檢卷五上

丹部一百七十五

丹𠂀 巴越之赤石也。象采丹井，丶象丹形。都寒切 𠕻 古文丹 彬 亦古文丹。段氏曰此似是古文彤。愚亦云然 ㊂ 彤彤 丹飾也。徒冬切 ㊃ 臒臒 善丹也。讀與靃同。周書曰其㱿丹臒。烏郭切

青部一百七十六

青 東方色也。木生火，从生丹。丹青之信言必然。倉經切 𡗗 古文青 ㊇ 靜靜 宷也。疾郢切。安靜之本字當作竫

井部一百七十七

井 八家爲一井，象構韓形，丶䨏象也。古者伯益初作井

子郢切 ㊁ 刑 罰辠也。戶經切。此刑罰本字。刑者剄也，義別 ㊂ 阱阱 陷也。疾正切。阱者陷獸之阱也。奴部曰𡰪阬也，謂穿地爲阬𡰪也，二字音同而各自爲用 穽 阱或从穴 𣴟 古文阱从水 ㊃ 刱 造法刱業也。讀若創。初亮切。此創造之本字，作創者段借字也 ㊉ 𦊓 宎地也。烏迥切

皀部一百七十八

皀 穀之馨香也。象嘉穀在裹中之形，匕所以扱之。或說皀一粒也。又讀若香。皮及切 ㊁ 即 節食也。子力切。鍇曰即就也 㿝 飯剛柔不調相著。讀若適。施隻切 ㊃ 既 小食也。論語曰不使勝食既。居未切。引伸之義爲盡也、已也

鬯部一百七十九

粢或之正字當作𥻆，或作粢者爲段借字，作粢別爲字矣

鬯 以秬釀鬱艸芬芳攸服，以降神也。从凵，凵器也，中象米，匕所以扱之。易曰不喪匕鬯。丑諒切 ㊅ 𩰪 列也。讀若迂。疏吏切。段氏曰引伸爲迂疾之義，今俗用駛疾字當作此。大徐新附有駛 ㊉ 秬 黑黍也，一稃二米以釀。其呂切 秬 𪏰或从禾。今經典皆作此 ㊉㊁ 爵 禮器也，所以飲。器象爵者，取其鳴節節足足也。即略切。引伸爲爵祿字，段借爲雀 𣥾 古文爵，象形。依古文四聲韻各本篆作𣥾 ㊉㊅ 鬱 芳艸也。十葉爲貫，百廿貫築以煮之爲鬱。一曰鬱鬯，百艸之華，遠方鬱人所貢芳艸，合釀之以降神。鬱今鬱林郡也。迂勿切。森鬱之鬱見林部

食部一百八十

食 𠊊米也。乘力切 ㊁ 飤 糧也。祥吏切。按以食食人物，其字本作食，許云

飤食馬穀也是也。經典無飤字，此蓋淺人所增。俗又作飼 ㊂ 飢 餓也。居夷切。饑饉之饑見下 餐 今字作飧，俗作飧非也 𩚷 餔也。思魂切 湌 餐重文見下七畫 ㊃ 飪 大孰也。如甚切 肚 古文飪 恁 亦古文飪 飯 食也。符萬切 餅飯 俗字 ㊄ 飴 米櫱煎也。與之切 𩞄 籀文飴从異省 飵 楚人相謂食麥曰飵。在各切 𩛸 相謂食麥也。奴兼切 𩟗 食之香也。詩曰有飶其香。毗必切。此與苾音同義近 飽 猒也。博巧切 𩞬 古文飽从采聲 𩟔 亦古文飽从卯聲 飻 貪也。春秋傳曰謂之饕飻。他結切。飻今文作餮 𩚨 今字作餒 餒 飢也。讀若楚人言恚人。於革切 餗 亦作秣 餗 食馬穀也。莫撥切 ㊅ 餈 稻餅也。疾資切 𩛂 餈或从齊 𥻆 餈或从米 ○ 與禾部粢各義 養 供養也。余兩切 𦍩 古文養 餉 饟也。式亮切 ○

糧餱之餱見下 餀 食臭也爾雅曰餀謂之喙 呼艾切 ⑦ ⿱食共 飴重文見上五畫 餔 申時食也 博狐切。餔一作晡 ⿱浦皿 籀文餔从皿浦聲 餐 吞也 七安切 湌 餐或从水 ⿰食肙 猒也 烏玄切 餘 饒也 以諸切 餧 飢也一曰魚敗曰餧 奴罪切。各本此篆作餧今依段說正餧正字作萎 餓 飢也 五箇切 ⿰食兌 小餟也 輸芮切。玉篇饋同餟廣雅云祱祭也祱非同餟 ⑧ 餅 麪餈也 必郢切 餥 餱也陳楚之間相謁而食麥飯曰餥 非尾切 ⿰食芺 今字作飫 ⿰食芺 燕食也詩曰飲酒之⿰食芺 依據切 餞 送去食也詩曰顯父餞之 才線切 餤 㠯薄餅卷肉切而薦之曰餤 徒甘切。此篆各本無今據詩小雅表記引補被釋文曰徐本作鹽 館 舘俗字 館 客舍也周禮五十里有市市有館館有積㠯待朝聘之客 古玩切。凡今道觀字古皆作館 餟 祭酹

也 陟衛切。封禪書作醊 ⿰食夌 馬食穀多气流四下也 里甑切 ⑨ 餴 饙重文見下十一畫 餳 飴和饊者也 徐盈切。玉篇徒當切廣韵曰糖飴也按糖即餳字又作餹。各本篆體誤从易作餳今正 餱 乾食也周書曰峙乃餱粻 乎溝切。今書作糇糧 ⿰食巸 饎重文見下十二畫 餬 寄食也 戶吳切。餬饘之本字作鬻見䰜部 餲 飯餲也論語曰食饐而餲 乙例烏介二切 餫 野饋曰餫 王問切 ⑩ ⿰食兼 嗛也讀若風溓溓一曰讀若廉絜之廉 力鹽切 饁 餉田也詩曰饁彼南畝 筠輒切 ⿰食豈 ⿰食㥯⿰食豈也 五困切 ⿰食采 飽重文見上五畫 餽 吳人謂祭曰餽 俱位切。餽饋之饋見下 ⑪ 饙 脩飯也 府文切 饙 从賁 餴或 餴或从奔 ⿰食𥏻 ⿰食象重文見下十二畫 ⿰口⿱虎食 饕重文見下十三畫 饉 蔬不孰為饉 渠吝切 ⑫ 餾 飯气流也 力救切 饎 酒食也詩曰可㠯饙饎

其會如林木部引作檜

昌志切 ⿰食巸 饎或从巸。周禮注曰故書作⿰食熙 糦 饎或从米。商頌字如此作 饋 餉也 求位切。今饋送字作餽其義不相通也 ⿰食象 晝食也 書兩切 ⿰食𥏻 ⿰食象或从𥏻 饒 飽也 如昭切 饌 籑重文見下十四畫 饑 穀不孰為饑 居衣切。飢 饑之飢見上 ⑬ 饙 餴重文見上十一畫 饐 飯傷溼也 乙冀切 饘 糜也周謂之饘宋衛謂之𩞈 諸延切。饘𩞈之𩞈篆作鬻即衎之正文二字音義俱異不得通用或謂饘鬻同字者誤也 饗 鄉人飲酒也 許兩切。按詩彤弓箋云大飲賓曰饗是饗之本義凡祭亯亯燕字皆當作亯 饕 貪也 土刀切 叨 俗饕从口刀聲。今人分別異用鮮知饕叨為一字者 ⿰食號 籀文饕从號省 饖 飯傷熱也 於廢切 ⑭ ⿰食齊 餈重文見上六畫 籑 具食也 士戀切 饌 籑或从巽 饛 盛器滿皃 莫紅切 ⿰食㥯 秦人謂相謁而食麥曰⿰食㥯⿰食豈 烏困切 ⑯ 饊 熬稻粻餭也 穌旱切 ⑰

饟 周人謂餉曰饟 人漾切。饟餉字當作此 ⑱ 饔 孰食也 於容切 ⑲ 饡 㠯羹澆飯也 則幹切。玉篇曰⿸厂食者饡之古文考工記注有⿸厂食盞又⿸厂食之譌字也

亼部一百八十一

亼 三合也从入一象三合之形讀若集 秦入切 一 今 是時也 居音切 ③ 合 合口也 侯閤切。引伸為凡會合之偁分合之合篆作㓣諧合之合篆作詥開合之合篆作闔合縫之合篆作欱又辵部遝還也亦會合之義 ⑤ 侖 思也 力屯切。倫常倫理字當作此 籀文侖 舍 市居曰舍 思夜切 ⑩ 僉 皆也虞曰僉曰伯夷 七廉切

會部一百八十二

會 合也 黃外切。詩會弁如星骨部引之⿰骨會其本字也 ⿰彳合 古文會 ⑦ ⿸辰會 日月

合窗爲𠍓 植鄰切。廣韻十四泰有𠍓音黃外切則又會字也 (八)𩞄 益也 符支切。禆𩞄古今字今字作禆益古字作𩞄益禆行而𩞄廢矣

倉部一百八十三

倉 穀藏也蒼黃取而藏之 徂浪切。蒼黃者匆遽之意今作倉黃或作倉皇皆非正字 全 奇字倉。蓋从古文亘 (四)牄 鳥獸來食聲也虞書曰鳥獸牄牄 七羊切。今字作蹌蹌牄牄蓋壁中古文也

入部一百八十四

入 內也象從上俱下也 人汁切 (二)內 入也 奴對切 㒳 二入也 良奬切 (三)𠓛 入山之深也 鉏箴切 仝 完也 疾緣切。今俗完全字从入籀文而吕全爲同字大誤 全 篆文仝从玉 純玉曰全 𠓞 古文仝。各本篆文作𠓞下體不知所从蓋轉寫致譌今據汗簡正古文四聲韵載王庶子碑亦作𠓞 (二十)糴 市穀也 徒歷切

缶部一百八十五

缶 瓦器所吕盛酒漿秦人鼓之吕節謌象形 方九切。俗作缻 (二)匋 作瓦器也古者昆吾作匋案史篇讀與缶同 徒刀切。甄陶陶漁字本此 (三)缸 瓨也 下江切。瓨音義同 (四)䍃 瓦器也 以周切。窯竈之窯見穴部俗作窰 缺 器破也 傾雪切。通借作闕 𦈲 不平缶也讀若薄引易 土盍切 (五)𦈜 缺也 都念切。今𦈜讀之則瓦器缺謂之𦈜詩云白圭之𦈜引伸通用也 (六)缿 受錢器也古吕瓦今吕竹 大口切又胡講切 (八)䍌 小缶也 蒲侯切 缾 䍃也 薄經切 瓶 缾或从瓦 ⿰缶或 瓦器也 于逼切 (十)㲄 未燒瓦器也讀若筩莩同 苦候切。土部曰瓦未燒曰坏音義略同則器之胎坏字當作此 ⿰缶垂 小口罌也 池偽切

穴部曰窒空也引詩缾之窒矣是罄窒可通用也

罃 備火長頸缾也 烏莖切。罌缶也罃大缾小用各不同今俗多溷之 (十一)罅 裂也缶燒善裂也 呼迓切 罄 器中空也 苦定切。殸古文磬字詩曰缾之罄矣 (十四)罌 缶也 烏莖切。與罃異物 罊 器中盡也 苦計切 (十七)⿰缶薦 瓦器也 作甸切 䍅 瓦器也 郎丁切。篇韵皆云佀缾有耳 (十八)罋 汲缾也 烏貢切。此與瓦部瓮各物而俗不分甕者瓮之俗字

矢部一百八十六

矢 弓弩矢也从入象鏑栝之形古者夷牟初作矢 式視切 𠂬 古文矢。此篆各本無按已部𢀿下云𠂬古文矢字據補 (二)矣 語巳詞也 于己切 (三)矤 况詞也 式忍切。俗作矧 知 詞也 陟离切。此與白部𥏼音義並同 (四)矦 春饗所䠶矦也天子䠶熊虎豹服猛也諸矦䠶熊虎大夫䠶麋麋惑也士䠶鹿豕爲田除害也其祝曰毋若不寍矦不朝于王所故伉而䠶汝也 乎溝切 𥎦 古文矦 (七)䠶 弓弩發於身而中於遠也 食夜切。今字多从篆文作射 射 篆文䠶 短 有所長短吕矢爲正 都管切 (十二)𥏫 傷也 式羊切。各本篆作𥏫按角部觴下曰𥏫省聲則知字本作𥏫今正。創傷字當作此 (十三)矯 揉箭箝也 居夭切。矯首之正字作撟 矰 隿䠶矢也 作縢切

高部一百八十七

高 崇也象臺觀高之形 古牢切 ⿱高冋 小堂也 去潁切 廎 ⿱高冋或从广。廳字疑可作此 亭 民所安定也亭有樓 特丁切。引伸爲亭止俗乃製停渟字 亳 京兆杜陵亭也 旁各切

冂部一百八十八

冂冋 邑外謂之郊郊外謂之野野外謂之林林外謂之冂象遠介也 古熒切 同 古文冂从口象國邑 坰坷 冋或从土。今詩爾雅皆如此作 市 从今字作 買賣所止也市有垣从冂从乁象物相及也乁古文及字 時止切 宂宂 宂宂行皃 余箴切 央 央中也一曰久也 於良切 隺 高至也易曰夫乾隺然 胡沃切。今易作確按說文有确無確蓋後人所改也

𩫖部一百八十九

𩫖 度也民所度居也从回象城𩫖之重兩亭相對也或但从口 古博切。此城郭之本字郭者今之廓字也 𩫖 𩫖或从口。此篆據上釋文補 ④ 𦥑 缺也古者城闕其南方謂之𦥑讀若拔物爲決引也 傾雪切。城闕當婢用此字

京部一百九十

京 人所爲絶高丘也 舉卿切 ④ 就 高也 疾僦切 𡰪 籀文就

亯部一百九十一

亯 獻也孝經曰祭則鬼亯之 許兩切又普庚切又許庚切。凡祭享燕享字皆當作此鬼神來食曰饗卽禮經尚饗之例也獻於神曰亯卽周禮祭亯用亯之例也此亯饗二字之別也亯之形變作享作亨作烹京諷之烹亦作亯 亯 篆文 ⑥ 䇪 孰也讀若純一曰鬻也 常倫切。凡从䇪之字隸變作享與亯無別。此純孰之本字今純醇行而䇪廢矣 䇪 篆文䇪 篤 亯也讀若篤 冬毒切。篤䇪字本此又與二部竺音義同今篤行而䇪竺皆廢矣 亯 用也讀若庸 同余封切。此與用部庸音義皆同玉篇曰亯今作庸廣韵曰亯者庸之古文

㫗部一百九十二

埤蒼來麰字作䅘

㫗 厚也 胡口切。凡厚薄字當作此 ㉒ 厚 山陵之㫗也 胡口切。㫗薄字見上 𠪋 古文厚从后土 ⑪ 覃 今字作覃从 覃 長味也詩曰實覃實吁 徒含切 古文覃 篆文覃省

畐部一百九十三

畐 滿也讀若伏 芳逼切。釋言曰逼迫也本文作偪二皆畐之俗字 良 善也 呂張切 目 古文良。玉篇不錄 亦古文良 亦古文良

㐭部一百九十四

㐭 穀所振入也宗廟粢盛蒼黃㐭而取之故謂之㐭 力甚切 廩 㐭或从广禀。此倉廩饞廩篆作稟 ③ 啚 嗇也 方美切。此鄙吝之正字 啚 古文啚如此 ⑤ 稟 稟俗作稟 賜穀也 筆錦切。此稟本字 亶 多穀也 多旱切

嗇部一百九十五

嗇 愛濇也从来㐭來者㐭而藏之故田夫謂之嗇夫 所力切 古文嗇从田 ④ 牆 垣蔽也 才良切 籀文牆从二禾 籀文亦从二來。按玉篇云牆者籀文牆者古文

來部一百九十六

來 周所受瑞麥來麰也二麥一夆象其芒束之形天所來也故爲行來之來詩曰詒我來麰 洛哀切。今詩詒作貽俗字也麰作牟段借字也 ⑦ 𠫭 詩曰不𠫭不來 牀史切。毛詩無此語釋訓曰𠫭不來不來也按𠫭者來之也今韵書字書已𠫭俟同𠫭訓待非也 俟 𠫭或从彳

麥部一百九十七

麥 芒穀秋穜厚薶故謂之麥麥金也金王而生火王而死从來有穗者也莫獲切 (三) 麧 堅麥也乎沒切 䴹 餅籟也昨哉切

(四) 麩 小麥屑皮也甫無切 麱 麩或从甫 麪 麥屑末也彌箭切

(五) 䴬 餅籟也戶八切 麮 麥甘鬻也丘據切 (六) 麰 來麰麥也莫浮切。毛詩作牟段借字 䴢 麰或从艸 (七) 麱 麩重文見上四畫 (十) 䵃 小麥屑之覈 穌果切。覈者今用之果核字 䴾 䴾䵂麥也一曰擣也昨何切

䵈 䴬麥餅籟也讀若庫空谷切 (十二) 䵂 麥覈屑也十斤爲三斗直隻切。又音敵 (十六) 麷 煑麥也讀若馮敷戎切

夊部一百九十八

夊 行遲曳夊夊也象人兩脛有所躧也楚危切。玉篇曰詩云雄狐夊夊今作綏

(四) 夋 行夋夋也一曰倨也七倫切 𡕥 行夋夋也讀若僕皮卜切。各本篆作㚈今依廣韵作夋與小徐注合夋夋即今俗語僕僕道途之謂 (五) 夌 越也一曰夌徲也力膺切。凡淩越侵陵陵夷等字皆當作此 𡕦 㛮蓋也讀若范亡范切 (六) 复 行故道也房六切。此與復音義皆同復行而复廢矣 致 送詣也陟利切 (七) 㚇 斂足也䧿䳯醜其飛也㚇子紅切。二句見釋鳥今爾雅作稯

夏 中國之人也胡雅切 𡕾 古文夏 畟 治稼畟畟進也詩曰畟畟良耜初力切。耜說文作梠作梩作鉊見木部 (十) 愛 行皃也烏代切。愛惠之本字作㤅見心部今段愛爲㤅而㤅廢矣 (十三) 憂 和之行也詩曰布政憂憂於求切。今詩作優優按說文無優字憂即優也憂愁之本字作𢝊優渥之本字作瀀 (十五) 夒 貪獸也一曰母猴似人奴刀切。詩小雅作猱毛曰猱猨屬此其本字也樂記作獶爲獶之隸變段借字也 (十七) 竷 繇舞也詩曰竷竷鼓我苦感切。今詩作坎坎 夔 即魖也如龍一足从夊象有角手人面之形渠追切

舛部一百九十九

舛 對臥也昌兗切 踳 楊雄作舛从足春 (七) 舝 車軸耑鍵也胡戛切 (八) 舞 樂也文撫切。按諸書多作儛 𦏶 古文舞从羽亡

舜部二百

舜 今字作舜 䑞 艸也楚謂之葍秦謂之藑蔓地生而連華象形舒閏切 𩓌 古文䑞 (七) 䑞 華榮也讀若皇爾雅曰䑞華也戶光切。今釋言作皇非。按此从生聲見之部大徐本作䑞非也今依段說 𦱤 䑞或从艸皇

韋部二百一

韋 相背也獸皮之韋可以束物枉戾相韋背故借以爲皮韋宇非切。違背字當作此 𩏑 古文韋 (五) 韎 茅蒐染韋也一入曰韎莫佩切 (六) 韏 革中辨謂之韏九萬切 (八) 韔 弓衣也詩曰交韔二弓丑亮切 (九) 韘 䠶決也所以拘弦以象骨韋系著右巨指詩曰童子佩韘失涉切 弽 韘或从弓 韐 履也乎加切 韍 履後帖也徒玩切 緞 韍或从糸。今俗以爲錦繡段之段 (十) 韜 劍衣也土刀切。禮少儀注曰夫襓劍衣也按許書無襓韜即襓也 韝 臂衣也古侯切。其字或作褠見後漢書或作構見南都賦 韢 橐也四各切。字亦作韢 韓 井橋也胡安切 韓 隸省作韓 (十二) 韠 韍也所以蔽前者以韋下廣二尺上廣一尺其頸五寸一命

縕韠再命赤韠 卑吉切 ⑫韢韢 橐紐也一日盛虜頭橐也 胡計切 ⑬韣韣 弓衣也 之欲切 ⑮韤韤 襪俗字 韤 足衣也 望發切 ⑯韉韉 收束也讀若酋 即由切 韉韉 韉或从要 揫揫。韉或从秋手 按手部重出揫篆今刪

弟部二百二

弟弟 韋束之次弟也 特計切。古次第字衹作弟 弟 古文弟从古文韋省 ⑩罤 隸變作罤 罤罤 周人謂兄曰罤 古魂切。此昆弟之正字

夊部二百三

夊夊 從後至也象人兩脛後有致之者讀若黹 陟侈切 午午 跨步也 苦瓦切。段注曰跨當作夸 夸步謂大張其兩股也 ①夃夃 秦人市買多得謂

之夃 詩曰我夃酌彼金罍 古乎切。今詩作姑者後人以今字易之也玉篇曰夃今作沽引論語求善價而夃諸則夃者沽買之本字也 ③夅夅 服也 下江切。凡降服字當作此 ④夆夆 相遮要害也南陽新野有夆亭 乎蓋切 夆夆 牾也讀若縫 敷容切。詩逢彼之怒是此本義古亦借爲山峯鋒芒字

久部二百四

久久 從後灸之也象人兩脛後有歫也周禮曰久諸牆以觀其橈 舉友切

桀部二百五

桀桀 磔也 渠列切。釋宮作榤俗字也 ②乘乘 隸變作乘 乘乘 覆也軍灋入桀曰乘 食陵切 椉 古文乘从几 ⑤磔磔 辜也 陟格切

說文易檢卷五下

說文易檢卷六上

木部二百六

木木 冒也冒地而生東方之行从屮下象其根 莫卜切 ①本本 木下曰本 布忖切。从木从丅 𣎵 古文本。段氏去此从木象形也根多歟侶口故从三口各本篆體不知所從今據改 末末 木上曰末 莫撥切。从木从上 按本末二篆各本誤今依六書故所引唐本正 札札 牒也 側八切 ②朸朸 朸木也讀若仍 如乘切 机机 机木也 居履切。机又俗檯机案之正字作几 朱朱 赤心木松柏屬 章俱切。糸部曰絑純赤也是朱紫本字 朴朴 木皮也 匹角切。樸素之樸見下今俗多混之 朵朵 樹木垂朵朵也 丁果切。朵莖之正字作梂 朻朻 高木下曲也 吉虯切。按樛下曰下句曰樛音吉虯切爾雅釋木曰下句曰朻詩南有樛木毛曰木下曲曰樛玉篇分引詩爾雅而云二同是朻樛本一字也但不知孰爲正字孰爲或

體目姑兩存之。段說遲刪樛篆 杒杒 木之理也平原有杒縣 盧則切。泐下曰水之理也阞下曰地理朸下曰木理音同而義各別 朾朾 橦也 宅耕切。周禮職金注作揨即朾字也今俗語云揨撞正是此字 休休 息止也 許尤切 庥 休或从广 ③杏杏 杏果也 何梗切 李李 果也 良止切 杍杍 古文李 杜杜 甘棠也 徒古切。杜門之正字作敷 杙杙 劉劉杙 與職切。今以此爲橜弋字乃以弋爲雉鉃字 杞杞 枸杞也 墟里切 杒杒 桎杒也 而震切 杈杈 杈枝也 初牙切。凡作乂字皆當用此 朻朻 椙也 私兆切。玉篇曰朻木忽高也 杕杕 特兒詩曰有杕之杜 特計切。引伸爲舟杕今作柁舵皆俗字 材材 木梃也 昨哉切 杗杗 棟也爾雅曰杗廇謂之梁 武方切 杇杇 所以涂也 哀都切。俗又作圬 杝杝 俗作椸 落也讀又若阤 池尒切。此即今之籬字 杠杠 牀前橫木也 古雙切 杚杚 平也 古沒切。

按許書無杚杚即杚字廣雅杚摩也古杚與槩通用今書籍此等杚字皆譌作杚矣

杓 斗柄也 甫遙切

杖 持也 直兩切。說文無仗兵杖字俗作仗非

杘 籆柄也 女履切

四

杶 杶木也夏書曰杶榦栝柏 敕倫切

櫄 杶或从熏

枏 今字作楠 梅也 汝閻切。俗又作楠為柟木字

⿱予木 栩也讀若杼 直呂切。此與杼同形同音而異字

枇 枇杷木也 房脂切

枋 枋木可作車 府良切。禮周官皆以枋為柄按仿之籀文作㑂盍古字方丙可通也

枒 俗作椰 枒木也一曰車网會也 五加切

枌 枌榆也 羊朱切

松 松木也 祥容切

㮤 松或从容。今榕木字可作此

枝 木別生條也 章移切。枝指之本字作跂

枚 榦也可為杖也詩曰施于條枚 莫桮切

枖 木少盛皃詩曰桃之枖枖 於喬切。今詩作夭夭此其本字也

杪 木標末也 亡沼切

枉 衺曲也 迂往切

扶 扶疏四布也 防無切。此扶疏之本字

杲 明也讀若槀 古老切

杳 冥也 烏皎切。此窈冥之正字亦作窅

牀 安身之几坐也 仕莊切

枕 臥所以薦首者 章衽切

㭒 兩刃臿也宋魏曰㭒也 互瓜切。方言云宋魏之間謂之鏵是也鏵即㭒字也即㭒之隸變也玄應曰㭒古文奇字作鋘字詁作鋘又鏵之俗省今江淮間有小舟以蔣邊之謂之划子又用物有名丫叉者疑皆㭒之俗字

釫 㭒或从金亏

杷 俗作朳扒 收麥器 蒲巴切。今作鈀誤

杵 舂杵也 昌與切

枓 勺也 當口切。凡斗勺尊斗牛斗等字皆當作枓斗為升斗虛字也

杼 機持緯者 直呂切。今人用梭杼字皆非梭者木名椶者俗字

枑 梐枑也 胡誤切

极 驢上所以負也 其輒切。負笈字可用此

枊 馬柱也 吾浪切

采 捋取也 倉宰切 採彩綵皆俗字

析 破木也一曰折也 先激切

杻 械也 敕九切。按此篆各本誤入杶下曰古文杶今據

詩助我舉柴其字當作𣘨

說解及爾雅引移正廣韻亦曰杽古文杻

杽 梏也。古文杻

五

柚 條也似橙而酢夏書曰厥包橘柚 余救切

柹 赤實果 鉏里切。俗作柿非是柿削木朴也音義俱異

柰 俗奈 柰果也 奴帶切

楧 楧梅也一曰江南橦材其實者謂之楧也 於京切

柀 黏也一曰析也 甫委切。爾雅音義音彼

柞 柞木也 在各切

⿰木尻 山樗也讀若䄉 苦浩切

梌 木出橐山 他乎切

柅 柅木也實如棃 女履切。今或以為檷字

枸 枸木也可為醬出蜀 俱羽切。史漢皆云蒟醬此蓋正字詩南山有枸毛曰枸枳枸也禮記作椇棗說文無椇其正字當作枳椇並見禾部

枳 枳木似橘 諸氏切。互詳枸下

柜 俗作欅 柜木也 其呂切

柠 楮重文見下九畫

柘 柘桑也 之夜切。漢志高桒山師古謂即柘字之誤

柏 鞠也 博陌切

枮 枮木也 息廉切

某 酸果也 莫厚切。此是今之梅字為鹽梅之本字今段借為某人之某而本義廢矣

槑 古文某

柢 木根也 都禮切。

桅 黃木可染者 章移切。各本篆文誤作桅今依韻會所據本正

果 木實也 古火切

枵 木皃春秋傳曰歲在玄枵玄枵虛也 許嬌切

柖 樹搖皃 止搖切。柖搖之正字

枯 槀也夏書曰唯箘輅枯枯木名也 苦孤切。今書作楛

柔 木曲直也 耳由切。引伸為凡耎弱之偁韋部曰韖皮革之柔耎也百部曰腜面色之柔䩞也今韖行柔而韖腜等字皆廢矣

柝 判也易曰重門擊㯤 他各切。按㯤下引易重門擊㯤此㯤之本義也柝者段借字也土裂曰墒木判曰柝自段借行而本義廢矣

柴 小木散材 士佳切。燔柴之本字作祡

柱 柱俗字 楹也 直主切

柤 木閑也 側加切

柵 編豎木也 楚革切

⿰木㠯 鍇云今俗作耜非 臿也一曰徙土輂齊人語也 詳里切

梩 ⿰木㠯或从里

枱 耒耑也 弋之切

之耜字當云詳里切 切。段氏曰此卽今 鈶 枱或从金 辝 籀文从辝 柃 柃椴也 郎丁切

柫 擊禾連枷也 敷勿切 柶 禮有柶柶匕也 息利切 枷 柫也淮南謂之柍 古牙切。此與今之架字異架祇作加 柭 棓也 北末切

柯 斧柄也 古俄切 柄 柯也 陂病切。周禮經作枋 棅 柄或从秉 柲 欑也 兵媚切 柎 跗趺皆俗字 柎 闌足也 甫無切 枹 擊鼓柄也 甫無切 柷 樂木椌也 昌六切 [木去] 极也 去魚切 柿 削木朴也陳楚謂之札柿 芳吠切。柿果之柹見前 柧 棱也又柧棱殿堂上最高之處也 古胡切。此觚棱之正字 枰 平也 蒲兵切 柆 折木也 盧合切。此與拉音同義異猶榣與搖之別也 柮 檮柮也 女滑切。按說文無杌柮卽杌猶鼿之亦作鼿也 杌隉之杌篆作阢 枼 楄也 枼薄也 與涉切。此與今之枻異 枻卷枻之譌字也不得作枼

麻 休重文見上二畫 柙 檻也所以藏虎兕也 烏匣切 古文柙 六

桃 果也 徒刀切 桂 江南木百藥之長 古惠切 桏 桏木也 渠容切 桋 赤桋也詩曰隰有杞桋 以脂切。說文無棣，字祇作隶 栩 柔也其皁一曰樣 況羽切 桔 桔梗藥名一曰直木 古屑切 移 棠棣也 弋支切 桐 榮也 徒紅切 根 木株也 古痕切 株 木根也 陟輸切 栞 栞重文見下八畫 栠 弱皃 如甚切。此柔荏之本字經典多段荏爲之 格 木長皃 古百切。枝格之本字作格見手部格鬥之本字作格扞格之本字作挌經典訓來訓至之格篆作假又有借爲庋閣字者許書分晳甚明今俗皆廢而不用矣 栽 築牆長版也春秋傳曰楚圍蔡里而栽 昨代切 枅 亦作榍 枅 屋櫨也 古兮切 栭 亦作㮈 栭 屋枅上標也

爾雅曰栭謂之楶 如之切 栵 栭也詩曰其灌其栵 良薛切 桓 亭郵表也 胡官切。桓圭之正字作瓛桓大之正字作查 案 几屬 烏旰切 㭘 劍匣也 胡甲切 持 槌也 陟革切。篇韻皆云持一作得一作橞 栚 槌之橫者也關西謂之㮟 直衽切 栫 以柴木雝也 祖悶切。雝者今之壅字 桊 牛鼻環也 居倦切 栙 栙雙也讀若鴻 下江切。廣韻有䏲䐁皆疊韻字 栝 炊竈木 他念切。廣韻云棯火杖栝古今字也栝篆文作棯見下七畫 臬 射墫的也 五結切。墫的今作準的誤 校 木囚也 古孝切。按說文無校字較字凡比校較量字祇可作此亦可借斗部斠字爲之車較之正字作較 核 蠻夷以木皮爲匣狀如籢尊之形也 古哀切。西部曰覈實也凡果核攷核字皆當作覈 桄 充也 古曠切。玄應曰桄音光古文橫聲類作輄

桎 足械也 之日切 栉 櫛重文見下二十畫 七 梬 梬棗也 以整切 梅 枏也可食 莫桮切。按此非今之梅字某下云酸果也乃今之梅字也凡鹽梅字當作某 楳 梅或从某 亲 果實如小栗春秋傳曰女摯不過亲栗 側詵切。今經傳皆作榛段借字也 梫 桂也 七荏切 梣 青皮木 子林切 梣或从寑省寑籀文寑 梓 楸也 卽里切 梓 梓或不省 桵 白桵棫也 儒佳切 梢 梢木也 所交切。廣韻曰梢船舵尾也又枝梢也是作稍爲段借字 [木寽] 木也 力輟切 梭 梭木也 私閏切。俗用爲機杼之梭大誤廣雅作㮶俗字也 梤 香木也 撫文切。隸變作棻者蓋因篆體亦作棻也 柳 少楊也 力久切 梂 字又作銶 櫟實一曰鑿首 巨鳩切 梧 梧桐木一曰櫬 五胡切。枝梧牴梧等字篆並作捂 梗 山枌榆有束莢可爲蕪荑也 古杏切。今俗硬字可用此亦或借爲哽咽之哽

梇 梇木也益州有梇棟縣 盧貢切 條 小枝也 徒遼切 梃 一枚也 徒頂切 桹 高木也 魯當切。今別作榔爲檳榔字 梴 長木也詩曰松桷有梴 丑連切 桴 眉棟也 附柔切。乘桴之桴篆作泭 桷 榱也椽方曰桷春秋傳曰刻桓公之桷 古岳切 梠 楣也 力舉切 梀 短椽也 丑錄切 梱 閫即梱 門橛也 苦本切 桯 牀前几 他丁切 桱 桯也東方謂之蕩 古零切 梳 所以理髮也 所菹切 梩 枱重文見上五畫 椴 穜樓也一曰燒麥柃椴也 與辟切 桮 俗作杯盃 㔽也 布回切 𠥀 籀文桮。鉉本作匧 梯 木階也 土雞切 棁 木杖也 他活切。經典用爲梁上短柱之棳 栝 隱也一曰矢栝隱弦處 古活切。此矢栝之本字經傳多用括他書亦作筈 桶 方斛受六升 他奉切 梐 梐枑行馬也周禮曰設梐枑再重 邊兮切 梁 水橋也 呂張切 𣻈 古文梁 梜 檢柙也 古洽切 梡 棞木薪也 胡本切 械 桎梏也一曰械器之總名一曰械治也一曰有所盛曰器無所盛曰械 胡戒切 梏 手械也所以告天 古沃切 梟 不孝鳥也故日至捕梟磔之 古堯切。五經文字曰从鳥在木上隸省作梟然則說文本作梟甚明今各本云从鳥頭在木上而改篆作𣡢非也梟首之本字作県

（八）

棃 棃果也 力脂切 棠 牡曰棠牝曰杜 徒郎切 棆 毋杶也讀若易卦屯之屯 陟倫切 ⿰木咎 ⿰木咎木也讀若皓 古老切 椆 椆木也讀若丩 職畱切 樧 樧木也益州有樧縣 職說切。梁上短柱之棁當作此 棪 遬其也讀若三年導服之導 以冉切。遬籀文速字也今爾雅作樕爲俗字 椋 即來也 呂張切。

來爾雅作棶 栟 栟櫚椶也 府盈切。說文有栟無櫚祇作閭 椅 梓也 於離切。賈逵說又作檹 椐 樻也 九魚切 棫 白桵也 于逼切 棣 白棣也 特計切 栞 槎識也夏書曰隨山栞木讀若刊 苦寒切。今尚書禹貢皆作刊此其本字也刊爲刊削之刊 ⿰木曶 曶高皃 呼骨切。曶今之倏忽字也 棟 極也 多貢切 植 戶植也 常職切 櫃 植或从置 椑 圜榼也 部迷切 梮 所以舉食者 俱燭切。左傳襄九年陳畚挶杜云挶土轝也同梮史記梮作欙 棚 棧也 薄衡切 棧 棚也竹木之車曰棧 士限切 棖 杖也一曰灋也 宅耕切 棓 棒俗字 棓 棁也 步項切 椎 鎚俗字 椎 所以擊也齊謂之終葵 直追切 棅 柄重文見上五畫 棊 簙棊 渠之切 椄 續木也 子葉切。此椄續之本字今接行而椄廢矣 椌 柷樂也 苦江切。椌椌之言空也腔字疑可作此

棨 傳信也 康禮切 棝 棝斗可射鼠 古慕切 𣻈 梁重文見上七畫 椓 擊也 竹角切。此與攴部斀音義皆同詩昏椓靡共及黥椓字皆當作斀 椊 櫱重文見下二十畫 棱 俗作稜 棱 柧也 魯登切 棐 輔也 府尾切 棺 關也所以掩尸 古丸切 椁 槨俗字 椁 葬有木𩫖也 古博切 棷 木薪也 側鳩切。禮運叚爲藪字

（九）

楍 本重文見上一畫 楳 梅重文見上七畫 楙 冬桃讀若髦 莫候切 楷 楷木也孔子冢蓋樹之者 苦駭切 椲 椲木也可詘爲盂者 于鬼切 楢 柔木也工官以爲耎輪讀若糗 以周切 楈 楈木也讀若芟刈之芟 私閭切 楑 楑木也一曰度也 求癸切。度之義與手部揆同 楀 楀木也 王矩切。楀俗字 椶 栟櫚也可作萆 子紅切。萆即今之蓑衣也俗作棕 楸 梓也 七由切。左傳史漢以萩爲楸

釋宮楣謂之梁其字亦作楣

經典門楣字當作楣

栘栘栘羅也詩曰隰有樹栘徐醉切。今詩爾雅作檖椵椵椵木可
㠯作牀几讀若賈古雅切楛楛楛木也詩曰榛楛濟濟侯古切。
尚書段爲楛字楋楋楋木也盧達切楊楊蒲柳也与章切楓楓楓
木也厚葉弱枝善搖一名欇方戎切楮楮穀也丑呂切柠
楮或从宁楝楝楝木也郎電切榆榆榆白枌羊朱切楰楰鼠梓木
羊朱切[illegible][illegible]木葉陊也讀若薄他各切。此與蘀音義略同楨楨剛木也
上郡有楨林縣陟盈切極極棟也渠力切楹楹柱也春秋傳曰
丹桓宮楹以成切楶楶欂櫨也子結切椽椽椽榱也直專切楣楣
秦名屋櫋聯也齊謂之𠂆楚謂之梠武悲切楯楯闌檻也
食允切。古亦段爲盾字椳椳門樞謂之椳烏恢切。大射儀作隈段借字也⿰木冒⿰木冒門

樞之橫梁莫報切楗楗歫門也其獻切。此管鍵之正字楔楔櫼也先結切。
考工記曰才得則無槷而固即楔之段借字也楃今別作幄楃木帳也於角切楲楲楲
窬褻器也於非切楎楎六叉犂一曰犂上曲木犂轅讀若
緯或如渾天之渾戶昆切⿰木省⿰木省木參交㠯支炊籅者也
讀若驪駕所綆切椷椷篋也古咸切。糸部曰緘所㠯束篋也封緘字當作緘二字音同而義
自別椱椱機持繒者扶富切楥楦俗字楥履灋也讀若指
撝吁券切椯椯箠也一曰度也一曰椯劉也兜果切。此朶箠之正字俗名骨朶
楘楘車歷錄束文也詩曰五楘梁輈莫卜切。此與鞪音義皆同說詳鞪下
楇楇盛膏器乎臥切。劉向別錄作輠楇即輠也楫檝俗字楫所㠯櫂
舟也子葉切。櫂即櫂⿰木叟艘俗字⿰木叟船總名穌遭切楄楄楄部方木

也春秋傳曰楄部薦榦部田切。今作楄柎。楅楅㠯木有所畐束也
詩曰夏而楅衡彼即切⿰木亙⿰木亙竟也古鄧切亙古文⿰木亙。今字从此作亙楬
楬楬桀也春秋傳曰楬而書之其謁切。此與揭音義皆同今楬行而揭又廢矣㊉
梓梓重文見上七畫榛榛榛木也一曰叢木也側詵切。此莿榛字榛栗之正字作亲
⿰木息⿰木息⿰木息木也相即切榗榗榗木也書曰竹箭如榗子賤切⿰木粤
⿰木粤大木可爲鉏柄詳遵切槐槐槐木也戶恢切檕檕楮也
古祿切。各本篆文作穀隸變也今據五經文字正榮榮桐木也一曰屋梠之兩
頭起者爲榮永兵切㮤松重文見上四畫槑某重文見上五畫榙榙榙
果似李讀若嚃土合切。按口部無嚃即舌部之䜚字也尌樹重文見下十二畫⿰木畟⿰木畟
細理木也子力切槇槇木頂也一曰仆木也都年切。人頂曰顛木頂曰槇

仆曰顛木仆曰槇則凡物之顛頂顛仆字當作此榣榣樹動也余昭切。今俗謂㨤惑人曰招搖當
用招搖二字槀凡槀槀字皆从高木上今字作槁非也槀木枯也苦浩切。凡槁䰂皆作槀許吕此
爲正字不取俗字也榑榑榑桑神木日所出也防無切。此扶桑之本字⿰木郤
⿰木郤角械也其逆切榦榦築牆耑木也一曰本也古案切。幹即榦字。
構構蓋也杜林㠯爲椽桷字古后切。此與冓部首冓音義略
同而結構字當專用冓榰榰柱氐也古用木今㠯石易曰榰恆凶是
章移切。榰柱今作搘拄皆俗字榱榱椽也秦名屋椽也周謂之榱齊
魯謂之桷所追切⿰木毘⿰木毘梠也讀若枇杷之枇房脂切槏槏
戶也苦減切。通俗文云小戶曰扊集韻槏扊扅三字同榍榍限也先結切。釋宮柣謂之閾柣即榍
字也槍槍歫也一曰槍欃也七羊切。通俗文曰剡木傷盜曰槍俗作鎗非是金部曰鎗鍠聲也爲

今之鐙鋗字又晉灼注漢書曰槅欘其正字也 亂皃也許書無槅字槅欘其正字也 槈字 俗 槈 薅器也 奴豆切 鎒 槈或从金 槃 承槃也 薄官切。槃之正字作昪 樂 鎜 古文从金 盤 籒文从皿。今字皆作盤 榹 槃也 息移切 榼 酒器也 枯蹋切 槌 關東謂之槌關西謂之持 直類切 榺 機持經者 詩證切 榜 所以輔弓弩也 補盲切。俗別作牓為牓字 槅 大車軶 古覈切 榷 水上橫木所以渡者 江岳切。凡言大榷揚榷 此為正字 不當作推 槎 衺斫也春秋傳曰山不槎 側下切。若古槎字 梡 梡木未析也 胡本切

（十一）

樝 俗作查樝 樝果似棃而酢 側加切 槢 木也 似入切 槢重文見上七畫 樕 樸樕小木也 桑谷切 號 俗作椃 號木也 乎刀切 樗 樗木也以其皮裹松脂讀若華 乎化切 各本 樗槫二篆互譌今據毛詩音義爾雅音義五經文字正樺者樗之俗字也今所謂樺燭是也 樺 槫或从蒦 舊在樗下 此篆亦 樗 樗木也 丑居切 樣 栩實也 徐兩切。按樣之俗字作橡今人用式樣字像之段借也唐人式樣字作樣 櫸 櫸木也 羊吉切 檿 檿木出發鳩山 所八切 椵 侶？ 椵 椵木出淮南 所八切 檴 檴 謂檴柳同字 之夜切。廣韻 樅 松葉柏身 七恭切 橘 松心木 莫奔切 𣐊 標 木杪末也 敷沼切。標識之標篆作幖 檥 木可作大車輮 子六切 楷 長木皃詩曰檥差荇菜 所今切 吉糾切。此與朻本一字說詳朻下 今詩作參 非 槸 木相摩也 魚祭切。說文無𧨻字 正字也 作槸 考工記以為槷 字亦作槸 槷 槷或从埶作。據此則埶字 又以為臬字又以為危隉字 古有之矣今手部埶下補埶字 模 法也讀若嫫母之嫫 莫胡切。漢書亦作橅 橅 古文模。此篆各本無 輪人注以為 臨摹之摹見手部

今據林部 之釋文補 樧 俗作榝 樘 俗作撐 樘 柱也 丑庚切。撐 字作定 歫 並見止部 樀 戶樀也爾雅曰檐謂之樀 樀廟門讀與滴同 常職切 樞 戶樞也 昌朱切 樓 重屋也 洛侯切 㮾 杇也 母官切 金部 曰鏝鐵杇也音義同釋宮曰鏝謂之杇釋文云鏝本或作㮾 疑古全用木故杇㮾古字也釋鏝今字也按孟子作墁俗字也 槩 今字作概 槩 所以杚斗斛也 工代切 榹 榹 胡槤也 里典切。說文無 瑚璉字胡槤 即其正字 櫝 亦作匵 櫝 匱也 古梅切 槽 畜獸之食器 昨牢切 楯 櫓重文見下十六畫 樂 五聲八音總名象鼓鞞 木虡也 五角切 槧 牘樸也 自刻切 槱 澤中守艸樓 鉏交切 槱 積木燎之也詩曰薪之槱之周禮以槱燎祠司中司命 余救切 禉 槱或从示 柴祭天神也 樹？ 楷 棺櫝也 祥歲切

（十二）

橘 橘果出江南 居聿切 橙 橘屬 丈庚切 樟 樟木也可以為 櫛 切 旨善切 櫝 櫝木也 房未切 檍 今字作檍 檍 梓屬大者可為棺槨小者可為弓材 於力切。按檍檍古今字心部意今作億人部億今亦作億艸部薔今作薏水部澺今作澺又言部譩即古文意字是經典檍字即說文之檍何疑各本別出檍篆云杶也同蓋淺人謂不當闕而增之也今刪 楢 杶也 相倫切 樻 椐也 求位切 橞 橞木也 胡計切 樲 酸棗也 而至切 樕 酸小棗一曰染也 人善切 播 播木也讀若樊 附轅切 樵 楸木也 昨焦切 樹 木生植之總名也 常句切。樹立之 尌 籒文 樹篆作尌見壴部 樹 檊 大木皃 古限切 橈 曲木也 女教切 樸 木素也 匹角切。璞者俗字 礦下云銅鐵樸是也 樸 俗作樸 檃 木實也 力追切 築 所以擣也 陟玉切 𥳑 古文築。按此从竹土 各本篆體譌譖今正之

國名之檜本作鄶

橑橑椽也盧浩切 檐檐屋梠前也一曰蠶槌徒含切 橦橦帳極也宅江切橦即橦字 槃槃米甾也擧朱切 樍樍樍俗作𣚐車笭中隋隋器也徒果切 榫榫梠重文見上五畫 機機主發謂之機居衣切 橜橜弋也一曰門梱也瞿月切 樴樴弋也之弋切 橋橋水梁也巨驕切 橃橃海中大船房越切俗作筏 橫橫闌木也戶盲切。縱橫篆作從衡 𣝶𣝶學也橫或从學省。後漢書儒林傳注引補 [木斯][木斯]櫪撕也先稽切 ⑬ [木遄][木遄]木也市緣切 檟檟楸也春秋傳曰樹六檟於蒲圃吉雅切。玉篇櫃同檟 檆檆木也所銜切。此篆大徐所補十九文之一古本所黏俗又作杉 橿橿枋也一曰鉏柄居良切 檗檗黃木也博戹切。今俗加艸作蘗多誤爲蘖字 檉檉河柳也敕貞切 檀檀檀木也徒乾切 楖楖楖木可爲杖觀吉切 檜檜柏葉松身古外切 檥檥檥俗字 檥榦也魚羈切 檐檐檐俗字 櫓櫓槐也余廉切。門檐之檐篆作閻 櫃櫃植重文見上八畫 櫽櫽圜案也似沿切 檄今字作槃 櫽櫽栝也巨京切 櫽櫽栝也於謹切。櫽與栝互訓今作隱栝段借字也凡古云安隱者皆謂櫽栝而安之也俗作安穩形聲皆變矣 檢檢書署也居奄切。凡檢制檢校字皆當作此 𣝿𣝿尺二書胡狄切 櫟櫟車轂中空也讀若藪山樞切 樵樵吕木有所擣也春秋傳曰越敗吳於樵李將遂切。公羊傳作醉李 ⑭ 櫄櫄杶重文見上四畫 櫅櫅櫅木也可吕爲大車軸祖稽切 樸樸樸棗也博木切。古或段樸字爲之 檴檴檴重文見上十一畫 櫞櫞枸杞也一曰堅木也古詣切。蓋枸櫞古名今作枸杞也 檿檿山桑也詩曰其檿其柘於琰切 櫟櫟榙櫟木也徒合切 檹檹木檹

施也賈侍中說檹即椅也可作琴於离切 橚橚長木皃山巧切 㯎㯎芬也於斬切 櫋櫋屋櫋聯也武延切 繫繫繘耑木也古詣切 檷檷絡絲柎也讀若柅易曰繫于金檷奴禮切 檮檮檮柮斷木也春秋傳曰檮柮徒刀切。今作檮杌說文無杌柮即杌字 檻檻櫳也一曰圈胡黯切。圈者養獸之閑 ⑮ 櫟櫟櫟木也郎擊切 櫎櫎重文見上十一畫 櫝櫝匱也一曰木名又曰櫝木枕也徒谷切。此與匚部匵音義皆同又革部曰韇弓矢韇也 櫌櫌櫌俗字 櫌摩田器也於求切。今經典皆作耰惟漢石經論語作櫌 櫡櫡鐯俗字 櫡斫謂之櫡張略切 櫑櫑龜目酒尊刻木作雲靁象象施不窮也魯回切 今之罍字乃櫐之省文此櫑字不得从木于下也 罍罍櫑或从缶 𦉜𦉜櫑或从皿 櫑籀文櫑从缶同。漢書文三王傳孝王有罍尊如此作 櫎櫎所吕几器一曰帷屏風之屬胡廣切。櫎之字一變爲榥再變爲幌 櫛櫛梳比之總名也阻瑟切。按考工記楖字櫛之古文也 ⑯ 櫇櫇櫇木也符眞切。上林賦有仁頻孟康曰仁頻椶也李善曰仙藥錄云檳榔一名椶然則仁頻疑即檳榔也 櫨櫨欂櫨也伊尹曰果之美者箕山之東青鳧之所有甘櫨焉夏孰也一曰宅櫨出弘農山也落胡切 欜欜行夜所擊木易曰重門擊欜他各切。此擊柝之本字互詳柝下 櫱櫱欜重文見下二十畫。與櫱字異 櫓櫓大盾也郎古切。流血漂櫓 樐樐櫓或从鹵 櫪櫪櫪撕柙指也郎擊切。柙指猶今之拶指也 杵杵即櫪字也 櫬櫬棺也春秋傳曰士輿櫬初僅切 ⑰ 櫏櫏味稔棗也似沿切 櫾櫾昆侖山河隅之長木也以周切。按爾雅山海經皆吕櫾爲橘柚字 欂欂欂櫨柱上枅也按此各本篆文作欂今據李

善引倉頡篇改正篇韵皆補各賀戟二切 櫺 楯閒子也 郎丁切 段說亦改榑爲構而云當有榑構二篆也
龔 房屋之疏也 盧紅切。此房龔字 櫳檻字見下 櫼 楔也 子廉切 櫳 檻也 盧紅切。段氏曰字有偏旁稍移而爲二字者 柔栖也 杍機緯者也 龔房屋之疏也 櫳檻也是也 竊有疑焉 龔與櫳皆言橫直爲窗櫺通明 不嫌同偁 如檻亦爲闌檻 許於楯下云闌檻是也 左木右龍之 恐淺人所增
（十八）棣 棣木也 郎計切 權 黃華木 一曰反常 巨員切。今別作顴 爲顴頰字 非 頯下曰權也是也 櫐 木葉榣白也 之涉切
（十九）栘 栘木也 羊支切 櫐 櫐木也 力軌切。爾雅作虆 櫑 籀文
欒 欒木似欄 禮天子樹松 諸侯柏 大夫欒 士楊 洛官切
欑 積竹杖 一曰穿也 一曰叢木 在丸切。鑽物欑聚字竝當作此 攢者俗字也
（二十）櫱 伐木餘也 商書曰若顛木之有甹櫱 五葛切。今尚書作由櫱 櫱或从木辥 不 古文櫱从木無頭 枿 亦古文櫱。古文 𣏟 四聲韵作枿 亦古文櫱 據古文尚書補此
（廿一）欘 斫也 齊謂之茲箕 一曰斤柄性自曲者 陟玉切 欙 山行所乘者 虞書曰予乘四載 水行乘舟 陸行乘車 山行乘欙 澤行乘𣖔 力追切 欚 江中大船也 盧啟切
（廿五）櫑 蘲重文 見上十九畫 （三十）𣡽 眾盛也 逸周書曰𣡽疑沮事 所臻切

東部二百七

東 動也 得紅切 （八）𣛭 二東 曹从此 闕

林部二百八

林 平土有叢木曰林 力尋切 （四）棽 木枝條棽儷也 丑林切

棼 複屋棟也 符分切。段爲紛亂字 左傳 森 木多皃 讀若曾參之參 所今切
（五）楚 叢木 一名荊也 創舉切。詩衣裳楚楚 楚本字作䊩 䊩痛楚之楚 篆作齭 楙 木盛也 莫候切。此與茂音義皆同 分艸木耳
（八）禁 見下 麓重文
（十）𣞤 此今之蕃蕪字也 𣞤 豐也 从林𡘲 𡘲或說規模字 商書曰庶艸繁無 文甫切。今書作蕃廡 段借字也。按此蕃蕪之無 嫥字蕪蕨之蕪見艸部 篆文作蕪 有無之無見亾部 篆文作𣞤
麓 守山林吏也 一曰林屬於山爲麓 春秋傳曰沙麓崩 盧谷切 禁 古文麓
（廿二）鬱 木叢者 迂弗切。鬱鬯之鬱 抑鬱字亦當作鬱 鬱見鬯部

才部二百九

才 艸木之初也 从丨上貫一 將生枝葉也 一地也 昨哉切。

凡語詞之訓初者當用此

說文易檢卷六上

説文易檢卷六下

叒部二百十

叒 日初出東方湯谷所登榑桑叒木也象形 而灼切。騷總余聲孚扶桑折若木以拂日扶若即榑叒字也詛助之若亦當作此 𠮦 籀文叒 ④桑 蠶所食葉木 息郎切

之部二百十一

㞢 今字作之 出也象艸過屮枝莖漸益大有所之也一者地也 止而切 ③㞷 今亦作𡉚 艸木妄生也讀若皇 户光切。雞部雞字从此 𡉚 古文㞷。依段本增此

帀部二百十二

帀 匝俗字 周也 子荅切。匝帀字今用周 ⑥師 二千五百人爲師 疏夷切

𡴚 古文師

出部二百十三

出 進也象艸木益茲上出達也 尺律切 ⑤𡴘 槷𡴘不安也易曰槷𡴘 五結切。今易作臲卼又作𡴘 ⑫𧶠 今字作賣與貝部衒賣字相溷 賣 出物貨也 莫邂切 ⑳糶 出穀也 他弔切

𣎳部二百十四

𣎳 艸木盛𣎳𣎳然象形讀若輩 普活切。此即今之芾字也 𣎵 木宋孛之皃 于貴切。此即今之彙字也易彙其征吉釋文云彙古文作𣎵 孛 孛也論語曰色孛如也 蒲妹切。今鄉黨篇作勃 索 艸有莖葉可作繩索 蘇各切。凡探索搜索字篆作𥿀 𣐺 止也 即里切 南 艸木至南方有枝任也 那含切 𡴅 古文南

生部二百十五

生 進也象艸木生出土上 所庚切 丰 艸盛丰丰也 敷容切。方言妦好或謂之妦即丰字也 ⑤甡 眾生並立之皃詩曰甡甡其鹿 所臻切 ⑥産 生也 所簡切。畜産篆作[illegible] ⑦甤 艸木實甤甤也讀若綏 儒隹切。此與蕤音義皆同 ⑨隆 隷省作隆 豐大也 力中切

乇部二百十六

乇 艸葉也垂穗上貫一下有根象形字 陟格切

𠂹部二百十七

𠂹 艸木華葉𠂹象形 是爲切。引伸爲凡𠂹下之偁土部曰垂遠邊也爲邊垂字𨸏部曰陲危也爲陲危字今垂行而𠂹陲皆廢矣 𥎛 古文

𠌶部二百十八

𠌶 艸木𠌶也 況于切。此與下文𠌶音義皆同𠌶之俗字作花今花行而𠌶廢矣 荂 𠌶或从艸从夸。李善曰𠌶若瓜切亦非也 ⑨韡 盛也詩曰鄂不韡韡 于鬼切。鄂者𠌶之正字今詩作鄂

華部二百十九

華 隷變作華 榮也 户瓜切又呼瓜切。俗作花其字起於北朝華山之華篆作𠌶 ⑤皣 艸木白華皃 筠輒切

禾部二百二十

禾 木之曲頭止不能上也 古兮切。玉篇曰禾亦作𥝌古溉切 ⑦𥝌 積

椒也一曰木名 俱羽切。按積椒字或作枳椇或作枳枸或作枳句或作枝枸皆詰詘不得伸之意。說文無椇 ⑨

積 積椒多小意而止也一曰木也 職雉切

稽部二百二十一

稽 畱止也 古兮切。稽首之本字作䭫見首部 稕 特止也 竹角切。鍇曰特止卓立也按如有所立卓爾當用此字 䅲 䅲椒而止也讀若皓賈侍中說稽稕䅲三字皆木名 古老切

巢部二百二十二

巢 鳥在木上曰巢在穴曰窠从木象形 鉏交切 𡿺 傾覆也杜林說㠯爲貶損之貶 方斂切。各本篆體作𡿺誤今依玉篇廣均集均類篇正晉灼曰𡿺古貶字

桼部二百二十三

桼 木汁可㠯髹物象形桼如水滴而下也 親吉切。凡詩書桼漆字皆當作此 ⑤ 䰍 桼垸已復桼之 匹皃切。髹之字一變爲髤再變爲髹 ⑩ 髤 桼也 許由切

束部二百二十四

束 縛也 書玉切 ② 柬 分別之也 古限切。此簡柬本字也簡爲書簡今柬簡二字多通用而柬擇字从俗作揀 俗別作揀非 剌 戾也 盧達切。凡言乖剌剌謬字如此與刀部剌音義俱義今俗多不能別 ⑥ 𣗥 小束也讀若繭 古典切

㯻部二百二十五

㯻 本部之字皆从今體 㯻 㯻也 胡本切 橐 囊也 他各切 囊 橐也 奴郎切 櫜 車上大橐詩曰載櫜弓矢 古勞切 橐 張

大皃 符宵切

囗部二百二十六

囗 回也象回帀之形 羽非切。回轉也按圍繞周圍等字當用此。圍行而囗廢矣 ② 㘝 下取物縮藏之讀若聶 女洽切。今農人罱泥罱即㘝之俗字 又二 囚 繫也 似由切 ③ 回 轉也 戶恢切。毛詩傳曰回邪也其正字作𡘍衺交部曰𡘍衺也是也佪迴俗字 回 古文回 因 就也 於眞切。手部曰捆就也音義同 ④ 囩 回也 羽巾切 困 故廬也 苦悶切 朱 古文困 囮 譯也率鳥者繫生鳥㠯來之名曰囮讀若譌 五禾切。俗語訛詐當作此字 圝 囮或从繇。段作圝 ⑤ 囷 廩之圜者圜謂之囷方謂之京 去倫切 囹 囹圄獄也 郎丁切 固 四塞也 古慕切 ⑥ 囿 苑有垣也一曰所㠯養禽獸曰囿 于救切 籀文

囿 ⑦ 圎 規也 似沿切。規有灋度㠯爲圎也 圃 所㠯種菜曰圃 博古切 圄 守之也 魚舉切。此圄之人本字也囹圄之圄說文作圉見幸部按韵會云圄說文本作圉今囹圄二字用適相反 圂 豕廁也 胡困切。此溷圂之本字圂篆作清 ⑧ 國 邦也 古惑切。戈部曰或邦也古或國同用 圈 養畜之閑也 渠篆切。玫公羊傳文十一年楚子伐圈音義云圈說文作圈集均苙顧云圈圈二同養畜閑也疑說文本作圈後人所改耳 ⑨ 圍 守也 羽非切。此圍困字凡圍繞周圍字作囗 ⑩ 圓 圜全也讀若員 王問切。圜全則無不均之處也商頌幅隕既長毛曰隕均也箋申之曰隕當作圓是圓者正字隕者段借字也。此指渾圜而言天體之圜見下平圜之圎見上 園 所㠯樹果也 羽元切 ⑪ 團 圜也 度官切 圖 畫計難也 同都切 壼 隸變作壼 宮中道詩曰室家之壼 卯毛切。閨闈字當作此閫者梱之俗字 ⑫ 圜 天體也 王權切。許書圜圓圎三字不同今字多作方圓或作方員方圜而圜字廢矣依許則言天當作圜言渾圜當作圓言平圓當作圎

㘉字當作貰之讀本作某誤詳某部

㫖 古文貴。各本無此，按女部古文婁下曰古文貴，字今據補

圛圛 回行也。商書曰曰圛。圛者升雲半有半無。讀若驛。羊益切 ⑰ 圝 圛重文見上四畫 ⑱ 圞 圛重文見上六畫

員部二百二十七

員員 物數也。王權切。商頌箋云員古文云 䪽 籒文員鼎 ④ 䞋䞋 今字作紜 䞋 數紛䞋亂也。讀若春秋傳曰宋皇鄖。羽文切

貝部二百二十八

貝貝 海介蟲也。居陸名猋，在水名蜬。象形。古者貨貝而寶龜，周而有泉，至秦廢貝行錢。博蓋切。猋釋魚作贆，俗字。蜬亦當作函，虫部蜬非貝名 ② 負負 恃也。一曰受貸不償。房九切。有偩字俗體也 ③ 貨貨 貝聲也。穌果切。樂記史記瑣字當作此 貢貢 獻功也。古送切。貢賜之貢，篆作贛 財財 人所寶也。昨哉切

貣貣 從人求物也。他得切。亦徒得切。受人稱貸當作此字。古多段爲差忒之忒 貤貤 重次弟物也。以豉切。毛詩䞁字當作此 ④ 貨貨 財也。呼臥切 責責 求也。側革切。債，俗字 販販 買賤賣貴者。方願切 貪貪 欲物也。他含切 貧貧 財分少也。符巾切 穷 古文貧，从宀分 ⑤ 賀賀 以禮物相奉慶也。胡箇切 貸貸 施也。他代切。此謂施貸於人也。從人求物曰貣，音異而義正相反 貱貱 迻予也。彼義切 貯貯 積也。直呂切。此與宁音義皆同，延貯之正字作貯，見宁部，周禮注作䝊，俗字也 貳貳 副益也。而至切 貰貰 貸也。神夜切 貿貿 易財也。莫候切 費費 散財用也。房未切 買買 市也。莫蟹切 貶貶 損也。方斂切。杜林作㝜，見巢部 [illegible] [illegible]齎財卜問爲[illegible]。讀若所。疏舉切 貴貴 物不賤也。居胃切 貲貲 小罰以財自贖也。漢律民不繇貲錢二十三。即夷切。繇，傜古今字 ⑥ 賄

賄賄 財也。呼罪切 資資 貨也。即夷切 賁賁 飾也。彼義切 賂賂 遺也。洛故切 賈賈 市也。公戶切 賃賃 庸也。尼禁切。庸者今之傭字 ⑦ 賑賑 富也。之忍切。手部曰振舉救也，賑給賑貸字皆當作振 賓賓 所敬也。必鄰切 賔 賓 賒賒 貰買也。式車切 賕賕 以財物枉灋相謝也。一曰戴質也。巨留切 賏賏 頸飾也。烏莖切。說文無嬰，此即嬰字也 ⑧ 賢賢 多財也。胡田切 賚賚 賜也。周書曰賚爾秬鬯。洛帶切 賞賞 賜有功也。書兩切 賜賜 予也。斯義切 質質 以物相贅。之日切 [illegible] 行賈也。式陽切。此[illegible]之正字，經傳皆作商，商行而[illegible]廢矣 賤賤 賈少也。才線切 賦賦 斂也。方遇切 賨賨 南蠻賦也。徂紅切 ⑨ 賮 俗作贐 賮 會禮也。徐刃切 賴賴 贏也。洛帶切 ⑩ 賸 俗字剩 賸 物相增加也。一曰送也，副也。以證切

購購 以財有所求也。古候切 ⑪ 贅贅 以物質錢。之芮切 ⑫ [illegible] 資也。或曰此古貨字。詭偽切 贊贊 見也。則旰切 贈贈 玩好相送也。昨鄧切 賣賣 衒也。讀若育。余六切。此市賣之正字，隸變作賣，與出部之賣字相溷 ⑬ 贎贎 貨也。無販切 ⑭ 齎 俗賫字 齎 持遺也。祖雞切 贏贏 賈有餘利也。以成切 ⑮ 贖贖 貿也。殊六切 ⑯ 贛贛 賜也。古送切。孔子弟子端木名賜字子貢，本作子贛。漢石經論語殘碑並作子贛。今惟樂記作子贛，餘皆後人所改。釋詁曰貢賜也。據釋文本作贛，亦後人改从俗耳 贛 籒文贛

邑部二百二十九

邑邑 國也。从囗。先王之制，尊卑有大小，从卪。於汲切 㷌 从反邑。𨛜字从此。闕 ② 邔 卬即凡 邔 地名。居履切 ③ 邒 邒 京兆

京兆藍田鄉 苦后切。今叩字从卩不當作此叩擊之叩篆作敂叩馬之叩篆作扣 郈 河南雒陽北芒山上邑 其郎切 邘 周武王子所封在河內野王是也讀若區 況于切 邔 南郡縣也 居擬切 邛 邛成濟陰縣 渠容切 邗 國也今屬臨淮一曰邗本屬吳 邖 地名 所閒切 (四) 邦 國也 博江切 㞷 古文邦 郊 周文王所封在右扶風美陽中水鄉 巨支切。經典有岐無郊郊岐婢行而郊廢矣 岐 郊或从山支聲因岐山名之也。惟漢地理志作郊 嶅 古文郊从枝从山 邠 周大王國在右扶風美陽 補巾切。邠水之正字作汃 豳 美陽亭即豳也民俗以夜市有豳山 段玉裁曰岐豳二篆說解可疑許氏原書當是本在山部而後人移之併古今為一字抑或許書之變例有然未能定也。經典多作豳惟孟子作邠按古蓋地名作邠作郊山名作岐作豳也 扈 夏后同姓所封戰於甘者在鄠有戶谷戶亭甘亭 胡古切 𡵨 古文扈 郱 鄭地有郱亭 戶經切 邟 潁川縣 苦浪切 𨛫 郢重文見下七畫 邡 汁邡漢廣縣也 府良切。今什邡縣是也 𨚍 沛國也 博蓋切。𨚍沛古今字如鄿蘄郹息鄭穰鄦許之類是也 𨙩 地名 書沼切 那 西夷國安定有朝那縣 諾何切 邧 鄭邑也 虞遠切 邪 琅邪郡也 以遮切。俗作琅琊。邪正之正字作衺劍名莫邪正字作鏌釾 邞 琅邪縣也一名純德 甫無切 𨛴 地名 女九切 邩 地名 呼果切 邨 村俗字 地名 此尊切 (五) 邸 屬國舍也 都禮切 邰 炎帝之後姜姓所封周棄外家國右扶風斄縣是也詩曰有邰家室 土來切 䢸 右扶風鄠鄉 子余切 邮 左馮翊高陵亭 徒歷切 邶 故商邑自河內朝歌以北是也 補妹切 邵 晉邑也 寔照切 邲 晉邑也春

秋傳曰晉楚戰于邲 毗必切 祁 大原縣 巨支切 邯 趙邯鄲縣 胡安切 鄂 南陽清陽鄉 乎刀切 𨚓 地名 布交切 邴 宋下邑 兵永切 邳 奚仲之後湯左相仲虺所封國在魯薛縣是也 敷悲切 邭 地名 其俱切 邱 地名 去鳩切 (六) 郊 距國百里為郊 古肴切 郁 右扶風郁夷也 於六切。文郁之郁篆作彧見有部水流郁郁篆作[illegible]見巛部 郃 左馮翊郃陽縣詩曰在郃之陽 侯閤切。今詩作洽 邽 隴西上邽也 古畦切 𨚲 河東聞喜鄉 去王切 邢 周公子所封地近河內懷 戶經切 郇 周文王子所封國在晉地讀若泓 相倫切。說文無荀郇其本字也 郅 北地郁郅縣 之日切 郋 汝南召陵里讀若奚 胡雞切 䢿 南陽舞陰亭 王榘切 邾 江夏縣 陟輸切 𨛬 今桂陽耒陽縣 盧對切。𨛬耒古今字 𨛍 地名 植鄰切 邿 附庸國在東平亢父邿亭春秋傳曰取邿 書之切 郈 東平無鹽鄉 胡后切 郂 陳留鄉 古哀切 䣍 故國在陳留 作代切。今作載者𢦏之譌字 𨚸 地名 人諸切 (七) 郡 周制天子地方千里分為百縣縣有四郡故春秋傳曰上大夫受縣下大夫受郡是也至秦初天下置三十六郡以監縣 渠運切 郛 郭也 甫無切 𨛱 國甸大夫稍稍所食邑周禮曰任𨛱地在天子三百里之內 所教切 郝 右扶風鄠盩厔鄉 呼各切 郖 弘農縣庾地 當侯切 郗 周邑也在河內 丑脂切。左傳段借作絺 郤 晉大夫叔虎邑也 綺戟切 郟 潁川縣 工洽切 𨛴 南陽西鄂亭 良止切

郢 故楚都在南郡江陵北十里 以整切 郢或省 郜 周文王子所封國 古到切 郔 鄭地 以然切 郠 琅邪莒邑春秋傳曰取郠 古杳切 [illegible] 邾下邑地魯東有[illegible]城讀若涂 同都切 郕 魯孟氏邑 氏征切 郎 魯亭也 魯當切 郚 東海縣故紀侯之邑也 五乎切 郣 郣地一曰地之起者 蒲沒切。廣雅埻塵也即郣字 [illegible] 地名 巨鳩切 [illegible] 汝南安陽鄉 苦怪切。說文無蒯字蒯者蔽之隸變姓氏之蒯當作此 郙 汝南上蔡亭 方矩切

⑧

郵 竟上行書舍 羽求切 [illegible] 今字作邪 左馮翊谷口鄉讀若寧 奴顛切 部 天水狄部 蒲口切 [illegible] 殷諸侯國在上黨東北商書曰西伯戡[illegible] 郎奚切。凡黎首黎民字當作此 [illegible] 河東聞喜鄉 薄回切。此裴邑之本字今裴行而[illegible]廢矣

郪 新郪汝南縣 七稽切 郫 蜀縣也 符支切 郴 桂陽縣 丑林切 郰 魯下邑孔子之鄉 側鳩切。論語作鄹 [illegible] 周公所誅[illegible]國在魯 依檢切。奄[illegible]二字周時並行今則奄行而[illegible]廢矣 郯 東海縣帝少昊之後所封 徒甘切 郭 齊之郭氏虛善善不能進惡惡不能退是已亡國也 古博切。說文無廓字廓者字部首敦下云郭也即城郭之本字作𩫏見部首 [illegible] 地名 多朗切。廣韻作[illegible]今俗又段爲鄉黨字 郳 齊地春秋傳曰齊高厚定郳田 五雞切 郱 地名 薄經切 [illegible] 地名 式車切

⑨

都 有先君之舊宗廟曰都周禮距國百里爲都 當孤切 [illegible] 周封黃帝之後於[illegible]也讀若薊上谷有[illegible]縣 古詣切。今薊行而[illegible]廢矣 郿 右扶風縣 武悲切 鄆 河內沁水鄉魯有鄆地 王問切 鄇 晉之溫地春秋傳曰爭鄇田 胡遘切 鄈 河東臨汾地即漢之所祭后土處 揆唯切 鄃 清河縣 式朱切 鄋 北方長狄國也在夏爲防風氏在殷爲汪芒氏春秋傳曰鄋瞞侵齊 所鳩切 郾 潁川縣 於建切 郹 蔡邑也春秋傳曰郹陽人女奔之 古闃切 鄂 江夏縣 五各切。詩鄂不韡韡是段爲咢字也 鄄 衞地今濟陰鄄城 吉掾切 鄅 妘姓之國春秋傳曰鄅人藉稻讀若規榘 王榘切

⑩

鄏 郟鄏河南縣直城門官陌地也春秋傳曰成王定鼎于郟鄏 而蜀切 鄍 晉邑也春秋傳曰伐鄍三門是也 莫經切 鄐 晉邢侯邑 丑六切 [illegible] 河東聞喜聚 渠焉切 鄔 大原縣 安古切 鄗 常山縣也世祖所即位今爲高邑 呼各切 鄎 姬姓之國在淮北今汝南新息是也 相即切。今左傳作息 [illegible] 汝南鮦陽亭 步光切 鄖 漢南之國漢中有鄖關 羽文切 [illegible] 存[illegible]犍爲縣 莫駕切 [illegible] 宋魯閒地 即移切 鄒 魯縣古邾婁國帝顓頊之後所封 側鳩切 [illegible] 地名 胡臘切。廣均蓋姓字書作[illegible]

⑪

鄙 五酇爲鄙 兵美切。鄙夫鄙吝之本字作啚見㐭部 鄠 右扶風縣也 胡古切 [illegible] 右扶風鄠鄉沛城父有[illegible]鄉讀若陪 薄回切 [illegible] 周邑也 側介切。凡春秋祭伯祭公謀父字當作此 鄡 鉅鹿縣也 牽遙切。篇韻皆又作[illegible]疑說文本[illegible]作後人改之互詳口部噭下 鄚 涿郡縣 慕各切 [illegible] 南陽棘陽鄉 鉏交切 [illegible] 南陽穰鄉 力朱切 鄢 南郡縣孝惠三年改名宜城 於乾切

鄨篆當艾

鄘 南夷國 余封切。今庸行而鄘又廢矣 鄞 會稽縣 語斤切 酇 沛國縣今酇縣 昨何切 鄣 紀邑也 諸良切 郲 齊地也 親吉切。鄰見卩部 鄠 地名 呼古切 鄝 地名 盧鳥切。左傳文公五年楚滅蓼 釋文云字或作鄝 鄿 地名 古寒切 鄬 地名 七然切 ⑫鄰 五家爲鄰 力珍切 鄯 鄯善西胡國也 時戰切 竆 夏后時諸侯夷羿國也 渠弓切。有竆字當俾用此 鄭 京兆縣周厲王子友所封宗周之滅鄭徙潧洧之上今新鄭是也 直正切 郃 左馮翊郃陽亭 同都切 鄩 周邑也 徐林切 鄲 邯鄲也 都寒切 鄦 从今字作 炎帝大嶽之胤甫侯所封在潁川讀若許 虛呂切。凡地名姓氏之許作此爲正 鄧 曼姓之國今屬南陽 徒亘切 鄨 牂柯縣讀若鷩雉之鷩 必袂切。師古曰不列切 鄱 鄱陽豫章縣 薄波切 鄮 會稽縣 莫候切 鄫 姒姓國在東海 疾陵切 鄿 國也齊桓公之所滅 徒含切。按詩春秋公穀皆作譚許書又無譚字蓋許所據作鄿也 鄃 地名 希立切。今安徽有歙縣疑當作此 鄅 地名 古居切。古祇作隅 鄬 姬姓之國 房戎切。姓氏之馮作此爲正 ⑬鄴 魏郡縣 魚怯切 鄳 江夏縣 莫杏切。水經注作鄳鄳之變體也 鄗 南陽陰鄉 古達切 鄶 祝融之後妘姓所封潧洧之間鄭滅之 古會切。作檜者段借字也 䣩 臨淮徐地春秋傳曰徐䣩楚 魚羈切。左傳作徐儀楚 ⑭鄯 蜀江原地 市流切 鄒 蜀地也 秦昔切 ⑮𨟊 京兆杜陵鄉 附袁切。凡地名姓氏作樊者段借字也 鄜 隸省作鄜 鄜 左馮翊縣 甫無切 鄭 周邑也 展力切

鄾 鄧國地也春秋傳曰鄧南鄙鄾人 於求切 䣓 隸省作䣓 廣漢鄉也 無販切 ⑯鄢 地名 烏前切。齊有 鄐 地名 讀若淫 力荏切 鄌 地名 徒郎切。高鄭即高郵。臺古文堂字玉篇鄌邑也 𨞬 地名 虛陵切。此篆鍇無鍇有廣韻集韻皆引說文補之宜也 ⑰𨞛 今南陽穰縣 汝羊切。𨞛者古字穰者漢字亦如鄦鄦許之例 酃 長沙縣 郎丁切 鄍 地名 於郢切 ⑱酆 周文王所都在京兆杜陵西南 敷戎切。豐鎬字當作此 酁 宋地也讀若讒 士咸切 酄 魯下邑春秋傳曰齊人來歸酄 呼官切 酅 東海之邑 戶圭切 ⑲酇 百家爲酇酇聚也南陽有酇縣 作管切又作旦切。酇與儹音義皆同 酈 南陽縣 郎擊切

𨙨部　二百三十

𨙨 隸變作郒 从鄉道也 胡絳切 ⑦鄉 國離邑民所封鄉也嗇夫別治封圻之內六鄉六卿治之 許良切。鄉者今之向字漢時多作鄉今作向俗又作嚮 闢之闢見門部 䣈 里中道也 胡絳切。爾雅作衖 巷 今字作巷 篆文 鄉从邑省。十七史凡言弄者皆即巷字語言之異也

說文易檢卷六下

說文易檢卷七上

日部二百三十一

日日實也大昜之精不虧从〇一象形人質切 𡆸古文日象形 (二)

早早晨也子浩切 旭旭日旦出皃讀若勖一曰明也許玉切

昆昆望遠合也讀若窈窕之窈烏皎切。此與窈杳窅三字音義略同 (三)

旳俗譌作的旳明也易曰爲旳顙都歷切。馬部又有馰篆云馬白額也引易馰顙疑後出非古的皪篆作玓瓅

旱旱不雨也乎旰切 旰旰晚也春秋傳曰日旰君勞古案切 昌昌重文見下四畫 (四) 旻旻秋天也唐書說曰仁覆閔下則偁旻天武巾切 旹時重文見下六畫 昒昒尚冥也呼骨切。大徐作昒此與曰部曶異字 昃隸變作昃 昃日在西方時側也易曰日昃之離阻力切

昃或从夨。此篆鉉本無鍇本入夨部今增併 昏昏日冥也呼昆切。殙病之殙見歹部心部惛之惛見心部 昏昏或从民 昌昌美言也一曰日光也詩曰東方昌矣尺良切 昌籒文昌 昄昄大也補綰切 昔昔乾肉也。思積切按昔腊本一字今俗遂吕腊爲脯腊字吕昔爲今昔字判而二之而昔之本義廢矣 𦠸籒文昔从肉。今字作腊 𣅝𣅝不見也美畢切。此蓋今之覓字也 昆昆同也古渾切。今俗謂合同曰渾其實當用昆用㮯昆弟之正字作罤見弟部昆蟲之正字作蚰見部首 昕昕且明也日將出也讀若希許斤切

(五) 昧昧昧爽且明也一曰闇也莫佩切 昭昭日明也止遙切。昭穆篆作佋 昫昫日出溫也北地有昫衍縣火于切。與煦義略同 昬昏重文見上四畫 昵暱重文見下十一畫 昴昴白虎宿星莫飽切 昨昨絫日也在各切 昪昪喜樂也皮變切。小雅弁彼鸒斯傳曰弁樂也釋詁詩序皆云般樂也皆昪之段借也。昪之

㞷駐字當作王

俗字作忭 昱昱日明也余六切。此昱曰昱明之正字凡作翊作翼者皆段借也 (六) 時時四時也市之切 旹古文時从之日作 晃晃明也胡廣切。各本篆體作晄篇均皆云晃正晄同今正 晉晉進也日出而萬物進易曰明出地上晉即刃切 晏晏天清也烏諫切。晏安之正字作晏 晐晐兼晐也古哀切。此晐備之正字俗又作賅

(七) 晢晢昭晢明也禮曰晢明行事旨熱切。今文作質爲段借字按昭晢本謂日之光引伸爲人之明晢口部曰哲知也。晢或作哳與白部之皙或作晰相溷 晤晤明也詩曰晤辟有摽五故切。覺晤之晤當作寤見㝱部 晛晛日見也詩曰見晛曰消胡甸切。玉篇曰睍同晛 晧晧日出皃胡老切。俗改其字作皓顥皓之晧篆作皛晧首之晧篆作顥 晚晚莫也無遠切 晦晦月盡也荒內切 㬉㬉盈溼也讀與赧同女版切 晞曦即晞晞乾也香衣切 (八) 晵晵雨而晝姓也康禮切

晹晹日覆雲暫見也羊益切 景景日光也居影切。後人別製影字異義異音斯爲過矣 晷晷日景也居洧切 晻晻不明也烏敢切。集均類篇吕晻晴爲一字 暀俗作旺暀光美也於放切 腊昔重文見上四畫 普普日無色也滂古切。此字本義經籍罕用溥徧字作普者段借也 (九) 睹曙重文見下十四畫 暘暘日出也虞書曰暘谷與章切。孟子秋陽字當作此 暈暈光也王問切。段注曰光也二字當作日光气也四字各本篆作暉孟康曰暈日旁气也篆體日在上或移之在旁此篆遂改爲暉改其訓曰光與火部之煇不別蓋淺者爲之乃數鉉吕暈爲新坿篆矣 暆暆日行暆暆也樂浪有東暆縣讀若酏弋支切。暆暆猶施施 暗暗日無光也烏紺切。此明暗幽暗篆作幽闇 暇暇閒也胡嫁切 暍暍傷暑也於歇切 暑暑熱也舒吕切 (十) 暤俗从白作皞 暤暤晧旰也胡老切。古者大暤少暤蓋皆吕德之明得偁俗作大昊少昊誤昊者界之隸變

左傳不義不暱 黍部引作䵒蓋古本也

䁜䁜 埃䁜日無光也 奴代切。埃䁜猶靉靆也 㬎㬎 眾微杪也古文以爲顯字或曰眾口皃讀若唫唫之唫或以爲繭繭者絮中往往有小繭也 呼典切。凡經傳顯字皆當作㬎顯爲頭明飾非其義 ⑪ 暫暫 不久也 藏濫切

暵暵 乾也耕暴田曰暵易曰燥萬物者莫暵乎火 呼旰切。今易作熯 按暵與熯音義略同 暱暱 日近也春秋傳曰私降暱燕 尼力切。今本作昵 昵 暱或从尼作 䁯䁯 日狎習相嫚也 私列切。各本篆文誤从執作暬今正。此狎褻之正字褻訓私服義異女部曰媟嬻也爲褻嬻之正字音義略同 ⑫ 曉曉 明也 呼鳥切

曀曀 天陰沈也詩曰終風且曀 於計切。土部曰壇天陰塵起也音義略同 ⑬ 曄曄 光也 筠輒切。鍇本曰杜甫上玉篇曰說文作曄 曄大徐曰杜甫作曄非也今正俗作曄 曏曏 不久也春秋傳曰曏役之三月 許兩切。按禮注曏字或作鄉今人語曰向時向年向者即曏字也又曰一晌半晌曏之俗字也

⑭ 曙曙 且明也 當古切。斯篆舊杜新坿今據文選魏都賦謝康樂溪行詩注二引移爲正文玉篇市據切 晧 曙或省 㬥㬥 晞也 薄報切 步卜切。按此即今之曝字也暴虐之暴見本部而今隸一之經典皆作暴雖于誤正 𣊭 古文暴从日麃聲 ⑮ 曠曠 明也 苦謗切 暴 暴重文見上十四畫 ⑯ 㬱 字亦作曣 曣 星無雲也 於甸切

⑰ 曩曩 曏也 奴朗切 ⑲ 㬵㬵 日且昏時也讀若新城䜌中 謨還切 𥢨𥢨 安𥢨溫也 奴案切。安𥢨猶溫存也 曬曬 暴也 所賣切 晒俗字

旦部二百三十二

旦旦 明也从日見一上一地也 得案切 ⑩ 暨暨 日頗見也 其冀切。暨與暨及之暨篆當作臮見㐺部或作洎者亦段借字也

詩信誓旦旦 心部引作悬 悬正字也

倝部二百三十三

倝倝 日始出光倝倝也 古案切。凡光之閃爍字可用此 䮚䮚 籀文倝。此篆各本另爲一文音訓俱闕按汗簡榦作韓可證今移併 韓韓 隸變作朝 朝朝 旦也 陟遙切

㫃部二百三十四

㫃㫃 旌旗之游㫃蹇之皃讀若偃古人名㫃字子游 於幰切。晉有籍㫃荀㫃鄭有公子㫃駟㫃孔子弟子有言㫃皆字游今經傳皆變作偃偃行而㫃廢矣人部曰偃僵也非其義 㫃 古文㫃字 象旌旗之游及㫃之形 ③ 施施 旗旖施也齊欒施字子旗知施者旗也 式支切。又經傳旖施即旖旎敷施之施篆作敟讀作去音者其正字當作貤 ④ 旆旆 繼旐之旗也沛然而垂 蒲蓋切 旂旂 旗有眾鈴以令眾也 渠希切 旃旃 旗曲柄也所以旃表士眾周禮曰通帛爲旃 諸延切 旜 旃或从亶

。周禮禮經皆如此作 旄旄 幢也 莫袍切 旅旅 軍之五百人 力舉切 𣃘 古文旅古文以爲魯衛之魯。左傳仲子生而有文在其手曰爲魯夫人蓋即手文似𣃘也。各本篆體作𣃘蓋轉寫之譌按白部者下曰𣃘古文旅字今據改 ⑤ 旌旌 游車載旌析羽注旄首也所以精進士卒也 子盈切 旇旇 旌旗披靡也 敷羈切。披靡即旇靡亦作披靡

旋旋 周旋旌旗之指麾也 似沿切 族族 矢鏠也束之族族也 昨木切。此矢鏃之正字金部曰鏃利也非其義 ⑥ 旐旐 龜蛇四游以象營室攸攸而長也周禮曰縣鄙建旐 治小切 游游 旌旗之流也 以周切 遊 古文游。此字省作斿見石鼓文俗作遊者合二篆爲一字也 ⑦ 㫍㫍 旌旗之流也 以周切。按此與游篆同義同音集韻云斿亦作㫍其說必有據當移于游下云游或从攸 ⑧ 旗旗 熊旗五游以象伐星士卒以爲期周禮曰率都建旗 渠之切 旖旖 旖

施旗皃。於离切。旖拖與倚移同。張揖云旖旎猶阿那也。詩檜風猗㒦其枝，傳云猗㒦柔順也。文選作猗狔，漢書作猗柅，其實皆同字也。又詳禾部移下。旎者施之譌變。⑨ ⿸㫃要 旗屬。烏皎切。⑫ 旚 旌旗旚繇也。匹昭切。旚繇即飄搖，飄搖行而旚繇廢矣。⑬ ⿸㫃猋 旌旗飛揚皃。甫遙切。此與風颻字略同。旛 旛胡也。謂旗幅之下垂者。孚袁切。⑬ 旞 導車所載全羽以爲允。允，進也。徐醉切。旞或从遺作。釋名字如此作，轉寫譌爲旝。

旝 旌旗也。詩曰其旝如林。春秋傳曰旝動而鼓。一曰建大木置石其上發以機以追敵。古會切。今詩作會，爲段借字。旝 旝重文見上四畫。⑭ 旟 錯革鳥其上所以進士眾也。旟旟眾也。周禮曰州里建旟。以諸切。⑯ 旞 旞重文見上十三畫。

冥部二百三十五

冥 窈也。从日六从冖。日數十，十六日而月始虧，冥也。莫經切。○南溟北溟字當作此。⑬ 鼆 冥也。讀若黽鼃之黽。武庚切。

晶部二百三十六

晶 精光也。子盈切。⑤ 曐 萬物之精，上爲列星。桑經切。古文曐。星 曐或省。今字从之。曑 商星也。所今切。○參差之參篆作曑，亦作槮。曑或省。今字从此。⑦ 晨 房星，爲民田時者。植鄰切。曟 晨或省。今之早晨字作此者誤也。疊 楊雄說以爲古理官決罪，三日得其宜乃行之。从晶宜。亡新以从三日大盛，改爲三田。徒叶切。○亡新不知三日爲疊，曰識其陋也。今皆从之。

月部二百三十七

月 闕也。大侌之精。象形。魚厥切。④ 朒 朔而月見東方謂之縮肭。女六切。○段謂正作肭是也。⑤ 朏 月未盛之明也。周書曰丙午朏。普乃切，又芳尾切。⑥ 朔 月一日始蘇也。所角切。朓 晦而月見西方謂之朓。土了切。○此與肉部朓異字。朖 今字作朗。明也。盧黨切。⑧ 期 會也。渠之切。○期年期月之正字作稘。古文期从日丌。⑰ 霸 月始生魄然也。承大月二日，承小月三日。周書曰哉生霸。普伯切。○此月霸之本字也，今作魄而霸廢矣。俗又因爲王伯之伯。古文霸如此作。

有部二百三十八

有 不宜有也。春秋傳曰日有食之。云九切。⑪ 戫 有彧彰也。於六切。○此彧或作郁作彧，皆段借字也。彧者𢧢之隸變，見川部。⑰ 龓 兼有也。讀若聾。盧紅切。○凡牢籠籠絡字當作此。

朙部二百三十九

朙 照也。武兵切。明 古文朙从日。○今字作此。③ 朚 昱朙也。呼光切。○段氏玉裁曰朚即今之恍字，亦作茫。

囧部二百四十

囧 窗牖麗廔闓明也。讀若獷。賈侍中說讀與朙同。俱永切。○夰部臩下引周書伯臩，又云臩古文囧字，蓋囧者今文也。⑤ 盟 周禮曰國有疑則盟。諸侯再相與會，十二歲一盟。北面詔天之司慎司命。盟殺牲歃血，朱盤玉敦，以立牛耳。武兵切。○今皆作盟。盟 篆文从朙。古文从明。

夕部二百四十一

夕 莫也。从月半見。祥易切。② 夗 轉臥也。於阮切。○宛轉字當作此。外 遠也。五會切。古文外。从古文卜。④ 𡖋 隸變作夙。早敬也。息逐

切 佰古文佀 佰古文殅 ⑤ 夜 夾 舍也天下休舍 羊謝切 姓 姓
雨而夜除星見也 疾盈切。今字作晴漢書作暒 ⑫ 夢 夢 不明也 莫忠切又
亡貢切。心部曰懜不明也蓋謂心之不明也又人部曰儚惛也首部曰瞢目不明也音義均略同夢寐之本字作㝱部首 夤
夤 敬惕也易曰夕惕若厲 翼真切。此與十二辰之寅義各不同凡尚書寅字皆夤之叚借
也凡云夤緣者當作延緣也 夤 籀文夤 募 募 宗募也 莫白切。宋募者夕之靜也嗼者口之靜也宋募者死之靜也

多部二百四十二

多 多 緟也 得何切 𡖋 古文多从竝夕 ⑤ 㚉 㚉 大也 古回切。與恢音義皆同
⑦ 𡖈 𡖈 多也 所臻切。此篆據詩螽斯釋文引補 ⑧ 夥 俗作夥 夥 齊謂多
也 呼果切 㚗 㚗 厚脣皃 陟加切。奓厚之奓當作此

毌部二百四十三

毌 毌 穿物持之也讀若冠 古丸切。古貫穿用此字貫行而毌廢矣按毌之字一變作串再變作患詩曰串夷載路是叚串爲遦也 ⑦ 貫 貫 錢貝之毌也 古玩切。習遦之貫篆作遦作摜俗又作慣 ⑧ 虜 虜 獲也 郎古切

𢎘部二百四十四

𢎘 𢎘 嘾也艸木之華未發圅然 象形 讀若含 乎感切。圅之言含也突含未放華𢎘含包字當用此 ② 𢎪 𢎪 艸木𢎘盛也 胡先切 ⑤ 𢎺 𢎺 木生條也
商書曰若顛木之有𢎺枿古文言由枿 以周切。今書作由蘗即𢎺之異體也枿
由 古文𢎺省𢎘。各本無此篆段說補入繇下今據𢎺下釋解移併古隨從字作由者是叚由爲繇也由桎之由篆作𨒬
甬 甬 艸木華甬甬然也 余隴切 ⑧ 圅 圅 舌也舌體𢎘𢎘 胡男切

𣐺部二百四十五

𣐺 𣐺 艸木𠂹華𢎘實也 胡感切。此篆各本作𣐺小徐本及大徐宋本皆同今據改正 ⑨
韡 韡 𣐺也 於非切。各本作韡

𠧪部二百四十六

𠧪 𠧪者隸變 𠧪 艸木實垂𠧪𠧪然 象形 讀若調 徒遼切。又羊久反 𠧪 籀文从三𠧪作
④ 㮚 今字作栗 㮚 㮚 木也 力質切。叚借爲戰栗慄者俗字 𣡌 古文㮚从西从二𠧪徐巡說木至西方戰栗也 ⑥ 𠧚 今字作粟 𥻆 嘉穀實也孔子曰㮚之爲言續也 相玉切 𥻆 籀文㮚

齊部二百四十七

齊 齊 禾麥吐穗上平也象形 祖兮切。齊纕之齊篆作齌見衣部齍盛之本字作齍作齍見皿禾二部齎等之齎見下 ⑧ 𪗉 𪗉 等也 祖兮切。齊等字當作此齊行而𪗉廢矣

朿部二百四十八

朿 朿 木芒也象形讀若刺 七賜切。木之芒刺當嫥用此字 ⑥ 棗 棗 羊棗也 子晧切 棘 棘 小棗叢生者 己力切

片部二百四十九

片 片 判木也 匹見切 爿 爿 反片爲爿讀若牆 各本無此按六書故云唐本有爿今補 ④ 版 俗作板 版 片也 布綰切 ⑨ 𤗐 𤗐 片也 芳逼切 牒 牒 札也 徒叶切 牑 牑 牀版也讀若邊 方田切 (又九) 牏 牏 築牆短版也讀若俞一曰若紐 度侯切。史漢借牏爲窬 ⑪ 牖 牖 穿壁吕木爲交

卤也與久切 ⑮牘牘書版也徒谷切

鼎部二百五十

鼎鼎三足兩耳盉五味之寶器也象析木以炊昔禹收九牧之金鑄鼎荊山之下入山林川澤者螭魅蝄蜽莫能逢之以協承天休易卦巽木於下者爲鼎古文以貝爲鼎籀文以鼎爲貝都挺切 ②鼐鼐鼎之絕大者魯詩說鼐小鼎奴代切 鼏鼏鼎覆也莫狄切。各本無此今據段說增入 ③鼒鼒鼎之圜掩上者詩曰鼐鼎及鼒子之切 鎡俗鼒从金茲聲 鼏鼏以木橫貫鼎耳舉之周禮廟門容大鼏七箇即易玉鉉大吉也古熒切。此篆各本誤从冖作鼏今正此文而補鼏篆。今周禮作扃段借字也

克部二百五十一

克亨肩也象屋下刻木之形苦得切。釋言曰克能也克劇揹克之克篆體从今作勉俗作剋 亨古文克 𠧢亦古文克

彔部二百五十二

彔彔刻木彔彔也象形盧谷切。錯云彔彔猶歷歷也歷錄亦當作秝彔

禾部二百五十三

禾禾嘉穀也以二月始生八月而孰得之中和故謂之禾禾木也木王而生金王而死从木象其穗戶戈切 ②秀秀不榮而實曰秀息救切 私私禾也北道名禾主人曰私主人息夷切。公私之私篆作厶見部首 ③穉穉禾危采也都了切 秄秄俗字 秄秄雝禾本

即里切。雝即今俗壅字 𥝧𥝧稽也居乞切 秆秆稈重文見下七畫 秊秊隸變作年穀孰也春秋傳曰大有秊奴顛切 秅秅二秭爲秅周禮曰二百四十斤爲秉四秉曰筥十筥曰稯十稯曰秅四百秉爲一秅丁故切 ④秔秔稻屬古行切 稉俗秔。陸德明曰稉與粳皆俗秔字 秏秏秏俗體稻屬伊尹曰飯之美者玄山之禾南海之秏呼到切 采采禾成秀人所收者也徐醉切 穗俗从禾惠聲 秒秒禾芒也亡沼切 秕秕不成粟也卑履切。今俗訐穀之不充者曰癟補結切即秕之俗音俗字也 秌今字作秋 秌禾穀孰也七由切 𪏉籀文秌不省 科科程也苦禾切 ⑤秫秫稷之黏者食聿切 朮秫或省禾 秜秜稻今秊落來秊自生謂之秜里之切 秠秠一稃二米詩曰誕降嘉穀惟秬惟秠天賜后稷之嘉穀也敷悲切。玉篇作秠 秨秨禾搖皃讀若昨在各切。搖者搖字 秩秩積皃詩曰稽之秩秩直質切。詩秩秩大猷大部載下引之秩者段借字也爵秩之本字作䄾見豊部 秧秧禾若秧穰也於良切 租租田賦也則吾切 秦秦伯益之後所封國地宜禾一曰秦禾名匠鄰切 𥢑籀文秦从秝 䄷䄷百二十斤也稻一䄷爲粟二十斗禾黍一䄷爲粟十六斗大半斗常隻切。鈞石字當作此 秭秭五稯爲秭一曰數億至萬曰秭將几切 ⑥移移禾相倚移也一曰禾名弋支切。相倚移者猶言旖施而與之委蛇也倚移讀若阿那毛傳曰倚儺柔順也倚儺即阿那說文於木曰倚移於旗曰旖施於木曰檹施皆謂阿那也廣韻集韻曰婀娜曰旖旎曰裛裛曰檹檹皆俗體也 案案轢禾也烏叶切 秳秳舂粟不潰也古活切 𥞊𥞊黍穰也良薛切 秶齋重文見下十四畫 𥝱稯重文見下九畫 ⑦稀稀

疏也香不切 𥝩 稷重文見下十畫 稌 稻也周禮曰牛宜稌徒古切 稉 秔重文見上四畫 稃 穧也芳無切 粰 稃或从米付聲 稈 禾莖也春秋傳曰或投一秉稈古旱切 秆 稈或从干作 䅌 麥莖也古玄切。䅌一作藲 稍 物出有漸也所教切。枝梢船梢字見木部 稅 租也輸芮切 程 程品也十髮為程一程為分十分為寸直貞切 ⑧ 稙 早種也詩曰稙穉尗麥常職切 稑 疾孰也詩曰黍稷種稑力竹切 穋 稑或从翏。今周禮作稑毛詩作穋 稠 多也直由切 穉 禾別也琅邪有穉縣旁卦切 䅘 齊謂麥䅘也洛哀切。據廣韻則俾蒼來餅字作秫 稛 亦作稇俗作捆 絭束也苦本切。稛載字亦作橐部首 稞 穀之善者一曰無皮穀胡瓦切 稔 穀孰也春秋傳曰不五稔是

而甚切 稘 復其時也虞書曰稘三百有六旬居之切。今堯典作期蓋壁中古文作稘孔安國以今字讀之易為期也期年期月字當專用此 ⑨ 種 先種後孰也直容切。此黍稷種稑本字隸書轉寫互易之耳凡種藝種類字並當作種 稬 沛國謂稻曰稬奴亂切 [禾耑] 禾𥝩兒讀若端丁果切 [禾曷] 禾舉出苗也居謁切 稭 禾稾去其皮祭天以為席也古黠切。禹貢釋文稭本或作楷又或作鞂廣均鞂稭同 [禾皇] [禾旁]程也戶光切。程又作䅣 稱 銓也春分而禾生日夏至晷景可度禾有秒秒分而秒定律數十二十二秒而當一分十分而寸其以為重十二粟為一分十二分為一銖故諸程品皆从禾處陵切廣韻又昌孕切。春分以下釋稱从禾之意併釋科程稷秭秅秳六字从禾之意也。銓所以稱物也俗字作秤稱舉之稱篆作爯爯見冓部稱揚之稱篆作偁今皆用稱而偁廢矣 稯

布之八十縷為稯子紅切。漢書王莽傳注云緵八十縷也按說文無緵字稯即緵也 稯 籀文稯省 ⑩ 稼 禾之秀實為稼莖節為禾一曰稼家事也一曰在野曰稼古訝切 穉 今作稚直利切 稹 今隸作稹種概也周禮曰稹理而堅之忍切 稷 齋也五穀之長子力切 𥝩 古文稷。按畟即古文畟字 稻 稌也徒皓切 稴 稻不黏者讀若風廉之廉力兼切亦胡兼切 穛 禾皮也之若切。穛者譌字 稾 稈也古老切 [禾旁] [禾旁]程穀名薄庚切 穀 續也百穀之總名也古祿切。各本篆體作穀今正 [禾荒] 虛無食也呼光切。此凶荒之正字 秦 秦重文見上五畫 ⑪ 穋 稑重文見上八畫 穊 稠也己利切 穆 禾也莫卜切。凡經傳所用穆字皆㣎之段借也 穄 穈也子例切 穎 禾末也詩曰禾穎穟穟

余頃切。今詩作役段借字也 穅 穀之皮也苦岡切。今俗作糠 康 穅或省作。今隸以康為穅字以康為康寍康樂字截然分作二義 積 聚也則歷切 穌 杷取禾若也素孤切。樵蘇蘇息字並當作此 ⑫ 穜 埶也之用切。今作種埶種類者誤也互詳種下 穖 禾機也居狶切 穗 采重文見上四畫 ⑬ 穡 穀可收曰穡所力切 穟 禾采之皃詩曰禾穎穟穟徐醉切 䅎 穟或从艸 穦 積禾也詩曰穦之秩秩即夷切。今詩作積之栗栗段云蓋許偁三家詩也 [禾會] 穅也讀若裹苦會切 䆃 䆃米也司馬相如曰䆃一莖六穗也徒到切 ⑭ [齊禾] 稷也即夷切。玉篇曰黍稷在器曰齍故經典作齍盛字亦作齎盛 粢 [齊禾]或从次作。今日經典粢盛字皆作粢則又粉餈之或字而誤段之 穧 穫刈也一曰撮也在詣切 穫 刈穀也胡郭切 ⑮ [禾蔑] 禾也莫結切

穬穬芒粟也古猛切 穮穮耨鉏田也春秋傳曰是穮是蓘甫嬌切 ⑰穰穰黍𥝢已治者汝羊切。穰穰之本字篆作鄉 ⑯䅘䅘稻紫莖不粘者也讀若靡扶沸切。王氏念孫曰靡當作麋字之誤也 ⑲龝秋重文見上四畫

秝部二百五十四

秝秝稀疏適秝也讀若歷郎擊切。凡言歷歷可數歷錄字當作此 兼兼并也兼持二禾秉持一禾古甜切

黍部二百五十五

黍黍禾屬而黏者也以大暑而種故謂之黍孔子曰黍可為酒故从禾入水也舒呂切 ③黎黎履黏也𥝢古文利作履黏以黍米也郎奚切。黎明黎旦之黎篆作邌黎民黎首之黎篆作𪏽古亦以為黎黑字俗作黧者非也

④䵒䵒黏也春秋傳曰不義不䵒尼質切。今本作暱蓋許所據左傳作䵒也 𪏰𪏰䵒或从刃 ⑤黏黏俗作粘相箸也女廉切 𪏺俗作糊𪏺黏也戶吳切。今江蘇所食之糊粥其字當作𩱦見䰜部 粘黏或从米作 ⑧𪐈𪐈黍屬也并弭切。𪐈之於黍猶椑之於木也 ⑨𪐐𪐐治黍禾豆下潰葉也蒲北切 ⑪𪎭𪎭穄也靡為切

香部二百五十六

香香芳也春秋傳曰黍稷馨香許良切今字作香 ⑧馣馣香也烏合切 ⑨馤馤香也於蓋切。各本無馤馣二篆今補據上林賦注引 ⑫馨馨香之遠聞也呼形切。甯馨字當作𠯈見只部

米部二百五十七

按𩚤為正字應刪此存彼

米米粟實也象禾黍之形莫禮切。糸部曰絲繡文爲粉米之正字 ③粠粠陳臭米戶工切。賈捐之傳太倉之米紅腐而不可食即粠之段借 ④粊粊惡米也周書有粊誓兵媚切。各本篆文作粊今據經典釋文五經文字正尚書粊字誓即今費衛包所妄改也。莊子塵垢粃糠粃即粊字玉篇作𥹯作粺作粊皆云惡米而皆粊之誤也 粈粈雜飯也女久切。食部曰𩚤雜飯也廣韻曰𩚤亦作粈然則𩚤粈一字也今據芟彼存此。玉篇粈同𩚤 氣氣饋客之芻米也春秋傳曰齊人來氣諸侯許既切。此氣之正文今段氣為雲气字而餼乃無作氣者 𥼺𥼺氣或从既 餼氣或从食 粉粉所以傅面者也方吻切。藻火粉米篆作黺黺 ⑤粗粗疏也徂古切。此粗糲字精麤之麤見部首又牛部有犆 粒粒米粒也力入切 𩚇古文粒从食 ⑥𥻗𥻗潰米也交止有𥻗泠縣武夷切。地理志作麊譌字也 ⑥𥻨𥻨舂糗也其九切 ⑦粱粱禾米也呂張切 粲粲稻重一䄷爲粟二十斗爲米十斗曰毇爲米六斗大半斗曰粲倉案切。粲者之粲篆作㛑見女部 ⑧精精擇米也子盈切 粺粺毇也旁卦切 粹粹不雜也雖遂切 𥺊𥺊粉也去阮切。玉篇曰粇同 ⑨糂糂以米和羹也一曰粒也桑感切。廣韻集均類篇干祿字書皆有粽字桑感切蓋即糂之別體也 糣籀文糂从朁 糝古文糂从參。今南人俗語云米糝 糈糈糧也私呂切。亦作稰 ⑩糗糗熬米麥也去九切 𥽒𥽒𥽒𥽒㪔之也桑割切。俗作撒亦撒放之義亦可作鏾抹撒祓作末殺 ⑪糜糜糝糜也黃帝初教作糜靡為切。字亦作麋。䊳碎之䊳見下。爢爛之爢見火部 糟糟酒滓也作曹切。大鄭周禮注引內則清糟字皆作酒 醩籀文糟从酉。小徐本作醩 糒糒乾飯也平祕切 䊝䊝䊝𥽒也私列切。今俗語尚如此 糝糂重文見上九畫 𥼺氣重文見上四畫 ⑬𥻧𥻧早取穀也一曰小側角切。

內則糔糔即糔糔亦作糔古焦爵通也 䊤䊤糜和也讀若鄲徒感切 糧粮俗字糧
穀食也呂張切 糟糟重文見上九畫 ⑬糲今字作糲糲粟重一秳爲十
六斗大半斗舂爲米一斛曰糲洛帶切 釋釋漬米也施隻切。
詩釋之叜叜即釋之段借也 糪糪炊米者謂之糪博厄切 氣氣重文見上四畫
⑭糶糶穀也他弔切。蜀都賦誤作糶 ⑮糭糭末也莫撥切。玉篇云糭或作麩
⑯糵糵牙米也魚列切 麴麴酒母也驅六切 鞠麴或从麥鞠省
聲。俗作麯 ⑲䊳䊳碎也忙皮切。此䊳碎本字石部曰礦碎也二字互訓或作糜者誤
也糜爛之糜見火部 ⑳竊竊俗作竊盜自中出曰竊从穴米禼廿皆
聲也廿古文疾禼偰字也千結切

毇部二百五十八

毇毇糲米一斛舂爲九斗也許委切 ⑩糳糳糲米一斛
舂爲八斗曰糳則各切。左傳粢食不鑿即此糳字經傳多段鑿爲糳

臼部二百五十九

臼臼舂臼也古者掘地爲臼其後穿木石象形中象米也其九
切 ②臽臽小阱也戶猪切。陷阱字當作此陷者高下之形義侶同而實異 ③臿臿
舂去麥皮也楚洽切。此舂插之本字鍫臿之正字作銚鏵。示部桑下曰讀若舂麥爲桑之桑按木部無桑
字臿桑古今字也 ④舀舀抒臼也詩曰或簸或舀以沼切。今詩作揄段借字也
古音讀如由釋文引說文弋紹切 抭抭舀或从手宂 䑒䑒舀或从臼宂 ⑤舂舂擣
粟也古者雝父初作舂書容切 ⑥䑓䑓齊謂舂曰䑓讀若
膊匹各切

凶部二百六十

凶凶惡也象地穿交陷其中也許容切 ②兇兇擾恐也春
秋傳曰曹人兇懼許拱切

說文易檢卷七上

說文易檢卷七下

朩部二百六十一

朩朩分枲莖皮也从屮八象枲皮讀若髕 匹刃切。此與部首朩別

⑤枲枲 今字作枲 麻也 胥里切 𣏟 籀文枲从林从辝

林部二百六十二

林林葩之總名林之爲言微也微纖爲功象形 匹卦切。段氏云林麻古蓋同字 ④㪚㪚分離也 穌旰切。㪚散字當作此 ⑩檾檾枲屬詩曰衣錦檾衣 去穎切。今詩作褧。周禮典枲注瀆字即檾之異體又作穎

麻部二百六十三

麻麻枲也 莫遐切。病之痲見骨部 ⑧𪎊𪎊麻稭也 側鳩切。艸部曰菆

麻蒸也按麻稭即麻蒸音訓皆同此篆蓋淺人所增 ⑨䌘䌘未練治纑也 空谷切 𪎌𪎌檾屬 度侯切

尗部二百六十四

尗 今字作菽 尗豆也尗象豆生之形也 式竹切 ④枝枝配鹽幽尗也 是義切 豉豉 俗枝从豆

耑部二百六十五

耑耑物初生之題也上象生形下象根也 多官切。端始字當用此今則端行而耑廢且以耑爲專矣

韭部二百六十六

韭韭韭菜也一種而久生者也故謂之韭象形在一之上

人部曰侒宴也是宴安字當作侒

一地也此與耑同意 舉友切 ⑧韱韱山韭也 息廉切。釋艸作葴山韭藿見艸部不云山韭然則許所據爾雅作韱與 ⑫䪢䪢墜也 祖雞切。通俗文作韲 齏 䪢或从齊 ⑬墜墜齏也 徒對切 䪤䪤小蒜 附袁切 ⑭韲 䪢重文見上十二畫 䪥 薤俗字 䪥䪥菜也 胡戒切

瓜部二百六十七

瓜瓜蓏也象形 古華切 ⑤瓞瓞瓝也詩曰緜緜瓜瓞 徒結切 𤬪 瓞或从弗。段氏云弗當作弟篆體誤也 㼌㼌本不勝末微弱也讀若庾 以主切 ⑥瓝瓝小瓜也 蒲角切。爾雅毛傳皆作瓝 ⑩𤬴𤬴小瓜也 户扃切 ⑫𤬫𤬫瓜也 余昭切 ⑭瓣瓣瓜中實也 蒲莧切

瓠部二百六十八

瓠瓠匏也 胡誤切 瓢瓢蠡也 符宵切

宀部二百六十九

宀宀交覆深屋也象形 武延切 ②宂宂㪚也人在屋下無田事也周禮曰宮中之宂食 而隴切。俗作冗 宄宄姦也讀若軌 居洧切 𡧜 古文宄 𡨗 亦古文宄 ③宅宅人所託凥也 場伯切 𡧚 古文宅 𡉜 亦古文宅 向向北出牖也詩曰塞向墐户 許諒切。引伸爲向背字經傳多叚借作鄉向年向時之向篆作鄉門[illegible]之[illegible]見門部 宇宇屋邊也易曰上棟下宇 王榘切 寓寓 籀文宇从禹 安安竫也 烏寒切 守守守官也从宀寺府之事也从寸灋度也 書九切 宊宊貧病也詩曰煢煢在宊 居又切。今詩作嬛嬛說文無疚字 ④宏宏屋深也 户萌切 完完全

也古文吕爲寬字(胡官切) 宏(容重文見下七畫) 空空所安也(烏瓜切。漢石經作宝) 宝(古文空) 宜宜(亦古文宜) 宾宾冥合也讀若書藥不瞑眩(其甸切。今俗云吻合者當用此字) 宋宋尻也讀若送(蘇綜切) ⑤ 宖宖屋響也(戶萌切) 定定安也(徒徑切。古亦段奠字爲之) 宓宓安也(美畢切。密靜之密當作此孔子弟子宓子賤其字本作虙也) 宛宛屈艸自覆也(於阮切。夕部曰夗轉臥宛轉宛曲字亦可作夗) 惌(宛或从心。今字作惋慱用爲惋惜字) 宕宕過也一曰洞屋汝南項有宕鄉(徒浪切) 宗宗尊祖廟也(作冬切) 宔宔宗廟宔祏也(之庚切。宗主字當慱用宔) 宙宙舟輿所極覆也(直又切) ⑥ 室室實也(式質切) 宣宣天子宣室也(須緣切) 宧宧養也室之東北隅食所尻(與之切。此頤養正字) 宦(隸變作宧) 宎宎戶樞聲也室之東南隅(烏皎切。爾雅釋文引說文宧深皃誤吕宧爲宧也宧禮經及他書作安) 宗(今字作寂) 宗無人聲也(前歷切。宗口部作㗰又鼓部曰鼓無聲也音義亦略同方言字又作家) 諦(宗或从言) 宲宲藏也周書曰陳宲赤刀(博衰切。今書作寶保守字當用此) 官宦仕也(胡慣切) 宥宥寬也(于救切) 客客寄也(苦格切) ⑦ 家家尻也(古牙切) 家(古文家) 宸宸屋宇也(植鄰切) 院(寏重文見下九畫) 宬宬屋所容受也(氏征切) 㝗㝗康㝗也讀若良(力康切) 宴宴安也(於甸切。引伸爲宴饗經傳多段燕爲之日部曰晏天清也音義竝異女部曰晏安也音義竝同) 容容盛也(余封切。此容受容與字容貌本字作頌兒) 㝐(古文容从公) 宭宭羣尻也(渠云切。羣尻當作此字) 宰宰辠人在屋下執事者(作亥切) 宵宵夜也(相邀切) 宿(㝛重文見下九畫) 寤寤寤也(吾故切。寐覺而有言曰寤。寤與寤音義皆同)

害害傷也(胡蓋切) ⑧ 宿宿止也(息逐切。佰古文夙) 寁寁尻之速也(子感切。寁字詁作揩今字作庚) 寄寄託也(居義切) ⑨ 寃(寃重文見上五畫) 寏寏周垣也(胡官切) 寏(寏或从阮。按此各本篆體作院蓋轉寫之誤耳今正院見𨸏部異字也) 寓(寓重文見上三畫) 寍寍安也(奴丁切。此安寧之正字今則寧行而寍廢矣丂部曰寧願詞也語甚明分) 寔寔正也(常隻切。此與下富實字音義皆殊由趙魏之間實寔同聲故相段借耳) 㝣㝣竫也(於計切) 富富備也一曰畐也(方副切) 寑寑臥也(七荏切。此寑字今作寢者乃𡪢部寢之省文與此音同義異) 𡨦(籀文寑省) 寓寓寄也(牛具切) 庽(寓或从广作) 寒寒凍也(从人在宀下从茻上下爲覆下有仌也 胡安切) ⑩ 奥奥宛也室之西南隅(烏到切) 索索入家搜也(所責切。此搜索之正字) 家(家重文見上七畫) 寶(寶重文見下十七畫) 寙寙嬾也(勇主切。此各本無今據玉篇類篇引補。寙與穴部窳各字) ⑫ 康康屋康㝗也(苦岡切) 察察覆審也(初八切。察言之察當作詧) 實實富也(神質切。寔字義異) 竝(空重文見上四畫) 寡寡少也(古瓦切) 寠寠無禮尻也(其榘切) 㝪㝪屋傾下也(都念切。與墊音義同) ⑬ 寪寪屋皃(韋委切) 寫寫置物也(悉也切。按凡傾吐曰寫故作字作畫亦曰寫瀉俗字也) 寬寬屋寬大也(苦官切) 叡叡塞也讀若虞書竄三苗之竄(麤最切。竄各本作叡) ⑭ 寡寡寡不見也一曰寡寡不省人(武延切) ⑯ 親親至也(初僅切。凡親密親近字當作此玉篇且仁切) 窮窮窮也(居六切。毛傳於谷風南山小弁皆曰鞫窮也皆窮之段借也蓼莪傳曰鞫養也則就窮義而變之所謂相反而相成也鞫者鞽之俗字見幸部鞽育字當作此) 竆(窮或从穴) ⑰ 寶寶珍也(博皓切) 寚(古文寶省貝。廣韻曰古文作珤)

寵 尊居也 丑壟切 （十八）寷 大屋也易曰寷其屋 敷戎切。今易作豐

宮部二百七十

宮 室也 居戎切 （八）營 帀居也 余傾切。按營之下體从宮今字誤也。詩營營青蠅言部引作謍謍蓋本字也營惑之營篆作營

吕部二百七十一

吕 膂骨也昔大嶽爲禹心吕之臣故封吕侯 力舉切。按吕膂本一字今俗分別吕爲國氏爲律吕膂爲心膂無復作心吕者 膂 篆文吕从肉旅聲 （七）躳 身也 居戎切 躬 躳俗从弓身。今字从俗

穴部二百七十二

穴 土室也 胡決切 （一）穵 俗作挖 空也 烏黠切。按此篆當是从乙烏之乙非甲乙也 （二）究 窮也 居又切 （三）空 竅也 苦紅切 穹 窮也 去弓切 穸 窀穸也 詞亦切 （四）穿 通也 昌緣切 ⿱穴夬 穿也 於決切 突 犬從穴中暫出也一曰滑也 徒骨切。突如衝突字當作去見部首拗突之突篆作肤 窆 葬下棺也周禮曰及窆執斧 方驗切 窀 窀穸葬之晷夕也春秋傳曰窀穸從先君於地下 陟輪切 （五）⿱穴皿 北方謂地空因吕爲土穴爲⿱穴皿戶讀若猛 武永切 ⿱穴火 深也一曰竈⿱穴火讀若禮三年導服之導 式針切。段注云按⿱穴火即深淺字不當有異音蓋竈⿱穴火可讀如禫與⿱穴火爲雙聲深者吕今字釋古字之例也深淺字當用此深水名也。⿱穴火之隸變作罙又作罙宷集韻類篇皆云三形同字 窊 污衺下也 烏瓜切。⿱穴秝下字當作此 窌 窖也 匹皃切。段云當从丣作窌 力救切 窈 ⿱穴火遠也 烏皎切。西京賦曰望窈窱吕徑廷集韻曰窈同窈。窈冥之窈篆作窅亦作窅 窋 物在穴中皃 丁滑切 ⿱穴甲 入衇刺穴謂之⿱穴甲 烏押切。一切經音義曰押同⿱穴甲手部無押字蘼押之押篆作壓 （六）窐 空也 烏瓜切。空謂空穴也今作窪者段借字也或作漥下其字亦當作窊 窒 塞也 陟栗切。窒礙之窒篆作庢 窕 ⿱穴火肆極也讀若挑 徒了切。窈窕篆作窈窱 窅 冥也 烏皎切。此與宀部窅異字與窈邑音義皆略同窈冥作窅冥爲正 窔 冟窔⿱穴火也 烏叫切。冟者窅之異字 （七）⿱穴抉 ⿱穴火抉也 於決切。與⿱穴夬音義略同 ⿱穴巠 空也詩曰瓶之⿱穴巠矣 去徑切。今詩作罄缶部罄下亦引之是罄盡字可通作⿱穴巠也 窖 地藏也 古孝切 窘 迫也 渠隕切 （八）窠 空也一曰鳥巢也在樹曰巢在穴曰窠 苦禾切 窞 坎中更有

坎也易曰入于坎窞一曰旁入也 徒感切 ⿱穴發 穴中見也 丁滑切 窣 從穴中卒出 蘇骨切 （九）窨 地室也 於禁切 窬 穿木戶也一曰空中也 羊朱切。史記牏行清即窬之段借字也或作⿸广俞見漢書注 窯 俗作窰 燒瓦竈也 余招切。瓦器之窰見缶部 窳 污窬也朔方有窳渾縣 以主切。窳下字當用窊 窴 塞也 待季切。說文無寘字寘者寘之誤凡經傳寘字皆當作窴 （十一）窻 通孔也 楚江切。按此篆淺人所增古本所無當刪部首囪下曰在牆曰牖在屋曰囪或从穴作窗古祇作囪吕爲或體何取乎更有窻字邪 窵 窵窅突也 多嘯切。窵與窅音義俱略同 窺 小視也 去隓切。窺[illegible]之窺篆作闚 窱 杳窱也 徒弔切。窱與窕音義略同 （十二）⿱穴復 地室也詩曰陶⿱穴復陶穴 芳福切。今詩作復蓋三家有作⿱穴復者⿱穴復室當作此字 寮 穿也論語有公伯寮 洛蕭切。俗者

作寮。凡同僚宦寮並作此字。人部曰僚好也義異。窢空皃 呼決切 䆗正視也 敕貞切 竁穿地也一曰小鼠聲周禮曰大喪甫竁 充芮切

(十三) 竈炊竈也 則到切 竈竈或不省作。今人皆作竈 竅空也 牽弔切 邃穾邃也 雖遂切。心部曰㥞穾也二字音義皆同蓋邃謂屋宇之穾㥞謂心思之穾也 竄匿也 七亂切

(十四) 竆 今作窮 竆極也 渠弓切。有竆之正字作竆見邑部

(十五) 竇空也 徒奏切

(十七) 竈 竈重文見上十三畫

㝱部二百七十三

㝱寐而覺者也周禮目日月星辰占六㝱之吉凶一曰正㝱二曰噩㝱三曰思㝱四曰寤㝱五曰喜㝱六曰懼㝱 莫鳳切。此夢寐之正字 寢病臥也 七荏切。寢今省作寢宀部曰寑臥也爲偃寢字今則皆作寢矣

寐臥也 蜜二切 寤寐覺而有言曰寤一曰晝見而夜㝱也 五故切。宀部曰寤寤也音義同覺寤字當用此 𥨀 籀文寤 𡪢楚人謂寐曰𡪢 依倨切 𥧌寐而厭也 莫禮切。此篆今本說文作𥧓據廣雅玉篇廣韻正 𥧘孰寐也讀若悸 求癸切 寎臥驚病也 皮命切。爾雅三月爲寎月作此字 寱瞑言也 牛例切。寱亦作𡪹俗作囈心部曰㦘寱言不慧也音義皆同 寣臥驚也一曰小兒號寣寣一曰河內相評也 火滑切。按本部之字皆从㝱省寱謂寐亦當作寱寎亦當作𥧔寣亦當作𥨀也

疒部二百七十四

疒倚也人有疾痛也象倚箸之形 女戹切

(二) 㽲腹中急痛也 古巧切。今俗吳語云絞腸刮肚其字當作㽲也 疕頭瘍也 卑履切 疣

疣顫也 于救切。與頁部頮疣音義同

(三) 疝腹痛也 所晏切 疛小腹病 陟柳切。詩惄焉如擣釋文擣本或作𤺄按疛其正字𤺄其或體擣其譌字也 疦癰也 古穴切 疥 俗又作蚧作蟒 疥搔也 古拜切 𤵸 俗作𤵸 𤵸皮剝也讀若枏又讀若襜 赤占切 𤵼 籀文𤵸从及。各本篆體从𠬝誤今正 疢 疢俗字 疢熱病也 丑刃切 疧病不啻也 渠支切。說文有疧無疷 㽷病劣也 呼合切 疫民皆疾也 營隻切

(五) 疾病也 秦悉切 𤕫 籀文疾 𤵦 古文疾 廿 亦古文疾。各本無此按籀篆下曰廿古文疾童下曰廿古文疾此廿爲古文疾之明證今據補 病疾加也 皮命切 疴 俗別作痾 疴病也五行傳曰時即有口痾 烏何切 㽹病也 五忽切 疵病也 疾咨切 㾈俛病也 方榘切 痀曲脊也 其俱切 疽久癰也 七余切 痂疥也 古牙切 疻疻痏毆傷也 諸氏切 疸黃病也 丁幹切 𤵟狂走也讀若欻 食聿切 疲勞也 符羈切 疪瘕也 側史切 痁有熱瘧春秋傳曰齊侯疥遂痁 失廉切 𤵿久病也 古慕切。或叚借作錮俗作痼

(六) 痒瘍也 似陽切。今以痒爲癢非也癢之正篆作蛘 痎二日一發瘧也 古諧切 痔後病也 直理切 痏疻痏也一曰痏瘢也 榮美切 𤵼 𤵸重文見上四畫 痍傷也 以脂切。此夷傷正字 痕胝瘢也 戶恩切 痋動病也 徒冬切。按即疼字今義訓痛 𤷃 癰重文見下十二畫 痑馬病也詩曰痑痑駱馬 丁可切。今詩作嘽口部引之 痛病也 他貢切 痡病也詩曰我僕痡矣 普胡切 𤶡寒病也 所臻切 痟酸痟頭痛也周禮曰春時有痟首疾 相邀切 痤小腫也一

曰族瘯病〔非未切〕痙 彊急也〔其頸切。急就篇痓即痙字〕㾜 病息
也〔苦叶切〕⿸疒肙 疻也〔烏懸切。各本無此今據文選謝靈運發臨海嶠詩李注引補〕痞 痛
也〔符鄙切〕痥 馬脛瘍也一曰將傷〔徒活切〕⑧ ⿸疒或 頭痛也讀
若溝洫之洫〔吁逼切〕瘀 積血也〔依據切〕痵 气不定也〔其季
切〕痱 風病也〔蒲罪切。字亦作疿〕痳 疝病也〔力尋切〕痿
痹也〔儒佳切〕痹〔俗从卑作痺〕溼病也〔必至切〕瘃 中寒腫覈
〔陟玉切〕痬 脈瘍也〔羊益切〕⑨ 瘏 病也詩曰我馬瘏矣
〔同都切〕瘍 頭創也〔與章切〕瘖 不能言也〔於今切。或作喑者叚借字也〕
瘕 病也〔乎加切〕瘧 寒熱休作病〔魚約切〕⿸疒扁 半枯也
〔匹連切。偏枯字當用此〕瘦 臞也〔所又切。痩即瘦字〕瘌 楚人謂藥毒曰

詩天方薦瘥 口部引作嗟

痛瘌〔盧達切〕瘉 病瘳也〔以主切。即今病愈字〕⑩ 瘣 病也
詩曰譬彼瘣木一曰腫旁出也〔胡罪切。今詩作壞後人所改也〕瘨
病也一曰腹張〔都年切〕⿸疒員 病也〔王問切〕⿸疒馬 目病一曰惡
气著身也一曰蝕創〔其冀切〕瘚 屰气也〔居月切〕欮〔瘚或省广〕
瘜 寄肉也〔相即切〕⿸疒盧 跛病也讀若脊又讀若掩鳥
〔切〕瘢 痍也〔薄官切〕瘛 小兒瘛瘲病也〔尺制切〕瘥
瘉也〔楚懈切。此病差之正字〕⿸疒衰 減也一曰耗也〔楚追切。凡盛衰衰減衰病等字皆當用此〕
⑪ ⿸疒堇 病也〔巨斤切〕瘵 病也〔側介切〕瘼 病也〔慕各切〕
瘲 病也〔將容切〕瘻 頸腫也〔力豆切〕⿸疒畢 足气不至
也〔毗至切〕⿸疒殹 劇聲也〔於賣切〕瘳 疾瘉也〔敕鳩切〕⑫ 癇

癇 病也〔戶閒切〕癈 癈固病也〔方肺切。經傳通作廢字〕⿸疒斯 散聲
也〔先稽切。聲嘶馬嘶字竝當作此嘶說文作嘶〕瘑 口咼也〔韋委切〕瘤 腫也
〔力求切。韻會或作㽲〕瘰 族瘰皮肥也〔郎果切。各本無此按左傳桓六年謂其不疾瘯蠡也
釋文云蠡說文作瘰今據補。說文無累字累者絫之俗瘯篆作族〕瘇 脛气腫詩曰
既微且瘇〔時重切。今詩作尰籒體之譌〕尰〔籒文瘇〕癉 勞病也〔丁幹丁賀二切。癉與疸音同而義別如郭注山海經師古注漢書皆云癉黃病王砅注素問黃疸云疸勞也則二字互相叚而淆惑矣〕
癃 罷癃也〔力中切〕㿏〔籒文癃省。按篇韻皆作瘽篆體疑有誤〕療〔療重文見下十五畫〕
癆 朝鮮謂藥毒曰癆〔郎到切〕⑬ 癘 惡
疾也〔洛帶切。今義別製癩字訓為惡瘡訓癘為疫古多借厲為癘公羊傳作痢〕癑 痛
也〔奴動切〕⑭ 癡 不慧也〔丑之切〕⑮ 𤻲 治也讀若勞〔力照切〕

療〔𤻲或从尞〕⑰ 癭 頸瘤也〔於郢切〕癬 乾瘍也〔息淺切〕⑱
癰 腫也〔於容切〕⿸疒爲 創裂也一曰疾⿸疒爲〔羊捶切〕⑲ ⿸疒麗
⿸疒麗 癰也一曰瘦黑讀若隸〔郎計切〕㉔ ⿸疒暴〔今省作⿸疒㬥〕⿸疒暴 滿也〔平秘切〕

冖部二百七十五

冖 覆也从一下垂〔莫狄切。說文無冪字冪者幎之體變覆字當用此亦作冪〕⑦
冠 絭也所以絭髮弁冕之總名也冠有法制故从寸
〔古丸切〕⑧ 冣 積也〔才句切。冣與从部聚音義皆同與冃部最音義俱別凡云殿最者及史漢冣字皆當作此〕⑨ ⿱冖託 奠酒爵也周書曰王三宿三祭三⿱冖託〔當故切〕

冃部二百七十六

冃 重覆也讀若艸莓莓〔莫保切〕③ 同 會合也〔徒紅切〕

④岗岗帽帳之象苦江切 ⑦冡冡覆也莫紅切。凡蒙覆僮蒙等字依古皆當作冡蒙行而冡廢矣

冃部二百七十七

冃冃小兒及蠻夷頭衣也古報切。冃即今之帽字也 ⑤冑冑兜鍪也直又切。此甲冑字裔冑之冑見肉部今體冑冑二字幾無差別矣 䩜。司馬法冑从革荀子鹽鐵論大玄皆作䩜 冒冒冡而前也莫報切 𡇒古文冒 ⑧冕冕大夫以上冠也古者黃帝初作冕亡辨切 絻冕或从糸作 最最犯取也祖外切。凡古云殿最及今人最美最惡之云其字皆當作冣見𠔼部按冣與最音義俱異今史漢各書靡不譌冣作最學者知有最字不復知有冣字久矣

㒳部二百七十八

㒳㒳再也易曰參天㒳地良奬切。凡物有二其字作㒳不作兩今兩行而㒳廢矣 ①兩兩二十四銖為一兩良奬切 ③㒼㒼平也讀若蠻母官切。廣均曰無穿孔狀

网部二百七十九

网网庖犧氏所結繩以田以漁也文紡切。五經文字曰說文作网今依石經作罒 罔网或加亡。今以罔為罔助字 𦉪网或从糸。今𦉪字通行作網 𠔿古文网从冂亡聲 𦊆籒文网从冂 ③罕罕网也呼旱切。五經文字曰經典相承隷省作罕 ④罝罝罟也胡誤切 ⑤罛罛魚罟也詩曰施罛濊濊古胡切 罟罟网也公户切 罜罜罜麗小魚罟也之庾切 罠罠所以釣也武巾切。爾雅釋器彘罟謂之羉陸釋文曰羉本又作罠嚴氏元照曰罠訓釣非此義疑當作羉孟子又從而招之趙注招罥也罥即羂字雷氏浚曰按罥者羂之俗字依趙義羉自可作羂

𦉼𦉼覆車也詩曰雉離于𦉼縛牟切。今毛傳作罦 罦𦉼或从孚作 罝罝兔网也子邪切 𦋀罝或从組作 𦋆籒文从虘 ⑥罙罙网也武移切 𦉲罙或从肉 ⑦䍏䍏网也莫桮切 罦𦉼重文見上五畫 罘罘兔罟也縛牟切今字作罘 詈詈罵也力智切 ⑧罨罨罕也於業切 罩罩捕魚器也都教切。籠罩之罩當作𦊌用罩見隹部 罪罪捕魚竹网秦以為辠字徂賄切。辛部曰辠犯灋也始皇以辠字似皇乃改為罪罪犯本字文字音義云 罧罧積柴水中以聚魚也所今切 罬罬捕鳥覆車也陟劣切 輟罬或从車作。按車部有輟篆義殊 置置赦也陟吏切 ⑨署署部署也常恕切 罯罯覆也烏感切 ⑩罷罷遣有辠也薄蟹切 罵罵詈也莫駕切 ⑪𦋺罶重文見下十一畫 䍡䍡罜䍡也盧谷切

罻罻捕鳥网也於位切 𦋀𦋆皆罝重文見上五畫 ⑫𦌾𦌾网也思沇切 䍐𦌾或从足。逸周書曰不卵不䟣以成鳥獸䍐者䍐獸足故从足 罾罾魚网也作滕切 罽罽魚网也居例切 罶罶曲梁寡婦之笱魚所留也力九切 𦋺罶或从婁春秋國語曰講罛𦋺 罿罿罬也尺容切 ⑬羈羈馬落頭也居宜切 䩭羈或从革。今字作羈俗作覊 ⑭羅羅以絲罟鳥也古者芒氏初作羅魯何切。字或作䍦俗異用 𦌴𦌴中网也文甫切 ⑲羂羂网也一曰綰也古眩切。糸部綰下云一曰羂也為絹之本字絹者段借字也 𦌴俗作罥 𦍏羈重文見上十三畫

西部二百八十

西西覆也从冂上下覆之讀若晉呼訐切 ④覂覂覆也

方勇切。武帝紀泛駕之馬師古曰泛
覆也音方勇反字本作覂後通用耳 ⑫ 覆覆 覂也一曰蓋
也 芳福切 ⑬ 覈覈 實也攷事襾笮邀遮其辭得實曰覈
下革切。實者凡有骨之偁骨下曰肉
之覈也是也肴核攷核字皆當作此 覈覈 覈或从雨

巾部二百八十一

巾巾 佩巾也从冂丨象糸也 居銀切 ② 帗帗 帗亦作 帗帗 㡜裂
也 卑履切 布布 布本从父今从隸變 帛帛 枲織也 博故切 ③ 帉帉 帉亦作 帉帉 枕
巾也 而振切 ④ 帉帉 帉或作 帉帉 楚謂大巾曰帉 撫文切 帗帗 蒲
席斮也讀若蛤 古沓切 ⑤ 帗帗 一幅巾也讀若撥 北末切
帔帔 弘農謂帬帔也 披義切 帖帖 帛書署也 他叶切。貼帖皆俗
字也目部曰眀安凡安貼怗服字皆可用眀 帙帙 書衣也 直質切 袟 帙或从衣。陸德明

誤經典釋文三十卷合爲一袟今人曰函 帤帤 幡也 於袁切 帚帚 所吕糞也
古者少康初作箕帚秫酒少康杜康也葬長垣 支手切 帑帑
金幣所藏也 乃都切。詩小雅常棣傳曰帑子也此段帑爲奴 奴本謂辠人之子孫引伸之則凡子孫皆可偁
奴妻帑義當作奴俗作孥非 ⑥ 帥帥 佩巾也 所律切。帥之或體作帨 而帥之本義廢矣將帥之本字作衛見行部 帨帨 帥或从兌聲 後人分文析字吕帨訓巾 帤帤 巾帤也一曰
敝巾 女余切 㡆㡆 設色之工治絲練者一曰㡆隔也讀若
荒 呼光切 帕帕 領耑也 相倫切。按篇韻皆有帪無帕疑即帪之譌字 卷卷 囊
也今鹽官三斛爲一卷 居倦切。卷或借爲縈字 ⑦ 帬帬 繞領也 渠云切
裠裠 帬或从衣 席席 藉也禮天子諸侯席有黼繡純飾 祥易切。
此簟席之正字 囸 古文席从石省 㡉㡉 領耑也 陟葉切 帨 帥重文見上六畫 ⑧

帶帶 紳也男子鞶帶婦人帶絲 當蓋切 常常 下帬也
市羊切。裳者常之或體今俗吕常爲經常字吕裳爲衣裳字析而二之不知其本爲一字也 裳裳 常或从衣
帴帴 帬也一曰帗也一曰婦人脅衣讀若末殺之殺 所八切
帷帷 在旁曰帷 洧悲切 匱 古文帷 帳帳 張也 知諒切 幒 幒重文見
下十一畫 幏幏 幏布也出東萊 胡田切 ⑨ 幅幅 布帛廣也 方六切
幝幝 幒也 古渾切。方言褌陳楚江淮之閒謂之幒釋名褌貫也段氏曰貫兩腳上繫腰中也按今之套褲古之絝也今之滿襠
褌古之褌也 褌褌 幝或从衣 㡏㡏 正耑裂也 山樞切 𢅞𢅞
幡幟也 則前切 𢃄𢃄 剃也 盧達切 幃幃 囊也 許歸切。俗段爲帷字
㡒㡒 載米齡也讀若屯卦之屯 陟倫切 㡔㡔 鬃布也一
曰車衡上衣讀若頊 莫卜切 ⑩ 𢄈𢄈 覆衣大巾也或吕

爲首飾 薄官切 幎幎 幔也周禮有幎人 莫狄切。字亦作冪俗作冪作
冪方言作幦。覆幎之正字作冖亦通作冪 幨幨 帷也 力鹽切 幪幪 俗作幪 幏幏 蓋衣
也 莫紅切 幐幐 囊也 徒登切 幏幏 南郡蠻夷賨布也 古訝切
⑪ 𢄼𢄼 禮巾也 輸芮切。各本篆體从埶作勢誤今正 職芮切。 幒幒 幝也一曰帙
帙書衣也 㡛 幒或从松。 幘幘 髮有巾曰幘 側革切 幔幔
幎也 莫半切 幕幕 帷在上曰幕 慕各切 幓幓 殘帛也 所例切
幑幑 幑識也吕絳帛箸於背春秋傳曰揚幑者公徒若今
救火衣然也 許歸切。幑者幑識之正字 飾飾 㕞也讀若式一曰襐飾 賞職切。許書無拭字飾即拭也 幖幖 幖識也 方招切。今幖識
按飾拭古今字拭亦作式 幖牓字多作標 標行而幖廢矣 ⑫ 幣幣 帛也 毗祭切 幡幡 書兒拭觚布也 甫煩

切。或段爲旗旛之旛 幝幝車敝皃詩曰檀車幝幝 昌善切 幠幠覆也 荒烏切 ⑬ 幩幩馬纏鑣扇汗也詩曰朱幩鑣鑣 符分切 幦幦髼布也周禮曰駹車犬幦 莫狄切 ⑭ 幨幨楚謂無緣衣也 魯甘切。與襤音義略同 幬幬禪帳也 直由切。中庸注曰幬亦作燾 ⑮ 幭幭蓋幭也一曰禪被 莫結切。曲禮素簚釋文云本或作幭 ⑯ ⿰巾奮⿰巾奮㠯囊盛穀大滿而裂也 方吻切 ⑰ ⿰巾韱⿰巾韱飾也 精廉切。字林幖幟記則音義同籤 ⑱ ⿰巾夒⿰巾夒墀地也㠯巾撋之讀若水温䵏一曰箸也 乃昆切。各本篆體誤作幔今正夒籀文婚字說詳段注。撋蓋即手部撋字今之拭字師古曰幔拭也是也今漢書譌作幔莊子釋文且譌作幔矣

巿部二百八十二

巿巿韠也上古衣蔽前而已巿㠯象之天子朱巿諸侯赤巿卿大夫葱衡从巾象連帶之形 分勿切 韍韍 篆文巿从韋 从犮俗作紱。經傳或借黻爲韍 ⑥ 帢帢士無巿有帢制如榼缺四角爵弁服其色韎賤不得與裳同 古洽切 韐韐 帢或从韋。經典有韐無帢

帛部二百八十三

帛帛繒也 旁陌切 ⑧ 錦錦襄邑織文也 居飲切

白部二百八十四

白白西方色也侌用事物色白从入合二二侌數 旁陌切 ㊀ 古文白 ④ 皅皅艸華之白也 普巴切 ⑥ 皎皎月之白也 古了切 詩曰月出皎兮 ⿱小京⿱小京 今省作⿱小京 際見之白也 起戟切 ⑧ 皙皙人色白也 先擊切。今字皆省作晳 俗又作晰與日部晳作晰溷 ⑩ 皚皚霜雪之白也 五來切 皠皠鳥之白也 胡沃切。皠與翯音義同 皛皛顯也通白曰皛讀若皎 烏皎切。皛顯皓之正 ⑫ 皢皢日之白也 呼鳥切 皤皤老人白也易曰賁如皤如 薄波切 皤 皤或从頁 ⑬ 皦皦玉石之白也 古了切

㡀部二百八十五

㡀㡀敗衣也从巾象衣敗之形 毗祭切。此㡀衣正字自敝字行而㡀廢矣 ④ 敝敝帗也一曰敗衣 毗祭切

黹部二百八十六

黹黹箴縷所紩衣也从㡀丵省刺文也 陟几切 希希 古文黹。段氏云許多云希聲而無希篆疑希者古文黹也从巾象繡形今據補此。愚按希者當是絺之或體如裘求笠互之例皋陶謨曰絺繡鄭本作希注曰希讀爲黹周禮司服希冕鄭注引書希繡又云希讀爲黹者亦古文通借之常也 ④ 黺黺袞衣山龍華蟲黺畫粉也 方吻切。粉米說文作黺絲 ⑤ 黻黻黑與青相次文 分勿切 ⑦ 黼黼白與黑相次文 方榘切 ⑧ ⿰黹卒⿰黹卒會五采繒也 子對切 ⑪ ⿰黹虘⿰黹虘會五采鮮皃詩曰衣裳⿰黹虘⿰黹虘 創舉切。今詩作楚楚⿰黹虘其正字也

說文易檢卷七下

說文易檢卷八上

人部二百八十七

人人天地之性最貴者也此籀文象臂脛之形如鄰切 ② 仁仁親也如鄰切 忎古文仁从千心 𡰥古文仁或从尸 仍仍因也如乘切引伸爲仍孫今作礽俗字也因仍通作扔扔 什什相什保也是執切 仆仆頓也芳遇切 仇仇讎也巨鳩切 ③ 仞仞伸臂一尋八尺而震切。俗用認識字當作此 仕仕學也鉏里切 仜仜大腹也讀若紅戶工切 仡仡勇壯也周書曰仡仡勇夫魚訖切 仢仢約也徒歷切 付付予也方遇切 代代更也徒耐切 仔仔克也子之切 弔今字作弔弔問終也多嘯切。經傳弔訓至者皆當作迗 仚今字作仙仚人在山上皃呼堅切。仙佛之仙篆作僊今仙行而

僊廢矣 ④ 企企舉踵也去智切。此跂望之正字 𧻚古文企从足 伋伋人名居立切 伉伉人名論語有陳伉苦浪切。今論語作陳亢 仲仲中也直衆切。古仲中二字互用 伊伊伊尹殷聖人阿衡也於脂切 𠑹古文伊从古文死 伃亦作妤伃婕伃婦官也以諸切 伀亦作忪作松伀志及衆也職茸切 份份俗別作斌文質備也論語曰文質份份府巾切。今論語作彬 彬古文份 仿仿仿佛相佀視不諟也妃罔切。仿佛或作髣髴或作放悳俗作彷彿仿或又作髣俗又作倣 𠈁𠈁籀文仿从丙。此與周禮柄亦作枋同 仰仰舉也魚兩切。卬望之正字作卬 伍伍相參伍也疑古切 任任保也如林切 价价善也詩曰价人維藩古拜切 伎伎與也詩曰籍人伎忒渠綺切。今詩作忮疑譌字也。女妓字當用伎。 伏伏司也房六切。伏羲之本字作虙 伐伐擊也

佛有讀作弼者其字當作拂

曰敗也房越切 仳仳別也詩曰有女仳離芳比切 件件分也其輦切。此篆大徐所增十九文之一段氏玉裁曰按半下云物中分也从八牛件乃半之誤體鈕氏匪石曰疑牽之俗體 ⑤ 伯伯長也博陌切。王霸字當用此霸者月魄之本字也 佖佖威儀也詩曰威儀佖佖毗必切。今詩作怭音義曰怭說文作佖 伴伴大皃薄滿切。伴侶之伴篆作扶 俩仿重文見上四畫 佛佛仿佛也敷勿切。按影部髴下云若佀也即佛之或字俗又作彿 佗隸變作他佗負何也徒何切。鈕曰按史記匈奴奇畜有橐佗今俗譌誤謂之駱駝非是。佗俗又作駄無他之他說文作它 何何儋也一曰誰也胡歌切。鈕等曰即負何也今俗別作擔荷非是 伾伾有力也詩曰吕車伾伾敷悲切 位位列中廷之ナ又謂之位于備切 作作起也則洛切。作與迮音義同 佀今字作似佀像也詳里切 伶伶弄也益州有建伶縣郎丁切。徐鍇曰伶人者弄臣

也按古伶人字本作泠泠人樂官也 伸伸屈伸失人切。屈伸古作詘信伸理之伸篆作敒引伸之伸篆作[illegible] 伹伹拙也似魚切。按此即今粗笨字也 佃佃中也春秋傳曰乘中佃一轅車也堂練切。營田之佃篆作畋 伭伭很也胡田切。心部曰慈急也義略同 佁佁癡皃讀若騃夷在切。此癡騃之正字 伿伿惰也以豉切。醫經解㑊之㑊當作此字 佝佝佝瞀也苦候切。字亦作傋見五行志亦作怐見九辯 佚佚佚民也一曰佚忽也夷質切。佚古通用作逸淫佚篆作婬泆 侮侮重文見下七畫 但但裼也徒旱切。此袒裼正袒訓衣縫解今之綻裂字也自後吕袒爲袒裼字而吕但爲語辭鮮知其本義者 佋佋廟佋穆父爲佋南面子爲穆北面市招切。今皆作昭穆矣 ⑥ 保保養也博褒切。保字之保篆作宗五家爲保字篆作早見匕部 𠈃古文保不省 呆古文保 佼佼交也古肴切。交接當作此字 佩珮俗字佩大帶佩也蒲妹切 佳

佳善也古膎切 侚疾也辭閏切。說文有侚無徇。徇行之徇篆作狥 侅奇侅非常也古哀切 傻備重文見下十一畫 侗大皃詩曰神罔時侗他紅切。今詩作恫段借字也 佶正也詩曰既佶且閑巨乙切 供設也一曰供給俱容切。共部曰龔給也爲供給之本字 佺偓佺也此緣切 侔齊等也莫浮切 侙惕也春秋國語曰於其心侙然是也恥力切 依倚也於稀切 佽便利也詩曰決拾既佽一曰遞也七四切 佴佽也仍吏切 侍承也時吏切 侒宴也烏寒切。宴安字義當作此 侐靜也詩曰閟宮有侐況逼切。今作洫者段借字也 侁行皃所臻切 佰什相佰也博陌切 佸會也詩曰曷其有佸一曰佸佸力皃古活切 佮合也古沓切 使令也疏士切 㑞送也呂不韋曰有侁氏呂伊尹㑞女以證切。㑞者今之媵字也 侜有廱蔽也詩曰誰侜予美張流切 佌小皃詩曰佌佌彼有屋斯氏切。今詩字作佌或又作傞 侊小皃國語曰侊飯不及壺飧古橫切 佻愉也詩曰視民不佻土彫切。今詩作恌。愉者今之偷字 侈掩脅也一曰奢泰也尺氏切 侉備詞也苦瓜切 例比也力制切 咎災也其久切。臯陶字當从此作咎繇咎怨之咎篆作咎又本部咎下云毀也音義略同 侂寄也他各切。言部曰託寄也音義皆同俗作托非也。此蓋謂人之寄佗也玉篇引論語可呂侂六尺之孤

㊆ 俅冠飾皃詩曰戴弁俅俅巨鳩切 企企重文見上四畫 俊材過千人也子峻切 俟大也詩曰伾伾俟俟牀史切。待俟之俟篆作竢 俁大也詩曰碩人俁俁魚禹切 俚賴也良止切

侹長皃一曰箸地一曰代也他鼎切 俌輔也讀若撫芳武切。輔字當作此 俜俠也普丁切。俜與甹音義同 俠俜也胡頰切 侸立也讀若樹常句切。侸與尌豎音義同今俗用之住字當作此說文無住字住者駐之俗也又走部曰䞒馬不行也讀若住與住音義同則䞒即住也侸玉篇作[illegible] 侳安也則臥切 𢼸眇也無非切。眇者小也即妙也微細微妙字皆當作此微伺篆作𢼸司今微行而𢼸廢矣玉篇有𢼸字亦𢼸之俗體也 侵漸進也七林切。浸淫亦作侵淫 便安也房連切。便佞之正字作諞 俔諭也一曰閒見詩曰俔天之妹苦甸切 俒完也逸周書曰朕實不明呂俒伯父胡困切 俗習也似足切 俆緩也似魚切。與徐義略同 俄頃也詩曰仄弁之俄五何切。仄今詩作側 侮傷也文甫切 㑄古文侮从母。漢書五行志作㑄 俙訟面相是也喜皆切 俑痛也他紅切。俑與恫音義同 促迫也七玉切 係絜束也胡計切。凡相連屬謂之係今通用繫誤 俘軍所獲也春秋傳曰呂爲俘馘芳無切 㑗身也失人切。玉篇曰㑗妊身也 俇遠行也居況切

㊇ [illegible]伊重文見上四畫 倩美字也東齊壻謂之倩倉見切 倓安也讀若談徒甘切 [illegible]倓或从剡 倭順皃詩曰周道倭遲於爲切 倞彊也渠竟切。人之彊勍字本此詩曰無競維人則又借競爲倞也字亦作傹 倨不遜也居御切 俺大也於業切 倬箸大也詩曰倬彼雲漢竹角切 倗輔也讀若陪位步崩切。按朋字亦可作此 俶善也詩曰令終有俶一曰始也昌六切。此善淑本字 倫輩也一曰道也力屯切。倫常倫理字當作侖見亼部 俱皆也舉朱切 併竝也卑正切。兼并之并見从部 倚

俾伇字如此或作睥睨埤堄皆非也

依也。於綺切。禾部移下曰禾相倚移也。倚移即今之阿那也 倢 佽也。子葉切。按倢伃婦官也，亦作婕妤 借 假也。資昔切。此大徐所增十九文之一。按爾雅音義釋鳥譖下曰說文之借字也。譖者譖之或體。說詳言部。借今音資夜切 俾 益也。一曰俾門侍人。并弭切。俾與埤朇音義皆同。今裨行而埤朇俾皆廢矣。經傳之俾皆訓使也，無異解 倪 俾也。五雞切 倌 小臣也。詩曰命彼倌人。古患切 倍 反也。薄亥切。倍之或體作偝 倀 狂也。一曰仆也。楮羊切。倀狂即今之倡狂也 俴 淺也。慈衍切 倡 樂也。尺亮切。謂唱字當作此。又尺良切。俗作娼 俳 戲也。步皆切 傷 輕也。一曰交傷。以豉切。今皆作易而傷廢矣 倄 刺也。一曰毒之。胡茅切 倃 毀也。其久切。倃與咎略同 催 仳催醜面。許惟切 值 持也。一曰逢遇也。直吏切 倦 罷也。渠卷切。罷倦即疲倦。勞倦之倦篆作券。二字義佀同而略異 ⑨ ⿰亻軍 人姓

吾昆切。心部曰惲重厚也。爲惲厚之正字。惲其今之惲姓與 偰 高辛氏之子爲堯司徒，殷之先也。私列切。經傳多段作契 偉 奇也。于鬼切。玄應曰埤蒼作瑋 僝 具也。讀若汝南潺水。虞書曰旁救僝功。士戀切。玉篇廣韻作僝。水部無潺。辵部逑下引書作旁逑孱功 健 伉也。渠建切 偲 彊力也。詩曰其人美且偲。倉才切 偫 待也。直里切。謂儲物以待用也。與广部庤音義略同 偓 偓佺古仙人名也。於角切 偕 彊也。一曰俱也。詩曰偕偕士子。古諧切 側 旁也。阻力切。側傾之側篆作仄 偁 揚也。處陵切。古稱舉稱謂字皆作偁。稱者今之秤字 假 非眞也。唐書曰假于上下。古雅切。此引書說段借也。經典多借假爲段。故偁之。又部曰段借也。爲假借之正。六書六曰假借，謂本無其字依聲託事也。此非眞之義也 候 司望也。胡遘切 偆 富也。尺允切 偭 向也。禮少儀曰尊壺者偭其鼻。彌箭切。

凡物之偄弱字可作耎

面東面西當作此字 ⿰亻癸 ナ又兩視。其季切。⿰亻癸與目部睽音義皆同 偄 俗作輭，譌作軟。弱也。奴亂切 偏 頗也。芳連切。偏枯之偏篆作㾫 御 徼御受屈也。其虐切 偃 僵也。於幰切。偃蹇之偃篆作㫃。㫃部首㫃下云旌旗之游㫃蹇之皃。凡古人名偃字游者本皆作㫃 偶 桐人也。五口切。此木偶土偶字。凡言人偶躳偶、嘉偶怨偶者，皆取耦耕之意。篆見耒部 ⑩ 保 保重文見上六畫 傑 埶也。材過萬人也。渠列切 矦 侯重文見上八畫 傛 不安也。一曰傛華。余隴切 傀 偉也。周禮曰大傀異災。公回切。瓌 傀或从玉裹聲。或作瓌，蓋省併ㄥ字爲之 傓 熾也。詩曰豔妻傓方處。式戰切。今詩作煽者，蓋後人以訓熾之故肊改从火耳 傅 相也。方遇切 傆 黠也。魚怨切。傆蓋謂鄉原 傍 近也。步光切。傍附之傍見彳部。皃二字音同而義散別 ⿰亻蚤 驕也。蘇遭切 傞 醉舞皃。詩曰婁舞傞傞。素何切。婁即屢也

⿰亻疾 妎也。一曰毒也。秦悉切 嫉 ⿰亻疾或从女 ⑪ 傲 倨也。五到切。傲慢篆作嫯嫚。又通作奡，見夰部 傪 好皃。倉含切 傭 均也，直也。余封切 ⿰亻悉 聲也。讀若屑。私列切。⿰亻悉亦作屑屑 備 愼也。平秘切。此防備字。用部曰葡具也，爲備具本字。今備行而葡廢矣 傾 仄也。去營切。仄者人之仄也。匕部曰頃頭不正也。𨸏部曰頃仄也，山阜之仄也。三字義佀同而用異。俄頃當用頃 僅 材能也。渠吝切。材今所用之纔字 傳 遽也。直戀切 偋 僻寠也。防正切 傿 引爲賈也。於建切 ⿰亻䚻 今字作傜。喜也。自關以西物大小不同謂之⿰亻䚻。余招切。王風君子陶陶。傳曰陶陶和樂皃也。陶陶即⿰亻䚻⿰亻䚻之段借也。古通作繇 僄 輕也。匹妙切。古或段剽爲之。僄亦作嫖。霍嫖姚是也 傷 創也。式羊切。矢部曰𥏼傷也。音義皆同。憂傷之正作慯 催 相擣也。詩曰室人交徧催我。倉回切 傴 僂也。於武切 僂 尪

也周公𪏭僂或言背僂 力主切 僂 𠍴行僂僂也讀若雞一

四且也 力救切。大學借爲戮字 傮 終也 作曹切 僊 長生僊去 相然切。

仙佛字當作此 ⑫ 僮 未冠也 徒紅切。辛部曰男有辠曰奴奴曰

適相反如檀種二篆之比今經傳僮子字皆作童非古也 僎 具也 士勉切。頁部曰顛選具也音義略同

今修撰字篆作譔 僚 好皃 力小切。同僚之僚當作寮俗作寮 僓 嫺也一

曰長皃 吐猥切又魚罪切 僑 高也 巨嬌切。今俗語云蹻僑其字當作趫 僤 疾

也周禮曰句兵欲無僤 徒案切 僩 武皃詩曰瑟兮僩兮

下簡切 僟 精謹也明堂月令數將僟終 巨衣切 僖

樂也 許其切。說文無嬉字嬉者僖之隸變李注洞簫賦引說文嬉樂也即謂此也嬉戲之嬉篆作娭妹嬉祇作末喜

[亻然] 意膬也 人善切 僭 儗也 子念切 僞 詐也 危睡切

儋耳之儋當作聸本又作耽

僐 作姿也 常演切 僛 醉舞皃詩曰屢舞僛僛 去其切

僔 聚也詩曰僔沓背憎 慈損切。口部曰噂聚語也引詩作噂沓背憎按詩釋文云噂說文作僔五經文字亦云僔詩小雅作噂陸張皆不云說文有噂噂蓋後人所補也今據刪噂存僔 傫 垂

皃一曰嬾解 力僞切。各本篆皆作儽按廣韻六脂曰儽亦作傫傫是傫非累者說文之絫字也集韻類篇皆首列傫次列儽知傫爲正體矣今據正 像 象也讀若養 徐兩切。凡圖象形象想象等字皆當作此 僰 犍爲蠻夷也 蒲北切。或段棘字爲之 僥

南方有焦僥人長三尺短之極也 五聊切。僥幸之正字作儌作徼亦非 ⑬

儇 慧也 許緣切。儇與譞音義同 僷 宋衛之間謂華僷僷 與涉切。僷華謂容華 儆 戒也春秋傳曰儆宮 居影切。儆與警音義略同 僾

仿佛也詩曰僾而不見 烏代切。今詩作愛非古也又大雅亦孔之僾釋言及傳云僾唈也

此气之叚借字也即今噯字 儋 何也 都甘切。儋何儋荷之正擔者俗字 儃 儃

何也 徒干切。此義未見然則與儃音義同也段注云或當作儃回儃回九章曰欲儃佪以干傺又曰入漵浦余儃佪王逸曰儃佪猶低佪也洪興祖曰儃知然切 儀 度也 魚羈切。度謂法制也古威儀字作義仁義字作誼

儉 約也 巨險切 僻 辟也詩曰宛如左僻一曰從旁

牽也 普擊切。偏僻之僻篆作辟 僨 僵也 匹問切。象齒焚身字當作此 僵 俗別作殭

僵 偃也 居良切 儈 合市也 古外切。此新坿字據御覽八百廿八引移爲正文 ⑭ 擯

儒 柔也術士之偁 人朱切 儐 導也 必刃切 擯 儐或从手。今

經典作擯相字多作此 儕 等輩也春秋傳曰吾儕小人 仕皆切 儗

僭也一曰相疑 子念切。此僭擬正字 儔 翳也 直由切。儔侶之儔古作疇 [亻對]

市也 都隊切。今之兌換字也 ⑮ 儠 長壯儠儠也春秋傳

曰長儠者相之 良涉切。今左傳國語楚語皆云長鬣鬣者儠之段借字也 儦

行皃詩曰行人儦儦 甫嬌切 儥 見也 余六切。儥者即今之覿字也 償 還

也 食章切 優 饒也一曰倡也 於求切。優游之正字作瀀優渥之正字作瀀 儡

相敗也讀若雷 魯回切 ⑯ 儲 偫也 直魚切 㥲 安

也 於力切。㥲之隸變作億安億供億字本此億萬之億篆作意見心部 ⑰ 儚 惛也 呼肱切

切。釋訓曰儚儚洄洄惛也儚當作儚亦通作懵 ⑱ 儳 儳互不齊也 士咸切。今人作攙和字當用此 㒤 心服也 齒涉切。心部懾下一曰心服也然則二字音義皆同廣韻有懾無㒤 ⑲

儺 行有節也詩曰佩玉之儺 諾何切 儹 冣也 作管切 儹冣即攢聚手部無攢 儷 棽儷也 呂支切。儷麗之正字作儷 ⑳ 儼

卬頭也一曰好皃 魚儉切。古亦借嚴字爲之

稽部印仰也萬妓之段借字

匕部二百八十八

匕 變也从到人呼跨切。變化當嫥用此 ㊁ 化 教行也呼跨切。凡變匕字作匕教化字作化許氏之字指也今化行而匕廢矣 ㊆ 𠤕 未定也从匕吴聲吴古文矢字語期切。此與子部疑音訓略同 ㊇ 眞 僊人變形而登天也側鄰切 𥆞 古文眞。汗簡作𥆞

匕部二百八十九

匕 相與比敘也从反人匕亦所㠯匕取飯一曰柶卑履切 ㊁ 𠤎 相次也博抱切。五家爲𠤎今作保非古也 ㊃ 卬 望也欲有所庶及也詩曰高山卬止伍岡切。仰訓舉卬訓望今則仰行而卬廢且多改卬爲仰矣 ㊄ 𢇍 頃也詩曰𢇍彼織女去智切。今作企者俗改也 ㊄ 皀 今字作艮 很也易曰皀其限古恨切 ㊅ 𠦝 今字从古文 𠦝 高也竹角切。卓當作𠦝𠦝立字當作稽見稽部 𠦝 古文卓 ㊈ 匙 匕也是支切。當作𨮻鍉匙之匙亦作鍉方言作提 頃 頭不正也去營切。引伸爲凡傾仄不正之偁今則傾行而頃廢矣 匘 頭𩕄也奴皓切。考工記作𡿺俗作腦作劓乃譌字也

从部二百九十

从 相聽也疾容切。按从者今之從字從行而从廢矣 從 隨行也慈用切又疾容切。引伸爲主從爲從衡亦段縱爲之相从字見上 幷 从今字作幷 相从也府盈切。兼幷字本此相竝之併見人部

比部二百九十一

比 密也毗二切。許書無篦字古祇作比 𣬅 古文比。段氏云按蓋从二大也 ㊄ 毖 愼也周書曰無毖于卹兵媚切。詩毖彼泉水水部引作泌

北部二百九十二

北 乖也从二人相背博墨切 (十二) 冀 北方州也几利切

丘部二百九十三

丠 土之高也非人所爲也从北从一一地也人凥在丠南故从北中邦之凥在昆侖東南一曰四方高中央下爲丠象形去鳩切。今制諱孔子名山丘字作邱 𡊣 古文从土 ㊄ 屔 反頂受水丠也奴低切。此尼山之本字 ㊅ 虛 大丠也昆侖丠謂之昆侖虛古者九夫爲井四井爲邑四邑爲丠丠謂之虛丘如切。虛本大丠大則空曠故引伸之爲空虛今別製墟爲丠墟字專㠯虛爲空虛字而虛之本義廢矣

㐺部二百九十四

㐺 眾立也讀若欽崟魚音切 ㊄ 眾 多也之仲切 ㊅ 臮 眾與詞也虞書曰臮咎繇其冀切。今書作暨凡經傳暨訓與洎訓及者皆臮之段借字也 𥃹 古文臮。此篆轉寫既久必有譌誤 ㊇ 聚 會也一曰邑落曰聚才句切。此會聚積聚之聚說文作冣冖部曰冣積也是也古聚冣字本通用土部曰堅土積也此土之積聚也

𡈼部二百九十五

𡈼 善也一曰象物出地挺生也他鼎切 ㊃ 㸒 近求也余箴切 ㊉ 朢 月滿也與日相望無放切。朔望字當嫥用此今則望行而朢廢矣 𦣠 古文朢省。大玄作謹亦古文也 (十一) 徵 召也陟陵切 𢿭 古文

重部二百九十六

重　厚也。柱用切。重複篆作緟，衝遲重作遲憧。

量　稱輕重也。呂張切。

量　古文量

臥部二百九十七

臥　伏也。从人臣，取其伏也。吾貨切。

（六）監　臨下也。古銜切。監視之監篆作䁠。

⿱臥言　古文監从言

（九）臨　監也。力尋切。

𦣞　楚謂小兒嬾𦣞。尼厄切。

身部二百九十八

身　躳也。失人切。婦人妊身字當作㑗。

（十一）軀　體也。豈俱切。

㐆部二百九十九

㐆　歸也。於機切。佛經有皈依，歸㐆其正字也。

（四）殷　作樂之盛偁殷。易曰殷薦之上帝。於身切。有用殷訓黑者其字當作黫。

衣部三百

衣　依也。上曰衣，下曰常。於稀切。

（二）𧘇　裔重文，見下七畫。

卒　隸人給事者為卒。臧沒切。生卒之卒篆作殚。倉卒之卒篆作踤。

（三）𧘝　亦作衧　諸𧘝也。羽俱切。

衦　摩展衣也。古案切。

（四）袀　玄服。居勻切。各本無此篆，而袗下云玄服也，蓋誤合二為一，正也。與鼎部鼏鼏同。今依文選閒居賦服以齊玄李注所引說文正補。

表　今字作表　上衣也。陂矯切。表識之表篆作幖。

⿴衣麃　古文表从麃

衽　衣裣也。如甚切。

衭　襲衭也。甫無切。

袂　褏也。彌弊切。郭景純云襼即袂字。

衸　袥也。胡介切。孫氏星衍曰衸即褯之正字。

衯　長衣皃。

撫文切。

袁　長衣皃。羽元切。

衾　大被。去音切。

衵　日日所常衣。人質切。

衷　裏褻衣。春秋傳曰皆衷其衵服。陟弓切。

衺　褱也。似嗟切。毛傳曰回邪也。衺其正字也，邪正字當作此。

衰　艸雨衣。秦謂之萆。穌禾切。今作蓑者俗字也。齊衰之衰正字作縗，衰減之衰當作㾓。

⿴衣森　古文衰

（五）袞　天子享先王卷龍繡於下常，龍蟠阿上鄉。古本切。各本篆體从公作袞，誤，今正。

⿰衤弔　棺中縑衣也。讀若雕。都僚切。

袗　禪衣也。一曰盛服。之忍切。

裖　袗或从辰

袍　襺也。論語曰衣敝縕袍。薄褒切。與下褒字異。

袤　衣帶呂上。一曰南北曰袤，東西曰廣。莫候切。

⿴衣楙　籀文袤从楙

袛　袛裯短衣也。都衣切。此與糸部緹重文祇字各別，今俗多溷之。

袖　褎重文，見下九畫。

袪　衣袂也。一曰袪褱也。褱者袌也。袪尺二寸。春秋傳曰披斬其袪。去魚切。古或段為裾字。

袌　褱也。薄保切。此懷抱之正字。抱者引取也，為捊之或體，見手部。

袥　衣衸。他各切。袥之引伸為推廣之義，開拓字當作此。

袉　俗作袘　裾也。論語曰朝服袉紳。唐左切。今論語作拕，拕作拖，即手部拕字，是段拕為袉也。

袑　綺上也。市沼切。

被　寑衣，長一身有半。皮義切。

袓　事好也。才與切。

袢　衣無色也。詩曰是紲袢也。讀若普。博幔切。襻即袢字。

⿱奴衣　敝衣。女加切。字又作絮，亦作袽。

袒　衣縫解也。丈莧切。許書無綻字，此即綻字也。許但不作袒，今人呂袒為袒裼字，而但袒二篆本義俱廢矣。補綻之綻篆作袒，肉袒之袒篆作膻。綻字或作⿰衤定。

祓　蠻夷衣。一曰蔽厀。北末切。祓或作襏。襏襫祇作發爽。

（六）移　衣張也。春秋傳曰公會齊侯于移。尺氏切。

袷　衣無絮。古洽切。

袾　好也，佳也。詩曰

段借爲妝飾之妝

靜女其袾 昌朱切。今詩袾作姝女部引作姝按袾姝姝三字音義皆同也 裂 繒餘也 良辥切。分裂字當作列 袺 執衽謂之袺 格八切 ㊆ 裁 制衣也 昨哉切 裹 衣內也 良止切 裖 衫重文見上五畫 裔 衣裾也 余制切 古文裔 裕 衣物饒也易曰有孚裕無咎 羊孺切。鐘鼎文作㝐 補 完衣也 博古切 裎 但也 丑郢切。但者今之袒字 裝 裹也 側羊切 裛 纏也 於業切 裋 豎使布長襦 常句切 裞 贈終者衣被曰裞 輸芮切 䘸 車溫也 式連切 ㊇ 䙝 衽緣也 七入切 裣 交衽也 居音切。按裣之字一變爲衿再變爲襟 裯 衹裯也 都牢切 裸 贏重文見下十四畫 裾 衣袌也讀與居同 九魚切 裻 新衣聲一曰背縫 冬毒切。古多段督爲裂

裵 亦作裴俗作俳 長衣兒 薄回切。裵邑之正字作郬 裨 接益也 府移切。會部曰䢍益也土部曰埤增也皆字異而音義同 裼 但也 先擊切。人部曰但裼也但裼者袒裼之本字也 裹 纏也 古火切 裺 褗謂之裺 依檢切 製 裁衣也 征例切 ㊈ 褕 褕翟羽飾衣一曰直裾謂之襜褕 羊朱切 褘 蔽厀也周禮曰王后之服褘衣謂畫袍 許歸切。說文無从示之褘褘者褘之譌字也 褋 南楚謂襌衣曰褋 徒叶切。此篆各本作襍而解云枼聲是改篆未改說解也且廣雅玉篇廣均皆作褋至集韵乃云褋省作褋正誤於已改之說文耳今正 ⿰衤育 無袂衣謂之⿰衤育 徒臥切 ⿰衤毒 衣躬縫讀若督 冬毒切。此與裻音義皆同或亦段督字爲之。方言作襩 褎 袂也 似又切 袖 俗褎从由 褍 衣正幅 多官切。端委字當用此 褆 衣厚褆褆 杜兮切 複 重衣

也一曰褚衣 方六切。重複之正字作緟復又穴部曰復地室也複室字當作復用復 褐 編枲韤一曰粗衣 胡葛切 褗 褗領也 於幰切 褊 衣小也 方沔切 褚 卒也一曰裝也 丑呂切 ㊉ 褧 檾衣也詩曰衣錦褧衣 去穎切。檾林部引詩作檾按檾者枲屬續檾爲衣是爲褧也中庸作絅禮經作顈皆段借字也 褢 褎也一曰藏也 戶乖切。懷褎懷藏字皆當作此 褱 夾也一曰橐 戶乖切。褱夾即今之懷挾字也懷抱篆作褱褢懷藏懷褎篆作褢褱藏褢褎 褰 絝也春秋傳曰徵褰與襦 去虔切。方言作䙭俗字也 褒 衣博裾 博毛切。隸作褒又作褎 褫 敓衣也讀若池 直离切 褮 鬼衣也讀若詩曰葛藟縈之一曰若靜女其袾之靜 於營切 褭 以組帶馬也 奴鳥切 ⑪ 襁 負兒衣 居兩切。按古繈緥字从系不从衣此篆蓋後人所增也當刪

褸 衽也 力主切 ⿰衤鳥 短衣也春秋傳有公⿰衤鳥 都僚切。即左傳之季公鳥也 褽 衽也 於胃切 褺 重衣也巴郡有褺江縣 徒叶切。今地理志郡國志皆作墊江蓋後人所改也。凡古云衣一襲者皆褺之段借讀如重疊之疊此與下褻衣字異俗多溷之蓋段借也。褻瀆篆作媟嬻褻慢篆作媟嫚 褻 私服詩曰是褻絆也 私列切。今詩褻作紲 襄 漢令解衣而耕謂之襄 息良切 𧞤 古文襄 褿 帴也 古牢切 ⿰衤區 編枲衣一曰頭樞一曰次裹衣 於武切又於侯切 ㊁ 襢 丹縠衣也 知扇切。按詩毛傳周禮作展衣者段借字也玉藻雜作襢者襢之異字也 襋 衣領也 己力切。襋字亦作⿰衤亟 襑 衣博大也 似林切 褅 今字作褯或作褅 緥也詩曰載衣之褅 他計切。今詩作裼爲段借字 ⿰衤圍 重衣兒爾雅曰⿰衤圍⿰衤圍襀

襀羽非切。今爾雅無此文釋訓洄洄惛也釋文云洄本或作憒引字林憒重衣皃是憒即襀也按本部無襀篆衹可作襀 褖 褖 褖飾也 徐兩切 襌 襌 襌衣不重 都寒切。單複字當用此按襌與重衣曰複爲對也 雜 雜 五采相合也 徂合切。此篆蓋本作襍篆者偶移木于ナ衣之下作雜久之遂省作雜也 ⿰衤黹 ⿰衤黹 紩衣也 諸几切 (十二) ⿴衣林 ⿴衣木重文見上五畫

襘 襘 帶所結也春秋傳曰衣有襘 古外切 襜 襜 衣蔽前 處占切。襜亦作幨裧記其轔有裧裧亦襜字 襗 襗 絝也 徒各切 襛 襛 衣厚皃詩曰何彼襛矣 汝容切。詩俗本作穠酉部曰醲酒厚也醲厚亦作穠厚 襡 襡 短衣也讀若蜀 市玉切 襞 襞 韏衣也 必益切。經傳借辟字爲之 襚 襚 衣死人也春秋傳曰楚使公親襚 徐醉切 (十四) 襤 襤 裯謂之襤褸襤無緣衣也 魯甘切。巾部幨下曰楚謂無緣衣也然則襤與幨音義皆同 ⿱斲衣 ⿱斲衣 衣至地也 竹角切 襦 襦 短衣也一曰䰝衣 人朱切 ⿳亡口⿲月衣凡 臝俗字

但也 郎果切 裸 裸 臝或从果。今皆作裸無或作臝者 齌 齌 緶也裳下緝 即夷切。此齌緶之正字自經傳多段齊爲齌今人廢而不用幾不知復有齌字者 (十五) ⿰衤麃 表重文見上四畫 襮 襮 黼領也詩曰素衣朱襮 蒲沃切 襩 襱重文見下十七畫 襭 襭 以衣衽扱物謂之襭 胡結切 擷 擷 襭或从手 (十七) 襲 襲 左衽袍 似入切。玉藻帛爲褶鄭注有表裏而無著士喪禮襚者以褶鄭注云褶古文作襲按許書無褶字即襲即褶也凡古云衣一襲者其字當作褺也 ⿱龖衣 籀文襲不省 襱 襱 絝踦也 丈冢切 襩 襱或从賣 (十九) 襺 襺 袍衣也以絮曰襺以縕曰袍春秋傳曰盛夏重襺 古典切。玉藻作繭字之段借也 (廿四) 襲 襲重文見上十七畫

裘部三百一

裘 裘 皮衣也从衣象形與衰同意 巨鳩切。古衣裘字蓋本作求後人加衣始衣爲二篆以求爲干求字也 求 求 古文裘 (十) ⿰鬲裘 ⿰鬲裘 裘裏也讀若擊 楷革切

老部三百二

老 老 考也七十曰老从人毛匕言須髮變白也 盧晧切 耋 耋 年八十曰耋 徒結切 ⿱蒿老 ⿱蒿老 年九十曰⿱蒿老 莫報切。今字作耄昬老篆作惛眊 耆 耆 老也 渠脂切 耇 耇 老人面凍黎若垢 古厚切 ⿸耂占 ⿸耂占 老人面如點處讀若耿介之耿 丁念切 ⿸耂勿 ⿸耂勿 老人行才相逮讀若樹 常句切。此與駐聲義略同 壽 壽 久也 殖酉切 考 考 老也 苦浩切。凡考校考問等字皆當作攷 孝 孝 善事父母者 呼教切

毛部三百三

毛 毛 眉髮之屬及獸毛也象形 莫袍切 (六) 毨 毨 選也仲春鳥獸毛盛可選取以爲器讀若選 穌典切 (十) ⿰毛隼 ⿰毛隼 毛盛也唐書曰鳥獸⿰毛隼毛 而尹切又人勇切。今書⿰毛隼作氄 ⿰倝毛 ⿰倝毛 獸豪也 侯旰切。翰墨字可用此 (十二) 𣯽 𣯽 以毳爲㲪毛如𧄼故謂之𣯽𧄼禾之赤苗也詩曰毳衣如𣯽 莫奔切。今詩作璊段注云許偁詩證毳衣色赤非證𣯽篆體也 (十三) 氈 氈 撚毛也 諸延切。古多段旃字

毳部三百四

毳 毳 獸細毛也 此芮切 (八) ⿰非毳 ⿰非毳 毛紛紛也 甫微切

尸部三百五

尸 尸 陳也象臥之形 式脂切。經傳多借爲屍字 (二) ⿸尸⿱丌几 ⿸尸⿱丌几 髀也

苦刀切。尼 從後近之。女夷切。尼山之本字作屔。𡰥 柔皮也。人善切。鍇本作𡰥，今从鍇本。

㊃凥 處也。切。直文 ㊄居 蹲也。九魚切。足部曰蹲，居也。二字為轉注。居者正字，踞者俗體也。几部曰凥，處也。此居處之本字也。今人用居為凥處字，而凥字廢矣，又用踞為蹲居字，而居之本義廢矣。

踞 俗居从足。踞所妄沾也。姑移於此，㠯備一體。

𧿹 俗居从足。此从鍇本。

𡰩 居或从立。此篆各本無，今據汗簡引補。

屆 行不便也。一曰極也。古拜切。

𡱂 髀也。徒魂切。脽 𡱂或从肉隼。與肉部脽義同字異。

臀 𡱂或从骨殿聲。今字作臀。

㊅屓 臥息也。虛器切。西京賦、吳都賦皆用奰屓字，說者謂作力之皃也。奰見大部，篆作奰。奰屓俗譌作贔屓，屓又譌作屭，今學者罕知其本字矣。

屑 動作切切也。私列切。俗从肖作屑，非。

𡲐 尻也。詰利切。

屍 終主也。式脂切。此與部首尸篆義異。曲禮曰在牀曰屍。今經傳字多作尸，㠯同音叚借也。

屋 凥也。烏谷切。

𡉼 籀文屋从厂。

臺 古文屋。此篆疑即古文握字，後人補入此耳。

㊆凥 居重文見上五畫。

展 轉也。知衍切。今別作輾，非也。輾見車部。俗又作碾。展布之展篆作襢，見衣部。展衣之展篆作襢，見衣部。

屒 伏皃。一曰屋宇也。珍忍切。

屖 屖遲也。先稽切。玉篇曰屖今作栖。然則屖遲即棲遲之本字也。

㊇屝 履屬。扶沸切。

屋 屋重文見上六畫。

屏 屏蔽也。必郢切。屏除之屏篆作㢶。

㊈𡲠 從後相躡也。楚洽切。

屠 刳也。同都切。

屟 履之薦也。穌叶切。今𥳑匱有抽屜，按即屟字，轉為他計切。屟俗又作屧。

⑫𡳐 待也。堂練切。大玄借為天地奠位之奠。

層 重屋也。昨棱切。古亦借增為層。

踞 居重文見上五畫。

說文易檢卷八下

尺部三百六

尺 十寸也。人手卻十分動脈為寸口。十寸為尺。尺所㠯指斥規榘事也。周制寸尺咫尋常仞諸度量皆㠯人之體為灋。昌石切。

㊄咫 中婦人手長八寸謂之咫，周尺也。諸氏切。

尾部三百七

尾 微也。从到毛在尸後。古人或飾系尾，西南夷皆然。無斐切。

本部之字皆从隸體。

㊃尿 人小便也。奴弔切。俗省作尿。此便溺之正字。溺者水名，即弱水也。

㊄屈 俗省作屈。屈 無尾也。衢勿切。屈伸篆作詘中。

⑫屬 連也。之欲切。

履部三百八

履 足所依也。力几切。

𩓃 古文履从頁从足。

屨 履也。一曰鞮也。九遇切。

𡳳 履下也。郎擊切。今人言履歷當作此字。

屩 履也。居勺切。或叚蹻字為之。

屐 屩也。奇逆切。

𡲈 履屬。徐呂切。

舟部三百九

舟 船也。古者共鼓、貨狄刳木為舟，剡木為楫，㠯濟不通。職流切。考工記故書舟作周。

㊁𦨶 俗作舠。𦨶 船行不安也。讀若兀。五忽切。按𦨶有訓小船者，其字當作舠，詩曾不容刀是也。

舟人 般重文見下四畫。

㊂彤 船行也。丑林切。夏曰復胙，商曰肜，周曰繹。按肜即彤之隸變，非丹部之彤也。

㊃舫 船也。明堂月令曰舫人習水者。甫妄切。作舫不誤。又曰舫泭也。爾雅釋言曰舫舟也，其字當作方。

般 辟也

蒲官切。詩爾雅叚爲昪樂之昪 般 古文般从攴 服 隸變作服 服 用也一曰車右騑所吕周旋 房六切。服治當作艮見又部 舟 古文服从人 (五)俞 隸變作俞 俞 空中木爲舟也 羊朱切 船 船 舟也 食川切 舳 舳 舳艫也漢律名船方丈爲舳艫 直六切 (六)朕 隸變作朕 朕 我也 直禁切 (八)⿰舟周 ⿰舟周 小船也 丁聊切又都勞切。汲古本奪此今據詩河廣釋文孔疏補 (九)艐 艐 船著沙不行也讀若荤 子紅切 (十)艫 艫 舳艫也一曰船頭 洛乎切

方部三百十

方 方 併船也象兩舟省總頭形 府良切。周南不可方思邶風方之舟之釋言及毛傳皆曰方泭也今爾雅改方爲舫非其義矣併船者並兩船爲一釋水曰大夫方舟謂併兩船也通俗文曰連舟曰舫亦即方也今字皆作舫而吕方爲四匚端匚字而方之本義廢矣 汸 汸 方或从水 (四)斻 斻 方舟也禮天子造舟諸侯維舟大夫方舟士特舟 胡郎切。鉉曰俗別作航非是。手部曰抗扞也或从木作杭枝詩一葦杭之今浙之餘杭縣並即杭字流俗不解遂與杭字相亂者誤也水部瀵下一曰吕船渡也方言注云揚州人呼渡津舫爲杭荆州人呼瀵是亦與杭同其字今皆作航

儿部三百十一

儿 儿 古文奇字人也象形孔子曰儿在下故詰詘 如鄰切

(一)兀 兀 高而上平也讀若敻茨陵有兀桑里 五忽切

(二)允 允 信也 余準切。本部曰𡴞進也引易𡴞升大吉凡𡴞進字作允者叚借字也

(四)充 充 長也高也 昌終切

(五)兌 兌 說也 大外切。人部曰儯市也今之兌換字義當作儯

(六)兒 兒 孺子也 汝移切。詩黃髮兒齒其字當作齯

(七)亮 亮 明也。力讓切 各本無此依六書故所據唐本補

書作寮其貌系部引作惟諧有播

兄部三百十二

兄 兄 長也 許榮切。古音許訪切凡而況既賜字並當作此況者寒水也貺者大徐新坿字也

(十三)兢 隸變作兢 兢 競也讀若矜一曰兢敬也 居陵切

先部三百十三

先 先 首笄也 側琴切 簪 簪 俗先。今俗行而正廢矣 (五)兓 兓 兓 兓銳意也 子林切。金部曰鑯鐵器也其字俗作尖凡用爲銳意者當作此如山峯曰山尖筆鋒曰筆尖之類是也

皃部三百十四

皃 皃 頌儀也 莫教切 貌 皃或从頁豹省聲 貌 籀文皃从豸。今字皆用籀文 (三)覍 覍 冕也周曰覍殷曰吁夏曰收 皮變切。吁字林作冔冔隸省作冔 弁 或覍字。弁之字隸變作弁俗譌作卞卞急之卞正字作㝸見心部詩小弁傳曰弁樂也則又昪之叚借也 𥄉 籀文覍从廾上象形

𠑹部三百十五

𠑹 𠑹 邕蔽也从儿ナ又皆蔽形讀若瞽 公戶切。邕俗作壅按𠑹之義愚瞽字當作此

(五)兜 兜 兜鍪首鎧也 當侯切。鍪兜之正字作鞻說見鍪下

先部三百十六

先 先 前進也 穌前切 (六)兟 兟 進也 所臻切

秃部三百十七

秃 秃 無髮也倉頡出見秃人伏禾中因吕制字未知其審 他谷切 (十二)穨 穨 俗作頹 穨 秃皃 杜回切。此與自部之隤迥別詩我馬虺隤釋詁及毛傳曰虺穨病也秃者病之狀也今毛詩作隤譌字也

見部三百十八

見 視也。古甸切 ㊂ 㝵 取也。多則切。彳部曰得，行有所得也。二字音同義侶而別。許書此類者甚多，今皆廢一而不用，非許恉也。杜學者有會心焉。㝵杜彳部爲古文得者，古字通借之例也。今刪彼存此。

覓 突莽也。莫紅、莫沃二切。按鍇本同部又有覓字，鉉本及廣韵有覓無覓，集均二字兼有 ㊃

覒 擇也。讀若苗。莫袍切 ㊄ 視 瞻也。神至切。眡 古文視。眎 亦古文視。此與目部眡迴別，自唐宋至今多亂之。

𧠟 覰闚觀也。七四切。廣均、集均、類篇皆譌作[illegible]

覘 闚視。春秋傳曰公使覘之信。敕艷切

䚃 病人視也。讀若迷。莫兮切。各本篆作[illegible]，今據篇韵改从正體。

覕 蔽不相見也。莫結切

䙿 司人也。讀若馳。式支切 ㊅ 覜 諸侯三季大相聘曰覜。覜，視也。他弔切。眺字當作此 ㊇ 覣 好視也。於爲切

𧠩 旁視也。五計切。目部曰睨，衺視也。二字音義皆同。

𧠴 笑視也。力玉切

𧡈 內視也。洛代切

覢 暫見也。春秋公羊傳曰覢然公子陽生。失冉切。倉頡篇云覢覢視皃，與目部之睒音義皆同。

靚 召也。疾正切。召靚即漢書之朝請。此其正字也。靚妝之本字作彰，見彡部 ㊈ 𧢄 大視也。況晚切

覝 察視也。讀若鎌。力鹽切。按史所謂廉察者皆當作覝。廉行而覝廢矣。

題 顯也。杜兮切。小雅題彼脊令傳曰題視也。題字題之段借字也。

𧡦 內視也。丁含切。眈亦作𧡦

𧠫 ム出頭視也。讀若郴。丑林切

覦 欲也。羊朱切

親 至也。七人切。李斯刻石文作親，親近、親宻字當作寴，二字音義略同 ㊉ 䚋 外博眾視也。讀若運。王問切

覭 小見也。爾雅曰覭髳弗離。莫經切

覯 遇見也。古后切

䚀 下視深也。讀若攸。以周切

䚗 目蔽垢也。當侯切。目部所謂瞀

兜也。兜即覽字 ⑪ 𧢂 目有察省見也。方小切。𧢂與瞟音義同。

覰 覰也。一曰拘覰，未致密也。七句切。致，今之緻字。

𧢃 視不明也。一曰直視。丑龙切。心部曰惷，愚也，音義略同。

覲 諸侯秋朝曰覲，勤勞王事也。渠吝切 ⑫ 覶 好視也。洛戈切。覶縷，詳言之之意。覶古書亦作覼 ⑬ 覹 司也。無非切。廣均曰覹伺視。䁻同覹

覺 悟也。一曰發也。古岳切

𥈟 目赤也。才的切 ⑭ 覽 觀也。盧敢切

𧡬 暫見也。必刃切

䙾 䙾也。讀若幡。附袁切。徐本篆作[illegible] ⑮ 𧢔 視誤也。弋笑切 ⑯ 觀 諦視也。古完切。古文觀从囧。下體疑當从古文目作[illegible] ⑰ 䚝 注目視也。渠追切 ⑲ 𧢿 求視也。讀若池。郎計切。字亦作𥌯

覞部三百十九

覞 並視也。弋笑切。段氏云覞不見於許書，蓋即覞字。應古莧切 ㊇ 𧡱 很視也。齊景公之勇臣有成𧡱者。苦閑切。孟子滕文公篇作成覸，趙注曰成覸勇果者也。廣均曰覸，人名，出孟子，則成覸即成𧡱之誤也。

𧢄 見雨而比息。讀若欷。虛器切

欠部三百二十

欠 張口气悟也。象气从人上出之形。去劍切。李陽冰改篆作[illegible]

次 不前不精也。七四切。𣦵 古文次 ㊁ 弞 笑不壞顏曰弞。式忍切。此即今之哂字也。

㰦 奄也。一曰口不便言。居气切 ㊃ 欣 笑喜也。許斤切。晉灼曰：許慎云古欣字。

欦 含笑也。丘嚴切

𣢲 戲笑皃。許其切。此嗤笑之本字也，亦作歟。

欥 詮詞也。詩曰欥求厥寧。余律切。詮詞者，詮解召爲詞也。今詩欥作遹。按經傳多段聿、遹、曰三字爲之 ㊄ 欨 吹也。一曰笑

意況于切
㰨歐也前智切 ⿰幼欠愁皃於糾切。各本口部呦下出或文⿰幼欠字今刪
欪咄欪無慙一曰無腸意讀若卉丑律切 ⑥欯喜也
許吉切 ⿰叔欠愁然也孟子曰曾西⿰叔欠然才六切。今孟子作蹵。趙注蹵然猶蹵踖也蹵踖同蹴踖
欱歠也呼合切 欭嚘也乙冀切。欭嚘即噎嚘之正字 欬
屰气也苦蓋切。此欬咳謦咳之正字 ⑦欲貪欲也余蜀切。古有欲字無慾字後人分別之製慾爲貪慾字殊乖古義
欸訾也烏戒切又烏開切 欷歔也香衣切。欷歔通作唏噓
⿰辰欠指而笑也讀若蜃時忍切。吳都賦東吳王孫⿰辰欠然而咍劉注云⿰辰欠大笑皃引莊周齊桓公⿰辰欠然而笑⿰辰欠即欣字之異字俗譌作⿰辰欠
欶吮也所角切。按口部無嗽欶即嗽字亦通作漱
⑧欽欠皃去音切 ⿰或欠吹气也於六切 款意有所欲也苦管切
⿰柰欠款或从柰 欻有所吹起讀若忽許勿切。段說云此篆久譌从炎非聲蓋本从𤇾聲譌而爲炎莫能諟正其說精確

欿欲得也讀若貪他含切
⿰咎欠蹴鼻也讀若爾雅曰麔豭短脰於糾切。⿰咎欠本又作⿰口咎
欺詐也去其切 ⑨歇息也一曰气越泄讀若香臭盡歇許謁切
款款重文見上八畫 歂口气引也讀若輇市緣切 歃歠也春秋傳曰歃而忘山洽切
⿰敫欠所歌也讀若噭呼古弔切 歁食不滿也讀若坎苦感切
歆神食气也許今切 歈歌也羊朱切。此篆本在新附今據後漢書王霸傳注引移爲正文。字又作歈
⑩⿰脅欠翕气也虛業切 歌詠也古俄切 謌歌或从言
歍心有所惡若吐也一曰歍口相就也哀都切。按此所謂嗚嗚即歍之或字也
歋人相笑歋歈以支切。字又作擨作攄。歋歈俗作揶揄
歊歊歊气上出皃許嬌切 ⿰䍃欠⿰䍃欠

气出皃余招切。詩君子陶陶傳曰陶陶和樂皃疑正字當作歟 ⿰卣欠言意也讀若酉與久切
歉歉食不滿也苦簟切。古多段嗛爲歉 ⿰骨欠咽中息不利也烏入切
⑫歑昷吹也虎烏切。與呼音同義異 歎吟也謂情有所說吟歎而歌詠他案切。樂記云一唱而三歎故嗟歎之論語喟然歎皆此歎字檀弓曰戚斯歎歎斯辟詩云而無永嘆嘅其嘆矣慨我寤嘆皆是嘆字口部曰嘆吞歎也一曰太息也二字音同而義自有別學者不可不察蓋歎與喜樂爲類嘆與怒哀爲類也
歎籀文歎不省 歐俗作嘔吐也烏后切 ⿰康欠飢虛也苦岡切。飢者餓也濂者水之虛康者屋之虛⿰康欠者餓腹之虛
⑬歖卒喜也許其切。喜部曰歖古文喜則此爲重出今喜之古文改从壴作歖
歔欷也一曰出气也朽居切。與口部噓同
⿰氵歇欲歠歠苦葛切。此飢渴本字今則用渴爲濁而以渴爲飢⿰氵歇字而⿰氵歇字廢矣又心部引春秋忨歲而⿰氵歇日則忨⿰氵歇者玩愒之正字也
歙縮鼻也丹陽有歙縣許及切

⑬歕吹气也普魂切。歕與口部之噴音同義似而異今但用噴不知復有歕者互詳噴下
歜盛气怒也尺玉切 ⿰嗇欠悲意所力切 ⑭歟安气也以諸切。今用爲語末之辭
⿰毄欠且唾聲一曰小笑許壁切。按小笑與笑聲吃吃之吃略同
⑮⿰咸欠堅持意古咸切 ⑯歡喜樂也呼官切。孟子借驩爲歡
⿰鼀欠歍⿰鼀欠也才六切 噈俗⿰鼀欠从口从就 ⿰糕欠盡酒也子肖切。此與酉部釂音義皆同
⑲⿰䜌欠欠皃洛官切 ㉒⿰眔欠⿰眔欠干不可知也古渾切。今字作[illegible]
㉓歎歎重文見上十一畫

㱃部 三百二十一

㱃隸變作飲 歠也於錦切 古文㱃从今水 古文㱃从今食。隸从此變
歠㱃也昌說切 吷歠或从口从夬

次部三百二十二

次 俗作涎 慕欲口液也 敘連切 次或从侃 籒文次 ㊁ 㳄 歠也讀若移 以支切 ㊄ 盜 厶利物也 徒到切 ㊅ 羨 貪欲也 似面切

旡部三百二十三

旡 㱃食屰气不得息曰旡 居未切。詩亦恐之僾 傳曰僾唈也 釋言同 僾者段借字也 其正字當作旡也 旡俗作噯唈 篆祇作邑 古文旡。从古文而小誤也。今隸 ㊇ 𣄨 事有不善言𣄨也爾雅𣄨薄也 力讓切。按爾雅無此文 廣雅釋詁曰𣄨禣也 𣄨禣即涼薄字也。鉉等曰𣄨今俗隸書作亮 未審何據 今于儿部補亮篆 依六書故所據唐本也 ㊈ 旤 屰惡驚詞也讀若楚人名多夥 乎果切。裁謂旤禍當用此字 示部曰禍害也 二字音同義侶而實異

說文易檢卷八下

頁部三百二十四

頁 古文䭫首字如此 胡結切。按䭫首即今稽首字也 稽行而頁䭫皆廢矣 今音胡結切 借為書之卷葉字 ㊁ 頂 顛也 都挺切 頂或从𩕄作。鈕樹玉云从古文百也 舊作𩕄譌 籒文頂 从鼎 ㊂ ⿰乇頁 ⿰乇頁顱首骨也 徒谷切 項 頭後也 胡講切 順 理也 食閏切 ⿰乞頁 禿也 苦骨切 ㊃ 頌 皃也 余封切 又似用切。此容皃之正字 容者盛也 與頌義別 謂頌之頌古作訟。按古無去音 籒文。段云頌疑从省 ⿰冘頁 玉枕也 章衽切 䫌 曲頤也 薄回切 ⿰尹頁 面目不正皃 余準切 頒 大頭也 一曰鬢也 詩曰有頒其首 布還切。頒賦之正字作𢍏見𢍏 部 頒白之正字作⿰卑須見須部 頒分之正字作攽見攴部 作頒者皆段借字也 頎 頭佳皃 讀又若鬢 渠希切。各本奪此 今依小徐本及集韻類篇韻會所引訂補 頑 棞頭也 五還切 頍 舉頭也 詩曰有頍者弁 丘弭切 ⿰叟頁 內頭水中也 烏沒切。此與又部之叟 水部之㴇 音同義近而用別 今則叟⿰叟頁廢而沒嫥行矣 頊 頭頊頊謹皃 許玉切 頓 頓首也 都困切 ⿰尤頁 顫也 于救切。按玄應書兩引說文皆作⿰尤頁 蓋後人所改耳 疣 ⿰尤頁或从疒。段氏云此篆亦當作疣 據玄應書及廣韻可證 然則疣本在頁部 爲⿰尤頁之或體 淺人移入疒部 此又改正 从今字補之耳 煩 熱頭痛也 附袁切 ㊄ 領 項也 良郢切 碩 頭大也 常隻切 ⿰㐱頁 今作縝 顏色㐱麟慎事也 之忍切 ⿰出頁 頭頡⿰出頁也 讀又若骨 之出切 頗 頭偏也 滂禾切。引伸爲凡偏之偁 或作偏陂者 段借字也 ㊅ 頟 今字作額 顙也 五陌切 頞 鼻莖也 烏割切 或从鼻曷 頜 顄也 胡感切 頢 短面也 五活切 頠

頭嫺習也語委切　頫氏頭也太史卜書頫仰字如此楊雄曰人面頫方矩切。頫今之俯字也　俛頫或从人免　頣舉目視人皃式忍切　頡直項也胡結切　頨頨妍也讀若翩紕延切　頛頭不正也讀又若春秋陳夏齧之齧盧對切。釋魚左倪不頛即頛之段借字也　頪難曉也一曰鮮白皃盧對切。難曉謂相似難分別也頪類古今字類本訓犬後乃類行而頪廢矣。近洪氏北江曰頪即謎字正文徐鉉等不知六書故復重出耳　頦醜也戶來切

㊆頭百也度侯切　頰頰後也古恨切　頰面旁也古叶切　𩔯籀文頰。各本右作覺誤今依集韵正　頸頭莖也居郢切　頵頭頵頵大也於倫切　𩓞昧前也讀若昧莫佩切　頲狹頭頲也他挺切　頷面黃也胡感切。左傳頷之而已其正字作顉顉下云氐頭皃也頷之之義也或又段爲顄頤之顄

㊇頯權也渠追切。權者今之顴字　顀出額也直追切　⿰嶽頁前面岳岳也五角切。古文嶽字　⿰蕬頁小頭蕬蕬也讀若規又己恚切。蕬本作䌝作𩖎　顆小頭也苦惰切　顉氐頭也春秋傳曰迎于門顉之而已五感切。今左傳作頷釋文云頷本又作顉依許則顉爲正字頷頷皆非也　⿰爭頁好皃詩所謂⿰爭頁首疾正切。今詩作螓首按虫部無螓　顅頭鬢少髮也周禮曰數目顅脰苦閑切。髟部曰鬜鬢禿與此音義皆同蓋實一字矣　顐無髮也一曰耳門也苦昆切　⿰卑頁傾首也匹米切　顇顦顇也秦醉切。顦顇今人多作憔悴非也許書無憔篆悴則訓憂也顦者大徐所增亦當以面部之醮爲正字　⿰昏頁繫頭殟也莫奔切　䫏醜也今逐疫有䫏頭去其切。風俗通曰俗說亡人游蕩故作魌頭以存之魌即䫏俗又作𩔾

㊈顏眉之閒

也五姦切　𩔇籀文。各本篆體从覺誤今正　題額也杜兮切。題有訓視其字當作題或作睼　顒大頭也詩曰其大有顒魚容切　⿰豙頁頭蔽額也五怪切。　⿰爰頁面不正也于反切。錢氏大昕曰春秋戰國人名有蒯瞶者疑即此蔽頮字　顓頭顓顓謹皃職緣切　⿰契頁司人也一曰恐也讀若禊胡計切。說文無禊字當作此　顑顑顲食不飽面黃起行也讀若戇下感下坎二切。又作顲呼唵切　顨選具也士戀切。人部曰僎具也音義同玉篇曰顨古文選

㊉⿰容頁頌重文見上四畫　顛頂也都年切。人頂曰顛　顙額也蘇朗切　顄頤也胡男切　⿰員頁面色顛顛也讀若隕于閔切。木頂曰槙二字音義同而用異顛蹎之顛篆作𧽗顛到之顛篆作蹎　⿰兼頁頭頰長也五咸切　⿰羡頁大頭也口幺切　顝大頭也讀若魁苦骨切　願大頭也魚怨切。古通作⿰黑頁　顗謹莊皃魚豈切　⿰鬼頁頭不正也口猥切

⑪䫜亦作⿰敖頁䫜顤頭高也五到切

⑫顤高長頭五弔切　顧還視也古慕切　⿰粦頁今作䫰　⿰彡頁𩓊也一曰頭少髮良刃切　⿰善頁倨視人也旨善切　顥白皃楚詞曰天白顥顥南山四顥白首人也胡老切。他書作四皓者通借字也　顦顦顇也昨焦切。此大徐所增十九文之一依說文本作醮俗又作憔

⑬顩齴皃也魚檢切。文選段顩爲顩　顫頭不定也之繕切

⑭⿰県頁項重文見上二畫　顡癡顡不聰明也五怪切。隸省作顡　顯頭明飾也呼典切。凡經傳顯字皆當作㬎今則顯㬥行而㬎廢矣又檀弓子顯公子縶也其字當作⿱顯覃

⑮⿰樊頁大醜皃附袁切

⑯顱頊顱也洛乎切　⿰⿱罒大頁顛頂也魚怨切。篇韵皆云⿰⿱罒大頁願二同　顲顑顲也盧感切

⑰⿰霝頁面瘦淺⿰霝頁⿰霝頁也

卽丁切 ⑬ 籲籲 評也讀與籥同商書曰率籲眾慼 羊戍切

百部三百二十五

百百 頭也象形 書九切。按此卽首字也今字从古文省變 ④ 脜脜 今字作腤

面龢也讀若柔 耳由切。面龢者謂顏色之盈潤也凡言色之柔順盈柔等字皆當作此

面部三百二十六

面面 顏前也从百象人面形 彌箭切。背面之面當作偭 ⑦ 靦靦 面見人也詩曰有靦面目 他典切 𩈄𩈄 或从旦。玉篇曰埤蒼𩈄同靦字書作䩄 䩉䩉 頰也 符遇切。此輔頰正字 ⑫ 𩈣𩈣 面焦枯小也 卽消切。玉篇引楚辭云顏色醮顇則醮者顦之正憔又俗字也

丏部三百二十七

丏丏 不見也象壅蔽之形 彌兗切

首部三百二十八

首首 古文百也 書九切。今古文行而小篆廢矣 ⑥ 䭫䭫 𩠐首也 康禮切。此稽首正字 ⑳ 𩠑𩠑 截首也 大丸旨沇二切 剸剸 𩠑或从刀專聲。錯本無此

県部三百二十九

県県 到首也賈侍中說此斷首到縣県字 古堯切。梟首字當專用此今作梟首於義無當 ⑦ 縣縣 系也 胡涓切。古縣挂字如此今作懸懸者非也左傳主人縣布堇父登之其字當作閱

須部三百三十

須須 頤下毛也 相俞切。顗須俗作鬚鬚非也須待之正字作𩓶見立部須止之本字作需見雨部

④ 頾頾 俗作頩髯 頰須也 汝鹽切 ⑤ 頿頿 亦作𩓈或作髭 口上須也 卽移切 ⑦ 𩓹𩓹 亦作𩒗或作髬 短須髮兒 敷悲切 ⑧ 𩓬𩓬 須髮半白也 府移切。此孟子頒白之正字也

彡部三百三十一

彡彡 毛飾畫文也象形 所銜切 ② 㐱㐱 稠髮也詩曰㐱髮如雲 之忍切。今詩作鬒鬒是㐱或字改古文也。㐱羽之㐱篆作㐱見九部二字形近易譌 鬒 㐱或从彡眞聲。今又作鬒 ⑥ 形形 象也 戶經切 ⑦ 修修 飾也 息流切。凡修身修治修飾等字皆當作修惟脩脯字作脩二字音同義別不宜通借 ⑧ 㣎㣎 細文也 莫卜切。凡經傳穆字皆當作㣎古昭穆亦作佋㣎 彫彫 琢文也 都僚切。凡琱琢之成文曰彫按彫琱二字音同義近而別彫識彫零之彫篆作凋 𢒋𢒋 清飾也 疾郢切。此靚妝正字靚者請召之

本字也 ⑨ 㣼㣼 今省作弱 橈也 而勺切。弱水之正字作溺 ⑪ 彰彰 文彰也 諸良切。今作文章非古也

彣部三百三十二

彣彣 䵛也 無分切。凡言文章皆當作彣文訓遣畫卽今俗用之紋字也 ② 彥彥 美士有彣人所言也 魚變切

文部三百三十三

文文 遣畫也象交文 無分切。紋者文之俗字文章篆作彣彰 ⑧ 斐斐 分別文也易曰君子豹變其文斐也 敷尾切 ⑫ 𣁋𣁋 微畫文也 里之切。凡今人用豪氂字當用此或作斄者亦段借也 ⑭ 辬辬 駁文也 布還切。按辬之字多或體如斒㻞玢及俗用之斑皆是今則斑行而辬廢矣斑白之斑篆作頒見須部虎文之斑篆作彬

見庀部

髟部三百三十四

髟 長髮猋猋也一曰白黑髮襍而髟 四妙切。猋猋當依玉篇作髟髟。廣成頌曰羽旄紛其髟鼬。褷縰之段借字也 ③ 髡 鬀髮也 苦昆切 髡或从元 髢 鬄重文見下八畫 ④ 髦 髦髮也 莫袍切。詩髦彼兩髦。鬏下引作紞彼兩鬏 鬠 簪結也 古拜切。按鬠蓋即今文禮之紒 曹憲注廣雅曰按說文鬠即髻大髻字也 髨 髡重文見上三畫 ⑤ 髮 頭上毛也 方伐切 髮或从首 古文 髳 鬏重文見下九畫 髲 益髮也 平義切 [illegible] 結也 方遇切 ⑥ 髴 若佀也 敷勿切。此與人部仿佛之佛義同。許無髣字。後人因髴製髣 ⿱髟次 用梳比也 七四切。比者今之篦字 髺 絜髮也 古活切。段云髺即髻

字之異者 髶 亂髮也 而容切。此與艸部茸義略同 ⑦ 鬀 俗作剃 鬀髮也大人曰髡小兒曰鬀盡及身毛曰鬄 他計切 髽 喪結也女子髽衰弔則不髽魯臧武仲與齊戰於狐鮐魯人迎喪者始髽 莊華切 ⑧ 鬈 髮好也詩曰其人美且鬈 衢員切 ⿱髟周 髮多也 直由切。稠髮字當作此 ⿱髟咅 髮皃 步矛切 鬄 髲也 大計切。與鬀音義竝異不得通用 鬄或从也聲 ⿱髟彔 忽見也 芳未切 ⑨ 鬏 髮至眉也詩曰紞彼兩鬏 亡牢切。今詩作髦彼兩髦。按鬏與髦古義畫然不同或由音近段借。髡釋文云本又作伔。按本部無髡。人部亦無伔 鬏或省。漢令有髳長 鬋 女鬢垂皃也 作踐切 鬌 髮墮也 直垂切。方言廣雅有毻字。江都賦注所引字書有毻字。皆謂落毛。與鬌義相近 鬊 鬌髮也 舒閏切 ⑩ 鬔

髮好也 千可切 鬑 鬋也一曰長皃讀若慊 力鹽切 今或用爲[illegible]之鬑非也 ⿱髟般 臥結也讀若槃 薄官切 ⿱髟剔 鬀髮也 他歷切。大徐于刀部增剔篆。按即⿱髟剔之或體也 ⿱髟盇 ⿱髟彔也 蒲浪切。段氏云今俗謂卒然相遇曰掽如滂去聲字當作⿱髟盇也 ⑪ 鬗 髮長皃讀若蔓 母官切。鬘即鬗 ⿱髟其 ⿱髟其帶結頭飾也 莫駕切。段氏謂即今之帕字 ⑫ ⿱髟貴 屈髮也 丘媿切 鬜 鬢禿也 苦閑切 ⑭ 鬢 頰髮也 必刃切 ⿱髟監 髮長也讀若春秋黑肱以濫來奔 魯甘切 ⿱髟冪 髮皃讀若宀 莫賢切 ⿱髟爾 髮皃讀若江南謂酢母爲⿱髟爾 奴禮切。酢今之醋字。廣雅[illegible]母也音與⿱髟爾同 ⑮ ⿱髟截 束髮少也 子結切 鬣 髮鬣鬣也 良涉切。長鬣之鬣篆作儠。毛鬣之鬣篆作巤見囟部 鬣或从毛。許說毛者該獸毛而言之則毛鬣字可

通用 或从豕。曲禮曰豕曰剛鬣則字當用此。許意惟馬鬣字宜竦作巤也 ⑯ 鬛 鬣也 洛乎切

后部三百三十五

后 繼君體也象人之形易曰后以施令告四方 胡口切 ③ 㖃 俗作吼 厚怒聲 呼后切

司部三百三十六

司 臣司事於外者 息茲切。司即伺也。俗又作覗。古別無伺字 ⑦ 𧥜 意內而言外也 似茲切。各本篆體作詞。今依段說。段云有是意於內因有是言於外謂之𧥜。說𧥜當作辭見辛部

厄部三百三十七

卮 圜器也一名觛所㠯節歙食象人卪在其下也易曰君子節歙食 章移切 ⑨ 䏤 小卮也讀若捶擊之捶 旨沇切 ⑪ 䵼 小卮有耳蓋者 市沇切

卪部三百三十八

卪 瑞信也守邦國者用玉卪守都鄙者用角卪使山邦者用虎卪土邦者用人卪澤邦者用龍卪門關者用符卪貨賄用璽卪道路用旌卪象相合之形 子結切。此符節之正字 卪 也闕 則候切 ② 厄 科厄木卪也賈侍中說㠯為厄裹也一曰厄蓋也 五果切。困厄之厄篆作戹見戶部今字溷而一之于古形古音古義皆失之矣 𠨍 二卪也闕 士戀切 ③ 令 發號也 力正切 ④ 𠨘 輔信

也虞書曰𠨘成五服 毗必切。今書𠨘作弼 ⑤ 𠨚 宰之也 兵媚切。此與邑部邲異或多溷之玉篇無此字廣均亦有邲無𠨚 卲 高也 寔照切。法言曰公儀子董仲舒之才之卲也 ⑥ 卶 大有慶也讀若侈 充豉切 卷 厀曲也 巨員切又居轉切。拳曲字當作此亦可作䌻 卸 舍車解馬也讀若汝南人寫書之寫 司夜切 ⑦ 卻 却俗字 卪卻也 去約切 ⑪ 厀 俗作膝 脛頭卪也 息七切

印部三百三十九

印 執政所持信也 於刃切 𢑏 按印也 於棘切 抑 俗从手隸變作抑今字用之

色部三百四十

色 顏气也 所力切 古文 ⑤ 艴 色艴如也論語曰色艴如也 蒲沒切。今論語作勃朮部引作孛段氏曰蓋必有古魯齊之別在其閒矣 ⑧ 艵 縹色也 普丁切。字或作頩

卯部三百四十一

卯 事之制也 去京切。此與十二辰之丣異字 ⑦ 卿 章也六卿天官冢宰地官司徒春官宗伯夏官司馬秋官司寇冬官司空 去京切

辟部三百四十二

辟 灋也 必益切。辟之字或借為僻為譬為闢為壁為襞 ② 𨐨 治也虞書也有能俾𨐨 魚廢切。今書作乂蓋亦後人所改也懲㣻之㣻見心部 ④

𨐌 灋也周書曰我之不𨐌 必益切。今書易作辟

勹部三百四十三

勹 裹也象人曲形有所包裹 布交切。此包裹之正字包者婦人裹包字也今則包行而勹廢矣 ② 勻 帀也 羊倫切 勼 聚也讀若鳩 居求切。此鳩聚之正字 勽 覆也 薄晧切。此當為抱子抱正字今作抱乃捊之或字也衣部袌褱袌字也 ④ 旬 徧也十日為旬 詳遵切 㫶 古文 匈 膺也 許容切。今字从或文作胷而匈廢矣 𦙄 匈或从肉 ⑥ 匊 俗作掬 在手曰匊 居六切。廾部曰𢍏兩手盛也音義略同手部曰掬撮也音同用異 𠣘 帀徧也 職流切。凡周帀周流等字皆當作此 匌 帀也 侯閤切。匌之言合也與合音義略同 㫶 旬重文見上四畫 ⑦ 匍 手行也 薄乎切。俗語摸索曰匍當用此字 ⑧ 冢 隸變作冢

高墳也 知隴切。釋詁曰冢大也太子曰冢子太宰曰冢宰是引伸之義也俗別作塚爲墳塚字而冢之本義廢矣 (九)匐 伏地也 蒲北切 (十三)匑 飽也民祭祝曰厭匑 己又切又乙庶切 復 重也 匹北切。緟匔者重複之正字 匔 或省彳。錯本有匔無匔 (十四)匑 曲脊也 巨六切。此論語鄉黨聘禮記鞠躬之正字也

包部三百四十四

包 妊也象人裹妊巳在中象子未成形也元气起於子子人所生也男左行三十女右行二十俱立於巳爲夫婦裹妊於巳巳爲子十月而生男起巳至寅女起巳至申故男秊始寅女秊始申也 布交切。懷胞當爲用裹包字包裹之本字作勹見上部首 (六)匏 瓠也 薄交切。豳風傳曰壺瓠也此壺即匏之叚借也

女部曰娥美婦也廣韻曰鬼婦旱魃字當用之

茍部三百四十五

茍 自急敕也 己力切。此字不見經典惟釋詁寁駿肅亟遄速也釋文云亟字又作茍同居力反經典亦作棘同是其證可謂一字千金矣 古文不省 (四)敬 肅也 居慶切。心部曰憼敬也敬在心曰憼

鬼部三百四十六

鬼 人所歸爲鬼从儿由象鬼頭从厶鬼陰气賊害故从厶 居偉切 古文从示 (三)鬽 老物精也 密秘切 或从未。今字通行用此 籀文鬽。各本篆體作彖而曰古文又出彖籀文而曰籀文解云从彖首从尾省聲語不相應按彑部彖下互部彖下皆云彖籀文鬽字此必己一譌二也今據改正而刪彖篆 (四)魂 部首鬼古文 陽气也 戶昆切。各本篆體作魂後人从隸變改之也今正 魃 鬼服也一曰小兒鬼韓詩傳曰鄭交甫逢二女魃服 奇寄切 傀 鬼變也 呼駕切 (五)魁 神鬼也 食鄰切 魄 陰神也 普陌切。月生魄其正字作霸見月部 魅 厲鬼也 丑利切 魃 旱鬼也周禮有赤魃氏除牆屋之物也詩曰旱魃爲虐 蒲撥切 (七)醜 可惡也 昌九切 (八)魖 鬼皃 虎烏切 (十一)魋 見鬼驚詞讀若詩受福不儺 諾何切。今詩作那凡驚詞曰那者即魋字也 (十二)魖 秏鬼也 朽居切 鬾 鬼俗也淮南傳曰吳人鬼越人鬾 渠稀切。各書从示作禨 ⿰鬼堯 鬼捷兒 助交切。各本無此今據玄應書五引補 (十四)⿰需鬼 鬼魅聲⿰需鬼⿰需鬼不止也 人朱乃侯二切 ⿰賓鬼 鬼皃 符眞切

由部三百四十七

由 鬼頭也象形 敷勿切 (四)畏 惡也 於胃切 古文省

(五)禺 母猴屬頭佀鬼 牛具切

厶部三百四十八

厶 姦衺也韓非曰倉頡作字自營爲厶 息夷切。公私字本如此私者禾名也 (九)羑 相訹呼也 與久切。經傳多作誘而羑竟不行 誘 或从言秀 ⿰言羑 或如此 (十四)篡 屰而敓取曰篡 初官切

嵬部三百四十九

嵬 山石崔嵬高而不平也 五灰切 (八)巍 高也 牛威切。按巍本無二字後人省山作魏分別其義與音不古之甚

說文易檢卷九上

詩節彼南山卪其正字

說文易檢卷九下

山部三百五十

山 宣也謂能宣散气生萬物也有石而高象形 所閒切

㊁ 𡵂 𡵂山也或曰溺水之所出 居履切 卪山 今字作岇

𡵅 陬隅高山之卪也 子結切

㊂ 屺 山無艸木也詩曰陟彼屺兮 墟里切。釋山作峐 三蒼字林聲類並云峐即屺字音起

㊃ 岑 山小而高 鉏箴切

㊄ 岳 嶽重文見下十四畫

岱 大山也 徒耐切

岵 山有艸木也詩曰陟彼岵兮 侯古切

岨 石戴土也詩曰陟彼岨兮 七余切。今詩爾雅皆作砠。砠即岨字

岫 山有穴也 似又切 峀 籀文从穴

岪 山脅道也 敷勿切

㊆ 峱 峱山也在齊地詩曰遭我于峱之閒兮 奴刀切。地理志引作嶩 師古云亦作嶩

尚書宅嵎夷其字當作堣

峯 山耑也 敷容切。此篆大徐所增。錢云疑封之俗字。按古山峯字祇用夆

峻 陖重文見下十畫

峼 山皃一曰山名 古到切

峨 嵯峨也 五何切

⿰山巠 谷也 戶經切。廣韻曰⿰山巠口莖切或作硎谷名

㊇ 崞 山也在鴈門 古博切

崟 山之岑崟也 魚音切

崒 危高也 醉綏切

密 山如堂者 美畢切。玉篇𡺸同密

崛 山短而高也 衢勿切。崛强篆作[illegible]

崝 今作崢 崝嶸山皃也 七耕切

崩 今字作崩 山壞也 北滕切 𨸏 古文从自

崇 山大而高也 鉏弓切。地里志作崈 師古曰古崇字

⿱山戕 山陵也 慈良切

崔 大高也 胙回切

㊈ 嵎 封嵎之山也在吳楚之閒汪芒之國 噳俱切

崵 首崵山也在遼西一曰嵎鐵崵谷也 與章切。此首陽山之本字也

嵒 山巖也讀若吟 五咸切。按與石部之碞別

嵍 山名 亡遇切

嵏 九嵏山也 子紅切

㊉ 陖 高也 私閏切 峻 陖或省。今經典用此字

嵯 嵯峨山皃 昨何切

⑪ 島 海中往往有山可依止曰島讀若詩曰蔦與女蘿 都皓切。玉篇丁了多老二切

嶅 山多小石也 五交切

⑫ 嵞 嵞山也在蜀湔氐西徼外 武巾切。按此篆省作㟭隸變作岐作㟭俗作崏作岷漢人又段汶為嵞

隓 山之隓隓者讀若相推落之橢 徒果切

嶘 尤高也 士限切 今字作棧

𡶏 俗作嶵 山皃也 落猥切。按嶵崔即壘巔纍墜也

嶢 焦嶢山高皃 古僚切 俗作嶕

⑬ 嶧 葛嶧山也在東海下邳夏書曰嶧陽孤桐 羊益切。按嶧山在江蘇淮安府非山東鄒縣之繹山也

崋 今字作華 崋山也在弘農華陰 胡化切。按西嶽字當作此各書皆作華而崋廢矣漢碑多有从山者

嶨 山多大石也 胡角切。釋山曰多大石嶨許所據字从山也廣均引爾雅亦作嶨許石部有礐訓石聲與此義別

𡾰 𡾰嶭也 祖賄切。文選篇韻皆作嶵

嶞 山皃 徒果切。段注云按隓者小篆文之墮也隓从隋者从墮之省也是則隓嶞蓋本一字不當為二

⑭ 嶽 東岱南霍西華北恆中大室王者之所以巡狩所至 五角切 岳 古文象高形。今字作岳

嶷 古文之變 嶷 九嶷山也舜所葬在零陵營道 語其切

嶸 崝嶸也 戶萌切。亦作嵘

⑮ 巀 巀嶭山也在左馮翊池陽 才葛切

⑯ 嶭 巀嶭山也 五葛切

⑲ 巒 山小而銳 洛官切

巁 巍高也讀若厲 力制切。段說篆作⿱山厲 玉篇廣均作巁

⑳ 巖 岸也 五緘切。嶮 巖之正字 作巗

屾部三百五十一

屾屾二山也所臻切 ⑦嵞嵞會稽山也一曰九江當涂也民俗吕辛壬癸甲之日嫁娶虞書曰予娶嵞山同都切。此塗山之正字塗者涂之俗體也

屵部三百五十二

屵屵岸高也五葛切 ③岸岸水厓洒而高者五旰切 ⑥崖崖高邊也五佳切。此崖岸山厓水厓之厓見厂部厓今别作涯 ⑧㠑㠑高也都回切。玉篇曰亦作陮按𨸏部曰陮隗高也義同字異 嶏嶏崩也符鄙切 ⑩𡾰𡾰崩聲讀若費蒲沒切。玉篇有嵼無𡾰段云蓋即嵼之或體耳廣韵傍佩切

广部三百五十三

广广因厂爲屋也讀若儼然之儼魚儉切 ④庉庉樓牆也徒損切 庌庌廡也周禮曰夏庌馬五下切 序序東西牆也徐吕切。次序之序篆作敘 ⿸广戊⿸广戊屋牡瓦也一曰維綱也讀若環戶關切 庇庇蔭也必至切 ⑤府府文書藏也方矩切 庖庖廚也薄交切。庖犧氏古作包犧 底底山尻也一曰下也都禮切。此與厂部厎異字厎者砥之正文 废废舍也詩曰召伯所废蒲撥切。今詩作茇傳曰艸舍也按艸部茇訓艸根废蓋本字也 ⿸广且⿸广且人相依⿸广且也子余切 ⑥庠庠禮官養老夏曰校殷曰庠周曰序似陽切 庢庢礙止也陟栗切。窒礙當作庢礙 俗譌从厂作厔 庤庤儲置屋下也直里切。庤與偫音義同又說文無峙字當作庤 㡿㡿卻屋也昌石切 俗作斥什斥幾不成文 ⑦庭庭宮中也特丁切 庫庫兵車藏也苦故切 庮庮久屋朽木周禮曰牛夜鳴則庮臭如朽與久切。此薰猶

之正字 ⑧屛屛蔽也必郢切。此與尸部屛義同字从广謂屋之隱蔽者也 ⿸广侈⿸广侈廣也春秋國語曰俠溝而⿸广侈我尺氏切。今作夾古多作俠 庀今字作秅殊誤 ⿸广秅⿸广秅開張屋也宅加切 庳庳中伏舍一曰屋卑讀若逋便俾切 庶庶屋下衆也商署切。炗古文光字 ⿸广隹⿸广隹屋從上傾下也都回切 ⑨庾庾水漕倉也一曰倉無屋者以主切 廁廁清也初吏切。清者今之圂字凡言雜廁相廁其字當作⿸广彝見彝部 庿庿廟重文見下十二畫 ⿸广曷⿸广曷屋迫也於歇切 ⑩廉廉仄也力兼切。廉察之正字作覝今廉行而覝廢矣 ⑪⿸广悤⿸广悤屋階中會也倉紅切 廔廔屋麗廔也一曰所以穜也洛侯切。廣均耬種具也耬即廔字 廑廑少劣之尻巨斤切。俗譌从厂作厪字又作⿸广勤 ⑫廇廇中庭也力救切。此中霤本字霤者屋水流也 廚俗譌从厂作厨 廚庖室也直株切 廡廡堂周屋也文甫切 ⿸广舞籀文从舞 廄廄馬舍也周禮曰馬有二百十四匹爲廄廄有僕夫居又切 ⿸广九古文从九 廣廣殿之大屋也古晃切 廛廛二畝半也直連切 廢廢屋頓也方肺切。癈疾之癈見疒部 廟廟尊先祖皃也眉召切 庿古文。見禮經凡十七篇皆作庿注皆作廟 廙廙行屋也與職切。魏晉後用爲翼字篇韵皆曰廙敬也是也 廞廞陳輿服於庭也讀若歆許今切 ⑬⿸广虜⿸广虜廡也讀若鹵郎古切 廦廦牆也比激切。廦與壁音義皆同 廥廥芻藁之藏也古外切 ⑭⿸广舞廡重文見上十二畫 ⑮廫廫空虛也洛蕭切。此今之寥落字 ⑯廬廬寄也秋冬去春夏尻力居切 ⑰龐俗譌从厂作龎 龐高屋也薄江切 廮廮安止也鉅鹿有廮陶縣於郢切 ⑱廱廱天子饗飲辟廱於容切

詩厭厭夜飲
心部引作懕
正字也

厂部三百五十四

厂厂山石之厓巖人可凥 呼旱切 屵 籀文从干 ㊁仄 仄側傾也
阻力切。傾側當作此仄又部首夨傾頭也謂頭之傾仄也 ⿸厂夨 籀文仄从夨夨亦聲 厃厃 仰也一
曰屋梠也秦謂之桷齊謂之厃 魚毀切 ㊂厈 部首厂重文 屵屵
岸上見也讀若躍 以灼切 ㊃⿸厂夨 仄重文見上二畫 ㊄厎 厎柔石也
職雉切。厎與广部之底音義俱別俗書多亂之 砥 厎或从石。今字用此而厎之本義廢矣 ⿸厂古⿸厂古
美石也 侯古切 ⿸厂立⿸厂立 石聲也 盧荅切。玉篇曰⿸厂立亦拉字 ㊅厓厓 山
邊也 五佳切。厓即今之涯字大徐新附作涯非也崖岸之崖見山部 ㊆厗厗 唐厗也
杜兮切。廣韻齊韻唐韻皆作磄厗又曰䃢銻火齊也玉篇曰厗古銻字 ⿸厂甫⿸厂甫 石閒見也讀若
敷 芳無切。字林作嵰 厖厖 石大也 莫江切 㕇㕇 辟也 胡甲切。㕇與陝音同

義近 ㊇厜厜 厜㕒山顛也 姊宜切。厜㕒通作崔嵬字又作厜㕒 ⿸厂兒
⿸厂兒 石地惡也 五麻切 ⿸厂金⿸厂金 石地也讀若紟 巨今切 厝厝 厝石也
詩曰佗山之石可以爲厝 倉各切。今詩作錯段借字也 厞厞 隱也 扶沸切
屈原賦思君兮陫側陫蓋同厞 ㊉厥厥 發石也 俱月切。气厥之厥篆作瘚作欮 厤
厤 治也 郎擊切 ⑫厰 从今體 㕢 崟也一曰地名 魚音切。公羊傳殺之
嶔巖嶔崟即㕢字 厬厬 仄出泉也讀若軌 居洧切。通作氿字亦作瀩 ⿸厂異
⿸厂異 石利也讀若枲 胥里切 厭厭 笮也一曰合也 於輒切又一琰切。
按厭之訓笮也合也凡厭足厭憎等字本足猒見甘今則段借猒而厭之本義罕知之矣又厭之俗字作壓㕣部㕣下云㕣而曰厭厭即壓字也 ⑬㕒㕒 厜㕒也 魚爲切。字或作峩
大徐用爲新附誤矣
厲厲 旱石也 力制切。此厎礪之正字也疫厲之本字作癘見疒部詩深則厲其字作砅或作濿見水部。

段說篆體改作⿸厂蠆 ⿸厂蠆 或不省。段說作⿸厂蠆 厱厱 厱諸治玉石也讀若藍
魯甘切。淮南說山訓玉待礛諸而成礛即厱字也 ⿸厂辟⿸厂辟 仄也 普擊切。今人言偏仄當作⿸厂辟仄偏僻當
作偏⿸厂辟 ⑲⿸厂蠆 厲重文見上十三畫

丸部三百五十五

丸丸 圜也傾仄而轉者从反仄 胡官切 ㊂⿰丸攴⿰丸攴 闕 芳萬切
㊅⿰丸而⿰丸而 丸之孰也 奴禾切 ㊈⿰丸咼⿰丸咼 鷙鳥食已吐其皮毛
如丸讀若骫 於跪切

危部三百五十六

危危 在高而懼也 魚爲切 ㊃⿰危支⿰危支 嶇也 去其切。按說文無崎嶇字
正⿰危支嶇二字之隸變也⿰危支爲不正故箸之訓曰⿰危支
今飯⿰危支衰等作⿰危支者誤也字

石部三百五十七

石石 山石也在厂之下口象形 常隻切。鈞石之正字作柘木部曰柘百二十斤也是也 ㊄砮砮 砮石可以爲矢族夏書曰梁州貢砮丹
國語曰肅慎氏貢楛矢石砮 乃都切 ㊄破破 石碎也 普過切 砭
砭 以石刺病也 方廉方驗二切 砢砢 磊砢也 來可切 ㊅䂬䂬 水邊
石也春秋傳曰闕䂬之甲 居竦切。今本作鞏 硈硈 石堅也一曰突
也 格八切 研研 礦也 五堅切。手部曰擘摩也音義皆同研礦以石也字从石擘摩以手也故字从手
㊆硞硞 石聲 苦角切 硠硠 石聲 魯當切。段說改作硍 确确 礐
也 胡角切。此即今之埆字也鉉等曰俗作確非是按土部曰墧堅不可拔也音義皆同然確字作墧爲正 ⿱㱿石 确或从㱿
礒礒 石巖也 五何切。玉篇作礒 硟硟 以石扞繒也 尺戰切 硯硯

石滑也五句切 ⑧碑豎石也彼爲切 𥕏碎石磒聲所責切 硻餘堅也口莖切。按說文無鏗字硻即鏗也又論語鄙哉硜硜乎又云硜硜然小人哉其字皆當作硻硜者古文磬字也硻之俗字作硜鏗之字又作鎗 碎䃺也蘇對切。瓦部曰瓬破也音義同蓋嫥言破碎字當作瓬 硩上擿山巖空青珊瑚墮之周禮有硩蔟氏丑列切。各本篆文从折作晢誤今正 碓所㠯舂也都隊切 䃊舂已復擣之曰䃊徒合切 ⑨碭文石也徒浪切 碝石次玉者而沈切。按耎之字多譌爲需故山海經誤作礝玉藻誤作瓀或又作瑌 碣特立之石也東海有碣石山渠列切 𥓓古文 碫碫石也春秋傳鄭公孫段字子石都亂切。各本篆體譌从段作碬今正 䃍陊也徒對切。䃍與隊音義同蓋此嫥言石之隊陊爲凡物之陊也 碞磛碞也周書曰畏于民碞讀與巖同五銜切。此與山部嵒異字 ⑩㱿确重文見上七畫 磏厲石也讀若鎌力鹽切。與厥音義略同 磒落也春秋傳曰磒石于宋五于敏切。今左傳作隕𨸏部曰隕從高下也音義略同 磕石聲也口太切。字或作礚俗用爲磕破磕睡字讀苦盍切 磑䃺也古者公輸班作磑五對切 䃒石惡地也下革切。管子沙土之次曰五塥塥疑同䃒 磊衆石皃落猥切。字亦作磥 ⑪磧水陼有石者七迹切 磛磛礹石也鉏銜切。磛礹或作嶄巖今作巉巖 磬石樂也古者毋句氏作磬苦定切 殸籀文省 硜古文从巠。各本篆文又體誤从巠作硜今正。按此古文磬字也凡史傳硜字皆當作硻知論語曰子擊磬於衛下文既而曰鄙哉硜硜乎亦不㠯爲一字自後學者傳㠯硜訓堅确固執之意未有知其爲古文磬字者 ⑫礦銅鐵樸石也讀若穬古猛切。今字作礦樸者即今所用之璞也。按各本此下出卝篆解云古

文礦周禮有卝人按周禮鄭注云卝之言礦也賈疏云卝是總角卝之字此官取金玉於卝字無所用故轉從石邊廣之字語甚明析卝之言礦卝非礦字也卝本說文卵字古音如關亦如鯤引伸爲總角卝卝兮之卝又段借爲銅鐵樸石之礦讀周禮者徑謂卝即礦字則非矣今于卵部正之于石部刪之 磾染繒黑石出琅邪山都奚切。各本奪此今據廣韻十二齊引補漢石經公羊傳段磾爲堤 磿石聲也郎擊切 磽礊也口交切。與土部墽音義同 磻㠯石箸隿繳也博禾切。玉篇廣韻礰字同此 ⑬礐石聲也胡角切。與部礐嶨義別爾雅段礐爲嶨 ⑭礜毒石也羊茹切 礊堅也楷革切 礙止也五溉切。列子黃帝篇作硋 ⑮礫小石也郎擊切 䃴斫也張略切。釋器曰斫謂之鐯鐯即䃴字也 礩柱下石也之日切。此篆新附據御覽一百八十八引移爲正文 ⑰礱䃺也天子之桷椓而礱之盧紅切 ⑲䃺今字省作磨石磑也模臥切 ⑳礹石山也五銜切。諸書多段巖爲礹

長部三百五十八

長久遠也从兀从匕亾聲兀者高遠意也久則變匕亾者到亾也直良切 𠑷古文長 𠑿亦古文長 ⑤镻蝁也徒結切 ⑧肆隸省作肆 𨽸極陳也息利切。陳當作敶 𩬹或从髟 ⑭镾今字作彌 镾久長也武移切

勿部三百五十九

勿州里所建旗象其柄有三游襍帛幅半異所㠯趣民故遽偁勿勿文弗切 𣃦勿或从㫃。周禮司常大夫士建物蓋即𣃦之譌字也 ⑤昜開也一曰飛揚一曰長也一曰彊者衆皃與章切。此陰陽正字也陰陽行而侌

易廢矣

冄部三百六十

冄（今字作冉）冄 毛冄冄也象形 而琰切。莊染字當用冄

而部三百六十一

而而 須也象形周禮曰作其鱗之而 如之切。而之俗字作髵 ③

耏耏 罪不至髡也 奴代切。玉篇曰髵同耏蓋古亦用耏爲而也 耐耐 或从寸諸灋度字

从寸。今字用此

豕部三百六十二

豕豕 彘也竭其尾故謂之豕象毛足而後有尾讀與豨同

式視切。左傳封豕長蛇淮南書作封豨脩蛇 𠀁𠀁 古文。與古文亥同字 ① 豖豖 豕絆足行

豕豕也 丑玉切 ④ 豝豝 牝豕也一曰二歲豕能相杷拏者也

詩曰一發五豝 伯加切 豰豰 上谷名豬豰 ⑤ 豠豠 豕屬 疾余切

⑥ 豣豣 三歲豕肩相及者也詩竝驅從兩豣兮 古賢切。今詩作肩

豤豤 豕齧也 康很切。人之齧曰齦字見齒部音同而字異也 豢豢 以穀圈

養豕也 胡慣切 豦豦 鬭相丮不解也讀若罽蒘艸之蒘司

馬相如說豦封豕之屬一曰虎兩足舉 強魚切 𧰲𧰲 豕怒毛

豎也一曰殘艾也 魚既切。各本篆體从辛豕作𧰲誤今據五經文字毅下云从辛省正 豥豥

豕四蹢皆白豥 何來切。各本無此今據詩音義引補 ⑦ 豧豧 豕息也 芳無切

豨豨 豕走豨豨也古有封豨脩蛇之害 虛豈切。封豨脩蛇即封豕長蛇

豩豩 二豕也豳字从此 伯貧切又呼關切 ⑨ 豬豬 豕而三毛叢居

者 陟魚切 豭豭 牡豕也 古牙切。釋獸麔豭短脰其字當作麚 ⑩ 豰豰 小豚

也 步角切 豯豯 生三月豚腹奚奚皃也 胡雞切 豲豲 豕屬也

讀若桓逸周書曰豲有爪而不敢以撅 胡官切 ⑪ 豵豵 生

六月豚一曰一歲曰豵尚叢聚也 子紅切。字或作㹐 ⑫ 𧳜𧳜 豶也

以水切 豷豷 豕息也春秋傳曰生敖及豷 許利切 ⑬ 豶豶

羠豕也 符分切

希部三百六十四

希希 脩豪獸一曰河内名豕也讀若弟 羊至切。釋獸曰隸脩豪希者正

字隸者俗字或作肆者叚借字也 𢑴 籀文 𢑱 古文 㣇㣇 隸省作㣇 豕屬 呼骨切

彙彙 蟲也似豪豬而小 于貴切。今字作彙 蝟 或从虫作。俗又作猬

⑧ 𢑚𢑚 希屬 息利切 𦉼 古文。虞書曰𢑚類于上帝。今書作肆𢑚蓋壁中古文也

⑩ 㣫㣫 豪豕鬣如筆管者出南郡 乎刀切 豪 篆文从豕。今字从此者作豪俗又作毫。豪傑之豪當作勢

彑部三百六十四

彑彑 豕之頭象其銳而上見也讀若罽 居例切 ④ 𢑏𢑏

豕也讀若瑕 乎加切。按鍇本此爲彖之古文篇韻皆無此字 ⑥ 𢑑𢑑 豕也讀若

弛 式視切 彖彖 豕走也 通貫切 ⑨ 彘彘 豕也後蹏廢謂

彘彘足與鹿足同 直例切

豚部三百六十五

豚豚 小豕也从古文豕从又持肉以給祠祀也 徒魂切 豚 篆文从肉

豕。今字通行作此 ⑱𧱓𧱓 豚屬讀若罽 于歲切

豸部三百六十六

豸豸 獸長膂行豸豸然欲有所司殺形 池爾切。乚古多段爲解廌之廌

③豹豹 似虎圜文 北教切 豺豺 狼屬狗聲 士皆切 豻豻 胡地野狗 五旰切 犴犴 豻或从犬詩曰宜犴宜獄 ④豼豼 貔重文見下十畫 ⑤貀貀 貀獸無前足漢律能捕豺貀購錢百 女滑切 貂貂 鼠屬大而黃黑出胡丁零國 都僚切 貁貁 鼠屬善旋 余救切。各本篆體从穴作貁誤今正 ⑥貈貈 似狐善睡獸也論語曰狐貈之厚以居 下各切。按凡狐貉連文者當作貈字今乃段貉爲貈造貊爲貉矣 貉貉 北方貉豸種也孔子貉之言貉貉惡也 莫白切。此即今之蠻貊字也狐貉之

貉當作貈 貆貆 貉之類 胡官切 ⑦貍貍 伏獸似貙 里之切 ⑨𧳜𧳜 𧳜貐類貙虎爪食人迅走 烏黠切。此篆各本無大徐于犬部新坿作猰非也今篆廣韻引訂補 貐貐 𧳜貐也 以主切 貒貒 貒獸也似豕而肥讀若湍 他耑切 ⑩貔貔 豹屬出貉國詩曰獻其貔皮周書曰如虎如貔貔猛獸 房脂切 豼 或从比 ⑪貙貙 貙獌似貍 敕俱切 貘貘 似熊而黃黑色出蜀中 莫白切。字亦作貊亦作狛 䝤䝤 猛獸也 余封切。字亦作㺎漢書作庸 ⑫貚貚 貙屬也 徒干切 ⑱貛貛 野豕也 呼官切。按肉部引爾雅貒貍貒貛醜貒作貛集均類篇二同蓋貒貛本一字貛乃貒之或體也宜正之曰貒或从雚聲 ⑳貜貜 毄貜也 王縛切。毄廣韻引作㲉豕未深孰是蓋合二字爲獸名與犬部玃義別

𤉡部三百六十七

𤉡𤉡 如野牛青色其皮堅厚可制鎧象形𤉡頭與禽頭同 徐姊切。按與禽同頭則篆體當作𤉡也 兕兕 古文从儿。今兕行而𤉡不行漢隸作光經典釋文云本又作光

易部三百六十八

易易 蜥易蝘蜓守宮也象形祕書說日月爲易象侌昜也一曰从勿 羊益切。蜥易今作蜥蜴俗字也交易之易篆作傷侮易之易篆作敡

象部三百六十九

象象 南越大獸長鼻牙三年一乳像鼻耳尾四足之形 徐兩切。凡形像想像等字不宜作象 ④豫豫 象之大者賈侍中說不害於物 羊茹切。俗作預。 𧰼 古文

書有疾弗豫心部引作不悆悆喜也不悆猶不喜也按悆者古字豫者段借字也

說文易檢卷九下

說文易檢卷十上

馬部三百七十

馬 怒也武也象馬頭髦尾四足之形 莫下切 古文馬 籒文馬與影同有髦。各本籒文古文皆作影無別據玉篇古文作影籒文作影是 ㊀ ⿰馬一 馬一歲也讀若弦一曰若環 戶關切。釋嚣玄駒音義曰玄字林作⿰馬玄音同廣韻⿰馬玄胡涓切馬一歲語必本諸字林蓋字林始變馬爲⿰馬玄也今字作⿰馬玄 ㊁ ⿰馬八 馬八歲也 博拔切 馮 馬行疾也 皮冰切。凡經傳云馮依其字當作凭如易詩書論語馮河其字當作淜俗作憑忍非是姓氏之馮其字當作鄖今皆用馮字爲之而馮之本義廢矣 ㊂ 馰 馬白額也一曰駿也易曰爲馰顙 都歷切。按旳顙之馬謂之馰故日部旳下亦引此也易釋文云旳說文作馰 馳 大驅也 直离切 馵 石經如此作 馬後左足白也讀若注 之戍切 馴 馬順也 詳遵切 馽 絆馬足也春秋傳曰韓厥執馽前讀若輒 陟立切。隸亦作馽 縶 馽或从糸執聲 ㊃ 駁 馬色不純 北角切 ⿰文馬 ⿰文馬馬赤鬣縞身目若黃金名曰吉皇之乘周成王時犬戎獻之春秋傳曰⿰文馬馬百駟文馬畫馬也西伯獻紂吕全其身 無分切。鉉本作馼 馶 馬彊也 章移切 ⿰馬卬 ⿰馬卬馬怒皃 吾郎切 馺 馬行相及也讀若爾雅曰小山馺 穌合切 ⿰馬介 結馬尾也 古拜切 馹 傳也 人質切。馹爲傳車驛爲置騎此二字之別也今俗多溷之 駃 駃騠馬父驘子也 古穴切。今人駃與快同用大誤 ㊄ 駒 馬二歲曰駒三歲曰駣 舉朱切 駓 黃白襍毛也 敷悲切。字林作[illegible] ⿰此馬 馬名 雌氏切 駜 馬飽也詩曰有駜有駜 毗必切 駕 馬在軛中也 古訝切 籒文駕 駟 四一乘也 息利切 駙 副馬也一曰近也一曰疾也 符遇切 駊 駊騀馬搖頭也 普火切 ⿰馬匃 馬疾走也 古達切 ⿰馬失 馬有疾足也 夷質切。凡奔軼超軼字當⿰馬失今人用後逸字亦當作⿰馬失 駐 馬立也 中句切。人立曰侸俗作住馬立曰駐又辵部曰邅不行也音義略同 駗 駗驙馬載重難也 張人切。駗驙卽趁邅俗作迍邅 駘 馬銜脫也 徒哀切 駔 壯馬也一曰駔會也 祖古切 駉 牧馬苑也詩曰在駉之野 古熒切

㊅ 駱 馬白色黑鬣尾也 盧各切。俗云駱駝者篆作槖佗 駰 馬陰白襍毛黑詩曰有駰有騢 於眞切 ⿰休馬 馬名 許尤切 駫 馬肥盛也詩曰駫駫牡馬 古熒切。按卽魯頌之駉駉牡馬也

篤 馬行頓遟也 冬毒切。篤厚之篤當作竺見二部亦通作管見亯部 ⿱列馬 亦作駉 次弟馳也 力制切 駭 驚也 侯楷切。經典亦作駴 ⿰馬㐬 馬奔也 呼光切。篇均皆作䮀 駪 馬眾多皃 所臻切。詩駪駪征夫焱部引作莘莘 駧 駧馳馬洞去也 徒弄切 駮 駮獸如馬倨牙食虎豹 北角切。此與駁各字不容借用 ㊆ ⿰馬丣 赤馬黑髦尾也 力求切。此篆各本作騮大誤今依五經文字玉篇廣韻正 駽 青驪馬詩曰駜彼乘駽 火玄切 駹 馬面顙皆白也 莫江切 駿 馬之良材者 子峻切 騀 駊騀也 五可切 駸 馬疾行皃詩曰載驟駸駸 子林切 ⿰馬耴 馬步疾也 尼輒切。今人用專輒字義當作⿰馬耴爲近 騃 馬行仡仡也 五駭切。癡騃之騃正字當作佁 騁 直馳也 丑郢切 駾 馬行疾來皃

也詩曰昆夷駾矣他外切駻駻馬突也侯旴切駼駼騊
駼也同都切（八）騏騏馬青驪文如綦也渠之切騅騅馬
蒼黑襍毛職追切馯馯馬頭有白發色五旰切䮔䮔馬小
皃讀若箠之壘切䮔籀文从𠂹騋騋馬七尺爲騋八尺爲龍詩
曰騋牝驪牝洛哀切。周禮龍俗作駥騎騎跨馬也渠羈切騑騑驂
也旁馬也甫微切駢駢駕二馬也部田切。引伸之凡二物并曰駢。駢脅之駢見骨部
騊騊騊駼北野之良馬也徒刀切（九）騢騢馬赤白襍毛
色似鰕魚乎加切騧騧黃馬黑喙古華切。宋明帝呂騧字似禍改从瓜作䯄
籀文騛騛馬逸足者也甫微切𩤗𩤗馬和也戶皆切
騤騤馬行威儀也詩曰四牡騤騤渠追切颿颿馬疾步也

扶汎切。鉉等曰舟船之颿本用此字今俗作帆非是騖騖亂馳也亡遇切騠騠
駃騠也杜兮切（十）騭騭牡馬也之日切。夏小正執陟攻駒是段陟爲騭也騩
騩馬淺黑色俱位切䮧䮧馬毛長者也侯旴切。曲禮雞曰翰音注曰翰猶
長也常武詩如飛如翰箋云鳥中豪俊
蓋其字皆當作䮧今則翰行而䮧廢矣騯騯馬盛也詩曰
四牡騯騯薄庚切。今詩作彭彭騬騬重文見上八畫駋駋馬行皃土刀切。篇韻
皆作駣騫騫馬腹縶也去虔切。騫裳字當作攐騫騰字當作騫騬騬犗
馬也食陵切。犗者今之騸字驏驏馬轉臥土中也張扇反。各本無此篆蓺文類聚
引說文有之據補騷騷摩馬也穌遭切。騷動之騷當作慅騶騶廄御也
側鳩切騰騰傳也一曰犗馬也徒登切。凡騰踊沸騰字皆當作騰驩驩苑
名也一曰馬白額下各切。白鳥曰確白牛曰騅騡騡驢子也莫紅切騱騱

驒騱也胡雞切（十一）驄驄馬青白襍毛也千公切驃驃黃馬
發白色一曰白髦尾也毗召切騽騽馬豪骭也似入切驁驁
駿馬呂壬午日死棄馬忌之五到切驀驀上馬也莫白切驂
驂駕三馬也倉含切驅驅驅馬也豈俱切。俗作駈毆古文驅从攴。與殳
部毆異字俗或溷之騺騺馬重皃也陟利切。各本篆體譌从執作騺今正。廣雅騺駤止也駤
即騺騺祇作摯（十二）𩤃𩤃馬一目白曰𩤃二目白魚戶閒切。字林作𩤃魚字林作
驈驈驪馬白跨也詩曰有驈有皇食聿切。皇作騜者俗字也驔
驔馬黃脊讀若簟徒玷切驍驍良馬也古堯切驕驕
馬高六尺爲驕詩曰我馬維驕一曰野馬舉喬切。今詩作駒釋文云本亦作驕。
驕之引伸爲驕恣女部曰嫭驕也心部曰怚驕也皆旁義也俗製嬌憍字驒驒驒騱野馬

屬一曰驒馬青驪白鱗文如鼉魚也徒河切（十三）驗驗馬名
魚窆切。徵驗字當作譣作驗尤俗𩧉𩧉馬行徐而疾也弋魚弋庶二切。各本此
篆作𩧉今依段說改補𩦲𩦲馬腹下聲也於角切。此篆釋解亦从段說驚
驚馬駭也舉卿切。小雅徒御不驚傳曰不驚驚也俗譌作驚驙驙駗驙也易曰
乘馬驙如張連切。周易屯六二屯如亶如乘馬二字疑駗如二字之誤也亶俗作邅驛驛置
騎也羊益切。馹傳之馹見番（十四）驖驖馬赤黑色詩曰四驖孔阜他結
切。今詩四作駟按駟者一乘也言馬四則但謂之四言施乎四馬者乃謂之駟驟驟馬疾步也鉏又切
驘今字作騾驘驘驢父馬母者也洛戈切驘或从嬴（十六）驠驠馬
白州也於甸切驢驢驢獸似馬長耳力居切（十七）驥驥千
里馬也孫陽所相者天水有驥縣几利切驤驤馬之低仰也

息良切　驧 馬曲脊也 巨六切。玉篇作𩨂。勹部曰匊曲脊也音義皆同惟此則專言馬耳 ⑱驩 馬名 呼官切。古借爲歡字 ⑲驪 馬深黑色 呂支切。引伸爲凡黑之偁亦段黎棃爲之 ⑳驫 衆馬也 甫虯切　驫 驫重文見上十四畫

廌部三百七十一

廌 解廌獸也佀牛一角古者決訟令觸不直者象形 宅買切。廣雅作貀豸今俗作獬豸 ④薦 獸之所食艸古者神人呂廌遺黃帝帝曰何食何處曰食薦夏處水澤冬處松柏 作甸切。艸部曰荐薦席也按二字音同義別而古相段借然凡言藉者當專用荐 ⑦⿸廌孝 解廌屬也 古孝切。按廣韵作⿰豸孝玉篇作⿰豸孝皆从孝 ⑧灋 刑也 方乏切　法 今文省。按許書從無言今文者蓋隸省之字或增之耳小徐本無可刪　金 古文

鹿部三百七十二

鹿 鹿獸也象頭角四足之形 ②麀 牝鹿也 於虯切　⿸鹿幽 或从幽聲　麀 麀或文見下六畫 ④麃 麞屬 薄交切 ⑤麈 麋屬 之庾切　麇 麞也 居筠切　⿸鹿囷 籀文不省。今許如此作 ⑥麉 鹿之絕有力者 古賢切。今爾雅作麉　麋 鹿屬麋冬至角解 武悲切　⿸鹿旨 大麋也狗足 居履切　麂 或从几　⿸鹿圭 鹿屬 古攜切 ⑦麐 牝麒也 力珍切。據許麒麐當用此字　麎 牝麋也 植鄰切 ⑧麒 麒麟仁獸也麋身牛尾一角 渠之切。㣇部曰杜林呂畀爲麒　麖 麠重文見下十三畫　麕 麇重文見上五畫　麔 麋牡者 其久切　麑 俗作猊 狻麑獸也 五雞切。論語素衣麑裘字作麛　麗

麗 旅行也鹿之性見食急則必旅行禮麗皮納聘蓋鹿皮也 郎計切。伉儷當作此字詩其麗不億毛曰麗數也其字當作欐丽之麗作蘸　丽 古文　𠌬 籒文麗字 ⑨麚 牡鹿也呂夏至角解 古牙切。釋獸段貑爲麚俗作麍　䴡 麛也讀若偄弱之偄 奴亂切　麛 鹿子也 莫兮切。釋獸曰麛字亦作麑則麑裘即麛裘　麙 山羊而大角者 胡毚切　⿸鹿幽 麀重文見上二畫 ⑪⿸鹿速 鹿迹也 桑谷切　麞 俗作獐 麋屬 諸良切 ⑫麟 大牝鹿也 力珍切。玉篇曰麟大麚也是也按許此篆爲大麚麐爲麒麐經典用仁獸字多作麟蓋同音段借也　麝 如小麋臍有香 神夜切 ⑬麠 大鹿也牛尾一角 舉卿切　麖 或从京。此與鱷或作鯨正同 ⑭⿸鹿與 佀鹿而大 羊茹切 ⑰麢 大羊而細角 郎丁切。本艸作羚羊

麤部三百七十三

麤 行超遠也 倉胡切。凡粗疏粗細字皆當用此。麤即觕之本字也 ③⿱麤土 隸省作塵 鹿行揚土也 直珍切　籀文

㲋部三百七十四

㲋 俗作臭 㲋獸也佀兔青色而大象形頭與兔同足與鹿同 丑略切　籀文 ④⿱㲋大 獸也佀狌狌 古穴切 ⑦⿱㲋吾 獸名讀若寫 司夜切 ⑨毚 狡兔也兔之駿者 士咸切

兔部三百七十五

兔 兔獸也象兔居後其尾形兔頭與㲋頭同 湯故切。

俗作莬 兔 兔逸也 忙辨切。許書失此字而形聲多用爲偏旁不可闕也今補。錢氏大昕曰兔兔當是一字漢人作隸誤分之侶未然 （二）冤 屈也兔在冂下不得走益屈折也 於袁切 （三）娩 兔子也娩疾也 芳萬切。釋獸曰兔子娩本或作嬔按女部曰嬔生子齊均也此云兔子也則二字義别矣婦人免身字作挽見子部與此音義俱異不可通借 （四）逸 失也 夷質切。逸民之逸作佚超逸奔逸作駃淫逸作婬泆 （六）[illegible] 疾也、芳遇切。此赴疾之本字今又作趨

萈部三百七十六

萈 俗作羱 山羊細角者讀若丸寬字从此 胡官切

犬部三百七十七

犬 狗之有縣蹏者也象形孔子曰視犬之字如畫狗也

苦泫切 （一）犮 犬走皃 蒲撥切 （二）犯 僊也 防險切 （三）尨 犬之多毛者詩曰無使尨也吠 莫江切 （四）犷 犬吠聲 語斤切。九辯猛犬狺狺而迎吠。狺即犷字 狀 犬形也 鉏亮切 狃 犬性忕也 女久切。狃忕即今之忸怩字也忸怩本或作狃忕。忸怩今忸怩行而諸字皆廢矣 犺 健犬也 苦浪切 犻 過弗取也讀若孛 蒲沒切 戾 曲也 郎計切。乖戾之戾本字作盭見弦部 狂 狾犬也 巨王切 古文从心 狄 北狄也本犬種狄之為言婬辟也 徒歷切 （五）狗 孔子曰狗叩也叩气吠以守 古厚切。許書有扣無叩扣訓牽馬也疑古本有叩字而許佚之叩觸也叩气者出其气也一說叩即敂之俗敂擊也凡从此擊彼皆曰敂 [illegible] 黃犬黑頭讀若注 之戍切 狊 犬視皃 古闃切 狦 惡健犬也 所晏切 狋

犬怒皃一曰犬難附代郡有狋氏縣讀又若銀 語其切 狎 犬可習也 胡甲切 㹤 多畏也 去劫切 杜林說从心。今字用此 狙 玃屬一曰犬暫齧人者一曰犬不齧人者 親去切又七餘反 狛 如狼善驅羊讀若檗甯嚴讀之若淺泊 匹各切。俗或用爲獏字 狐 祆獸也鬼所乘之有三德其色中和小前大後死則丘首謂之三德 戶吳切 （六）狡 少犬也匈奴地有狡犬巨口而黑身 古巧切 狠 犬鬥聲 五還切。好勇鬥狠字當作很俗用狠非也狠戾之狠當作很 狧 犬食也讀若比目魚鰈之鰈 他合切。漢書段爲䑙字顏注云狧古䑙字。按魚部不收鰈而此有之爾雅鰈本或作鰨蓋許書鰨即鰈也亦作猹 狟 犬行也周書曰尚狟狟 胡官切。今作桓桓許蓋用壁中古文也 狩 火田也易曰明夷

于南狩 書究切 臭 禽走臭而知其迹者犬也 尺救切。此气臭芳臭字腐殠之殠見歺部呂鼻齅物之齅見鼻部齅者即今之嗅字也 [illegible] 獟犬也一曰逐獸犬也 五甸切 倏 犬疾走也讀若叔 式竹切。或段儵字爲之 （七）奘 妄彊犬也 組朗切 [illegible] 獨[illegible]獸也 余蜀切 狾 狂犬也春秋傳曰狾犬入華臣氏之門 征例切。今左傳作瘈非古也俗又作猘 狻 狻麑如虦貓食虎豹 素官切。麑俗作猊苗俗作貓 狼 似犬銳頭白頰高前廣後 魯當切 （八）猈 短脛犬 薄蟹切 猗 犗犬也 於离切 [illegible] 犬齧 初版切 猝 犬从艸暴出逐人也 麤沒切。倉猝之猝作踤古段卒字爲之 獎 俗作奬 嗾犬厲之也 即兩切 猜 恨賊也 倉才切。

猜疑之猜當作趡

猛　健犬也莫杏切

猲　犬張耳皃陟革切

猌　犬張齗怒也讀又若銀魚僅切

猋　犬走皃甫遙切

⑨獀　南越名犬獿也所鳩切

獢　猲獢短喙犬也詩曰載獫猲獢爾雅曰短喙犬謂之猲獢許謁切。毛詩作歇爾雅又作獥今爾雅釋文作獥乃轉寫譌字也

⿰犭音　竇中犬聲乙咸切

猩　猩猩犬吠聲桑經切。記曰猩猩能言亦作狌狌許不錄狌字蓋狌即猩也

猥　犬吠聲烏賄切。廣均曰猥鄙也今義也

猶　玃屬一曰隴西謂犬子爲猶以周切。猶即猷今人猷謀作猷語助作猶經典絕無此例

猴　母猴夒也乎溝切

猵　獺屬布玄切

獱　或从賓

⑩⿰犭兼　犬吠不止也讀若檻一曰兩犬相爭也胡黯切

⿱𣪊犬　犬屬要已上黃要已下黑食母猴讀若構火屋切。要即今之腰字

⑪獿　犬獿獿咳吠也火包切

⿰犭參　犬容頭進也一曰賊疾也山檻切。小徐無此篆

獒　犬知人心可使者春秋傳曰公嗾夫獒五牢切

獌　狼屬爾雅曰貙獌佀貍舞販切

⑫獢　猲獢也許驕切

默　犬暫逐人也讀若墨莫北切。叚借爲人靜嘿之偁亦作嘿

⿰犭敢　小犬吠南陽新野有⿰犭敢鄉荒檻切

⿰犭番　犬鬥聲附袁切

獡　亦作猎作⿰犭足　犬獡獡不附人也南楚謂相驚曰獡讀若愬式略切

獜　健也詩曰盧獜獜力珍切。今詩作令令許蓋取三家詩也。當作健犬也

獠　獵也力照切

獘　頓仆也春秋傳曰與犬犬獘毗祭切。俗作弊弊爲利弊字

斃　獘或从死。今經傳頓仆多用此字

獟　狾犬也五弔切

⑬獪　狡獪也古外切。字亦作狡⿰犭夬

獶　犬惡毛也奴刀切

獫　或作玁　長喙犬也一曰黑犬黃頭虛檢切

獧　疾跳也一曰急也古縣切。獧狷古今字今論語作狷孟子作獧是也大徐新附狷篆非

獨　亦作獸　犬相得而鬥也羊爲羣犬爲獨一曰北嚻山有獨狢獸如虎白身豕鬣尾如馬徒谷切

⑭獳　怒犬皃讀若耨奴豆切。或作猱猱者譌字也

獲　獵所獲也胡伯切

獱　猵重文見犇九畫

⑮獷　犬獷獷不可附也漁陽有獷平縣古猛切。服虔曰音鞏

獵　放獵逐禽也良涉切

類　種類相佀唯犬爲甚力遂切。左傳刑之頗類叚類爲纇也頁部曰纇難曉也纇類旁通其字正當作纇

⑯獻　宗廟犬名羹獻犬肥者以獻許建切。石鼓文作⿰鬳犬

獺　水狗也食魚他達切

⑱獿　獿也女交切。獿之隸變作獶樂記獶雜子女鄭曰獶獼猴也其字當作夒見夊部夒下一名母猴是也夒字又作猱

𤣻　隸省作獮　秋田也息淺切

禰　獮或从示宗廟之田也故从示豕

⑳玃　大母猴也善攫人好顧盼爾雅曰玃父善顧俱縛切

犾部三百七十八

犾　兩犬相齧也語斤切

⑥⿲犭司犬　司也息茲切。司者今之伺字玉篇⿲犭司犬注云察也今作伺覗按希馮直以⿲犭司犬爲伺覗之古字蓋用許說也

獄　确也魚欲切

鼠部三百七十九

鼠　穴蟲之總名也象形書呂切

③鼨　鼨重文見下五畫

䶂　胡地風鼠之若切

④鼢　地中行鼠伯勞所化也一曰偃鼠房吻切。偃俗作鼴鼹

蚡　或从虫分。字亦作⿱分田

⿰鼠今　鼠屬讀若含胡男切

⑤

⿰鼠平　⿰鼠平令鼠也 薄經切　鼫　五技鼠也能飛不能過屋能緣不能窮木能游不能渡谷能穴不能掩身能走不能先人此之謂五技 常隻切　鼨　豹文鼠也 職戎切　籀文省

鼩　精鼩鼠也 其俱切。字林有鼱即精字　鼬　如鼠赤黃色尾大食鼠者 余救切。即今之黃鼠狼　䶅　鼠屬 而隴切　⿱此鼠　⿱此鼠鼠侶雞鼠尾 即移切

⑥ ⿰鼠各　⿰鼠各鼠出胡地皮可作裘 下各切　⑦ ⿰鼠留　竹鼠也如犬 力求切。莊子作畱又作⿰犭畱　⑨ 鼲　鼲鼠出丁零胡皮可作裘 乎昆切

⿰胡鼠　斬⿰胡鼠鼠黑身白要若帶手有長白毛侶握版之狀類蝯蜼之屬 戶吳切。見上林西京賦諸家說其狀乖異不同或作螹胡或作獑胡或作獑猢或作鏩鼬

⑩ 鼶　鼶鼠也 息移切　⿰鼠益　鼠屬 於革切　或从豸作

鼷　小鼠也 胡雞切　鼸　⿰鼠今也 正檢切　⑫ ⿰鼠番　⿰鼠番鼠也讀若樊或曰鼠婦 附袁切。釋蟲蟠鼠負蟠即⿰鼠番字負即婦字虫部曰蟠鼠婦也同

能部三百八十

能　熊屬足侶鹿能獸堅中故偁賢能而彊壯偁能傑也 奴登切

熊部三百八十一

熊　熊獸侶豕山居冬蟄 羽弓切　⑤ 羆　如熊黃白文 彼爲切　古文从皮

火部三百八十二

火　燬也南方之行炎而上象形 呼果切　② 灰　死火餘⿱聿火也 呼恢切。按灰字从又又手也火既滅可目執持也今字變从ナ失其意矣隸變往往如此　光 隸作光　明也 古皇切　古文　古文。庶字从此

③ 灸　灼也 舉友切。今或作灸大誤　灼　灸也 之若切。凡灼見明灼字當作焯　灺　燭⿱聿火也 徐野切。俗作炧

灾　皆烖重文見下六畫　④ 灷　火種也 士戀切。按說文𠬞火二部無灷篆而叜部有𡙇人部有㑞舟部有朕皆从灷聲是灷漏無疑也今綴于此凡从灷之字隸變作关。韵會小補滕注云弟子職左手正櫛謂苑曰櫛段借字正作㮨音燼

炊　爨也 昌垂切　災　烖重文見下六畫　炗　光重文見上二畫　炅　見也 古迥切　炕　乾也 苦浪切

⑤ 炟　爆也 當割切　炪　火光也商書曰予亦炪謀 職悅切。今尚書作拙者蓋孔安國已今字讀之也　炥　火皃 普活切。段云按此篆當是𤎩之或體

羙　小爇也詩曰憂心如羙 直廉切。各本篆體誤作羙今正南山詩曰憂心如惔古本毛詩作如羙釋文正義皆引作如羙今各書皆譌作𤈦矣

炭　燒木未灰也 他旱切　炦　火气也 蒲撥切　炱　灰炱煤也 徒哀切。按本部無煤土部有塺字即煤也

炮　毛炙肉也 薄交切。炮之或體作炰作魚作焦　炳　明也 兵永切　炯　光也 古迥切　炫　爓燿也 胡畎切

⑥ 烈　火猛也 良薛切。颲風之颲見風部　烝　火气上行也 煑仍切　烟　煙重文見下九畫　烄　交木然也 古巧切　烓　行竈也讀若冋 口迥切

⿴衣火　炮炙也目微火盥肉 烏痕切。今俗目微火盥肉曰燜可用此字　⿱聿火 俗作燼　火之餘木也一曰薪也 徐刃切　⿰火多　盛火也 昌氏切。⿰火多與熾略同

烕　滅也詩曰赫赫宗周褒姒烕之 許劣切。今詩作滅

部曰滅盡也二字音義同而悄異女部無姒祇作似 烜 爟重文見下十八畫 烖 天火曰烖 祖才切。經傳多段菑字爲之 灾 或从宀火 災 籒文从巛。巛者災害之正字也 扗 古文从才 （七） 㶴 火也詩曰王室如㶴 許偉切。今詩作燬按燬㶴實一字俗乃強分爲二字二音又于說文別增燬篆耳 烰 烝也詩曰烝之烰烰 縛牟切。今詩作浮浮 𤉣 束炭也讀若齹 楚宜切 烘 尞也詩曰卬烘于煁 呼東切 焆 焆焆煙皃 因悅切 㷉 今字作尉 从上按下也 於胃切。古安慰字本作㷉通俗文曰火斗曰㷉俗作熨 焌 然火也周禮曰遂籥其焌 子寸切又倉矞切 ⿰火皀 望見火皃讀若馰顙之馰 都歷切。段說从皀作⿰火皀 焅 旱气也 苦沃切。酷暑酷熱當作此焅 （八） 然 燃俗字 燒也 如延切。然而字當作嘫 ⿱艸⿰難火 然或从難。各本篆作蘸鉉等曰艸部有此字此重出按漢五行志巢𤏨

隓地廣均引陸佐公石闕銘刑酷𤏨炭或古本作𤏨轉寫奪火而譌誤耳今據改 閃 火皃讀若粦 良刃切 敫 交灼木也讀若狡 古巧切。按玉篇廣韵皆曰敫同烄必本諸說文不知今本說文何以析爲二也 焠 堅刀刃也 七內切。焠與水部淬義別文選譌作淬非也天官書曰火與水合曰焠 焚 燒田也 附袁切。各本篆作樊今正按經傳焚字不可枚舉未見有作樊者篇均亦有焚無樊樊符分切。左傳象有齒焚其身其字當作僨 焞 明也春秋國語曰焞燿天地 他昆切。漢時有燉煌郡燉乃唐人俗字非焞之異體也 焦 𤋓重文見下芔畫 焯 明也周書曰焯見三有俊心 之若切。今尚書作灼古義焯灼不同凡明灼字當作此 焜 煌也 胡本切 （九） 尞 今字作燎 柴祭天也昚古文慎字祭天所以慎也 力照切。燒柴而祭謂之柴亦謂之尞亦謂之禷木部曰槱柴祭天神周禮槱燎字當作禷尞凡柴尞作柴燎者皆誤字 煦 烝也一曰赤皃一曰溫潤也 香句

切 煨 盆中火 烏灰切 煁 烓也 氏任切 煎 熬也 子仙切 煬 炙燥也 余亮切 煉 鑠治金也 郎電切。鑠治者鑠而治之愈消則愈精金部曰鍊治金也音義皆同此加鑠字恉有在矣 煣 屈申木也 人久切。手部無揉字煣即揉也 煙 火气也 烏前切 烟 或从因 ⿱宀垔 籒文从宀 照 明也 之少切 煒 盛明皃也詩曰彤管有煒 于鬼切 煌 煌煌煇也 胡光切 煇 俗作輝 光也 況韋切。日部曰暉光也音義皆同 煖 溫也 況袁切。此即今之暄字也暄同寒煖之本字作煗今作煖者通借字也 煗 溫也 乃管切。今人用煖爲煗而煗廢矣 煜 燿也 余六切 熙 燥也 許其切。熙樂之熙字作媐 （十） 熇 火熱也詩曰多將熇熇 火屋切。易家人嗃嗃鄭云苦熱之意是嗃即熇字也 熄 畜火也亦曰滅火 相即切。凡滋息息滅字並當作此息訓喘也 ⿰火隺 灼也 胡沃切 熑 火煣車网絕也周禮曰煣牙外不熑 力鹽切。今周禮作廉段借字也。玉篇作燫 熅 鬱煙也 於云切。煙熅猶壹壺俗作氤氳 （十一） 熚 熚𤑹火皃 卑吉切。熚𤑹猶水部之畢沸 熯 乾皃詩曰我孔熯矣 人善切。熯與暵同音同義惟于从火从日別之。熯乾江蘇俗語常言之 熮 火皃逸周書曰味辛而不熮 洛蕭切 熲 火光也 古迥切 熛 火飛也讀若摽 甫遙切。按票熛二字同部同音同義疑票者正字熛者或體故集韵類篇韵會皆合爲一然李善玄應所引皆有熛字玉篇亦分載未便改併 熬 乾煎也 五牢切 𪌊 熬或从麥作 熜 然麻蒸也 作孔切 ⿰火曹 𤋓也 作曹切 熠 盛光也詩曰熠熠宵行 羊入切 熱 溫也 如列切 ⿱逢火 俗作烽 逢火燧候

衰也邊有警則舉火（敷容切。○㶴見䀠部爲䨻之重文。俗作烽）熭熭暴乾也（于歲切）（十二）燔燔爇也（附袁切。○按許燔與膰別。膰者宗廟火炙肉也。凡燔炙字當作燔）燒燒爇也（式昭切）㷸（俗作㷸）㷸㷸火色也讀若鴈（五晏切。○韓子齊伐魯索讒鼎以其鴈往齊人曰鴈也魯人曰眞也鴈即㷸之段借字）燋燋所吕然持火也周禮曰吕明火爇燋也（即消切）燀燀炊也春秋傳曰燀之以薪（充善切）熹熹炙也（許其切。○或借爲熙字）㷼㷼置魚筩中炙也（作滕切）燗燗（爤重文見下廿一畫）燎燎放火也（力小切。○柴燎之正字作尞見本部。燎炙之𤎅見炙部）燂燂火熱也（大甘切）𡨋（煙重文見上九畫）炗（光重文見上二畫）熾熾盛也（昌志切）𤊹𤊹古文（十三）燬燬火也春秋傳曰衞侯燬（許偉切。○按燬即焜之或。燬字許所本無當刪）燭燭庭燎大燭也（之欲切）

燠燠熱在中也（烏到切）燥燥乾也（蘇到切）（十四）燹燹火也（穌典切）齌齌炊餔疾也（在詣切）𤐤𤐤吕火乾肉也（符逼切。○方言作煏凡以火而乾五穀之類字或作㷣或省作煏又或作焙而異其音其實皆一字也玉篇作煏無𤐤）𤐤（籀文不省。○按小徐本無）㶾（隸變作票）㶾火飛也（方昭切。○本部熛音義同）燿（俗作耀曜）燿照也（弋笑切）燾燾溥覆照也（徒到切。○覆幬字作此爲正）（十五）爇爇燒也春秋傳曰爇僖負羈（如劣切）（十六）𤑔𤑔熚𤑔也（敷勿切。○玉篇云火盛皃廣韻云鬼火）爆爆灼也（蒲木切）爓（俗作焰）爓火爓也（以贍切。○此與炎部焱義別今人云光焱者作此字爲正）（十七）爚爚火光也一曰爇也（以灼切。○按此字或借爲熠燿之燿或借爲震鑠之鑠或作爍者俗字也）𤓶𤓶灼龜不兆也春秋傳曰卜戰龜𤓶不兆讀若焦（即消切。○今左傳作焦段借字也按此與焦篆音義皆同惟𤓶焦當傳用顯）

爗爗盛也詩曰爗爗震電（筠輒切）（十八）爟爟取火於日官名周禮曰司爟掌行火之政令舉火曰爟（古玩切）烜（或从亘。○或段爲煖字）爝爝苣火祓也呂不韋曰湯得伊尹爝吕爟火釁吕犧豭（子肖切）（十九）𤒼（然重文見上八畫）爢（今字作爢）爢爢爛也（靡爲切。○爢爛當作此字爢訓糜也）（二十）𤓐（𤐤重文見上十四畫）爤爤火孰也（隸省艸作爛。郎旰切）燗（或从閒）（二十四）𤒵𤒵火所傷也（即消切）焦（或省。○今經典通行作此。○𤓶焦之正字作𤓶見本部。面目焦黑字作醮見面部）

炎部三百八十三

炎炎火光上也（于廉切）（五）煔煔火行也（舒贍切）（六）𤎖𤎖炎光也（以冉切。○段說改作从西作𤇾是也）粦粦（此即今之燐字也）粦粦兵死及牛馬之血爲粦粦鬼火也（良刃切）（八）燄燄火行微燄燄也（以冉切。○光燄字當作爓。焰者俗爓字也）𤎁𤎁侵火也讀若桑葚之葚（力荏切）燅燅於湯中爚肉也（力鹽切。○爚當作𤒞玉篇韻會作瀹則俗用字也。禮有司徹乃燅尸俎鄭注燅溫也古文燅皆作尋記或作尋春秋傳若可尋也亦可寒也按燅者正字尋者同音段借字云記或作尋者郊特牲血腥爓祭注云爓或爲尋是也爓亦段借字也又中庸溫故而知新注曰讀如燅溫之尋亦當作燅也或作㝷者尋之俗體也溫尋當作昷燅）𤑽（或从炙作。○廣韻曰𤎧說文同燅此古本說文之異也𤎧者𤑽之譌）（九）燮燮大孰也（蘇侠切。此與又部燮篆義別）

黑部三百八十四

黑黑北方色也火所熏之色也从炎上出㓁（呼北切）（二）𪐗（黥重文見下八畫）（四）黗黗黃濁黑也（他袞切。○廣雅云黗黑也。黗黃也二字音義同偏旁）

異耳禮弓有⿰黑韋字廣韵曰魯公子名亦黃色也然則⿰黑韋字亦同 黔 黎也秦謂民爲黔首謂黑色周謂之黎民易曰爲黔喙巨淹切 黕 滓垢也都感切。沈濁字當用此 ⑤ 黗 白而有黑也五原有莫黗縣當割切 黝 微青黑色也爾雅曰地謂之黝於糾切 點 小黑也多忝切 黚 淺黃色也巨淹切 黜 貶下也丑律切 黛 黱重文見下十畫 ⑥ 䵝 黑皴也古典切。淮南書申包胥累繭重胝七日七夜至於秦庭。繭即䵝之段借字也 黠 堅黑也胡八切 黟 黑木也丹陽有黟縣烏雞切 ⑦ 儵 青黑繒發白色也式竹切。古亦段爲倏忽字 ⑧ 黤 青黑色也於檻切 黅 黃黑也古咸切。廣均居吟切 黨 不鮮也多朗切。新鮮字當作鱻。黨之字或作曭又作儻俗又作倘朋黨字當作攩 黬 羔裘之縫也于逼切。毛詩黬作緎 𪏿 或从刀作。此篆疑本作剠轉寫譌誤故爾 ⑨ 黥 墨刑在面也渠京切 黯 深黑也乙減切。黑暗當用此黯 ⿰黑昜 赤黑也讀若煬餘亮切 ⿰黑⿸尸共 今作澱俗作靛 ⿰黑⿸尸共謂之垽垽滓也堂練切。水部曰澱滓垽也⿰黑⿸尸共澱二篆異部而實一字也故爾雅作澱謂之垽 黮 桑葚之黑也他感切 黭 果實黭黯黑也烏感切 ⑩ ⿰黑冤 字亦作黦 黑有文也讀若飴盌字於月切 ⿰黑般 ⿰黑般姍下色也薄官切 黱 畫眉墨也徒耐切 黛 或从代。此篆各本無按釋名曰黛代也滅眉毛去之以此畫代其處也通俗文曰點青石謂之點黛服虔劉熙字皆作黛不作黱因綴于此 ⑪ 黳 小黑子烏雞切。吳楚之閒謂之誌亦謂之記 黲 淺青黑色也七感切。通俗文曰暗色曰黲玉篇曰今謂物將敗時顏色黲也 黴 中久雨青黑也武悲切。集均或作黣蓋古體

⑫ ⿰黑敢 ⿰黑敢者忘而息也於檻切。段氏玉裁曰今人所用憨字即此字之變也 ⑬ ⿰黑會 淺黑色也惡外切。女部曰嬒女黑色也 黵 大污也當敢切 ⑭ 黶 中黑也於玟切。謂黑壯中也 ⿰黑算 黃黑而白也一曰短黑讀若以芥爲齏名曰芥荃也初刮切 ⑮ ⿰黑箴 雖皙而黑也古咸切 黷 握持垢也易曰再三黷徒谷切。古凡言黷者皆即辱字今作瀆者爲段借字 ⑯ 黸 齊謂黑爲黸洛乎切。凡黸黑字作盧者段借字也或作矑者俗字也

說文易檢卷十上

說文易檢卷十下

囪部三百八十五

囪 杜牆曰牖在屋曰囪象形 楚江切 窗 或从穴。按窻者俗字也可刪說詳穴部 (川) 古文 ㈣ 悤 多遽悤悤也 倉紅切

焱部三百八十六

焱 火華也 以贍切。段注曰古書焱與猋二字多互譌如曹植七啟風厲猋舉當作焱舉班固東都賦焱焱炎炎當作猋猋炎炎王逸曰猋去疾皃也李善注幾不別二字 ㈡ 熒 屋下鐙燭之光也 戶扃切。說文無螢字鄭注戴記腐艸爲熒曰熒飛蟲熒火也熒即螢字于古本作蠲互詳虫部又滎陽滎澤字古亦作熒 ㈣ 燊 盛皃讀若詩曰莘莘征夫 所臻切。今詩作駪駪爲部不引而此引之特取其音相同耳

炙部三百八十七

炙 炙肉也从肉在火上 之石切。今人吕艾灼體曰灸或誤爲炙 ⿰炙柬 籒文炙。徐鍇曰今東京文有此字按今文選竝無炙作煉者 (十二) ⿰炙番 宗廟火孰肉天子所吕饋同姓春秋傳曰天子有事⿰炙番焉 附袁切。今經傳多作燔者段借字或作膰者俗耳 ⿰炙尞 炙也讀若龜燎 力照切。燎炙當用此⿰炙尞

赤部三百八十八

赤 南方色也从大火 昌石切 烾 古文从炎土 ㈡ ⿰赤丁 䞓重文見下七畫 ㈢ 浾 棠棗之汁也 敕貞切。此篆各本誤入䞓下今正二字音雖同而義別也棠棗汁皆赤故从赤水會意 泟 浾或从正 ㈤ 赧 面慙而赤也周失天下於赧王 女版切。或从𠬝非也 ㈥ 赨 赤色也 徒冬切 ㈦ 赫 大赤皃 呼格切

䞓 赤色也詩曰魴魚䞓尾 敕貞切。今詩作赬 赬 䞓或从貞 ⿰赤丁 或从丁 ㈨ 赭 赤土也 之也切 赬 䞓重文見上 ㈩ ⿱㱿赤 日出之赤也 火沃切。各本篆體作穀非也 ⿰倝赤 赤色也讀若浣 胡玩切

大部三百八十九

大 天大地大人亦大焉象人形 古文亣也 徒蓋切 ㈢ 夸 奢也 苦瓜切 夷 東方之人也 以脂切。夷易之夷篆作侇夷傷之夷篆作痍 ㈣ 夾 持也 古狎切。凡懷挾挾持當作此夾 㚐 大也讀若齳 魚吻切 ⿱大介 大也讀若蓋 古拜切。凡介福介壽貴介耿介孟子不以三公易其介竝當作此介訓畫也 ⿱大屯 大也讀若鶉 常倫切

釋詁曰純大也即⿱大屯之段借字

㈤ 奄 覆也大有餘也 依檢切。奄國之本字作鄣 㚎 大也 烏瓜切 (又五) 奃 大也讀若氐 都兮切 ⿱大此 瞋大聲也 火戒切 ⿱大弗 大也讀若予違汝弼 房密切。周頌佛時仔肩傳曰佛大也即⿱大弗之段借也。玉篇作奘作㲋 ㈥ 奎 兩髀之閒 苦圭切 ⿱大亘 奢⿱大亘也 胡官切。此桓大之正字 契 大約也易曰後世聖人易之吕書契 苦計切。稧契之契本作偰契刻之本字作栔見㓞部 ㈦ ⿱大丣 大也 力救切。各本作⿱大卯非也今正 (十二) ⿱𢦏大 大也讀若詩秩秩大猷 直質切 (十三) 奯 空大也讀若詩施罟濊濊 呼括切

亦部三百九十

亦 人之臂亦也从大象兩亦之形 羊益切。按廣均肘腋作此字俗用亦爲語詞乃別造腋字耳或作肘掖者段借字也 夾 盜竊褱物也俗謂蔽人俾夾是宏農陝字从此 失冉切。與大部夾字絕異

夨部三百九十一

夨 傾頭也 阻力切。與厂部仄音義略同此謂頭之傾夨也 (三) 吳 大言也 五乎切。何承天改吳作吳音胡化反其謬特甚 𡗕 古文如此 (六) 奊 頭傾也 讀若孑 古屑切 奊 頭衺骫奊態也 胡結切。左傳齊有慶奊卽慶繩益以頭衺爲名以繩直爲字名字相應也

夭部三百九十二

夭 屈也 从大象形 於兆切。木部曰枖木少盛也爲枖夭之正字 與下部首夲字幾無差別 (六) 幸 吉而免凶也 死謂之不幸 胡耿切。隸變作幸 嬖幸之幸當作婞見女部 奔 俗从大作奔 (八) 奔 走也 博昆切。石鼓詩有䟫字鄭云今作奔或作䟫 喬 高而曲也 巨嬌切。嶠者字俗字也

交部三百九十二

交 交脛也 从大象交形 古爻切。交錯之正作逪遘交易之正作佼傷又交會字亦作迒 (六) 絞 縊也 古巧切 (九) 㚄 衺也 羽非切。衣部衺下曰㚄也二篆爲轉注經典多段回字爲之詩謀猶回遹傳曰回邪也厥德不回傳曰回違也皆卽㚄之叚借今經典作回俗乃作違㚄字已久不行段氏玉裁曰必有許書而後知回衺之本字作㚄桓大之本字作查傀㕳之本字作𡗞偁不能觀其會通則徒存許書而已矣

尣部三百九十四

尣 𡯂也曲脛人也 从大象偏曲之形 烏光切 尪 篆文从㞷 。今字从此省作尪 (三) 尥 行脛相交也 力弔切 ⿺尢于 股⿺尢于也 乙于切 (四) 尪 部首尣重文 尬 尲尬也 古拜切 (五) ⿺尢皮 蹇也 布火切。此卽跛之正字足部跛篆衡出蓋後人所增今經傳有跛無⿺尢皮 ⿺尢左 ⿺尢左行不正也 則箇切 (六) ⿺尢皃 行不正也讀若燿 弋笑切 (十) 尲 俗作尷 尲尬行不正也 古咸切 尳 厀病也 戶骨切 (十三) 𡰖 不能爲人所引曰𡰖⿺尢巂 都兮切。玉篇作⿺尢是 𡰖⿺尢巂與提攜略同 (二十) ⿺尢羸 郝 中病也 郎果切 (廿三) ⿺尢巂 𡰖⿺尢巂也 戶圭切

壺部三百九十五

壺 昆吾圜器也 象形 从大象其蓋 戶姑切 (四) 壼 壹壼也 易曰天地壹壼 於云切。今周易作絪縕他書作烟熅氤氳皆俗用字也 隸省作壼

壹部三百九十六

壹 从今字作壹 嫥壹也 於悉切。嫥壹作專一非 (八) 懿 嫥久而美也 乙冀切。今字右體从恣誤

㚔部三百九十七

㚔 所以驚人也 一曰俗語以盜不止爲㚔 讀若籋 尼輒切。徽幸之幸篆作㚔見夭部此與絕異 (三) 執 捕罪人也 之入切 圉 囹圉所以拘罪人 一曰圉垂也 一曰圉人掌馬者 魚舉切。囹圉他書作囹圄者同音相叚也囗部曰圄守之也圉人字本當作圉圄亦叚借字也今圉圄二字經傳多互譌莫能諦正者禁圉之本字作敔見攴部 (四) 報 當罪人也 博号切 (五) 睪 司視也 今吏將目捕罪人也 羊益切。卽今之眼線是也凡經典所用睪字皆當作睪見目部 (十) 盩 引擊也 扶風有盩厔縣 張流切。隸从皿誤 庢俗作厔非 (十五) 鞫 窮治罪人也 居六切。按此字隸作鞫經典從之俗改爲鞫

䩳大林或省誤𦍒言

奢部三百九十八

奢奢張也式車切 奓籀文。今吕此爲奓字非也奓見多部 ⑬ 奲 俗作奲又作奲 奲富奲奲皃丁可切

亢部三百九十九

亢亢人頸也从大省象頸脈形胡郎切。俗字作肮作吭 頏頏亢或从頁 ⑦ 𩒺𩒺直項莽𩒺皃阿朗切。小徐玉篇廣韻皆作䟘。頁部曰頏直項則頏字義當作𩒺

夲部四百

夲夲進趣也从大十大十者猶兼十人也讀若滔土刀切 ⑤

奏从今字 奏進也則候切 𡙸古文 𢼸亦古文 皋皋皋气皋白之進也禮祝曰皋登謌曰奏周禮曰詔來鼓皋舞古勞切

⑦ 𡗗𡗗進也易曰𡗗升大吉余準切。今易作允蓋古本作𡗗也 ⑨ 𠦬今作𠦬 𠦬疾也呼骨切。飄忽倏忽字當作此 ⑫ 暴𣋞隸變作暴 薄報切。按此與暴篆形義皆殊而今疾有所趣也 字不別暴者即今之曝字也見日部

夰部四百一

夰夰放也从大八八分也古老切 ④ 昦今字作昊 昦春爲昦天元气昦昦也胡老切。大昊少昊字本作暤見日部 ⑦ 𡚁𡚁嫚也虞書曰若丹朱𡚁讀若傲論語𡚁湯舟古到切。此與傲鏊字音義略同引伸爲排𡚁多力皃 ⑩ 𡚒𡚒舉目驚𡚒然也九遇切。瞿然當作此𡚒 ⑫ 𡚓

𡚓驚走也一曰往來皃周書曰伯𡚓古文吕爲囧字俱往切。蓋𡚓囧古通用也

亣部四百二

亣亣籀文大改古文亦象人形他蓋切 ⑤ 臭臭大白也古文吕爲澤字古老切。與顥音義略同廣韻又昌石切 ⑥ 奕奕大也詩曰奕奕梁山羊益切。簿弈之弈見廾部 𡘜𡘜稍前大也讀若畏偄而沇切 ⑦ 奘奘駔大也徂朗切 奚奚大腹也胡雞切。奚奴作傒奴 ⑬ 𡚐𡚐大皃或曰拳勇字讀若傿乙獻切。手部曰捲气勢也爲捲勇正字拳訓手也非其義 ⑫ 𡘲𡘲隸省作𡘲 奰壯大也一曰迫也讀若易虙羲氏詩曰不醉而怒謂之奰平祕切。張衡左思賦皆用奰屭字而譌作

贔廣俗書之不正如此

夫部四百三

夫夫丈夫也从大一一吕象先周制八寸爲尺十尺爲丈人長八尺故曰丈夫甫無切。先者簪字 ④ 扶㚘並行也讀若伴旅之伴薄旱切。許書無侶字伴侶作扶旅爲正 ⑦ 規規規巨有灋度也居隨切。鳥名子規其正字作巂見隹部

立部四百四

立立住也从大立一之上力入切。住者今之住字 ③ 𥩟竢重文見下七畫 ⑤ 竘竘健也一曰匠也讀若齲周書有竘匠丘羽切 ⑦ 竦竦敬也息拱切。悚懼之正字作愯二字音同而義自有別未容通借 竢竢待也牀史切。

此俟待之正字俟訓大也義別 或从巳 竣 居也國語曰有司已事而竣 七倫切

⑧ ⿰立隶 臨也 力至切。經典莅字或作涖注家皆曰臨也道德經釋文云古無莅字說文作⿰立隶今則莅涖行而⿰立隶廢矣 䇈 磊䇈重聚也 丁罪切。今俗語有此字作累墜

竫 亭安也 疾郢切。亭者即俗用之停字。安靜當作此竫

靖 立竫也一曰細皃 疾郢切。此謂立容安竫也

⿰立彔 見鬼鬽皃讀若虙羲氏之虙 房六切。彔籀文鬽字

⿰立昔 驚皃 七雀切。與獨音義略同

䇑 短人立䇑䇑皃 傍下切。䇑䇑短皃䇑之字或作罷或作䊴

⑨ 端 直也 多官切。端始之正字作耑端委字當作褍

竭 負舉也 渠列切。此竭力字用之凡手不能舉者負而舉之禮運五行之動迭相竭也注云竭猶負戴也竭盡之本字作渴自㠯竭爲渴盡字而㠯渴爲飢㵣字矣

⑩ ⿰立芻 頚重文見下十二畫

⑫ 竱 等也春秋傳曰竱本肇末 旨沇切。等者齊也按孟子不揣其本而齊其末揣蓋竱之段借字

⑫ ⿰立須 立而待也 相俞切。此須待正字須者即今髭鬚字也引伸之義爲須遲樊遲名須亦⿰立須之段借字 或从芻

竲 北地高樓無屋者 作縢疾陵二切。禮運夏則居橧巢說文無橧字陸釋文曰本又作竲

⑬ 竵 俗作歪 不正也 火鼃切。口部曰咼口戾不正也蓋言口之歪衺也

⑭ [illegible] 㾈也 力臥切。㾈者痺也

竝部四百五

竝 併也 蒲迥切

⑤ 暜 廢也一曰偏下也 他計切。此替之正文普偏之普篆作普見日部 或从曰 或从兟从曰。鉉等曰今俗作替非是

囟部四百六

囟 ⊗ 頭會匘蓋也 息進切。內則正義引此云⊗其字象小兒腦不合也。攷夢英書偏旁石刻作⊗宋刻書本皆作囟今人楷字譌作囟又改篆體作囟所謂象小兒腦不合者不可見矣囟俗作顖 或从肉宰

由 古文囟字

④ 毗 毗䐡人臍也 房脂切。急就篇段借作膍

⑩ 巤 毛巤也象髮在囟上及毛髮巤巤之形也此與籀文子字同意 良涉切。按巤與髟部鬣音義無異蓋正俗字也

思部四百七

思 容也 息茲切

⑥ 慮 謀思也 良據切

心部四百八

心 人心土藏也在身之中象形博士說己爲火藏 息林切

② ⿱刀心 怒也讀若顡 魚既切

㣻 懲也 魚肺切。古多段乂艾爲之而㣻廢矣

③ 志 意也 職吏切。此大徐所增十九文之一志者古文識字

𢖻 古文恕見下五六畫

忕 習也 此篆各本作愧今正詩四月正義蕩釋文皆引說文忕習也是唐初有忕篆而玄應書卷十三云忕又作愧引字林愧習也是說文本作忕字林變作愧淺人用字林改說文耳犬部狃下曰犬性忕也可證許書故有忕篆狃忕之見于經傳不可枚舉陸德明時世反又市制反又時設反字林作愧則翼世反。按愧蓋本作㤾唐人避諱于偏㫄世字多改爲曳集韻類篇皆愧㤾爲重文。奢泰當作奢忕

忓 極也 古寒切

忒 更也 他得切。或借貣字爲之

忘 不識也 武方切

忌 憎惡也 渠記切

忬 惡也讀若吁 況于切

⿱工心 恐重文見六畫

忍 能也 而軫切。能者耐也能耐本一字俗所忍耐也

④ 忠 敬也盡心曰忠 陟弓切

快 喜也 苦夬切。引伸之義爲疾速俗用駃字非也駃爲駃騠音義俱別

念 常思也 奴店切

忻 闓也司馬法曰善者忻民之善閉民之惡 許斤切。闓者開也忻謂心之開發與欠部欣笑喜也義異廣韻合爲一字今義非古義也

忼 俗作慷 忼慨也

忼慨壯士不得志於心也易曰忼龍有悔苦浪切。此引經說段借也忼爲伉慨今易作亢爲正字

忯㤅也巨支切

忱誠也詩曰天命匪忱氏任切。今詩作諶按忱諶二字古通用

㤅惠也烏代切。此惠愛之正字愛訓行皃義別

古文

忞自勉彊也周書曰在受德忞讀若旻武巾切。今書作暋釋詁暋強也許所據古文不同。段注曰詩亹亹文王毛傳曰亹亹勉也亹即釁之俗釁从分聲興釁即忞忞之段借也

忮很也之義切。人部伎下引詩鞫人伎忒言段借也

忦忽也孟子曰孝子之心不若是忦呼介切。今孟子作恝說文無按忦恝古今字

忽忘也呼骨切。忽然之忽當作曶見曰部倏忽奄忽飄忽當作欻見夲部

忨貪也春秋傳曰忨歲而渴日五換切。按左傳昭元年曰翫歲而愒日習部翫下引之蓋古皆通用疑作忨愒爲正也

忥癡皃許既切

忿悁也敷粉切。忿與憤義異憤㠯气盈爲義忿㠯狷急爲義

怖恨怒也詩曰視我怖怖蒲昧切。詩視我邁邁毛傳曰邁邁不悅也釋文云韓詩及說文皆作怖怖

忧心動也讀若祐于救切

忦憂也五介切。此與忦別

忡憂也詩曰憂心忡忡敕中切

忝辱也他典切

(五)

性人之易气性善者也息正切

怤思也甫無切

怡龢也與之切。怡悅之正字作台說

怙恃也侯古切

怞朖也詩曰憂心且怞直又切。今詩作妯

怕無偽也匹白切又葩亞切。澹泊當作憺怕

𢘓懋重文見下十三畫

憸疾利口也詩曰相時憸民息廉切。詩無此語

急褊也居立切。急速之急當作亟亦可作茍茍部首

忒失常也他得切。廣韻有忒無忒此蓋後人所增

怚驕也子去切

怪異也古壞切

怠慢也徒亥切

怫鬱也符弗切

怳狂之皃許往切。俗作恍爲恍忽又作慌爲慌張

怋怓也呼昆切。大雅民勞毛傳曰惛怓大亂也惛當作怋

怓亂也詩曰㠯謹惛怓女交切。怋今詩作惛釋文云說文作怋

怨恚也於願切

𢙏古文。各本篆體作𢙏今按班馬字類韻會皆引史記封禪書百姓怨其法字作𢙏𢙏蓋怨字轉寫之誤也今史記無有如此者古字𠂆即於𠃊矣亟宜正之𢙏古文死字

怏不服懟也於亮切

怛憯也得案切又當割切

𢘾或怛从心在下詩曰信誓𢘾𢘾今作旦旦是𢘾𢘾之段借也。

怮憂皃於糾切

怲憂也詩曰憂心怲怲兵永切

怵恐也丑律切

怖悑重文見下七畫

怍慙也在各切。言部曰詐慙語也孟子其言之不怍正當作詐

(六)

息喘也相即切。臭息之息正作瘜息滅之正作熄咸姓氏之息作鄎

恉意也職雉切。今字或作旨或作指皆非本字也

恔憭也吉了切又下交切。按此字廣韻去聲云恔出孟子集韻類篇則平聲引說文作恔上聲引作恔疑古本分二字也

恬安也徒兼切。按段說甘部甛木部栝炎部銛併此篆皆改从西蓋謂从舌非聲也然乎否乎

恢大也苦回切。多部曰㚇大也音義皆同

恭肅也俱容切。廾部曰龔慤也音義略同

恕仁也商署切

𢖽古文恕

恮謹也此緣切

恩惠也烏痕切

恂信心也相倫切。恂栗字當作㥨或作悛見夸洵美字當作此恂

恃賴也時止切

恤憂也收也辛聿切。卩部曰卹憂也疑古祇有卹恤其或體耳

恁念也如甚切

恣縱也資四切

恑變也過委切。此詭詐詭僪之字今人多用詭非也

恚怒也於避切

𢙏怨重文見上五畫

恨怨也胡艮切

恫痛也一曰呻吟也他紅切。詩神罔時恫人部引作侗

恙憂也余亮切

恇怯也去王切

恐懼也丘隴切

古文

㤥苦也胡槩切

恥辱也敕里切

恧慙也女六切。說文無忸字集韻一屋恧忸同注云說文慙也或作忸玉篇忸女六切忸怩本部亦無怩字祇作尼

(七)

悊敬

也陟列切。口部曰哲知也。哲與悊義殊。哲下云或从心作悊。蓋後人因古書悊哲字或从心作悊而合之也。今刪口部之悊

悈 飭也 居薤切。戒部曰戒警也。義略同

憙 惪重文見下十二畫

悟 覺也 五故切。古書多叚寤爲悟 古文悟

悛 止也 此緣切

⿰忄巠 恨也 胡頂切。⿰忄巠即孟子悻字也

悒 不安也 於汲切。爾雅云僾唈也。唈者邑之俗。亦可作悒

悆 忘也。嘾也。周書曰有疾不悆。悆喜也 羊茹切。今書作弗豫。許所據者壁中古文。孔安國已今字易之也

悍 勇也 侯旰切

悝 啁也。春秋傳有孔悝。一曰病也 苦回切。口部曰啁嘐也。啁即今之嘲字。悝即今之詼字。謂詼諧啁調也。今則詼嘲字行而悝啁廢矣

⿱狂心 誤也 居況切。言部曰誑欺也。音義皆同

悁 忿也。一曰憂也 於緣切。

悔 恨也 荒內切。卦體之悔見卜部

悠 憂也 以周切。悠長悠遠之悠當作攸 作攸見攴部。悠游字作㳺游

悄 今別作愀 憂也。詩曰憂心悄悄 親小切

患 憂也 胡丱切 ⿵門心 古文从關省 亦古文患

⿱夾心 思皃 苦叶切

悐 惕重文見下八畫

⿰忄共 戰栗也 戶工切又戶恐切

悑 惶也 普故切 悑或从布聲

⑧ 情 人之侌气有欲者 疾盈切

悳 外得於人內得於己也 多則切。凡道德德行字皆當作此。德者升也。古或叚得爲之 古文

惇 厚也 都昆切。此敦厚之正字。敦者怒也詆也一曰誰何也

悃 悃愊至誠也 苦本切。各本篆文从困作悃誤也今正

悰 樂也 藏宗切

惟 凡思也 以追切。按經傳多用爲發語之詞。毛詩皆作維。論語皆作唯。古文尚書皆作惟。古又叚借作佳

惀 欲知之皃 盧昆切

悹 憂也 古玩切

⿰忄隶 肆也 他骨切。廣韵又他內切

惄 飢餓也。一曰憂也。詩曰惄如輖飢 奴歷切

⿱弦心 急也。河南密縣有⿱弦心亭 胡田切

⿰忄采 姦也 倉宰切

悸 心動

也 其季切。夢悸之正字作㝱寐 竝見㝱部

惏 河內之北謂貪曰惏 盧含切。此貪婪正字。與婪音義略同

惑 亂也 胡國切。古多叚或爲惑

惽 不憭也 呼昆切。俗云昏瞶當作此字。詩以謹惽怓 其字當作怋也

惡 過也 烏各切

悶 懣也 莫困切

惆 失意也 敕鳩切

悵 望恨也 丑亮切

悽 痛也 七稽切

悲 痛也 府眉切

惜 痛也 思積切

㥏 痛聲也。孝經曰哭不㥏 於豈切。今孝經作偯 俗字也

⿱咎心 怨仇也 其久切。此與人部咎音同義別。古書多叚咎爲之。咎行而⿱咎心廢矣。人部又曰俗毀也。音同義近

惔 憂也。詩曰憂心如惔 徒甘切。今詩作炎 許引之已明會意也。按火部美下又引之。釋文正義皆引作美 本字也

惙 憂也。詩曰憂心惙惙。一曰意不定也 陟劣切

惂 憂困也 苦感切

悴 憂也。讀與易萃卦同 秦醉切。憔悴之正字作顦顇 竝見頁部。憔俗字也

悼 懼也。陳楚謂懼曰悼 徒到切

惕 敬也 他歷切 或从狄。漢書王商傳如此作

⿱甚心 毒也。周書曰來就⿱甚心⿱甚心 渠記切。今尚書無此文

⿰忄典 青徐謂慙曰⿰忄典 他典切。按忝⿰忄典二字音義皆同。忝蓋⿰忄典之或體也。靦腆當作此⿰忄典

⑨ 意 志也 於記切。志即識。心所識也。意之訓爲測度爲記。訓測度者如論語毋意毋必不逆詐不億信億則屢中。其俗字作億。訓記者如今人云記憶是也。其字俗作憶。古音入聲。於力切。言部曰⿱中言快也。爲古文意字。同於力切

⿱匧心 今字作愜 快也 苦叶切

⿰忄重 遲也 直隴切。遲重字當作此

惲 重厚也 於粉切。惲厚字如此。今皆作渾。渾厚非也。渾者混流聲也。人部僤下曰人姓。疑即今惲姓。譌僤爲惲也

愊 悃愊也 芳逼切

愃 寬閒心腹皃。詩曰赫兮愃兮 況晚切。今毛詩作咺。傳云威儀容止宣著也。而此作愃。義亦異。蓋許時有此本。引之說叚借也

想 覬思也 息兩切

⿰忄㒸 突也 徐醉切。

㥟與𨗨音義皆同按从穴者爲室之𥥍从心者爲恖意之𥥍

愙今字作恪 敬也春秋傳曰吕陳備三愙 苦各切

㥲 知也 私呂切。與言部諝音義皆同今作胥知者段借字也

𢜅 憮也讀若侮 亡甫切

愐 勉也 彌殄切。此黽勉之正字或作勔作偭者皆俗體也

⿰忄禺 懼也琅邪朱虛有⿰忄禺亭 噳俱切。此與愚各字猶慕與慔各字也

⿰忄卻 勞也 其虐切。與人部御音義皆同

愒 息也 去例切。釋詁及甘棠傳皆曰憩息也憩者愒之俗體又民勞傳曰愒息也非有二字也又釋言曰愒貪也此愒字乃歠之段借如左傳玩歲而愒日習部引作歠公羊不及時而葬曰渴渴急也亦即歠字也

㥛 急性也一曰謹重皃 己力切

愉 薄也論語曰私覿愉愉如也 羊朱切。覦者覦之俗字人部曰㣽愉也周禮以俗教安則民不愉鄭注愉謂朝不謀夕此引申之義也淺人分別之別製偷字訓爲偷薄訓爲苟且訓爲偷盜絕非古字許書所無又女部曰媮巧黠也偷盜字正當作媮愉之字今俗又變其體爲愈

用爲愈甚字者當作逾用爲病愈字者當作瘉也

愚 戇也 虞俱切

惰 憜重文見下

十二畫

愓 放也一曰平也 徒朗切。方言婬婸遊也是婬蕩游蕩字當作此愓也按廣韻作婸

古文愓从象。各本別爲一篆音訓同愓今據華嚴音義引移併

𢖻 過也 去虔切。書曰不愆於六步七步此𢖻字當作𨕐辵部曰𨕐過也按爲經過之過此爲過失義自不同

𡫬 或从寒省。此篆與下文訓實之𡫬隸變均作蹇形無少差別矣

𠎝 籒文

惷 亂也春秋傳曰王室日惷惷焉一曰厚也 尺允切。今本作王室實蠢蠢焉此蓋本字也

⿱則心 惻重文見上七畫

⿰忄彖 怨恨也讀若膎 戶佳切。各本篆體从豕作㣿誤今正

𢢄 小怒也 充世切。廣韻𢢄小怒也尺制切又有恎小怒也芳否敷救二切集均𢢄恎二同丘九切以說音或作欿及說文𢢄字廣韻作𢢄求之𢢄恎悟三體定爲一字也

惻 痛也 初力切

愍 痛也 眉殞切。與閔義殊

感 動人心也 古禫切。許書有感無憾左傳漢書多作感蓋憾漢以

怨怒才有動于心而已

惴 憂懼也詩曰惴惴其栗 之瑞切。栗俗作慄

愁 𢝊也 士尤切

𢝊 愁也 於求切。此𢝊愁之正字夊部曰憂和行也爲憂游字俗吕憂爲𢝊爲憂愁不得不段優爲優游字矣

惶 恐也 胡光切

⿰忄弭 厲也一曰止也讀若沔 彌兖切。左傳弭兵之弭周禮彌烖兵之彌皆當作此

（十）

慎 謹也 時刃切

昚 古文。字从此

愨 謹也 苦角切

愿 謹也 魚怨切。鄉原之原當作愿

慈 㤅也 疾之切

⿰忄虒 低⿰忄虒不憂事也讀若移 移爾切

㥯 謹也 於靳切

愻 順也唐書曰五品不愻 蘇困切。愻者順也凡愻順字从心遜遁字从辵今遜媕行而愻廢矣尚書大傳作訓訓亦順也爲段借字

𡫬 𢖻重文見上九畫

慉 起也詩曰能不我慉 許六切。今谷風傳作養非也

愯 懼也春秋傳曰駟氏愯 息拱切。今本作聳後人所易也。愯俗作悚漢書刑法志作㦝晉灼曰古悚字立部曰竦敬也音義略近

⿱䀠心 懼重文見下十八畫

慆 說也 土刀切

態 意態也 他代切

或从人

慊 疑也 戶兼切。按女部嫌者不平於心也一曰疑也不平於心爲嫌之本義則嫌隙字作嫌嫌疑字當作慊也今則嫌行而慊廢且吕慊爲歉足字矣

慍 怨也 於問切

愾 大息皃詩曰愾我寤嘆 許既切

愴 傷也 初亮切

慇 痛也 於巾切。又於謹反隱痛字皆作此

慅 動也一曰起也 穌遭切。騷動字當作此

愪 𢝊皃 王分切

⿰忄弱 𢝊皃讀與惄同 奴歷切。惄⿰忄弱蓋可通用

慁 𢝊也一曰擾也 胡困切

（十一）

慨 忼慨也 苦溉切。嘅嘆之嘅見口部

慧 儇也 胡桂切。古多段惠爲之

慸 高也一曰極也一曰困劣也 特計切。樂記則無怗懘之音懘即慸之譌俗作懘

慶 行賀人也 丘竟切

慘 慘

驚懼之正字作慫

書師乃慆手部引作搯

金部曰鎎怒戰也爲敵愾之正字

然也洛蕭切。凡無聊賴字可作憀。慒慮也藏宗切。爾雅音義曰慒字書作悰然說文悰慒竝出廣均又似由切㤅重文見上四畫慰安也一曰恚怒也於胃切慔勉也莫故切。與慕同音同體而異義慕習也莫故切慓疾也敷沼切惷愚也丑江切慢惰也一曰慢不畏也謀晏切。侮慢之慢作嫚遲慢之慢作趧慫驚也讀若悚息拱切。慲慲兜忘也母官切。慲兜蓋古語忘之皃也今人謂糊塗不省事曰顢頇疑當作慲軒

此婺慢之古字

慘毒也七感切。慘淡之慘當作黲慯憂也式羊切。此憂傷正字傷者創也義別[illegible]楚潁之閒謂憂曰[illegible]力至切慽或書作慼憂也倉歷切。古或段戚為慽慴懼也讀若疊之涉切慹怖也之入切𢟐𢤱也蒲拜切。今周易公羊傳字皆作憊𤸺𢟐或从疒慙媿也昨甘切㦁泣下也易曰泣涕㦁如力延切。今易作泣血漣如漣者瀾之或字自㠯漣㦁為正字也

（十三）

憲敏也許建切憕平也直陵切憭慧也力小切。按廣均曰了者慧也凡憭悟了悟者段借字也瘱竫也於計切。此篆或作㥷見後漢書又譌作㥷作㥷憖肎也謹敬也一曰說也一曰且也春秋傳曰昊天不憖又曰兩軍之士皆未憖魚覲切𢡆滿也一曰十萬曰𢡆於力切。此億兆之正字安億之億篆作億見人部今字皆作億億行而𢡆億皆廢矣意籀文省憮㤅也一曰不動文甫切[illegible]謹也讀若毳此芮切[illegible]精戇也千短切。篇均呼骨切憪愉也戶閒切。今人所用閒靜當用此字憜不敬也春秋傳曰執玉憜徒果切惰或省𠂤。今俗皆如此作媠古文憧意不定也尺容切憰權

詐也古穴切。此與言部譎音義皆同蓋放㠯言此㠯心也㠯心則恑憰尤甚也詭譎字作恑憰為正憒亂也胡對切。按潰潰者憒憒之段借也憝怨也周書曰凡民罔不憝徒對切。孟子引作譈𢝊患重文見上七畫憎惡也作滕切憯痛也七感切[illegible]憂也常倫切。廣韵作恂憚忌難也一曰難之也徒案切憐哀也洛賢切。石鼓文作𢡰

（十三）

應當也於陵切。大徐言部譍為譍對之譍憼敬也居影切。敬之壯心者也[illegible][illegible]躇也直由切。[illegible]躇者籌箸之正字今作躊躇俗字也懋勉也虞書曰時惟懋哉莫候切。古多段茂字為之孞或省憺安也徒敢切。人部曰倓安也音義皆同澹泊當作憺怕憸憸詖也憸利於上佞人也息廉切懁急也讀若絹古縣切懈怠也古隘切憿幸也古堯切。憿幸俗作僥倖徼幸皆非也憤懣也房吻切。此與悁忿字異懆愁不安也詩曰念子懆懆七早切懙趣步懙懙也余呂切。字亦作懙

（十四）

懕安也詩曰懕懕夜飲於鹽切。今詩作厭厭段借字也[illegible]憂也一曰急也方沔切。弁急當作此字弁俗作卞懦駑弱也乃亂切。按此篆疑本作㦚後人㠯今字改之詳段說懝騃也一曰惶也五溉切。方言曰癡騃也懝騃即癡騃疒部癡不慧也懖拒善自用也商書曰今女懖古活切。𢡆即今之拒字。今文懖作聒亦衛包之所改也[illegible]古文从耳。壁中文蓋如是懜不明也武亘切。通作懵亦作夢夕部曰夢不明也義同懟怨也丈淚切。今與悶音義皆同謂為一字懣煩也莫困切。廣韵莫旱切𥳑簡在也讀若簡古限切。論語簡在帝心即𥳑之段借𢤱𢟐也苦計切

（十五）慶 閟也廣大也一曰寬也詩曰慶彼淮夷 苦謗切。各本于部出憬篆曰覺悟也引詩憬彼淮夷按釋詩文云憬說文作慶是本無憬篆後人增之可知矣今刪。元帝紀衆僚久慶段慶爲曠字 憱 輕易也商書曰吕相陵憱 莫結切。今商書無此文。輕蔑字已當作此 ⿱黎心 恨也一曰急也 郎尸切 [illegible] 患重文見上七畫 懲 忿也 直陵切

（十六）⿱頪心 美也 莫角切 懷 念思也 戶乖切。懷抱之正字作褱 褱又懷藏懷妊懷袖其已字作褱並見衣部 ⿱衞心 寱言不慧也 于歲切。此與寱部寱音義略同 廣韻⿱衞心同衞

（十八）𡫸 實也虞書曰剛而𡫸 先則切。凡充塞字當作此 今俗經傳多用塞 塞行而𡫸廢矣 懼 恐也 其遇切 ⿱䀠心 古文懼省 懽 喜款也爾雅曰懽懽愮愮憂無告也 古玩切。懽與歡音義皆略同 廣均曰懽同歡 呼官切 ⿰忄巂 有二心也 戶圭切。古多段借攜爲之 懾 失气也一曰心服也 之涉切。人部曰偏心服也音義同

（十九）戁 敬也 女版切

（廿四）戇 愚也 陟絳切。段說戇下曰今人所用憨字即此字之變 愚按疑是戇之省變 舊音下紺反

惢部四百九

惢 心疑也讀若易旅瑣瑣 才規才累二切。讀如瑣也。今花蘂字當作此 蘂繠蕊蕋芯皆俗字也

（六）繠 垂也 如壘切

說文易檢卷十下

說文易檢卷十一上

水部四百十

水 準也北方之行象衆水並流中有微陽气也 式軌切

（二）汃 西極之水也爾雅曰西至於汃國謂之四極 府巾切。今爾雅作邠 釋文邠本或作𡺀 說文作汃 按邠爲段借字 西極汃國已汃水得名必當作汃也 氾 濫也 孚梵切。浮汎之汎見下 氿 水厓枯土也爾雅水醮曰氿 居洧切。今本作厬 音義云字又作[illegible] ⿱休水 沒也讀與溺同 奴歷切。沈溺字當作此 汁 液也 之入切。漢什邡縣當作此字

（三）江 江水出蜀湔氐徼外崏山入海 古雙切 汀 平也 他丁切 泙 汀或从平 汝 汝水出弘農盧氏還歸山東入淮 人渚切。爾汝字當作女 汈 今又作涊 汈水也出上黨 乃見切 泈 泈水也宊古文終 職戎切 汘 汘水也 倉先切 汎 浮皃 孚梵切。泛下曰浮也 二字音義皆同 段氏曰汎彼柏舟亦汎其流 上汎謂汎 下汎當作泛 古字同音而有區別如此 論語汎愛衆是段汎爲氾也 囦 淵重文見下九畫 汋 激水聲也井一有水一無水謂之瀱汋 市若切 汜 水別復入水也詩曰江有汜一曰汜窮瀆也 詳里切 汕 魚游水皃詩曰烝然汕汕 所晏切 汓 浮行水上也古文或吕汓爲沒字 似由切 泅 汓或从囚 汽 水涸也或曰泣下詩曰汽可小康 巨乞切 污 薉也一曰小池爲污一曰涂也 烏故切。或與洿通用 汏 淅瀾也 徒蓋切。或寫作汰 譌字也 若左傳汏侈 汏輈字皆即泰之段借 泰古文作夳 汛 灑也 息晉切 汗 身液也 侯旰切 池 陂也 直離切。此篆各本無今補 鉉等曰池沼之池通用江沱字今別作池非是 但攷之初學記引說文池者陂也 皀部陂下一曰池也 衣部褫讀若池 繫之則池與陂爲轉注 徐堅所據不誤 說文固未嘗無池篆也

（四）沅

沅 沅水出牂柯且蘭東北入江（愚袁切） 沔 沔水出武都沮縣東狼谷東南入江或曰入夏水（彌兖切。詩沔彼流水毛傳沔水流滿也瀰下云水滿也是段沔為瀰） 汾 汾水出大原晉陽山西南入河或曰出汾陽北山冀州浸（符分切。詩汾王之甥毛曰汾大也是段汾為墳也） 沁 沁水出上黨穀遠羊頭山東南入河（七鴆切） 沇（今俗作兖） 沇水出河東垣東王屋山東為泲（以轉切） 沿 古文沇如此。按此篆疑有誤沿洄之沿見下段本作㕣口部固有㕣篆矣 汨 長沙汨羅淵也（莫狄切。汨漢之汨从曰不从日今俗多混之） 汳（今俗作汴） 汳水受陳留浚儀陰溝至蒙為獲水東入於泗（皮變切） 沂 沂水出東海費東西入泗一曰沂水出泰山蓋（魚衣切。漢人多㠯沂為圻堮之圻） 汶 汶水出琅邪朱虛東泰山東入濰（亡運切。漢人崏山崏江字作汶山汶江） 沛 沛水出遼東番汗塞外西南入海（普蓋切。今字為顛沛跋之段借也沛郡之正字作𨛫俗別作霈為滂沛字非） 沈 沈水也（羽求切） 汭 水相入皃（而銳切） 汪 深廣也一曰汪池也（烏光切） 沖 涌繇也讀若動（直弓切。沖虛之沖篆作盅） 沄 轉流也讀若混（王分切） 沆 莽沆大水也一曰大澤皃（胡朗切） 沙 水散石也楚東有沙水（所加切。古冊砂字衹作沙砂者俗字也） 𣲡 譚長說沙或从尐 汻（今俗作滸） 水厓也（呼古切） 沚 小渚曰沚詩曰于沼于沚（諸市切） 汥 水都也（章移切） 決 下流也（古穴切） 汵 淦重文見下八畫 沒 湛也（莫勃切。頁部曰頞內頭水中也又部曰叟入水有所取也三字音訓略近而義自有別）按沒者全入于水也故引伸之義訓盡自在學分別而用之耳沒終之正字作歿 沈 陵上滈水也一曰濁黕也（直深切。沈沒之沈篆作湛陰沈之沈篆作霃） 泜 箸止也（按此與土部坻訓箸之坻皆

从氐義亦略同玉篇之是切廣韵諸氏切大徐直尼切誤認為泜字耳） 沑 水𣱽也又盈也（人九切。𣱽即駛字俗用之） 沝 重文見下八畫 沐 濯髮也（莫卜切） 汲 引水也（居立切。古書多用汲汲為彶彶是同音段借字） 汩 治水也（于筆切。汩沒汩亂字當作此） ⑤ 河 河水出敦煌塞外昆侖山發原注海（乎哥切） 泑 泑澤在昆侖虛下讀與妣同（於糾切） 沱 江別流也出嶓山東別為沱（徒何切。鉉等池沼字通用沱今補池篆） 沫 沫水出蜀西南徼外東南入江（莫割切） 沮 沮水出漢中房陵東入江（子余切） 沾（此即今之添字） 沾水出上黨壺關東入淇一曰沾益也（他兼切。漢曹全碑惠沾渥白石神君碑澍雨沾洽魏受禪表玄澤行雲罔不沾渥皆即今之添字沾染之沾篆作霑） 泲 沇也東入于海（子禮切。四瀆之濟當作此） 泠 泠水出丹陽宛陵西北入江（郎丁切。凡樂工伶人左傳用泠字） 油 油水出武陵孱陵西東南入江（以周切） 泄 泄水受九江博安洵波北入氐（今制切。泄沓之泄篆作詍泄漏篆作渫扁泄俗作洩） 泡 泡水出山陽平樂東北入泗（匹交切） 泗 泗水受泲水東入淮（息利切。古或段為涕洟之洟） 沭 沭水出琅邪東莞南入泗青州寖（食聿切） 治 治水出東萊曲城陽丘山南入海（直之切） 泜 泜水在常山（直尼切） 沽 沽水出漁陽塞外東入海（古胡切。沽酒之沽篆作酤沽市之沽篆作夃見乃部） 泒 泒水起鴈門葰人戍夫山東北入海（古胡切） 泥 泥水出北地郁郅北蠻中（奴低切） 泌 俠流也（兵媚切。邶風毖彼泉水毖即泌之段借字） 泫 湝流也上黨有泫氏縣（胡畎切） 泚 清也（千禮切。詩新臺有泚毛曰泚鮮明皃此段泚為玼也） 況 寒水也（許訪切。矢部矤下曰況詞也古矤況而況皆用兄字後乃用況）

今作況尤俗

泬 水從孔穴疾出也 呼穴切 波 水涌流也 博禾切

泓 下深皃 烏宏切 泙 谷也 符兵切 泏 水皃讀若窋 竹律切

泆 水所蕩泆也 夷質切。俗逸字當作此 沴 水不利也五行傳曰若其沴作 郎計切

沸 畢沸濫泉也 分勿切。涫沸之本字作鬻見鬲部

沼 池也 之少切 注 灌也 之戍切。按說文無註字古祇作注 泭 編木已渡也 芳無切。論語乘桴浮于海是段桴爲泭也

沿 緣水而下也春秋傳曰王沿夏 與專切。沿又見古文沇

泝 从今字作俗又作溯 逆流而上曰泝洄泝向也 桑故切 遡 泝或从是朔

泳 潛行水中也 爲命切 泛 浮也 孚梵切。此與汎音訓略同而義散別左傳汎舟之役字當作泛 泅 汓重文見上三畫

砅 履石渡水也詩曰深則砅 力制切。今詩作厲此其本字也 濿 砅或从厲

泱 滃也 於良切 泐 水之理也周禮曰石有時而泐 盧則切。木部曰朸木之理也𨸏部曰阞地理也古字之有分別如此

泧 瀎泧也讀若椒榝之榝 火活切

泔 周謂潘曰泔 古三切 泂 滄也 戶褧切

沬 洒面也 荒內切。晉灼曰沬古靧字 湏 古文沬。各本篆體作湏按尚書王文選類血飲泣李善注類古沬字是說文本作類轉寫譌誤奪其頁耳今據正

泰 滑也 他蓋切。汏侈字當作此沐者俗字 夳 古文泰如此

泣 無聲出涕者曰泣 去急切

泮 諸侯鄉飲射之宮西南爲水東北爲牆 普半切。禮家製頖字許不取也

(六) 洮 洮水出隴西臨洮東北入河 土刀切。俗用之淘汰字當作此

汧 汧水出右扶風汧縣西北入渭 苦堅切

洛 洛水出左馮翊歸北夷畍中東南入渭 盧各切。河洛洛邑字篆作雒

洈 洈水出南郡

洞簫之本字作筒

高城洈山東入繇 過委切 洭 洭水出桂陽縣盧聚南出洭浦關爲桂水 去王切

汹 汹水出汝南新郪入潁 穌計切。水經注作細段借字

洧 洧水出潁川陽城山東南入潁 榮美切 洹 洹水在齊魯閒 羽元切。玉篇曰汍同

洙 洙水出泰山蓋臨樂山北入泗 市朱切

洋 洋水出齊臨朐高山東北入鉅定 似羊切

洨 洨水出常山石邑井陘東南入于泜郡國有洨縣 下交切。師古曰音效又音爻

洵 過水出也 相倫切。洵美等字篆作恂

洇 洇水也 此字玉篇及小徐皆作湮廣韻洇湮並收集韻類篇引說文互異而今存宋本皆作洇 於眞切

洦 隸變作泊 淺水也 旁各切。澹泊篆作憺怕

洍 洍水也詩曰江有洍 詳里切。段說云此蓋三家詩洍下引江有汜則毛詩也

洚 水不遵道一曰下也 戶工切又下江切 衍 水朝宗于海皃也 以淺切

活 流聲也 戶括切 𣸮 活或从聒 洸 水涌光也詩曰有洸有潰 古黃切

洞 疾流也 徒弄切。洞達之本字作迵 洶 洶涌也 許拱切

冽 水清也易曰井冽寒泉食 良薛切。此清冽凓冽之冽見仌部

洔 水暫益且止未減也 直里切。爾雅釋水借爲沚字

派 別水也 匹賣切。一切經音義兩引說文𠂢水之衺流別也以釋派韻會曰派本作𠂢从反永引鍇云今人又增水作派據此則說本有𠂢無派當刪

洼 深池也 一佳切又於瓜切

洫 十里爲成成閒廣八尺深八尺謂之洫論語曰盡力于溝洫 況逼切。今本于作乎

洐 溝行水也 戶庚切 洄 溯洄也 戶灰切 涑 小雨霝皃 所責切。俗作溹

洊 䨓震洊洊也 作代切 洽 霑也 侯夾切 洿 濁水不流也一曰窊下也 哀都切。或段爲污薉字

洎 灌釜也 其冀切。洎及之正字作臮見乑部

莅涕之正字作僳姛

詩烝之浮浮，火部引作烰烰

洝洝渜水也烏旰切 洏洏洝也一曰煮孰也如之切 洒洒滌也古文以爲灑埽字先禮切。此洗滌之正字，洗訓洒足，音義俱別。灑埽之灑見下 洗洗洒足也穌典切 染染以繒染爲色而琰切。霑染之霑染見雨部 洟洟鼻液也他計切。詩涕泗滂沱，是段泗爲洟也 ⑦ 浙浙江水東至會稽山陰爲浙江旨熱切。俗作淛字 㳅㳅水出蜀汶江徼外東南入江祖才切。此篆各本作涐，音五何切，段云字之誤，今依改正。按水經注云呂忱曰㳅水出蜀，許慎以爲涐水也。廣韻十六咍曰㳅水名，出蜀。集韻類篇水部皆云㳅或作涐 涂涂涂水出益州牧靡南山西北入澠同都切。古道塗，塗墍字皆作涂。塗山之字作嵞，見屾部 涇涇涇水出安定涇陽幵頭山東入渭古靈切 浪浪滄浪水也來宕切 浯浯浯水出琅邪靈門壺山東北入濰五乎切 浿浿浿水出樂浪鏤方東入海一曰出浿水縣普拜切 浝浝浝水也莫江切 海海天池也以納百川者呼改切 洪洪洚水也戶工切。大壑曰谼，字亦作洪 涓涓小流也爾雅曰汝爲涓古懸切 浩浩沆也虞書曰洪水浩浩胡老切 浮浮氾也縛牟切 涌俗作湧涌滕也一曰涌水在楚國余隴切 㳬俗作漩㳬回泉也似沿切。廣韻又辭戀切 涅涅黑土在水中也者 浥浥溼也於及切 涘涘水厓也周書曰王出涘牀史切 浦浦水瀕也滂古切 涔涔潰也一曰涔陽渚在郢鉏箴切 浞浞小濡皃也士角切。詩既霑既足，足即浞之段借 消消盡也相幺切 涗涗財溫水也周禮曰以涗漚其絲輸芮切 浚浚抒也私閏切 涒涒食已而復吐之爾雅曰大歲在申曰涒灘他昆切

淹漬字當作腌

浣瀚重文見下十七畫 浴浴洒身也余蜀切 涑涑瀚也河東有涑水速侯切。或段漱字爲之 浼浼汙也詩曰河水浼浼孟子曰汝安能浼我哉武罪切。今本作爾焉能浼我哉 涕涕泣也他禮切。易萃上六齎咨涕洟，鄭注自目曰涕，自鼻曰洟。檀弓垂涕洟，正義目垂涕，鼻垂洟，分晳極明。後世既以涕爲鼻洟字，于是別製淚爲眼淚字，許固不取也。王褒童約目淚下落，鼻涕長一尺，曹娥碑泣淚掩涕，驚動國都，漢魏所用已如此 ⑧ 涷涷涷水出發鳩山入河德紅切 涪涪涪水出廣漢剛邑道徼外南入漢縛牟切 淹淹淹水出越巂徼外東入若水英廉切 淯淯淯水出弘農盧氏山東南入沔或曰出酈山西余六切 淇淇淇水出河內共北山東入河或曰出隆慮西山渠之切。山海經作濝 深深深水出桂陽南平西入營道式針切。深淺之本字作㴱，見穴部 淮淮淮水出南陽平氏桐柏大復山東南入海戶乖切 淠淠淠水出汝南弋陽垂山東入淮匹備切又匹制切。水經注曰泄水字或作淠 淩淩淩水在臨淮力膺切。淩越之淩篆作夌 淨淨魯北城門池也士耕切。潔淨篆作瀞 淶淶淶水起北地廣昌東入河洛哀切 涶涶河津也土禾切。各本口部唾下有重文涶字，今刪 涻涻涻水出北嚻山入卭澤始夜切 淔淔淔水也恥力切 淁淁淁水也七接切 涺涺涺水也九魚切 淉淉淉水也古火切 ⿰氵乳⿰氵乳⿰氵乳水也乃后切 𣶃今俗作潮𣶃水朝宗于海也直遙切。說文無潮篆，蓋即𣶃之異體 混混豐流也胡本切。混亂混濁之混篆作溷，混同之混篆作掍 淲淲水流皃詩曰淲池北流皮彪切。今詩作滮，此其正字 淢淢疾流也于逼切。詩築城伊淢，是段淢爲洫也 淪淪小波爲淪詩曰河水清且淪猗一曰沒也力迍切。淪陷之正字作㴔 淙淙

周禮漿人六飲鄭司農云涼以水和酒也其字本作𩠋

水聲也藏宗切 淙 直流也苦江切又哭江切 淑 清湛也殊六切。淑善字篆作俶 清 朖也澂水之皃七情切 淈 濁也一曰滒泥一曰水出皃古忽切。段氏云今人汩亂字當作此 淫 浸淫隨理也一曰久雨曰淫余箴切。淫雨之本字作霖今作霪尤俗淫泆之淫篆作婬 淺 不深也七衍切 淖 泥也奴教切 ⿰氵曶 青黑皃呼骨切。各本篆體作溷是㠯隸改篆也按篇均皆曰溷今作溷今據正廣均荒內切 𣲖 俗作沃 溉灌也烏酷切 ⿰氵昔 所㠯攤水也漢律曰及其門首洒⿰氵昔所責切 淜 無舟渡河也皮冰切。小雅傳曰徒涉曰淜河徒搏曰暴虎爾雅釋訓論語孔注同淜正字馮段借字 淦 水入船中也一曰泥也古暗切 汵 淦或从今 淒 雨雲起也詩曰有渰淒淒七稽切。今詩作萋萋非也篇韵皆作淒淒 涿 流下滴也上谷有涿鹿縣竹角切 ⿰日乁 奇字涿

淊 泥水淊淊也一曰繅絲湯胡感切 涸 渴也讀若狐貈之貈下各切 ⿰氵⿱鹵舟 涸亦从水鹵舟 渌 漉重文見下十一畫 涫 俗作滾 涫 鬻也酒泉有樂涫縣古丸切 涾 涫溢也今河朔方言謂鬻溢爲涾徒合切 淅 汏米也先擊切 淤 澱滓濁泥也依據切 淰 濁也乃忝切 漿 今字作漿 酢漿也即良切 古文漿 涼 薄也呂張切。涼風之正字作飉 淡 薄味也徒敢切。此與澹音同義別不宜通用淡泊篆作憺怕 液 盡也羊益切 淬 滅火器也七內切 湻 常倫切。醇厚之醇見酉部 淋 㠯水𣲖也一曰淋淋山下水也力尋切 ㊈ 湔 湔水出蜀郡緜虒玉壘山東南入江一曰湔半澣也子仙切 渭 渭水出隴西首陽渭首亭南谷東南入河杜林説夏書㠯爲出

詩緜鼓淵淵其字當作𪔛

詩荒湛于酒字當作媅

鳥鼠山雝州浸云貴切 湟 湟水出金城臨羌塞外東入河呼光切 湘 湘水出零陵縣陽海山北入江息良切 湞 湞水出南海龍川西入溱陟盈切 渮 渮水在山陽湖陵南禹貢浮于淮泗達于渮古俄切 湡 湡水出趙國襄國之西山東北入浸噳俣切。顏師古音藕 渚 渚水在常山中丘逢山東入湡爾雅曰小州曰渚章與切 湳 西河美稷保東北水乃感切 渙 散流也呼貫切 湝 水流湝湝也一曰湝水寒也詩曰風雨湝湝古諧切 湋 回也羽非切 測 深所至也初側切 湍 疾瀨也他耑切 湁 湁湒鬻也丑入切 渾 溷流聲也一曰洿下也。戶昆切 渾厚之渾篆作惲 湜 水清見底也詩曰湜湜其止常職切 淵 回水

也烏懸切 𣶒 淵或省水 囦 古文淵从口水 渻 少減也一曰水門又水出丘旁謂之渻丘息井切。女部曰媘減也音義略同按渻媘皆省減之本字也 湀 湀辟流水處也求癸切 湖 大陂也楊州浸有五湖浸川澤所仰㠯溉灌者也戶吳切 渠 水所凥也彊魚切 湄 水艸交爲湄武悲切 津 隸省作津 水渡也將鄰切。津液之本字作𧖴見血部論語云津津𦘕𦘕之津篆作𦘕 𦩍 古文津从舟淮 渡 濟也徒故切 湊 水上人所會也倉奏切 湛 沒也一曰湛水豫州浸直林切。又宅減切此浮沈之本字湛樂之湛作媅 古文湛 湮 沒也於真切。湮塞之湮篆作垔見土部 渨 沒也烏恢切。段云此字疑後人所增 渰 雨雲皃衣檢切。漢書作黤 湒 雨下也一曰鬻涌皃姊入切 渿 渿沛也奴帶切 渥 霑也於角切 渴 盡也其列切。

此蝎盡本字飢渴之渴篆作㵣 湆 幽溼也 去急切 湫 隘下也一曰有湫水杜周地春秋傳曰晏子之宅湫隘安定朝那有湫淵 子了切又即由切 湯 熱水也 土郎切 渜 湯也 乃管切 溲 浸沃也 疏有切 湑 莤酒也一曰浚也一曰露皃也詩曰有酒湑我又曰零露湑兮 私呂切 湎 湛於酒也周書曰罔敢湎于酒 彌兗切 渳 歛歃也 緜婢切 渫 除去也 私列切。唐人避諱改其字作渫泄漏字當作此泄 俗又作洩 湩 乳汁也 多貢切 湅 𣿅也 郎甸切。湅𣿅簡練之正字精練之練篆作𢿱見攴部 渝 變污也 羊朱切 減 損也 古斬切 ⑩ 溫 溫水出犍爲符南入黔水 烏魂切。凡溫煗溫良溫仁等字皆當作𥁕 病溫之温篆作𥁕 滇 益州池也 都年切 溺 溺水自張掖删丹西至酒泉合黎餘波入于流沙 而灼切。溺水者弱水也沈溺篆作湛休便溺之溺篆作𡱁見尾部 溠 溠水杜漢南荊州浸也春秋傳曰脩涂梁溠 側駕切 溱 溱水出桂陽臨武入匯 側詵切。溱洧字當作潧 溧 溧水出丹陽溧陽 力質切 滍 滍水出南陽魯陽堯山東北入汝 直几切 溳 溳水出南陽蔡陽東入夏水 王分切 濅 今字作浸 濅水出魏郡武安東北入呼沱水 子鴆切。㝲籀文寑字見宀部 㴲 㴲水出趙國襄國東入湡 息移切 湞 湞水也讀若瑣 蘇果切 溥 大也 滂古切 滔 水漫漫大皃 土刀切。漫即今漫字 滂 沛也 普郎切。滂沛俗作霶霈非 滕 水超踊也 徒登切。詩百川沸騰玉篇引作百川沸滕滕者正字騰者段借字 溶 水盛也 余隴切。又音容 溷 亂也一曰水濁皃 胡困切。

此混濁混亂本字溷廁之正字作圂見口部 滑 利也 户八切 溽 溽暑溼暑也 而蜀切 滋 益也一曰滋水出牛欽山白陘谷東入呼沱 子之切。各本篆體作𣿿誤今正艸部滋下曰艸木多益也此从水茲爲水之多益也凡訓增益之義二字可互用 滎 絕小水也 户扃切。字又作濴濙 溝 水瀆也廣四尺深四尺 古侯切 湛 湛重文見上九畫 滃 雲气起也 烏孔切 溟 小雨溟溟也 莫經切。莊子南溟北溟字當作冥 滈 久雨也 乎老切 溦 小雨也 無非切。此微雨之本字 涵 水澤多也詩曰僭始既涵 胡男切 洳 漸溼也 人庶切。詩彼汾沮洳 按說文無洳字 㴫 灌也 口角切又公沃切 溓 溓薄水也或曰大水中絕小水出也又曰淹也 濂。溓或从廉 依段說增此 溼 幽溼也 失入切。此㬎溼之本字俗作濕誤 準 平也 之允切。準的之本字作埻字林作准 滓 澱也 阻史切 滒 多汁也讀若哥 古俄切 溢 器滿也 夷質切。儀禮喪服傳朝一溢米夕一溢米鄭注二十四兩曰溢謂滿于一斤十六兩之外也其字从水不从金此古字之可據者 滄 寒也 七岡切。滄音義同 與 滅 盡也 亡列切。火部㓕滅也音義皆同盡滅言盡滅威言熄威也剪滅篆作搣搣 ⑫ 漾 漾水出隴西獂道東至武都爲漢 余亮切 瀁 古文漾从養 漢 漾也東爲滄浪水 呼旰切 𤁻 古文漢如此 漆 漆水出右扶風杜陵岐山東入渭一曰漆城池也 親吉切。凡詩書漆絲梓漆字皆當作桼 滻 滻水出京兆藍田谷入霸 所簡切。霸者今之灞字 漳 漳水也濁漳出上黨長子鹿谷山東入清漳清漳出沾山大要谷北入河南漳出南郡臨沮 諸良切 漸 漸水出丹陽黟南蠻中東入海 慈冉切。

瀨進之本字作趨
潵 潵水出南陽魯陽入父城五勞切 潁 潁水出潁川陽城乾山東入淮豫州浸余頃切 鄵 鄵水杜魯
苦郭切 溉 溉水出東海桑瀆覆甑山東北入海一曰灌注也古代切。灌溉之本字作溉 濾 濾水出北地直路西東入洛側加切。按濾與沮各字漢書水經不別
滱 滱水起北地靈丘東入河滱水即嘔夷水并州川也苦侯切 漹 漹水出西河中陽北沙南入河乙乾切
漠 北方流沙也一曰清也慕各切 緐 順流也一曰水名侯甾切 演 長流也一曰水名以淺切 漻 清突也洛蕭切
漣 瀾重文見下十七畫 漂 浮也匹消切又匹妙切 滲 下漉也所禁切 漼 突也詩曰有漼者淵七罪切 滿 盈溢也莫旱切 漘

水厓詩曰寘河之漘常倫切 潀 小水入大水曰潀詩曰鳧鷖在潀徂紅切 漥 清水也一曰窊也一穎切又屋瓜切。窪下之窪篆作窊窐
滴 水注也都歷切。埤倉有滴字讀去聲即滴字也 漊 雨漊漊也一曰汝南人謂歛酒習之不醉曰漊力主切 漬 漚也前智切 漚 久漬也烏候切 滯 凝也直例切 濂 水虛也苦岡切
滰 浚乾漬米也孟子曰孔子去齊滰淅而行。其兩切今版本滰作接當是字之誤 漉 浚也一曰水下皃也盧谷切 淥 漉或从彔。考工記作盝 滫 久泔也息流切又思酒切 漀 側出泉也去挺切 漱 盪口也所右切。涑之涑見上 滌 洒也徒歷切。洒者今之洗字 漕 水轉轂也一曰人之所乘車及船也在到切 漏 以銅受水刻

節晝夜百節盧后切。穿漏屋漏字篆作屚見雨部 ⑬ 潼 潼水出廣漢梓潼北界南入墊江徒紅切 澇 澇水出右扶風鄠北入渭魯刀切。史記文選皆作潦非或又段為旱潦字 潩 潩水出河南密縣大隗山南入潁與職切 潩 按此實潩之或體各本別為一篆今據六書故引移正 澺 澺水出廬江入淮胡計切
潭 潭水出武陵鐔成玉山東入鬱林徒含切 𣸣 𣸣水出豫章艾縣西入湘莫蟹切 溜 溜水出鬱林郡力救切。滴溜之溜篆作霤
潕 潕水出南陽舞陰東入潁文甫切 潧 潧水出鄭國詩曰潧與洧汍汍兮側詵切。汍汍即洹洹今詩作溱洧誤 㵐 㵐水也其冀切 潒 水潒瀁也讀若蕩徒朗切。潒瀁即今之蕩漾 潝 水流疾聲許及切 潏 涌出也一曰水中坻人所為為潏一曰潏

水名杜京兆杜陵古穴切 澐 江水大波謂之澐王分切 澂 今俗作澄 清也直陵切 潣 水流浼浼皃眉殞切 潿 不流濁也羽非切
潯 旁突也徐林切 潰 漏也胡對切。潰敗之潰讀潰爛之潰篆作殨 潢 積水池也乎光切 澗 山夾水也一曰澗水出弘農新安東南入雒古莧切 潛 涉水也一曰藏也一曰漢為潛昨鹽切。水名之潛見下
澍 時雨也所以樹生萬物者也常句切 潦 雨水也盧皓切。此旱潦之正字 澌 水索也息移切 潐 盡也子肖切 潤 水曰潤下如順切 潘 淅米汁也一曰潘水在河南滎陽普官切 澆 𣵽也古堯切 潎 於水中擊絮也匹蔽切。玉篇曰潎漂潎也漂潎即洴澼按說文無洴澼二字 潸 俗作潸 涕流皃詩曰潸焉出涕所姦切 澒 字又作汞 丹沙所

娃湯故湯字當作陽

化爲水銀也呼孔切（十三）澮澮澮水出河東彘霍山西南入汾古外切。畎澮之正字作く巜並見部首 潞潞冀州浸也上黨有潞縣洛故切 蕩蕩蕩水出河內蕩陰東入黃澤徒朗切。蕩滌之正字作盪蕩漾篆作漾漾 灃灃灃水出南陽雉衡山東入汝盧啟切 澺澺澺水出汝南上蔡黑閭澗入汝於力切。各本篆文作澺集韵類篇皆云說文作澺隸作澺今正 過今又作渦 渦渦水受淮陽扶溝浪湯渠東入淮古禾切。浪湯水經注作蒗蕩 澶澶澶淵水也市連切 濁濁濁水出齊郡厲媯山東北入鉅定直角切 活活重文見上六畫 澥澥勃澥海之別也一曰澥谷也胡買切。漢書作解谷廣韵作嶰 潚潚深清也息逐切 激激水礙衺疾波也一曰半遮也吉歷切 澹澹澹澹水繇兒也徒敢切。繇即搖澹泊之正字作憺怕 濇濇不滑也色立切。止部曰澀不滑也音義俱同澀俗作澀作澁 澤澤光潤也丈伯切 瀆瀆水厓也詩曰鋪敦淮瀆符分切 澳澳隈厓也其內曰澳其外曰鞫於六切 澩澩夏有水冬無水曰澩讀若學胡角切 澩或不省 澨澨埤增水邊土人所止者夏書曰過三澨時制切 澬澬久雨涔澬也一曰水名才私切。亦作𣽹 濃濃露多也詩曰零露濃濃女容切。濃淡之濃篆作醲 濂濂重文見上十畫 滜滜新也七辠切。謂水色新也 澱澱滓垽也堂練切。黑部曰黷謂之垽二字音義皆同蓋一字也 頮沬重文見上五畫 濈濈和也阻立切 澡澡灑手也子晧切 濊濊腹中有水气也士尤切 濊濊水多兒呼會切。按段說刪濊篆呂此改訓濊流音呼括切（十四）[illegible][illegible][illegible]水杜丹陽匹卦切 濦濦濦水出潁川陽城少室山東入潁於謹切。其字一變爲濦再變爲殷 濮濮

濮水出東郡濮陽南入鉅野博木切 濕濕濕水出東郡東武陽入海桑欽云出平原高唐它合切。濕者漯之俗字漯水又濕水之譌燥濕之本字作溼 濰濰濰水出琅邪箕屋山東入海徐州浸夏書曰濰淄其道以追切。淄俗字說文祇作甾甾 濟濟濟水出常山房子贊皇山東入泜子禮切。四瀆之濟篆作泲 濡濡濡水出涿郡故安東入淶人朱切 濆濆水脈行地中濆濆也弋刃切。文選江賦曰潛演之所汩淈演者濆之譌字 濞濞水暴至聲匹備切 濫濫氾也一曰濡上及下也詩曰觱沸濫泉一曰清也盧瞰切。今作檻泉者字之段借也過濫之濫篆作爁 濔俗作瀰 濔水滿也奴禮切 濢濢小溼也且遂切 濘濘滎濘也乃定切 𦨖津重文見上九畫 濩濩雨流霤下兒胡郭切。或段爲鑊字詩是刈是濩是也或段爲護字湯樂名大濩是也 濛濛微雨兒莫紅切。廣雅作霿俗字也 濯濯澣也直角切 濤濤大波也徒刀切。此篆新坿據文選魏都賦注引移入正文段云疑渟之別體（十五）瀁漾重文見上十一畫 濼濼齊魯閒水也春秋傳曰公會齊侯于濼盧谷切 瀏瀏流清兒詩曰瀏其清矣力久切 瀆瀆溝也一曰邑中曰溝徒谷切。四瀆之本字作隫古文作磧瀆曆之本字作黷媟瀆之本字作嬻亦可作遺 瀑瀑疾雨也詩曰終風且瀑一曰沫也一曰瀑賈也平到切。今詩作暴蓋段借字瀑疑當从暴作瀑 濿砅重文見上五畫 瀀瀀澤多也詩曰既瀀且渥於求切。今詩作優爲段借字 瀌瀌瀌雨雪兒甫嬌切 㶁㶁水裂去也古伯切 瀎瀎瀎泧拭滅兒莫達切。按瀎泧猶末殺字林作抹摋異字而同音義 瀋瀋汁也春秋傳曰猶拾瀋也昌枕切 瀞瀞冷寒也七定切。集韵類篇皆云瀞滄二同楚慶切（十六）瀞

瀙瀙水出南陽舞陰中陽山入潁七吉切 瀤瀤北方水也
户乖切 [illegible]今字作[illegible]土得水沮也讀若麵竹隻切。今俗謂水積積侵物入其內曰
[illegible]當作此字 瀨瀨水流沙上也洛帶切。埤倉云渧瀨瀩也渧瀨即滴瀨 澩澩巢重文見上十三畫
潢潢小津也一曰以船渡也户孟切。玉篇户航切今俗航船字可作此互詳方部航下
瀞瀞無垢薉也疾正切。凡今俗所用淨字皆當作此 瀝瀝漉也一曰水下
滴瀝也郎擊切 湛湛歙歠也一曰吮也衫洽切又先活切。按此各本篆文作[illegible]誤
今據篇韻更正。湛即今之涮字也 [illegible]海岱之閒謂相污曰[illegible]余廉切 ⊕十七
[illegible]水大至也乙感切 濊濊礙流也詩云施罟濊濊呼括切
段說刪此已濊篆改訓礙流 瀾瀾大波為瀾洛干切 漣漣瀾或從連。古瀾連同音故瀾漣同字後
人乃別為異字異義異音漣泣之漣篆作[illegible] 瀿瀿大波也孚袁切 瀱瀱井一有

水一無水謂瀱汋也居例切 瀳瀳俗作洊洊水至也讀若尊在甸切
瀸瀸積也爾雅曰泉一見一不為瀸子廉切 瀶瀶谷也
讀若林一曰寒也力尋切 瀧瀧雨瀧瀧也力公切 [illegible]洒重文見上八畫
瀹瀹漬也以灼切。今江東呼瀹為煠字作淪亦作汋皆段借也其字當作鬻見鬲部 [illegible]
釃酒也一曰浚也讀若夏書天用勦絕子小切。今本从力作勦誤 濣
俗作澣 濣濯衣垢也胡玩切 浣今澣从完。儀禮古文段浣為盥 ⊕十八 灊
灊灊水出巴郡宕渠西南入江昨鹽切。今作潛水誤 灌灌灌水
出廬江雩婁北入淮古玩切。灌祭之本字作祼灌溉浸灌之本字作盥 瀷瀷潩重文見上十二畫
灈灈灈水出汝南吳房入瀙其俱切 灉灉河灉水也於容切
灅灅灅水出右北平俊靡東南入庚力軌切 瀵瀵水浸也讀

若粉爾雅曰瀵水大出尾下方問切 灂灂水之小聲也士角切
[illegible]淅也古限切。簡擇簡湅字當作此 ⊕十九 [illegible]水也以諸切 灘
灘重文見下十二畫 灓灓漏流也洛官切。字又作灤 灑灑汛也山豉切。此洒埽之本字
灒灒污灑也一曰水中人也則旰切。此即今之濺字亦通作湔 ⊕二十 [illegible]即讞字
議辠也魚列切 ⊕廿二 㶟㶟㶟水出鴈門陰館累頭山東
入海一曰治水也力追切。按此篆疑當作[illegible]其山曰絫頭山則其水當為漯水也 灡灡潘
也洛干切。此與瀾異字 灝灝豆汁也呼老切 ⊕廿三 灘灘水濡而乾也
詩曰灘其乾矣他安切。今詩作暵蓋非也後人用為沙灘字亦作潬 灘俗灘从隹

說文易檢卷十一上

林部四百十一

林林二水也之壘切 ⑦ 𣻔𣻔水行也力求切 流流篆文从水。今字用之 𣻔𣻔徒行厲水也攝入切 涉涉篆文从水。石鼓文作𣥠

頻部四百十二

頻頻水厓人所賓附也頻戚不前而止必鄰切。籀變作瀕又省作頻按頻本水瀕本引申之義為頻仍頻比今俗別製濱為水濱分別二字殊無謂也 ⑧ 顰顰俗又作嚬顰顰涉水顰戚也符真切。顰戚即顰蹙許無蹙字古亦通作蹴也莊子及俗通文用矉為顰

𡿨部四百十三

𡿨𡿨水小流也周禮匠人為溝洫耜廣五寸二耜為耦一耦之伐廣尺深尺謂之𡿨倍𡿨謂之遂倍遂曰溝倍溝曰洫倍洫曰巜姑泫切。今周禮𡿨作甽巜作澮後人所改也。水部曰涓小流也音義皆同 甽甽古文𡿨从田川 畎畎篆文𡿨从田犬聲六畎為一畝

巜部四百十四

巜巜水流澮澮也方百里為巜廣二尋深二仞古外切。溝澮之正字澮水名也 ⑬ 粼粼水生厓石間粼粼也力珍切 俗作磷

川部四百十五

川川毌穿通流水也虞書曰濬𡿨巜距川言深𡿨巜之水會為川也昌緣切 ① 巛巛害也祖才切。今巛害字作災灾栽菑皆叚借也 ③ 㐬㐬水廣也易曰包㐬用馮河呼光切。今易作荒陸釋文云本亦作㐬按㐬之義引申為凡廣大之偁今字皆作荒荒者蕪也荒大行而㐬大廢矣 𡿭𡿭水流巜巜也良薛切 州州水中可居者曰州水匊繞其旁昔堯遭洪水民居水中高土故曰九州詩曰在河之州一曰州疇也各疇其土而生也職流切。州本州渚字引申之乃為九州俗別製洲字非也 𡿧古文州 ④ 巠巠水脈也一曰水冥巠也古靈切 巠巠古文巠不省 𡿳𡿳水流也于筆切。此與水部汩義異廣韻合為一非 ⑤ 巠巠重文見上四畫 侃侃剛直也論語曰侃侃如也空旱切。衎樂之衎見行部 ⑥ 𡿲邕重文 ⑦ 邕邕邑四方有水自邕成池者是也讀若雝於容切。俗字作壅 𡿲籀文邕如此 ⑧ 𡿮𡿮水流皃于逼切亦胡國切。𡿮之隸變作𢦔又叚借為𢦔𣢾之𢦔

𡿲雝州字當作此邕

泉部四百十六

泉泉水原也象水流出成川形疾緣切。古錢貝作泉貝至秦廢貝行錢 ⑭ 𩂣𩂣泉水也讀若飯符萬切。楚人謂水暴溢曰瀪瀪即𩂣字

灥部四百十七

灥灥三泉也詳遵切 ② 𠫐𠫐水本也愚袁切 原原篆文从泉。原隸省作原按原本水原字後人以原為平邍之邍乃別製源字為水源之原積非成是久矣原諒之原作謜獮原之原作傆

永部四百十八

永永水長也象水巠理之長永也詩曰江之永矣于憬切 ⑯ 羕羕水長也詩曰江之羕矣余亮切。毛詩作永韓詩作羕古音同也

𠂢部四百十九

𠂢 水之衺流別也讀若稗縣 匹卦切。水部曰派別水也蓋後出字耳 ⑥ 衇 血理分衺行體中者 莫獲切 脈 俗作脉 䘑 或从肉。文選脈脈字皆脈之譌 衇 籀文 ⑦ 覛 衺視也 莫獲切。按覛與目部眽通用今文選譌作脈俗有尋覓字爲此篆之譌體 日部曰𥆨不見也亦即覓字 覛 籀文

谷部四百二十

谷 泉出通川爲谷从水半見出於口 古祿切 ③ 谸 望山谷千千青也 倉絢切。俗作芊通作千 ④ 谹 谷中響也 戶萌切 ⑤ 㕡 深通川也虞書曰㕡畎澮距川 私閏切。畎澮當作く巜 濬 或从水 濬 古文 ⑩ 谿 俗作溪 谿 山瀆無所通者 苦兮切 ⑩又 豁 通谷也 呼括切。豁目字當作眓 ⑫ 𧯄 空谷也 洛蕭切 ⑰ 䜫

大長谷也讀若聾 盧紅切。晉灼曰谾音籠古䜫字

仌部四百二十一

仌 凍也象水冰之形 筆陵切。此冰凍正字冰者今之凝字 ③ 冬 四時盡也 都宗切 𣅽 古文冬从日 ④ 冰 水堅也 魚陵切。釋器冰脂也孫本冰作凝按此可證詩膚如凝脂本作冰脂俗吕冰代仌乃別製凝字凡經典凝字皆冰之變也 凝 俗冰从疑 ⑤ 冶 銷也 羊者切 冷 寒也 魯打切 冹 滭冹也 分勿切。互詳滭下 ⑥ 冽 凓冽也 良薛切。各本此篆作瀨音洛帶切今正按瀨字即廣韻玉篇皆無之而孔沖遠大東正義李善注高唐賦嘯賦皆引說文冽字林冽字是今本冽譌爲瀨顯然也。清冽之冽見水部 ⑧ 凍 仌也 多貢切 凌 滕重文見下十畫 凋 半傷也 都僚切。論語段彫爲凋 凊 淨即清 凊 寒也 七正切 ⑩ 滕 仌出也詩曰納于滕陰 力膺切又里孕切 凌 滕或从夌 㴠 寒也 胡男切 滄 寒也 初亮切。此與水部滄音義皆同按方言曰滄淨也二字皆當从仌滄即滄字淨即清字 凓 凓冽寒皃詩曰二之日凓冽 力質切。今詩作栗烈攷詩冽彼下泉疏引七月二之日凓冽是本不作栗烈也 滭 滭冹風寒也詩曰一之日滭冹 卑吉切。豳風七月一之日觱發傳曰觱發風寒也按觱發皆段借字滭冹乃正字猶水部畢沸今詩作觱沸也觱說文作𧥛 ⑫ 澌 流仌也 息移切 ⑮ 凝 冰重文見上四畫 ⑯ 凜 今省作凜 凜 凜寒也 力稟切。引申爲敬畏之偁俗字作懍懍

雨部四百二十二

雨 水從雲下也一象天冂象雲水霝其閒也 王矩切 𠑹 古文 ③ 屚 屋穿水入也 盧后切。今字作漏漏行而屚廢矣漏者吕銅受水刻節也

雩 夏祭樂於赤帝吕祈甘雨也 羽俱切 𦏱 雩或从羽 ⑤ 雹 雨仌也 蒲角切 𩂣 古文雹如此 電 陰昜激燿也 堂練切 𩆜 古文電 零 徐雨也 郎丁切。霝雨字見下 䨘 霰重文見下九畫 ⑥ 𩅬 雨零也 盧各切。此下雨本字今則落行而𩅬廢矣 雷 靁重文見下十五畫 霖 霖雨也南陽謂霖𩃓 銀箴切。此淫雨之正字俗作霪注 需 須也遇雨不進止須也易曰雲上于天需 相俞切。需與須音義略同 䨏 水音也 王矩切 ⑦ 霆 雷餘聲鈴鈴所吕挺出萬物 特丁切 霅 霅霅雷電皃一曰霅衆言也 丈甲切。今俗語云霎時閒霎即霅之俗字亦可作[illegible] 震 劈歷振物者春秋傳曰震夷伯之廟 章刃切。古音多讀平聲足部曰踬動也震動字當用之劈歷俗作霹靂 𩆏 籀文震

霽 霽 雨霽霰爲霄齊語也相邀切 覔 霰重文見下十六畫 霂 霂 霢霂也莫卜切 霃 霃 久霒也直深切。月令季春行秋令則天多沈陰即霃霒之叚借也沈行而霃廢矣

㊇ 𩃬 今作𩅰 𩃬 微雨也又讀若芟 子廉切。今人謂小雨曰廉纖即𩅰字也 霖 霖 凡雨三日已往爲霖 力尋切 霑 霑 雨霃也 張廉切。霑霑者沾染之正字沾者今之添字也 䨜 䨜 霽謂之䨜 七稽切 霓 霓 屈虹青赤或白色 五雞切。虹霓亦作虹蜺見虫部

㊈ 霝 霝 雨零也詩曰霝雨其濛 郎丁切。霝雨今之零雨字也雨曰霝零艸木曰零落 䨞 䨞 雨皃方北語也讀若禹 王矩切 䨣 䨣 雨濡革也讀若膊 匹各切 霜 霜 喪也成物者 所莊切 𩅼 𩅼 濡也 而剡切。今人多用霑染濡染染行而𩅼廢矣染者以繒染爲色非𩅼義 霚 俗作霧 霚 地气發天不應曰霚 亡遇切 雺 籀文霚省

㊉ 霣 霣 齊人謂靁爲霣一曰雲起也 于敏切 𩃔 古文霣如此 霢 霢 霢霂小雨也 莫獲切 䨙 䨙 久雨也 力鹽切 䨡 䨡 久雨也 胡男切 䨖 䨖 雨聲讀若資 即夷切。廣均作䨖

㊉㊀ 䨮 俗省作雪 䨮 冰雨說物者也 相絕切 䨶 䨶 小雨也明堂月令曰䨶雨 職戎切。月令無此文 霩 霩 雨止雲罷皃 苦郭切。淮南天文訓道生於虛霩虛霩生宇宙今俗字作廓廓行霩廢矣按五篇鼓下曰郭也春分之音萬物郭皮甲而出此郭字今亦作廓然則依許當作郭也 䨿 䨿 寒也或曰早霜也讀若春秋傳墊阨 都念切

㊉㊁ 靁 靁重文見上五畫 霤 霤 屋水流也 力救切。中霤之本字作廇

㊉㊂ 𩆂 𩆂 小雨也 子廉切

㊉㊃ 䨘 䨘 小雨也 素官切 霽 霽 雨止也 子計切 霾 霾 風雨土爲霾詩曰終風且霾 莫皆切 霿 霿 天气下地不應曰霿霿晦也

莫弄切。按霿與莽霚雺二篆義適相背音亦不同而經史雺霿霧三字往往淆譌要當以許書正之霚者霧之俗

㊉㊄ 靁 俗省作雷 靁 陰陽薄動生物者也 魯回切。古器多以回爲靁 𩆷 籀文 靁閒有回回靁聲也 𡆨 古文靁 𩇓 古文靁

㊉㊅ 霰 霰 稷雪也 穌甸切 霓 霰或从見

㊉㊆ 𩆵 𩆵 小雨才零也讀若斯 息移切。才今字作纔

(二十七) 䨝 霣重文見上十畫

(三十) 𩇔 靁重文見上十五畫 𩆝 震重文見上七畫

雲部四百二十三

雲 雲 山川气也从雨云象回轉之形 王分切 云 古文雲。古風雲字本如此或叚云爲曰如詩云即詩曰是也亦叚云爲員如景員維何箋云員古文作云昏姻孔云本又作員聊樂我員本亦作云是也自小篆別爲雲而形義皆判矣 𠄔 亦古文雲

㊃ 霒 霒 雲覆日也 於今切。霒易字本如此今人作陰陽而霒易廢矣 侌 古文霒 㑎 亦古文霒

魚部四百二十四

魚 魚 水蟲也象形魚尾與燕尾相佀 語居切。石鼓文作䲆。周禮天官䱷人陸釋文曰本又作魚案周禮掌取獸者曰獸人掌取鼈者曰鼈人則掌取魚者魚人是也

㊁ 魤 魤 魚名 呼跨切

㊂ 魠 魠 哆口魚也 他各切

㊃ 魴 魴 赤尾魚也 符方切 鰟 籀文魴从旁 魵 魵 魵魚也出薉邪頭國 符分切 魳 魳 魳魚也出樂浪潘國 博蓋切 魦 魦 魦魚也出樂浪潘國 所加切。詩小雅有鯊爲中夏之魚非遠方外國之魚明甚蓋詩自作沙字樂浪潘國之魚必出於海自是魦字 魿 魿 鮺也 徂慘切 魧 魧 大貝也一曰魚膏讀若岡 古郎切。江賦字作蚢 鮇 鮇 鮇魚出東萊 甫無切

㊄ 魼 魼 魼魚也 去魚切 鮍 鮍 鮍魚也 敷羈切 𩶁 𩶁 𩶁魚也讀若幽 於糾切 鮒 鮒 鮒魚也 符遇切 魾 魾 大

鱯也其小者名鮡敷悲切　鮆徂禮切刀魚也飲而不食九江有之
鮀徒何切鮎也　鮎奴兼切鰋也　鮐徒哀切海魚也。鮐即
鮐字鮊海魚也讀若書白不黑旁陌切。廣均禡韻作鰍　鮏俗作鯹
魚臭也桑經切。此與肉部胜腥義別腥臊之正作鮏臊　鮑饐魚也薄巧切　魿
蟲連行紆行者郎丁切　鮩蚌也兵永切。廣均蛤鮩與蠯蠯同非是　鮅
魚名毗必切　鮁鱣鮪鮁鮁北末切。今詩作發發　⑥鮞魚子也一
曰魚之美者如之切。爾雅曰鯤魚子也鱦小魚也詩無鯤字已卝包之亦無鱦字鱦者鮞之俗體也　鮪
鮪鮥也周禮春獻王鮪榮美切　鯍䱍鯍也武登切。字亦作䲢
鮥叔鮪也盧各切　鮦鮦魚一曰鱶也讀若絝襱直隴切
鮮鮮魚也出貉國相然切。新鮮之本字作鱻見本部鮮少之本字作尟見是部　鮫

海魚也皮可飾刀古肴切。山海經有鮫魚郭云即此魚中庸黿鼉鮫龍本又作蛟　鮨魚䏔
醬也出蜀中一曰鮨魚也旨夷切　鮚蚌也漢律會稽郡獻鮚醬
二斗巨乙切。文選字作蛣　鮡魚名治小切　⑦鯀鯀魚也古本切
禹父之字古多作鮌作骸禮記及釋文作鯀廣均曰禹父縣尚書本作鮌按鮌乃鯀之譌　鯉鯉鱣也
良止切　鯈鯈魚也直由切。其字亦作鰷亦作鮋俗作鱌　䱏䱏魚也
天口切。亦作鮭　䲔䲔魚也仇成切　鯇鯇魚也戶版切。段云今音胡本切音
轉而形改為鯶矣　鰋鮀也於幰切　鰋从匽或　鮷大鮎也杜兮
切。此字詩爾雅釋文廣韻作鯷文選蜀都賦及玉篇作鮷
未宷孰是呂東萊篆體易譌也山海經傳曰今亦呼鮎為鮷字林曰青州人呼鮎鯷郭注爾雅曰鮎別
名鯷江東通呼鮎為鮧蓋鮷鮧鯷三字同　鯁魚骨也
古杏切。此與骨部骾字別而骾字亦借鯁為之　鮺藏魚也南方謂之魿北方

謂之鮺一曰大魚為鮺小魚為魿側下切。俗作鮓　⑧鰖鰖重文見下十二畫
鰈鱧也胡瓦切　鯢刺魚也五雞切。集均有魝字剌之俗　鮉鮉魚也
戶賺切　鯫白魚也士垢切。漢書作鯫蓋譌字也　鮸鮸魚也出薉邪頭
國亡辨切　鯜鯜魚也出樂浪潘國七接切　鮈鮈魚也出樂
浪潘國一曰鮈魚出九江有兩乳一曰溥浮居六切。溥浮俗字作鯆鮃鯆一作鱄
鯨鱷重文見下十三畫　鯦當互也其久切。互俗作鮔　鯛骨耑脃也
都僚切　鯙烝然鯙鯙都教切　鯕魚名渠之切　⑨鱮
鱮魚也相居切　䱍䱍鯍鮪也周雒謂之鮪蜀謂之䱍
鯍古恆切。各書多作鮔　鯾鯾魚也房連切　鯿或从扁　鰌俗作鰍
鰼也七由切　鰋鰋重文見上七畫　鰅鰅魚也皮有文出樂浪東

暆神爵四年初捕收輸考工周成王時揚州獻鰅魚容切　鰂
烏鰂魚也昨則切。鰂吳都賦作賊他書作鱡烏俗字作鰞　鯽鰂或从即。今人用
為鯽字　鰒海魚也蒲角切。本艸曰石決明一名鰒魚　鰕鰕魚也乎加
切。此今之魚蝦字蝦者蝦蟆也　鯸鯸魚名乎鉤切　⑩魶魶魚佀
鱉無甲有尾無足口在腹下奴荅切。此篆玉篇作鰨廣韻作魶史記上林賦有魶字
云一作鰨　鰨虛鰨也土盍切。漢書上林賦魼鰨史記作鱋魶魶一作鰨注家皆以魼鰨為二魚許
亦別魼與虛鰨為二鱋非魼虛之異文也　鰫鰫魚也余封切　䱐䱐魚也
古頑切　鰜鰜魚也古甜切。類篇作鱇　鰟鰟重文見上四畫　鰿鰿魚也
資昔切。此今人所常食者字又作鰿俗作鯽者誤也　鰯鰯魚也烏紅切　鰝大鰕也
胡倒切　⑪鱄鱄魚也旨兖切。字亦作鱒　鱸鱸魚也一名鯉

一名鰊(洛侯切) 鰱鰱鰱魚也(力延切) 鰻鰻鰻魚也(母官切) 鰼
鰼鰼鰌也(似入切) 鰸鰸鰸魚也狀侣鰕無足長寸大如叉股
出遼東(豈俱切。又今之鈎字) 鱅鱅鱅魚也(蜀容切) (十二) 鰿鰿鰿魚子
已生者也(徒果切) 隓鰖(籀文) 鱒鱒鱒赤目魚也(慈損切) 鱗鱗
鱗魚也(力珍切) 鱓(今字作鱓) 鱓鱓魚也傳曰伯牙鼓琴鱓魚
出聽(余箴切。鱏字見陳藏器本艸) [魚替][魚替][魚替]魚也(鉏箴切。此是魚名類篇謂即小魚爲鯦之鯦
非)也 鱖鱖鱖魚也(居衛切。亙口納鱖今人所常食者) 鱓鱓鱓魚也(常演切。其字
亦作鮔俗作鱔或段鱓爲之) 鱗鱗鱗魚甲也(力珍切) (十三) 鱣鱣鱣鯉也(張連切)
鱮(籀文) 鱮鱮鱮魚也(徐呂切) 鱧鱧鱧鱯也(盧啟切) 鱸
鱸鱸魚也出樂浪潘國(郎古切) 鱷鱷鱷海大魚也春秋傳
曰取其鱷鯢(渠京切) 鯨(鱷或从京) 鱢鱢鱢鮏臭也讀若周禮
曰膳膏臊(蘇遭切。鮏臊者胜臊之正字) (十四) 鱯鱯鱯魚也(胡化切。華陽志鱯爲鯸)
鱨鱨鱨揚也(市羊切) (十五) 鱳鱳鱳魚也出樂浪潘國(盧各切)
(十六) 鱱鱱鱱魚也(洛帶切) (十八) 鱹鱹鱹魚名(九遇切) 鱧(鱧重文見上十三畫)
(十九) 鱺鱺鱺魚也(郎兮切) (廿三) 鱶鱶鱶鮦也(盧啟切。鱶即今俗所謂烏魚或曰烏
鯉頭有七星之魚也今爾雅詩疏皆作鱧字誤矣) 鱻鱻鱻新魚精也(相然切。云精者即今之鯖字按凡
新鮮鮮明字皆當作鱻至漢人始呂鮮代鱻如周
禮經作鱻注作鮮是其證今則鮮行而鱻廢矣)

𩺰部四百二十五

𩺰𩺰二魚也(語居切。二魚重而不竝易所謂貫魚也魚行必相隨也) (三) 𩼬𩼬捕魚
也(語居切。捕者今之捕字捕索持也漢人用捕字多如此捕魚字古多作魚周禮𪑹人古本作魚作𪑹者次之作𪑹則非矣)

漁漁(篆文𩼬从魚)

燕部四百二十六

燕燕燕玄鳥也籋口布翄枝尾象形(於甸切。古段燕爲宴安宴喜字又段爲曣婉之曣又通作國名之鄴)

龍部四百二十七

龍龍鱗蟲之長能幽能明能細能巨能短能長春分而登
天秋分而潛淵从肉飛之形(力鍾切) (四) 龕龕龕龍皃(口含切。
各本篆从合作龕今依九經字樣正。段借爲戡亂之戡今人用戡堪字古人多段龕爲之) (六) [幵龍][幵龍]
龍耆脊上[幵龍][幵龍]也(古賢切。今作鬐亦作鰭) (十七) 龗龗龗龍也(郎丁切)
龖龖飛龍也讀若沓(徒合切)

飛部四百二十八

飛飛鳥翥也象形(甫微切。古或段蜚爲飛) (十二) 𩙪𩙪𩙪翄也籀文
翼(與職切) 翼翼(篆文𩙪从羽。論語翼如其本字作趩見走部㫝見日部)

非部四百二十九

非非違也从飛下翄取其相背也(甫微切。韋者今之違字) (三) 𩇕𩇕
別也(非尾切) (六) 陛陛陛牢謂之獄(邊兮切。法言字作狴今俗行之) (七)
靠靠相違也(苦到切) (十一) 靡靡柀靡也(文彼切。柀今字用披)

卂部四百三十

卂卂疾飛也从飛而羽不見(息晉切。引申爲凡疾之偁飛而羽不見者疾之甚也辵部曰迅疾也音義略同) (十) 䨻䨻回疾也(渠營切。詩嬛嬛在疚是䨻煢之段借字也)

說文易檢卷十一下

說文易檢卷十二上

乚部四百三十一

乚乚燕燕乚鳥也齊魯謂之乚取其鳴自謼象形也 烏拔切。乚象翄開首竦橫看之乃得 俗恐與甲乙字亂加鳥旁爲鳦則贅矣 鳦 乚或从鳥。此蓋非古字今爾雅毛傳如此作

㊂孔孔通也嘉美之也故古人名嘉字子孔 康董切

㊆乳乳人及鳥生子曰乳獸曰產 而主切

不部四百三十二

不不鳥飛上翔不下來也从一一猶天也 方久切 ㊂否否不也 方久切。口部重出否篆今刪

至部四百三十三

至至鳥飛從高下至地也从一一猶地也 脂利切 𡉀 古文至 ㊁到到至也 都悼切 ㊅致致到也 人質切 ㊇臺臺觀四方而高者也 徒哀切 ㊉臻臻至也 側詵切 (十一)𡐓𡐓忿戾也周書曰有夏氏之民叨𡐓 𡐓讀若摯 丑利切。今本𡐓作懫按作懫者天寶間衛包改也禮記大學心有所忿懥注云懥怒皃或作懫按懥懫皆不見於許書竝當作𡐓也

西部四百三十四

㢴 隸變作西 㢴鳥在巢上也象形日在㢴方而鳥㢴故因吕爲東㢴之㢴 先稽切。今俗㛪吕㢴爲東㢴棲爲棲處尟知棲之本字爲㢴者惟漢嚴發碑西街門遟猶存古字

棲棲 㢴或从木妻。棲遟尸部作屖遟遟亦作徲 卥 古文㢴 卤 籒文㢴 ㊅𨛗 今字作𨛗

𨛗 姓也 戶圭切。集均無此字

鹵部四百三十五

鹵鹵西方鹹地也安定有鹵縣東方謂之㡿西方謂之鹵 郎古切 ㊆𪉟 今字作鹺 𪉟鹹也河內謂之𪉟沛人言若虘 昨何切 ⑬鹹鹹銜也北方味也 胡毚切

鹽部四百三十六

鹽 今字从皿誤 鹽鹵也天生曰鹵人生曰鹽古者夙沙初作鬻海鹽 余廉切。鹹淡之鹹見鹵部 盬 今从皿誤 盬河東鹽池也袤五十一里廣七里周百十六里 公戶切 鹼鹼鹵也 魚欠切。集均同鹹

戶部四百三十七

戶戶護也半門曰戶象形 侯古切 㦿 古文戶从木 ㊀戹戹隘也 於革切。戹之隸作厄與卩部科厄字幾無差別 ㊂戾戾輜車旁推戶也讀與釱同 徒蓋切 㦿 部首戶重文 房房室在旁也 符方切 ㊄𢩀𢩀閉也 口盍切 扃扃外閉之關也 古熒切。周禮有鼏扃其字正作鼏 ㊅扇扇扉也 式戰切 肁肁始開也 治小切。凡經傳言肇始者皆肁之叚借字肇行而肁廢矣 扆扆戶牖之間謂之扆 於豈切。詩禮多段依爲之 ㊇扉扉戶扇也 甫微切

門部四百三十八

門門聞也从二戶象形 莫奔切 ㊁𨳇𨳇登也 二古文下字讀若軍敶之敶 直刃切。按此篆當作𨳇从古文上 篇韵𨳇字可證升高升字當作此 閃閃闚頭門中也 失冉切。凡光之閃爍字當作覢部首作㫜尤俗 ㊂閈閈閭也汝南平

閈 里門曰閈 侯旰切 閉 闔門也 博計切 （四）閎 巷門也 戶萌切。或段爲宏字 ⿵門介 門扉也 胡介切 闢重文見下十三畫 閒 隙也 古閑切。引申之凡有兩邊有中者皆謂之隙隙謂之閒俗作間者非也 閒 古文閒。此篆各本作閑誤今正中與古文恆同 閑 闌也 戶閑切。古多借爲清閑字又借爲嫺習字 閔 弔者在門也 眉殞切 古文閔。此篆篇韻不載恐不足據小徐篆作[illegible] （五）閞 門欂櫨也 皮變切 閜 大開也大杯亦爲閜 火下切。與閞異字 開重文見下六畫 開重文見上四畫 閘 開閉門也 烏甲切 閟 閉門也春秋傳曰閟門而與之言 兵媚切。或借爲祕字 （六）閨 特立之戶上圜下方有似圭 古攜切 閤 門旁戶也 古沓切。凡閨閤樓閣等字皆當作此又或用閣爲閨閤字者謬也 閣 所以止扉者 古洛切。閣之字俗作擱今用爲閣者者譌也

開 張也 苦哀切 閞 古文 閡 外閉也 五漑切 （七）閭 欄俗字 閭 里門也周禮五家爲比五比爲閭閭侶也二十五家相羣侶也 力居切。侶當作旅旅眾也 閬 門高也巴郡有閬中縣 來宕切 閱 具數於門中也 弋雪切 （八）閶 閶闔天門也楚人名門皆曰閶闔 尺量切 閻 里中門也 余廉切 壛 閻或从土 閾 門榍也論語曰行不履閾 于逼切 古文閾从洫 ⿵門阿 門傾也 烏可切。此與閜篆異義或合爲一非也 閼 遮攤也 烏割切 閹 門豎也宮中奄昏閉門者 英廉切 閽 常以昏閉門隸也 呼昆切 （九）闈 宮中之門也 羽非切 闉 闉闍城曲重門也詩曰出其闉闍 於眞切 闍 闉闍也 當孤切 閾重文見上八畫 ⿵門曷 門聲也 乙鎋切。段云按駱駝鳴聲圓字當作闟 闌 欄俗字 闌 門遮也 洛干切。凡言闌入者字當作闌 闇 閉門也 烏紺切。借爲幽暗字 闋 事已閉門也 傾雪切 闊 疏也 苦括切 （十）闒 樓上戶也 徒盍切。段云許書無闥闒即今闥字 闕 門觀也 去月切。城闕之正字作[illegible] 闔 門扉也一曰閉也 胡臘切。開合字當作此 闑 門梱也 魚列切。禮古文闑作槷 闓 開也 苦亥切 闐 盛皃也 待年切。孟子段填爲闐

闖 馬出門皃讀若郴 丑禁切。俗語讀若㧊 （十一）壛 閻重文見上八畫 關 以木橫持門戶也 古還切 闛 闛闛盛皃也 徒郎切。今作堂堂爲段借字 闚 閃也 去隓切。虞翻曰竊觀爲闚窺挨當作此闚 （十二）闠 市外門也 胡對切 ⿵門爲 闢門也國語曰闢門而語之言 韋委切 闡 開也易曰闡幽 昌善切 闞 望也 苦濫切。瞰即闞字 （十三）⿵門詹 闥謂之樀樀廟門也 余廉切。今門檐字當作此爾雅作檐謂之樀爲段借字 闢 開也 房益切 古文闢虞書曰闢四門 闀 門鄉也 許亮切。鄉者今之向字門鄉者謂門所向也 闤 市垣也 戶關切。此篆新坿據一切經音義及御覽一百八十二引移爲正文 （十七）⿵門繇 開閉門利也一曰縷十紘也 旨沇切。段本作[illegible]云當音由。俗語云自由自便當作此字 ⿵門龠 關下牡也 以灼切。古無鎖鑰字[illegible]即鑰也蓋古祇用木爲不用金鐵 （十九）⿵門䜌 妄入宮亦也讀若闌 洛干切。成帝紀闌入尚方掖門應劭曰無符籍妄入宮曰闌闌者闌之段借字也

耳部四百三十九

耳 主聽者也象形 而止切 （一）耴 耳垂也春秋傳秦公子耴者其耳垂也故以爲名 陟葉切。按左氏傳無秦公子耴者惟鄭七穆子良之子公孫輒字子耳

（四）耽 耳大垂也。詩曰：士之耽兮。丁含切。此引詩說段借也。毛傳曰：耽，樂也。耽本不訓樂，其正字當作媅 耼 耳曼也。他甘切 聃 耼或从甘 耿 耳箸頰也。杜林說：耿，光也。古杏切 ⿰耳月 墒耳也。魚厥切 聆 國語曰：回祿信於聆遂。今正。郎丁切 聉 無知意也。讀若孼。五滑切 （五）⿰耳占 小垂耳也。丁廉切 聃 耼重文見上四畫 聆 聽也。郎丁切 聅 軍灋曰：矢貫耳也。司馬灋曰：小辠聅，中辠刖，大辠剄。恥列切 （六）聒 讙語也。古活切。書今汝聒聒。心部引作懖，本字也 聊 耳鳴也。洛蕭切。各本篆譌作聊，今正。無聊、聊賴字當作憀 聑 安也。丁帖切。凡安帖當作此字 （七）聖 通也。式正切 聘 訪也。匹正切。聘問之聘作娉，使聘之聘作⿰亻聘 聳 俗作聳 生而聾曰聳。息拱切。古多段為慫字 （八）聞 知聲也。無分切 ⿰耳昏 古文从昏 聝 軍戰斷耳也。春秋傳曰：㠯為俘聝。古獲切 馘 聝或从首。今經傳中多作馘 （九）聥 張耳有所聞也。王矩切 聧 耳不相聽也。苦圭切。各本奪，此今補 ⿱㱿耳 聵重文見下十二畫 （十）⿰耳宰 益州梁之謂聾為⿰耳宰，秦晉聽而不聞，聞而不達謂之⿰耳宰。作亥切 （十一）聰 察也。倉紅切 聲 音也。書盈切 ⿸麻耳 乘與金耳也。讀若渭水。一曰若月令靡艸之靡。亡彼切 （十二）聯 連也。力延切。凡相連、連屬字皆當作聯。連者負車也 職 記微也。之弋切 聵 聾也。五怪切 ⿱㱿耳 聵或从㱿 ⿰耳豪 或从豪作 聶 附耳私小語也。尼輒切 （十三）聸 垂耳也。南方有聸耳國。都甘切。古衹作耽，一變為聸，再變為儋耳矣。○按許書本無聸字，聸即耽也 ⿰耳豪 聵重文見上十二畫 （十六）聽 聆也。他定切 （十七）聾 無聞也。盧紅切 ⿰耳關 吳楚之外凡無耳者謂之⿰耳關，言若斷耳為明。五刮切

𦣝部四百四十

𦣝 顧也。象形。與之切。此文橫視之，則口上口下口中之形俱見矣 頤 篆文𦣝 ⿰𦣝首 籀文从首 （三）𦣞 廣𦣝也。與之切 戺 古文𦣞从戶。各本篆體作⿰阝巳，據九經字樣正

手部四百四十一

手 拳也。象形。書九切 𠂿 古文手 （一）失 縱也。式質切 （二）扔 因也。如乘切。人部曰：仍，因也。扔仍同因仍 扐 易筮再扐而後卦。盧則切 打 擊也。都挺切。此篆新坿，據一切經音義六引，移為正文 （三）扛 橫關對舉也。古雙切 扟 從上挹取也。讀若莘。所臻切 扤 動也。五忽切 扚 疾擊也。都了切 扞 枝也。侯旰切。玉篇曰：扞，衛也。字亦作捍，與攴部攼音義略同 扜 指麾也。億俱切 扣 牽馬也。苦后切。說文無叩字。夷齊叩馬而諫，是扣之本義。叩扣古今字。叩擊之叩篆作敂 （四）扶 左也。防無切。扶搖、扶疏字當作扶。扶之桑正字作榑 ⿰攴夫 古文扶从攴 ⿰扌將 扶也。七良切。凡云相將、將順字皆當作此。玉篇曰：⿰扌將今作將，⿰扌將同 拥 今字作擁 ⿰扌井 持也。他含切 把 握也。博下切 承 奉也，受也。署陵切 拔 擢也。蒲活切。今人用拂拭字當作此 投 擿也。度侯切 扴 刮也。古黠切。說文無揩，篆明堂位揩擊即皋陶謨之戛擊。段氏曰：戛同扴，其意謂戛者扴之段借字。然則揩擊之揩可作戛，亦可作扴也。玉篇：揩，摩拭也。可皆切。此揩字與刮義近，可作扴 抉 挑也。於說切 抎 有所失也。春秋傳曰：抎子辱矣。于敏切。今左傳作隕，為段借字 抍 拯重文見下六畫 扮 握也。讀若粉。房吻切 技 巧也。渠綺切 抈 折也。魚厥切 扱 收也。楚洽切。儀禮注云：扱，插。此插之段借字也 扺 側擊也。諸氏切。按扺與抵

音義皆殊，今俗多有譌誤。抒 挹也。神與切。或爲紓緩之紓。抌 突擊也。竹甚切。抗 扞也。苦浪切。杭 抗或从木。今人用此字讀胡郎切，乃抗之譌變。詩一葦杭之，地名餘杭，竝即抗字也。抗俗作航。

㊄ 拇 將指也。莫厚切。抵 擠也。丁禮切。抵掌字當作扺，觸字正作抵。拉 摧也。盧合切。木部曰柆，折木也。音同義異，猶搖榣之別也。扼 搹重文見下十畫。捬 捫持也。普胡切。拑 脅持也。巨淹切。拏 持也。一曰誣也。女加切。此與挐篆音義俱異，俗多溷之。煩挐紛挐字當从如，攫挐字从奴。拈 掫也。奴兼切。抱 捊重文見下七畫。拊 揗也。芳武切。撫摩撫字皆當作此。扺 捽也。側氏切。招 手評也。止搖切。招搖字作招榣。抧 開也。讀若抵掌之抵。諸氏切。披 从旁持曰披。敷羈切。披靡之正字作柀，衣部作被。𢪶 積也。詩曰助我舉𢪶。前智切。車攻傳曰柴，積也。𢪶者正字，柴者段借字。拚 俗作抃。拊手也。皮變切。禮少儀借爲卷字。担 挹也。讀若樝棃之樝。側加切。方言曰担，摣取也。南楚之閒凡取物溝泥中謂之担，亦謂之摣。按許書有担無摣，其實担摣一字也，亦通作叡。拓 拾也。陳宋語。之石切。開拓之正字作祏。摭 拓或从庶。抽 搯重文見下十二畫。拔 擢也。蒲八切。抲 撝也。周書曰盡執抲。虎何切。今尚書抲作拘，字之誤也。拙 不巧也。職說切。書予亦拙謀，火部引作炪。抨 彈也。普耕切。抶 笞擊也。敕栗切。抰 㠯車鞅擊也。於兩切。拂 過擊也。敷勿切。拂拭之正字作拂飾。拕 俗作拖，作扡。曳也。託何切。論語朝服拖紳，衣部引作袉，正字也。抴 俗作拽，又譌作抴。捈也。余制切。此與申部臾音義皆同。

㊅ 指 手指也。職雉切。段借爲意恉之恉。拳 手也。巨員切。拳曲之正字作卷，通作𢍏；拳通之正字作捲。𢪊 𢷎重文見下十一畫。𢀜 攤也。居竦切。此篆丮部重出爲巩之或文，今刪彼存此。持 握也。直之切。挈 縣持也。

苦結切。按 下也。烏旰切。𢪸 俗作拍。拊也。普百切。挋 給也。一曰約也。章刃切。挏 推引也。漢有挏馬官，作馬酒。徒總切。挑 撓也。一曰摷也。國語曰郤至挑天。土凋切。言部曰誂，相訹誘也，是挑釁字當作誂。又部曰𠬸，滑也，爲挑達之正字。拯 上舉也。出休爲拯。易曰拯馬壯吉。蒸上聲。各本無此，以抍爲正文，而鉉等於撜下云今俗別作拯，非是。按李注謝靈運擬鄴中集詩、曹植七啓、潘勗九錫文、傅亮脩張良廟教、王巾頭陀寺碑皆引說文出溺爲拯，是說文本作拯也。今據補拯爲正文，而迻抍於下。今易作丞，釋文云丞音拯，救之拯，說文云舉也。抍 拯或从升。撜 拯或从登。拹 摺也。一曰拉也。虛業切。字或作搚。拾 掇也。是執切。㧢 就也。於眞切。㧢與因音義同，今則因行而㧢廢矣。括 絜也。古活切。括囊之正字作昏，檃括之正字作栝。拮 口手共有所作也。詩曰予手拮据。古屑切。挐 牽引也。女居切。此煩挐、紛挐字，攫挐字見上。挃 穫禾聲也。詩曰穫之挃挃。陟栗切。挂 畫也。古賣切。畫，六書故云唐本作縣，今作懸掛者俗字也。挌 擊也。古覈切。今用格鬥字當作此。

㊆ 拱 斂手也。居竦切。斂手俗作斂手。部首廾下云竦手也，音義同。捘 推也。春秋傳曰捘衛侯之手。子寸切。挫 摧也。則臥切。挫折字通作剉。挾 俾持也。胡頰切。各本篆从二人，今正。古挾持褱挾字皆作夾。𢪛 拈也。丁愜切。捋 取易也。郎括切。𠬪部曰寽，五指寽也。謂以五指持物引取之也。二字音同義異。捉 搤也。一曰握也。側角切。挻 長也。式連切。捊 引堅也。步侯切。抱 捊或从包。後人用爲褱袌字。挶 戟持也。居玉切。戟挶猶拮据，通作[illegible]。捀 奉也。敷容切。振 舉救之也。一曰奮也。章刃切。史籀所云振給、振貸是此本義，俗作賑，非也。振動之振當作䟴。捎 自關以西凡取物

之上者爲擠捎 所交切 挩 解挩也 他括切。今多用解脫古則用解挩脫行而挩廢矣 挹 抒也 於汲切 ⿰扌秀 搯重文見下十二畫 挺 拔也 徒鼎切。俗語云挺撞其字當作杅 捇 裂也 呼麥切 捄 盛土於梩中也一曰捊也詩曰捄之陑陑 舉朱切。詩有捄有角借爲觓字 挨 擊背也 於駭切。俗音手聲 捕 取也 薄故切。捕盜之正字作搏二字音義俱異 捈 臥引也 同都切 拲 兩手共同械也周禮曰上辠梏拲而桎 居竦切 拲或从木 捐 棄也 與專切 ㊇ 掌 手中也 諸兩切。爪部爪字同 𢪛 撆重文見下十一畫 捾 搯捾也一曰援也 烏括切。段云今人㧱字當作此大徐捥剜於刀部非也 推 排也 他回切 排 擠也 步皆切 捦 俗作擒 急持也一曰持衣䘳也 巨今切 捦或从禁 捫 撫持也詩曰莫捫

朕舌 莫奔切 捨 釋也 書冶切。經傳多段舍爲之 控 引也詩曰控于大邦 苦貢切 掊 杷也今鹽官入水取鹽爲掊 父溝切。廣均薄侯切 措 置也 倉故切。此擧錯之正字 掄 擇也 盧昆切 捽 持頭髮也 昨沒切 授 予也 殖酉切 接 交也 子葉切。接續之正字作椄 捪 撫也一曰摹也 武巾切。今人所用抆字許土部墀下所用撋字皆即捪字也 据 戟挶也 九魚切。公羊注段据爲據 掉 搖也春秋傳曰尾大不掉 徒弔切 掔 固也讀若詩赤舄几几 苦閑切。俗用慳吝字亦爲掔之俗 掀 擧出也春秋傳曰掀公出於淖 虛言切。今本作焮徐鍇繫傳曰昕猶焮也可段昕字爲之 掇 拾取也 都括切 探 遠取之也 他含切 捼 推也一曰兩手相摩也 奴禾切。鉉等曰俗作挼非是 掎 偏引也 居綺切 揩 縫指揩

也讀若眔一曰韋韜 徒合切 掘 搰也 衢勿切 掩 斂也小上曰掩 衣檢切 捲 气勢也國語曰有捲勇一曰捲收也 巨員切。捲勇者拳勇之正字 捭 俗作擺 兩手擊也 北買切 掕 止馬也 里甑切 捶 以杖擊也 之壘切。捶之俗字作搥 掫 夜戒守有所擊也春秋傳曰賓將掫 子侯切 掤 所以覆矢也詩曰抑釋掤忌 筆陵切 捷 獵也軍獲得也春秋傳曰齊人來獻戎捷 疾葉切。捷速之捷當作疌見止部敏捷之捷當作倢 掍 同也 古本切。此混同之正字 掖 以手持人臂也一曰臂下也 羊益切。扶掖誘掖字本附掖之本字作亦腋者俗字也 ㊈ 掔 俗作捥又作腕 手掔也楊雄曰掔握也 烏貫切 揱 人臂皃周禮曰輻欲其揱尒 所角切 揖 攘也

一曰手箸匈曰揖 伊入切。攘今字作讓 揲 閱持也 食折切 握 搤持也 於角切 𡍮 古文握 提 挈也 杜兮切 揗 摩也 詳遵切。撫循之正字作拊揗 掾 緣也 以絹切 插 刺內也 楚洽切。舂臿之臿見臼部 揃 搣也 即淺切。揃搣者翦滅之正字 揤 捽也魏郡有揤裴侯國 子力切。漢地理志作即 ⿱折示 摕重文見下十一畫 揜 自關以東取曰揜一曰覆也 衣檢切。或通用掩字 揣 量也度高曰揣一曰捶之 初委切。立部竱下引國語竱本肇末竱即孟子揣其本之揣其義同也 揂 聚也 即由切 揚 飛擧也 與章切 𢿷 古文揚从攴 揭 高擧也 去例切。與木部楬略同 揄 引也 羊朱切。揶揄之正字作歋歈 揆 度也 求癸切。揆與楑音義同 揯 引急也 古恆切 援 引也 雨元切 揠 拔也 烏黠切

摵 鉉曰今別作撼非是 搖也 胡感切 揮 奮也 許歸切。揮霍字本此指揮之
正字作㧑 捐 取水沮也武威有捐次縣 相居切。沮者今之渣字 擻
刺也一曰刺之才至也 阡利切。才者今之纔字 探 衣上擊也 口方切
切 揙 撫也 婢沔切 接 眾意也一曰求也詩曰束矢其
搜 所鳩切 換 易也 胡玩切 ⑩ 搯 指也周書曰師乃
搯 搯者播兵刃目習擊刺也詩曰左旋右抽 土刀切。今書搯作慆許所據蓋古文也 搏 索持也一曰至也 房布切。此捕盜之正字今音補各切
搹 把也 於革切 扼 搹或从戹 扼隸變作扼 搤 捉也 於革切。師古云搤與扼同依許則搤扼音雖同而義迥別也 摵 拏也 匹列切。蔑當作搣摵 𢫦 撮
也 居六切。說文無掬字玉篇掬𢫦同並通作匊 搔 括也 穌遭切 瘙瘙皆俗字 搳
擖也 胡秸切 搖 動也 余招切。招搖之正字作招搖飄搖亦作摽繇 搈
動搈也 余隴切 般 擊獲不正也 薄官切。今俗搬移搬演字祇作般 損
減也 穌本切 掖 相援也 互言切 撋 按也 尼革切 搹
俗作批 𢪛 反手擊也 匹齊切 搑 推擣也 而隴切 𢴱 手推
之也 戶骨切 搰 掘也 戶骨切 推 敲擊也 苦角切。此與木部榷音義俱異凡言大推揚推搴推字竝當作推 搵 沒也 鳥困切 搒 掩也 北孟切
切 ⑪ 摳 繑也一曰摳衣 口侯切 𢫶 首至手也 博怪切
𢪙 古文𢫶从二手 𢲹 楊雄說𢫶从兩手下。今字从此省變作拜 摧 擠也一曰
挏也一曰折也 昨回切 摯 握持也 脂利切。或段為鷙鳥之鷙 摛
舒也 丑知切。太玄經字作攡 㩆 撮取也讀若詩螮蝀在東 都計切。

今俗語云揹帶者當作㩆 𢹬 斷也 𢹬或从斷从示 𢹲 飾也 居欣切 摜 習也
春秋傳曰摜瀆鬼神 古患切。今左傳作貫為段借字 辵部曰遦習也音義皆同俗作慣作摜
摽 擊也一曰挈門壯也 符少切。部首𠬪下曰物落讀若也詩摽有梅毛曰摽物落也是摽者正𠬪之段借字也摽捺之摽當作勡
擿 拓果樹實也一曰指近之也 他歷切 摲 斬取也 昨甘切。禮器有摲而播也鄭注摲之言芟也謂芟殺者有所與也芟即摲之正字古或段摲為之隸變作摲
摺 敗也 之涉切 摟 曳聚也 洛侯切 𢶍 引縱曰𢶍 尺制切。𢶍之字俗作掣又作摰作扯則形聲皆異矣
摭 拓重文見上五畫 摍 蹴引也 所六切。蹴猶迫也蹴引者迫而引取之古或段縮為之
摩 研也 莫婆切。摩與石部研礳異字 揅 摩也 御堅切。宋本奪此今依小徐集韻類篇補。石部曰研礳也礳石摩也揅手摩也音義同而用各異。研究當作此揅 摹
規也 莫胡切。規者有𧆣度也與木部模下曰𢀩也義亦略同按臨摹規摹字作摹模楷字作模也摹之字或手在旁作摸今人謂之摸捺讀入聲 摶 圜之也 度官切。或段團字為之 摡
滌也詩曰摡之釜鬵 古代切。滌者洒也凡灌溉當作此今詩作溉者非 摎
縛殺也 居求切。摎與門部𨳡音義略同 摷 拘擊也 子小切。廣均作摷楚交切
摬 中擊也 一敬切 摼 擣頭也讀若論語鏗尒舍琴而作 口莖切。今本作鏗爾舍瑟按金部無鏗是摼即鏗也廣均曰捐琴聲口莖切玉篇曰捐琴聲口耕切引論語捐爾舍琴而作蓋捐亦摼之異體也石部曰硜石堅聲音義略同
摻 斂也 所斬切。此篆各本無今據鄭風遵大路正義所引補
⑫ 撎 舉首下手也 於計切 撣 提持也讀若行遲驒驒 徒旱切
撩 理之也 洛蕭切。今人作料量字當作此 撮 四圭也亦二指撮也 倉括切 撫 安也一曰循也

芳武切。拊下曰揗也故撫拊或通用又攴部曰敀撫也音義略同 㧫 古文撫 撓 擾也一曰捄也 奴巧切。此與女部嬈音義皆同 撌 當也 直利切 撜 拯重文見上六畫 撥 治也

撟 舉手也一曰撟擅也 居少切。凡撟詔撟舉等字皆當作此 擂 引也 敕鳩切 抽 擂或从由 㨨 擂或从秀 攓 拔取也 北末切

南楚語楚辭曰朝攓阰之木蘭 九輦切。今楚辭作搴莊子至樂篇有攓皆即攓字也 玉篇搴下出重文攓云出說文則攓之譌字也 撢 探也 他紺切 撆 字亦作撇 飾也一曰擊也 芳滅切。飾者今之拭字史記孟荀傳襒席謂飾席襒即撆之異體也 撞 丮擣也 宅江切 撝 裂也一曰手指撝也 許規切。指撝字當作此 播 種也一曰布也 補過切。言部曰譒敷也音義皆同 𢿌 古文播。九歌芳椒兮成堂補注𢿌古播字 撲 挨也 蒲角切。說文無扑字攴部攴見部首與此異 撚 執也一曰蹂也 乃殄切 撅 以手有所杷也 居月切。撅之義與掘不同韻書溷之非也

（十三）撿 拱也 良冉切。斂手字當作撿此檢校檢束當作檢也 㩒 捦重文見上八畫 操 把持也 七刀切 據 杖持也 居御切。或段據爲據 擇 柬選也 丈伯切 擖 刮也一曰撻也 口八切 擅 專也 時戰切 擐 毌也春秋傳曰擐甲執兵 胡慣切 擘 字又作擗 擘 撝也 博厄切。喪擗踊字作擘踊爲正又俗語謂物之分裂曰擘開其字如此 撻 鄉歙酒罰不敬撻其背 他達切 𨔝 古文撻周書曰𨔝以記之 ⿱敫手 今亦作撽 旁擊也 苦弔切 ⿱毀手 今亦作擊 傷擊也 許委切。毀傷字當作擊用擊 （十四）擠 排也 子計切 擥 亦作⿰扌監俗作攬 撮持也 盧敢切 擪 亦作擫 一指按也 於協切 擧 今作舉 對舉也 居許切 擩 染也周禮曰六曰擩祭 而泉切。段云當作擩之誤也

擭 擊擭也一曰布擭也一曰握也 一號切 擬 度也 魚己切。僭儗之儗見人部 擢 引也 直角切。毛傳曰楫所㠯擢舟也擢舟謂引舟也 擣 手推也一曰築也 都晧切。錯本篆作擣。詩惄焉如擣其正字當作疛也 擊 攴也 古歷切 ⿰扌⿱⺮昔 刺也春秋國語曰簎魚鼈 士革切 （十五）擸 理持也 良涉切 擿 搔也一曰投也 直隻切。古書投擲字皆作擿許書無擲 （十六）攐 摳衣也 去虔切。按此與攓篆別者以衣也詩言褰裳當作此字褰訓絝非其義也 攈 字又作攟亦作捃 拾也 居運切 攎 挐持也 洛乎切 （十七）攕 好手皃詩曰攕攕女手 所咸切。今作摻摻者俗改也古詩云纖纖擢素手正攕之段借字 攘 推也 人樣切。古推讓字如此引申之使人退讓亦用此字如攘寇攘夷狄是也讓者相責讓也攘臂之正字作纕纕下曰援臂也是也擾攘之正字作孃孃下曰煩擾也是也 攑 舉也 丘言切。此篆各本作⿱與手今依段說正。上林賦毛詩箋漢書音義通俗文皆有揵揵即此攑字也 （十八）㩴 爪持也 居玉切。鉉等曰今俗別作掬非是按本部自有掬篆掬其俗體耳又勹部曰在手曰匊掬亦匊之俗字也 攝 引持也 書涉切 攜 提也 戶圭切。提攜與九部之㩗㩗略同攜貫之本字作攜見心部。俗作擕 擾 俗从夒作擾 煩也 而沼切。馴擾之擾作擾擾 擁 俗作擁 裒也 於隴切。玉篇作⿱雝手蓋古體也 （十九）攣 係也 呂員切。與子部孿異字 ⿸麻手 俗作麾 旌旗所以指麾也 許爲切。古段戲字爲之 （二十）攩 朋羣也 多朗切。此鄉黨黨與朋黨本字俗作黨者段借字也 攫 扟也 居縛切 攪 亂也詩曰祇攪我心 古巧切

𠦬部四百四十二

𠦬 背呂也象脅肋形 古懷切。玉篇云俗作乖按乖當是𠧢之俗𠀆部云𠧢戾也

是也

四 膂 今字作脊 背呂也 資昔切

說文易檢卷十二上

說文易檢卷十二下

女部四百四十三

女 婦人也。象形。王育說。尼呂切。爾汝字當作女 ② 母 牧也。一曰象乳子也。莫后切 奴 奴婢皆古辠人。周禮曰其奴男子入于辠隸，女子入于舂稾。乃都切。引伸之凡子孫皆可偁奴。毛傳曰帑子也。字當作此。今俗別作帑爲妻帑字非 㚢 古文奴 妣 妣重文見下四畫 ③ 奼 俗作姹 少女也。丁故切 妁 酌也。斟酌二姓者也。市勺切 妃 匹也。芳非切。漢太玄作嬖其云嬖執者即左傳之嘉耦曰妃怨耦曰仇也。㚤 婦官也。與職切。漢書亦作弋 妀 女字也。居擬切。玉篇云妲妀 㚻 女字也。舉友切。小徐本作奺。廣韻曰亦作奺 好 媄也。呼晧切。古文段爲好惡之好 如 从隨也。人諸切 妄 亂也。巫放切 奸 犯婬也。古寒切。按此謂奸婬之辠，非即姦字也。今人用奸爲姦，失之矣 奻 訟也。女還切 ④ 妘 祝融之後姓也。王分切 [illegible] 籀文妘从員。小徐本篆作[illegible] 㚦 人姓也。商書曰無有作㚦。呼到切。此引經說段借也。故本人姓而古文段爲好字。篇韻皆曰妞姓也。妊 孕也。如甚切 妣 沒母也。卑履切 [illegible] 籀文妣省 姼 姼重文見下六畫 㚣 好也。詩曰靜女其㚣。昌朱切。今詩作姝，衣部引作袾 㛂 婐㛂也。一曰弱也。五果切 妗 㛤妗也。一曰善笑兒。火占切 姘 靜也。疾正切 姂 婦人兒。房法切 妟 安也。詩曰以妟父母。烏諫切。今詩無此。宀部曰宴安也，音義皆同 妓 婦人小物也。讀若蚑。渠綺切。俗用爲伎女字 妝 俗作粧 飾也。側羊切。或段借作裝 妎 妬也。胡蓋切 姌 俗作嫋 弱長兒 奴鳥切。毛詩荏染柔意也。染即姌 佞 巧

謂高材也乃定切　妨妨害也敷方切　妓妓鼻目閒皃讀若煙火炔炔於決切。按火部無炔，段云蓋即焆焆煙皃之或體也。焆音因悅切　妥妥安也他果切。說文失此篇今補　⑤姓姓人所生也古之神聖人母感天而生子故偁天子因生㠯爲姓春秋傳曰天子曰生㠯賜姓息正切　妻妻婦與己齊者也七稽切　𡚯古文妻从肖女肖古文貴字。肖不見于貝部容是奪漏　姁姁嫗也況羽切　姐姐蜀人謂母曰姐淮南謂之社讀若左之也切　姑姑夫母也古胡切　姊姊女兄也將几切　妹妹女弟也莫佩切　妿妿女師也杜林說加教於女也讀若阿烏何切　妭妭美婦也蒲撥切。按廣韻曰妭鬼婦引大字指歸云女妭禿無髮所居之處天不雨此謂旱妭也鬼部曰魃旱鬼也與此各字　婀婀女字也讀若阿烏何切。婀娜之婀當作阿那說文作倚移於部作旖施娜俗字也　妵妵女字也天口切　始始女之初也詩止切　妴妴順也於阮切　婉妴或从宛春秋傳曰太子痤婉。按此實妴之或體各本別爲一文今移併　委委委隨也於詭切　㚲㚲小弱也一曰女輕薄善走也讀若占一曰多技藝也齒懾切　姕姕婦人小物也詩曰屢舞姕姕即移切。姕姕今作傞傞人部引之。段云今人用些字取散細之意即姕之俗體也　妓妓三女爲妓妓美也倉案切。此粲者之本字陸德明曰字林作妓漢晉字之變也　妬妬婦妒夫也當故切。各本篆作妒今正如柘橐蠹等字皆㠯石爲聲也　妯妯動也徒歷切。詩憂心且妯心部引作怞。廣均丑鳩切方言妯娌度六切　𡛜𡛜輕也王伐切。𡛜與跋音訓俱同　姍姍誹也所晏切。漢書姍笑三代說者謂即訕字也　姎姎婦人自偁我也烏浪切　姅姅婦人污也漢律曰見姅變不得侍祠博慢切。按姅變如今俗忌入產房也

⑥姜姜神農居姜水因㠯爲姓居良切　姬姬黃帝居姬水因水爲姓居之切　姞姞黃帝之後伯鯈姓也后稷妃家也巨乙切　姚姚虞舜居姚虛因㠯爲姓或爲姚嬈也史篇㠯爲姚易也余招切　姺姺殷諸侯爲亂疑姓也春秋傳曰商有姺邳所臻切。說文無莘字祇可作姺詩小雅莘莘征夫字作侁侁亦作駪駪　姻姻壻家也女之所因故曰姻於真切　婣籀文姻从淵　威威姑也漢律曰婦告威姑於非切。爾雅君姑即威姑也　姪姪女子謂兄弟之子也徒結切　姨姨妻之女弟同出爲姨以脂切　姼姼美女也尺氏切　𡛖姼或从氏　娀娀帝高辛之妃偰母號也詩曰有娀方將息弓切　㛊㛊女字也讀若依於稀切　姶姶女字也春秋傳曰嬖人婤姶一曰無聲烏合切　㚷㚷女字也仍吏切　姝姝好也昌朱切。姝與殺音義同　姣姣好也胡茅切　𢾡亦作姛𢾡直項皃他孔切　姽姽閑體行姽姽也過委切　姡姡面醜也古活切　姷姷耦也讀若祐于救切　侑姷或从人。今通行作此　姰姰均適也男女併也讀若旬居匀切　姿姿態也即夷切　𡜊𡜊污姿齒貪也胡古切　婐婐量也丁果切。廣均作捰云稱量　妍妍技也一曰不省錄事也一曰難侵也讀若研一曰慧也一曰安也五堅切　娃娃圜深目皃也或曰吳楚之閒謂好娃於佳切　姦姦厶也古顏切。凡姦衺姦宄字如此俗用奸非也　𢙏古文姦从旱心。此與心部悍異　⑦娠娠女妊身動也春秋傳曰后緍方娠一曰官婢女隸謂之娠失人切　娣娣

同夫之女弟也徒禮切 娒 文師也讀若母同莫后切。字林及禮記音義作㜷俗又作姥
娥 帝堯之女舜妻娥皇字也秦晉謂好曰娙娥五何切 娧 好也杜外切 娙 長好也五莖切 娛 樂也虞俱切。古多段虞爲之 娭 戲也一曰卑賤名也遏在切。篇韵皆許其切上林賦娭遊往來李善曰娭許其切說文無嬉字然則娭即今之嬉字也今嬉行而娭廢矣人部曰僖樂也亦即嬉字妹嬉袜作末喜 娓 順也讀若媚無匪切 娕 謹也讀若謹敕數數測角切。史記申屠嘉傳娖娖廉謹說者多云娖即娕字 娑 舞也詩曰市也媻娑素何切。今作婆俗體也 娉 問也匹正切。凡聘女及聘問之禮皆當用此字 娋 小小侵也所教切。凡用稍稍字當作娋娋 ⿰女坐 訬疾也昨禾切 娝 不肖也讀若竹皮箁匹才切 娎 婡也許列切 婡 得志婡婡也

一曰婡息也一曰少气也呼帖切 婁重文見下八畫 娗 女出病容也徒鼎切。許書有娗無婷疑婷即娗字 ⑧ 娸 人姓也杜林說娸醜也去其切。頁部曰䫏醜杜說蓋㠯娸爲䫏頭字也 娶 取婦也七句切。經典多段取爲娶 婚 婦家也禮娶婦㠯昏時婦人侌也故曰婚呼昆切 籀文婚 婦 服也房九切 婗 嫛婗也一曰婦人惡皃五雞切 婢 女之卑者也便俾切 婕 女字也子葉切。倢伃字从人不从女說文無好字亦可作婕 婤 女字也職流切 婠 體德好也讀若楚郤宛一完切 婉 妴重文見上五畫 婐 婐㛂也一曰果敢也一曰女侍曰婐讀若騧一曰若委孟軻曰舜爲天子二女婐烏果切 ⿱沾女 ⿱沾女妗也丑廉切 婧 竦立也一曰有才也讀若韭菁七正切 婜 美也苦閑切

⿰女沓 俛伏也一曰服意也他合切 娽 隨從也力六切。史記平原君列傳曰公等錄錄因人成事正娽娽之段借字也 ⿰女芺 俗省作妖 巧也詩曰桃之⿰女芺⿰女芺女子笑皃於喬切。木部已偁桃之枖枖矣此釋爲女子笑皃㠯明⿰女芺之別一義也。⿰女芺娃字如此異此祅之祅見示部俗用⿰女芺爲祅非也 婟 嫪也胡誤切 婞 很也一曰見親楚詞曰鯀婞直胡頂切。凡親幸嬖幸字當作此 娺 疾悍也讀若唾丁滑切 娿 媕娿也烏何切。用爲阿那字俗作婀 婎 姿婎姿也一曰醜也許惟切。語詞之雖當作此雖行而婎廢矣 妶 有守也胡田切 婪 貪也杜林說卜者攩相詐譺爲婪讀若潭盧含切。與心部惏音義皆同 婁 空也婁空之意也一曰婁務愚也洛侯切。俗加尸爲屢古有婁無屢也 籀文婁从人中女臼聲 古文婁如此 婓 婓婓往來皃一曰大醜皃芳非切

⿰女奄 誣拏也依劍切 婬 厶逸也余箴切。此淫逸本字今多㠯淫代之淫行而婬廢矣 姘 除也漢律齊民與妻婢姦曰姘普耕切。此屏除正字經傳皆用屏屏行而姘廢矣 婥 女病也奴教切。廣均曰婥約美皃昌約切 娷 諉也竹恚切。娷與諉音義皆同 ⑨ 媒 謀也謀合二姓者也莫桮切 媦 楚人謂女弟曰媦春秋公羊傳曰楚王之妻媦云貴切 婣 姻重文見上九畫 嫂 兄妻也蘇老切 媊 甘氏星經曰大白號上公妻曰女媊居南斗食厲天下祭之曰明星昨先切 媧 古之神聖女化萬物者也古蛙切 籀文媧从𠕥 媚 說也美祕切。說今之悅字 媌 目裏好也莫交切 媄 色好也無鄙切。周禮作媺蓋其古文枝美惡字可用此 媞 諦也一曰妍黠也一曰江淮之閒謂母爲媞承旨切

婺 不繇也 亡遇切 嬰 說樂也 許其切。按老子史記天下熙熙字皆當作嬰嬰今熙行而嬰廢矣 媅 樂也 丁含切。衛風無與士耽傳曰耽樂也小雅和樂且湛傳曰湛樂之久也耽湛皆段借字媅其眞字也段借行而眞字廢矣 嬐 女有心嬐嬐也 衣檢切 媣 諉也 而琰切 媛 美女也人所欲援也詩曰邦之媛也 王眷切 媟 嬻也 私列切。此與日部暬義佀同而實異按褻狎字作暬褻瀆字作媟嬻今人㠯褻衣字爲之褻行而暬媟皆廢矣 媢 夫妒婦也一曰相視也 莫報切 婾 巧黠也 託侯切。說文無偷字偷者婾之變惟偷盜字當作此婾 娋 減也 所景切。減者損也水部亦曰消少減也然則娋消音義皆同作省者段借字也省行而娋消廢矣凡許書云省者皆當㠯娋正之 婼 不順也春秋傳有叔孫婼 丑略切 媁 不說皃 羽非切 媥 輕皃 芳連切 ⿰女臿 疾言失次也讀若懾 丑聶切

⿰酋女 亦作媨 醜也一曰老嫗也讀若蹴 七宿切 媆 俗作嫩 好皃 而沇切。俗音奴困切 㛴 有所恨痛也今汝南人有所恨言大㛴 奴皓切。說文有㛴無懊一切經音義卷四曰懊今皆作惱蓋古衹一㛴字也惱者俗體也 ⑩ 嫁 女適人也 古訝切 嫓 妃也 匹計切 ⿰女身 婦人妊娠也周書曰⿰女身婦 側鳩切。今書⿰女身作屬許所據蓋壁中古文也 媼 母老偁也讀若奧 烏皓切 媾 重婚也易曰匪寇婚媾 古厚切 ⿰女奚 女隸也 胡雞切。此奚奴之正字 嫄 邰國之女周棄母字也 愚袁切。姜嫄字按史記作原 ⿰女畜 媚也 丑六切 嫋 姌也 奴鳥切 嫇 嬰嫇也一曰嫇嫇小人皃 莫經切 媱 曲肩行皃 余招切。俗語云搖搖擺擺者是 ⿰女冤 宴婉也 於願切。宴婉與燕婉同 媻 俗作婆 奢也一曰小妻也 薄波切 娑

嫈 小心態也 烏莖切 嫌 不平於心也一曰疑也 戶兼切。此嫌隙字嫌疑作慊疑爲正 ⿰女陝 不媚前卻陝陝也 失冉切 ⿰女恚 不說也 於避切 媿 慙也 俱位切。媿或从恥省。今經傳多作愧 ⑪ 嫛 嫛婗也 烏雞切。嫛婗猶嬰兒 嫗 母也 衣遇切 嫣 長皃 於建切。廣均亦平聲文選嫣然一笑注引王逸云嫣笑皃然大招字作嗎許書無嗎字 嫙 好也 似沿切 嫢 媞也讀若癸秦晉謂細嫢 居隨切 嫡 孎也 都歷切。按俗㠯此爲嫡庶字而許書不介嫡庶字古衹作適凡經傳作嫡者非古也 嫥 壹也一曰女嫥嫥 職緣切。此專壹之正字今則專行而嫥廢矣專者六寸薄也紡專也 嫧 齊也 側革切 ⿱埶女 至也周書曰大命不⿱埶女讀若摯同一曰虞書雉⿱埶女 脂利切。各本篆作𡠗今正。大命不⿱埶女今書作摯陸釋文云本又作⿱埶女雉⿱埶女今文作贄按許書無贄⿱埶女者正字摯者段借字也

嫪 婟也 郎到切 ⿰女虘 驕也 子豫切。驕者今之嬌字心部曰怚驕也音義皆同 ⿰女酓 含怒也一曰難知也詩曰碩大且⿰女酓 五感切。今詩作儼蓋三家詩有作⿰女酓者許偁之㠯證字形而已 嫖 輕也 匹招切。與人部僄音義皆同 嫚 侮傷也 謀患切。嫚與心部之慢音同義異凡嫚人當用此字 ⿰女參 婪也 七感切 ⿱莫女 今字作嫫 嫫母古帝妃都醜也 莫胡切 嫯 侮傷也 五到切。嫯與嫚同意與人部傲義別今則傲行而嫯廢矣 ⑫ 嬀 虞舜居嬀汭因㠯爲氏 居爲切 ⿰女然 人姓也 奴見切 嬃 女字也楚辭曰女嬃之嬋媛 相俞切 嫽 女字也 洛簫切 嫵 媚也 文甫切。俗別作娬 嫷 南楚之外謂好曰嫷 徒果切。方言曰嫷美也嫷即嫷字曹植七啟形嫷服兮揚幽若嫷亦嫷之省與心部之古文憜異字也 嫿 靜好也 呼麥切 𡢃 順也詩曰婉兮

㜻兮 力沇切。今詩作孌从籀文也 嫺 俗作嫻 嫺雅也 戶閒切。古多借閒爲之 嫴
保任也 古胡切。亦段辜爲之 嫳 易使怒也讀若擎 匹滅切 𡢃
好枝格人語也一曰靳也 旨善切 嫼 怒皃 呼北切 𡡞 下志
貪頑也讀如深 乃忝切 嬈 苛也一曰擾也戲弄也一曰嬥也
奴鳥切。玄應引三倉嬲乃了切弄也惱也段氏玉裁云按嬲乃
嬈之俗字孫氏星衍云嬲即嬈字艸書之譌然嵇康艸蹟作嬲
⑬ 嬔 生子齊均也讀若幡 芳萬切。段氏曰當从女免生。俗用分娩字當作此 嬛
材緊也春秋傳曰嬛嬛在疚 許緣切。按宀部引詩煢煢在疚此引傳作嬛嬛在疚正
與今詩春秋煢嬛字互易於義煢爲正字嬛爲借段字也 嬬 嬬重文見上九畫 嬐 敏疾也
一曰莊敬皃 息廉切 嬗 緩也一曰傳也 時戰切。禪位字當作此禪非其義也禪行而嬗廢矣。今人用嬋字亦可作此
嬩 女字也 以諸切。使伃之伃疑亦可用此 窶

短面也 丁滑切。方言䠣短也蓋亦窶字 嬖 便嬖愛也 博計切 婁 婁重文見上八畫
嫛 惡也一曰人皃也 許委切 嬒 女黑色也詩曰嬒兮蔚
兮 古外切。今詩作薈艸部既引之矣或三家詩有作嬒者 ⑭ 嬴 帝少皞之姓也
以成切 嬮 亦作𡡾 好也 於鹽切 齌 材也 祖雞切。材者蓋謂人材整齊之意
嬥 直好皃一曰嬈也 徒了切 嬪 服也 符眞切 嬰 繞
也 於盈切 㜸 難也 苦賣切 嬬 弱也一曰下妻也 相俞切
嬯 遲鈍也闒嬯亦如此也 徒哀切。廣韻䠇跆連手唱歌集韻嬯當來切即此字
㜮 過差也論語曰小人窮斯濫矣 盧瞰切。凡過濫僭濫字如此今人皆作濫濫行而㜮廢矣
⑮ 㜭 婚重文見上八畫 嬻 媟嬻也 徒谷切。媟嬻者褻瀆之正字瀆者溝瀆字也今則瀆行而嬻
廢矣辵部曰遺媟遺也音義皆同
⑯ 嬿 女字也 于甸

切。燕婉亦作嬿婉 嬹 說也 許應切。嬹說者興悅之正 嬽 好也讀若蜀郡
布名 委員切。糸部曰縳蜀白布也段氏云今人所用娟字當即此 嬾 俗作懶字亦作孄 懈也一曰
臥食也 洛旱切 ⑰ 嬶 妘重文見上四畫 孁 字亦作㚬 女字也 郎丁切。漢婦官十四等
中有娛靈靈蓋當作孁 孅 兌細也 息廉切。孅與纖音義皆同古通用 㜲 竦身
也讀若詩糾糾葛屨 居夭切。讀如糾也 孃 煩擾也一曰肥大也
女良切。此擾攘本字今人皆用攘而孃廢矣又按廣韻孃
女良切毋偁娘亦女良切唐人此二字分用畫然然耶孃字古
無有作娘者娘固俗字也 ⑱ 孈 愚戇多態也讀若隓 式吹切
⑲ 㜺 白好也 則旰切 孌 慕也 力沇切。按此篆在孎爲籀文今刪彼存此 廣均卅三綫曰戀慕也孌戀爲古今字
廿 孎 謹也讀若人不孫爲孎 之欲切

毋部 四百四十四

毋 止之詞也 武扶切 ⑶ 毐 士之無行者秦始皇母與
嫪毐婬坐誅故世罵婬曰嫪毐讀若娭 許其切。今過在切廣韻又音哀音之變也

民部 四百四十五

民 眾萌也 彌鄰切 𢇛 古文民。此篆不知所从疑有譌誤汗簡同段本作𠬥 ⑶ 氓 民也讀若盲 武庚切

丿部 四百四十六

丿 右戾也 房密切。丿之音義略同擊書家八灋謂之掠 乀 左戾也象丿引之形 分勿切。乀之音義略同拂書家八灋謂之磔 ⑴ 乂 芟艸也 魚廢切 刈 乂或从刀 ⑷ 弗 撟也 分勿切
𠂆 戾也讀與弗同 余制切。治乂之正字作㦬見辟部懲乂之正字作忞見心部

𠂆部 四百四十七

丿丿抴也朙也象抴引之形余制切。丿與乀音義略同㈡弋弋橜也與職切。此橜杙之正字弋䠶之正字作隿俗用杙爲弋而㠯弋爲隿其誤久矣

乀部四百四十八

乀乀流也从反丿讀若移弋支切㈡也𠃟女侌也余者切乜秦刻石也字

氏部四百四十九

氏氏巴蜀名山岸脅之自旁箸欲落墮者曰氏氏崩聲聞數百里象形楊雄賦響若氏隤承紙切㈡氒氒木本也讀若厥居月切。古多用橜弋字爲之玉篇亦作身隸變也

氐部四百五十

氐氐至也本也丁禮切。許書無低字氐即許之高低字也㈤⿰氐失⿰氐失觸也徒結切㈨䏶䏶臥也於進切(十二)𨼴𨼴闕鉉等曰今案篇韻音晧又音效注云誤也

戈部四百五十一

戈戈平頭戟也从弋一衡之象形古禾切㈡戍戍守邊也傷遇切㈢𢦏𢦏傷也祖才切。傷者刅也𢦏與裁菑字音同而義近㈣或或邦也于逼切。今人𢘁㠯或爲疑或不定之意域爲邦域無復作邦或者域或或从土⿰今戈⿰今戈殺也商書曰西伯⿰今戈既黎口含切。今書作戡按古戡亂字本作⿰今戈戡者段借字也戕戕槍也它國臣來弒君曰戕在良切𢦑𢦑絕也一曰田器古文讀若咸一曰讀若詩攕攕女手子廉切武武楚莊王曰夫武定功戢兵故止戈爲武文甫切戔戔賊也周書曰戔戔巧言也昨干切。今書

戩戩善論言言部引之此蓋異文也㈤戎戎今字作戎兵也如融切㈦⿰旱戈⿰旱戈盾也侯旰切戛戛戟也讀若棘古黠切戜戜利也一曰剔也徒結切。鬄剔即剔字域或重文見上四畫㈨戣戣周制侍臣執戣立於東垂兵也渠追切賊賊敗也昨則切。按賊之字从戈則聲今字从戎形聲皆失矣戡戡刺也竹甚口含二切。經史多段爲堪勝字又用爲⿰今戈亂字戢戢藏兵也詩曰載戢干戈阻立切戠戠闕之弋切㈩肈肈擊也直小切。各本支部有肇篆按即肈之俗體後人妄竄之也今刪凡經典肈字俗譌从支者不可不正肈始之本字作肁見戶部今皆用肈爲之而肁廢矣戟今字省作戟戟有枝兵也周禮戟長丈六尺讀若棘紀逆切。毛傳拮据戟挶也俗字作撠挶通作丮厈戩戩滅也詩曰實始戩商即淺切。按此引詩說段借也今詩作翦又剃之段借字也(十一)𢧵𢧵斷也昨結切

戮戮殺也力六切。戮力之正字作勠戭戭長槍也春秋傳有檮戭弋忍以淺二切。漢書作⿰寅攵(十二)戰戰鬥也之扇切(十三)戲戲三軍之偏也一曰兵也香義切。師古曰戲大將之麾也讀與麾同晉灼曰戲古麾字

戉部四百五十二

戉戉大斧也司馬灋曰夏執玄戉殷執白戚周左杖黃戉又把白髦王伐切。斧戉字俗作鉞者非也鉞車鑾聲也把白髦周書作秉白旄此蓋司馬灋之文也㈥戚戚戉也倉歷切。亦用爲慼慽之慽

我部四百五十三

我我施身自謂也或說我頃頓也五可切𢦐古文我㈥義義己之威義也宜寄切。古威義字如此仁義字作誼儀者度也凡儀象儀容字用之羛墨翟

書義从弗魏郡有𨚗陽鄉讀若錡今屬鄴本內黃北二十
里鄉也

亅部四百五十四

亅 鉤逆者謂之亅讀若橜 衢月切。亦段橜字爲之 乚 乚 鉤
識也讀若窡 居月切

珡部四百五十五

珡 隸變作琴 琴 禁也神農所作洞越練朱五弦周時加二弦
象形 巨今切 鑒 古文珡从金 瑟 瑟 庖犧所作弦樂也 所櫛切 𤪩 古文瑟

乚部四百五十六

乚 乚 匿也象迟曲隱蔽形讀若隱 於謹切。隱匿當作此字 (七) 直

直 正見也 除力切 𣓀 古文直或从木如此

亡部四百五十七

亡 亡 逃也 武方切 乍 乍 止亡詈也 鉏駕切 (二) 匃 匃 气也亡
人爲匃逯安說 古代切。匃之俗字作丐與丏不同廣韻二字同非是 (八) 望 望 出亡
在外望其還也 巫放切。還者復也引伸之爲令聞令望之望凡月望朢相朢字皆當作𡈼部之朢而今多亂
之 (十六) 𣞤 隸變作無 𣞤 亡也 武夫切 无 奇字𣞤通於元者虛无道也王育說天屈西北爲
无。今六經惟易用此字

匸部四百五十八

匸 匸 衺徯有所夾藏也讀若徯同 胡禮切 (二) 匹 匹 四丈也
譬吉切 (五) 㔹 㔹 側㔹也一曰箕屬 盧候切。側㔹即堯典之側陋 医 医 臧
弓弩矢器也春秋國語曰兵不解医 於計切。今國語作翳段借字也按隱翳字當
作此不當借華蓋字也翳行而医廢矣 (七) 匽 匽 匿也 於蹇切 (九) 區 區 踦
區藏隱也 豈俱切 匿 匿 亡也讀若羊箠鐢之鐢 女力切

匚部四百五十九

匚 匚 受物之器象形讀若方 府良切。此器蓋正方其文當横視之直者其底横者其四圍又其口也方本無正字㠯義當作匚也 𠤗 籀文匚 (三) 匜 匜 似羹魁柄中有道可
㠯注水酒 移尒切 匛 匛 棺也 巨救切。各本有柩無匛今依玉篇補 柩 匛或从木 匶
籀文从舊。周禮用匶字 (四) 匠 匠 木工也 疾亮切 匡 匡 飯器筥也 去王
切。今人匡正字作匡筐筥字作筐書然分爲二義尟知本係一字者 筐 匡或从竹 (五) 匣 匣 匱
也 胡甲切。古亦段柙爲之柙者檻也 (七) 匧 匧 緘藏也 苦叶切 篋 匧或从竹。廣均曰匧

藏也篋箱篋也分一字爲二義 𠤭 𠤭 田器也 徒聊切。艸部曰莜耘田器也𠤭與莜音義皆同蓋一物也
柩 匛重文見上三畫 (八) 匪 匪 器似竹匧逸周書曰實玄黃于匪 非尾切。此匡篚之本字竹部曰篚車笭也與此各物 匫 匫 古器也 呼骨切 (九) 匬 匬 甌
器也 度侯切 (十) 𠥱 𠥱 古器也 七岡切 筐 匡重文見上四畫 (十一) 匯 匯
器也 胡罪切 (十二) 匚異 匚異 田器也 與職切。玉篇云大鼎也廣韻匚異訓大鼎 匱 匱 匣
也 求位切。史記金匱字作鐀俗作櫃 匰 匰 宗廟盛主器也周禮曰祭祀共
匰主 都寒切 (十三) 篋 匧重文見上七畫 (十四) 匴 匴 淥米籔也 穌管切。周禮士冠
禮注曰古文匴爲篹 (十五) 匵 匵 匱也 徒谷切。木部曰櫝匱也音義皆同論語曰韞匵而藏諸又曰龜玉毀於櫝中其字一也然櫝㠯木爲之故从木匵㠯受物言之故从匚且櫝又兼別義故有此二篆許君分載之又革部曰韇弓矢韇也是㠯革爲之韇藏弓矢者也 (十八) 匶 匛重文見上三畫 (廿四) 𠥻 𠥻 小桮也 古送切。廣韻又音

感
櫝 䪈或从木

曲部四百六十

曲 从今字 𠚕 象器受物之形也或說曲蠶薄也 區玉切。七月傳曰豫畜萑葦可以爲曲也其字俗作笛又作笛 𠃑 古文曲。小徐無 ⑤ 𥁡 𥁡 骫𥁡也 區玉切。今人用委曲字古用骫𥁡。廣韵作匤匤也 ⑩ 𧉢 𧉢 古器也 土刀切

甾部四百六十一

甾 从今字 甾 東楚名缶曰甾象形 側詞切。廣均謂即艸部之甾字風馬牛不相及也
甾 古文甾 ⑤ 畚 畚 蒲器也𣂁屬所以盛糧 布忖切 ⑥ 𤮁 𤮁 𤮁也讀若盧同 洛乎切 𤮁 𤮁 籀文盧如此 𤮁 𤮁 篆文 ⑧ 𤭢 𤭢 斛也古田器也 楚洽切。釋器曰斛謂之𤭢斛𤭢即今之鍫鍤其𤭢字當作銚臿也 ⑧又 𣂁

𤮆 㼛也杜林以爲竹筥揚雄以爲蒲器讀若軿車 薄經切。𤮆字可作此亦可作軿

瓦部四百六十二

瓦 瓦 土器已燒之總名象形也 五寡切 ③ 瓨 瓨 似罌長頸受十升讀若洪 古雙切。與缶部缸通用 ④ 瓬 瓬 周家摶埴之工也 分兩切 瓮 瓮 罌也 烏貢切。此與缶部罋異字甕者瓮之俗體也 瓴 瓴 治橐榦也 胡男切。他書譌作瓴 瓪 瓪 敗瓦也 布綰切。今俗所謂瓦瓪是此字也讀如辦之平聲 ⑤ 瓵 瓵 甌瓿謂之瓵 與之切 瓮 瓮 小盂也 烏管切。瓮與缶部盌通用俗作椀碗 瓴 瓴 罌也似瓶者 郎丁切 ⑧ 甇 甇 大盆也 丁浪切 甑 甑 罌謂之甑 都迷切 瓶 瓶 破也 穌對切。石部曰碎䃺也瓶則破而已不䃺也二字音同而義異今則碎行而瓶廢矣 瓿 瓿 甂也 蒲口切 ⑨ 甄 甄 匋也 側鄰切 甂 甂 似小瓿大口而卑用食 芳連切 甃 甃 井壁也 側救切 㼏 㼏 蹈瓦聲㼏㼏也 零帖切 ⑩ 甕 甕 器也 與封切 甈 甈 康瓠謂之甈破罌也 魚列切 𤮊 甈或从埶 ⑪ 甍 甍 屋棟也 莫耕切。方言甀謂之甈甈即甍字甀即罃字 甌 甌 小盆也 烏侯切 𤮐 𤮐 瑳垢瓦石也 初兩切。方言注曰碳錯也海賦曰飛澇相碳江賦曰奔流之所碳錯按碳碳皆即𤮐字 𤮊 甈重文見上十一畫 ⑫ 甑 甑 甗也 子孕切。按篇均皆云甑䰛同字鬲部之䰛蓋後人竄入也 䰝 籀文甑从𩰲 ⑬ 甓 甓 令適也詩曰中唐有甓讀若檗 扶歷切。爾雅作瓴甋俗字也 ⑯ 甗 甗 甑也一穿讀若言 魚蹇切。山之似甗者曰甗俗作巘

弓部四百六十三

弓 弓 窮也以近窮遠者象形古者揮作弓周禮六弓王弓弧弓以䠶甲革甚質夾弓庾弓以䠶干矦鳥獸唐弓大弓以授學䠶者 居戎切 ① 引 引 開弓也 余忍切。引是引弓本字凡言引導延引引長引領等字當作𠃊見部首 弓 彈重文見下十二畫 ② 弘 弘 弓聲也 胡肱切。宏大字不當作此。集均曰弸弦弓聲也或作環按弦環皆即此篆也 ③ 弙 弙 滿弓有所鄉也 哀都切 弛 弛 弓解弦也 施氏切 㢮 弛或从虒 弜 彈重文見下十二畫 ⑤ 弧 弧 木弓也一曰往體寡來體多曰弧 戶吳切 弨 弨 弓反也詩曰彤弓弨兮 尺招切 弢 弢 弓衣也 土刀切 弩 弩 弓有臂者周禮四弩夾弩庾弩唐弩大弩 奴古切 ⑥

弭 弓無緣可以解轡紛者(緜婢切。凡云弭兵弭亂字當作弭) 𢏯 或从兒

羿 帝嚳䠶官夏少康滅之論語曰羿善䠶(五計切。今論語作羿。羿之譌也。羽部羿下云亦古諸侯也爲有窮后羿之羿) ⑦ 弲 角弓也雒陽名弩曰弲(烏玄切) ⑧ 弴 畫弓也(都昆切。玉篇弤同弴)

張 施弓弦也(陟良切) 弸 弓彊皃(父耕切) 弸(弸重文見上六畫)

⑨ 發 䠶發也(方伐切) ⑩ 㢮(弛重文見上三畫) 彀 張弩也(古候切) ⑪ 彄 弓弩耑弦所居也(恪侯切) 彃 䠶也楚辭曰夫羿焉彃日也(卑吉切。彃亦作畢) ⑫ 彉 滿弩也讀若郭(苦郭切。字亦作彍。又今用擴充字亦當作此。按手部無擴) 彈 行丸也(徒案切) 𢎪 古文彈。各本無此。今據汗簡補 弓(彈或从弓持丸。按已補弓篆此可刪) 彆 弓戾也(方結切。此篆各本無。今依詩采薇釋文正義所引說文補彊弱字如此。強者蚚也勉彊彊迫之正字作勥)

⑬ 彊 弓有力也(巨良切) ⑱ ⿰弓雚 弓曲也(九院切。爾雅曰菼薍其萌虇陸云本或从⿰弓雚) ⑲ ⿰弓璽 弛弓也(斯氏切) ⿰弓繇 弓便利也讀若燒(弋招切) 彎 持弓關矢也(烏關切) ⑳ 彏 弓急張也(許縛切)

弜部四百六十四

弜 彊也緟也(其兩切) ⑥ 弼 輔也重也(房密切。今字作弼。書弼成五服尸部引作𢎘) 𢐋(古文弼如此) 𢐈(亦古文弼) 𢐉(弼或如此)

弦部四百六十五

弦 弓弦也从弓象絲軫之形(胡田切。俗別作絃非也。弦急之正字作㥰見心部)

盭 弼戾也讀若戾(郎計切。按此乖戾之正字今則戾行而盭廢矣漢書多作盭) 玅 急戾也(於霄切。按類篇曰彌笑切精微也則爲今之妙字段云妙者即目部之眇字也) ⿰弦曷 不成遂急戾也讀若瘞(於罽切)

系部四百六十六

系 縣也(胡計切。凡縣系統系字如此作繫者非也) ⿱毄系(系或从毄處) ⿱爪絲(籀文系从爪絲)

③ 孫 子之子曰孫(思魂切。古孫遁字作孫不作遜) ⑧ 緜 聯散也(武延切) ⑪ 䌛 隨從也(余招以周二切。由從字當作此。卜筮䌛辭之䌛說文作繇) 繇(䌛或从缶。斯篆今補。古傜役字作䌛。飄搖字亦作䌛)

說文易檢卷十二下

文釋詁纯大也
其字當作奄

說文易檢卷十三上

糸部四百六十七

糸 細絲也象束絲之形讀若覛莫狄切 古文糸 ③
紇 絲下也春秋傳有臧孫紇下沒切 紀 別絲也居擬切 紆
詘也一日縈也憶俱切 約 纏束也於略切 紈 素也胡官切
紅 帛赤白色也戶公切。粟腐壞則色紅其字當作粠也 紃 圜采也詳遵切
紉 單繩也女鄰切 紂 馬緧也除柳切 ④ 純 絲也
論語曰今也純儉常倫切。純粹純卑之純當作醇純孰之正字作辜見亯部 紝 機縷
也如甚切 紝或从任。釋鳥鵖鴔戴鵀陸釋文云本亦作絍 納 絲溼納納也奴荅
切。古多叚爲內字 紡 紡絲也妃兩切 紓 緩也傷魚切。紓與舒音義同亦叚

抒字爲之 紊 亂也商書曰有條而不紊亡運切。此與俗用紋字無涉紋者文
之俗體也 級 絲次弟也居立切 紑 白鮮衣皃詩曰絲衣
其紑匹丘切 紘 冠卷維也戶萌切 紘或从弘 紞 冕冠
塞耳者都感切。詩髧彼兩髦彡部引作紞說文無髧字是紞即髧也 紐 系也
一曰結而可解女久切 紟 衣系也居音切。衣系者聯合衣衽之帶今人用釦鈕
非古也紟與衽異字衽之俗體作衿今紟衿二字多不甚別 籀文从金。玉篇古文四聲韻皆作絵 𣐋 綱重文見下八畫
紛 馬尾韜也撫文切。繽紛篆作闠闠並見門部 紖 牛系也讀若
矤直引切。周禮封人作紖 紙 絜一笘也諸氏切 [illegible] 履也一曰
青絲頭履也讀若阡陌之陌亡百切 紕 氏人𦆛也讀若禹
貢玭珠卑履切。後漢西南夷傳冄駹夷能作毞毲毞即紕也 ⑤ 紙 絲滓也都兮

切。此與紙箋別 紿 絲勞即紿徒亥切。言部曰詒相欺詒也爲欺紿之正字 紹
繼也一曰紹緊糾也市沼切。本部無緊字當作緊 古文紹从卲。今本篆體譌誤據
玉篇廣均汗簡改正 細 㣲也穌計切 紾 轉也之忍切。考工記之紾縛即紾
轉二字也手部無抮 絅 急引也古熒切。中庸借爲褧衣之褧 終 絿絲
也職戎切 古文終 紬 大絲繒也直由切 絀 絳也丑律切。
古多叚爲黜 紫 帛青赤色也將此切 紺 帛深青揚赤
色也古暗切 紘重文見上四畫 紻 纓卷也於兩切 紳 大帶也
失人切 組 綬屬也其小者吕爲冠纓則古切 紴 絛屬
讀若被或讀若水波之波博禾切 絨 采彰也一曰車馬君王伐
切 絘 纓一枚也乎決切 紩 縫也直質切 綻 補縫也

丈莧切。此今之縫綻字也綻裂之綻篆作袒見衣部綻字又作綻 絢 纑繩絢也讀若
鳩其俱切 綎 綎紩繫與馬飾也諸盈切 絆 馬馽也博幔
切 紲 犬系也春秋傳曰臣負羈紲私列切。唐人諱世改作絏 緤 紲或从
枼 紨 布也一曰粗紬防無切 紵 檾屬細者爲絟布白
而細曰紵直呂切。古亦借爲褚衣之褚 紵或从者 絮 絜緼也一曰敝
絮也易曰需有衣絮女余切 紼 亂枲也分勿切。玉篇綍同紼 ⑥
絖 絲曼延也呼光切 絓 繭滓絓頭也一曰以囊絮
湅也胡卦切 絨 織重文見下十二畫 係 紝重文見上四畫 統 紀也他綜切
絕 斷絲也情雪切 古文絕象不連體絕二絲 結 締也古屑切。古無
髻字即用此見髟部堅結結實字當作墼 [illegible] 散絲也匹卦切 給 相足也

居立切 絩 綺絲之數也漢律曰綺絲數謂之絩布謂之總綬組謂之首 治小切 絢 綯重文見下十二畫 䋛 繡文如聚細米也 莫禮切。今谷陶謨作粉米 䋛或从黹。此篆各本無，今據汗簡補。當云古文。許所據作黺絲，壁中古文也 絑 純赤也虞書丹朱如此 章俱切。經傳朱紫字皆當作此朱，行而絑廢矣 絳 大赤也 古巷切 綰 綬也 胡官切 絝 脛衣也 苦故切。今所謂套絝也。其字俗作袴作褲，若今之滿當褲。其字當作幝，互詳巾部 絬 衣堅也論語曰絬衣長短右袂 私列切。今論語作褻。褻，衣部曰褻，私服也。然則論語自訓私服，許偁作絬者，說六書之段借也 絭 纕臂繩也 居願切 絥 車絥也 平祕切 茯 絥或从艸 鞴 絥或从革葡聲 䋷 縻重文見下十一畫 絠 彈彄也 弋宰切 絖 纊重文見下十五畫 絘 字亦作[illegible] 績所未緝者 七四切 絮 敝緜也 息據切。頰絮字當作挐 絡 絮也一曰麻未漚也 盧各切。籠絡之正字作[illegible] 絰 喪首戴也 徒結切 絟 細布也 此緣切 絜 麻一耑也 古屑切。絜之引申爲絜束，又引申爲絜瀞，俗作潔，經典作絜 (七) 絸 繭重文見下十三畫 綃 生絲也 相幺切 經 織從絲也 九丁切 絍 紝重文見下九畫 絿 急也詩曰不競不絿 巨鳩切 [illegible] 繒重文見下十二畫 綈 厚繒也 杜兮切 絹 繒如麥稍色 吉掾切。按此言繒帛之色也。今人所用絹字，其眞字當作繯。网部繯下云一曰綰也，是也。自漢人段絹爲繯，習俗相沿，幾莫能諦正者 綎 系綬也 他丁切 絛 扁緒也 土刀切。宋氏翔鳳曰廣雅絢索也，字當作絛 綅 綫也詩曰貝冑朱綅 子林切 𥿰 扁緒也一曰弩要鉤帶 并列切 綊 紅綊也 胡頰切 緐 馬髦飾也 俗作繁

春秋傳曰可以稱旌緐乎 附袁切 緐或从䋣，䋣，籀文弁 綆 汲井綆也 古杏切 絺 細葛也 丑脂切 綌 粗葛也 綺戟切 㡏 綌或从巾 (八) 綏 車中靶也 息遺切。詩雄狐綏綏，玉篇引作夊夊。旌綏之綏當作緌 綜 機縷也 子宋切 綹 緯十縷爲綹讀若柳 力九切 紹重文見上五畫 緈 直也讀若陘 胡頂切 [illegible] 約也 居玉切 綝 止也讀若郴 丑林切 綺 文繒也 袪彼切 綮 致繒也一曰徽識信也有齒 康禮切 綾 東齊謂布帛之細者曰綾 力膺切 緀 帛文皃詩曰緀兮斐兮成是貝錦 七稽切。今詩作萋，萋段借字也 綠 帛青黃色也 力玉切 綪 帛青經縹緯一曰育陽染也 余六切 綰 惡絳也一曰繯也讀若雞卵 烏版切。繯者，今之絹字 綪 赤繒也以茜染故謂之綪 倉絢切 綥 帛蒼艾色也詩曰縞衣綥巾未嫁女所服一曰不借綥 渠之切。各本篆體誤从畀作綥，今正。今詩作綦 綦 綥或从其。此篆大徐所補十九文之一。經典用之。玉篇作綨 緇 帛黑色也 側持切。檀弓爵弁絰紂，陸釋文曰紂本又作緇，又作純。按緇是正文，純是段借，紂是純之譌字。蓋篆文丰與屯形近易譌也。又玉藻大夫佩水蒼玉而純組綬，注純當爲緇。論語今也純，鄭讀爲緇，是純固通借作緇也 綟 帛戾艸染色也 郎計切 緂 白鮮衣皃謂衣采色鮮也 充乡切 緌 系冠纓也 儒佳切。古字或作蕤，或段綏爲之 緄 織成帶也 古本切。漢碑用爲袞字 綬 韍維也 殖酉切 綸 糾青絲綬也 古還切。古經綸字作論 [illegible] 紟重文見上四畫 縱 綬屬 足容切 綱 网

紘也古郎切 𠕋 古文綱。古文四聲韻作□□二形 糸古文糸也 綫綫 縷也私箭切 𦃇 古文綫 緁緁 緶衣也七接切。喪服傳曰斬者何不緝也齊者何緝也齊即齎緝即緁 䌰 緁或从習 段借字也 維維 車蓋維也以追切。詩用維爲惟 毛 綪綪 紆未縈繩一曰急弦之聲讀若莊側莖切 緍緍 釣魚繁也 吳人解衣相被謂之緍武巾切 䋨䋨 治敝絮也芳武切 緆緆 細布也先擊切 𦆉 緆或从麻 緉緉 履兩枚也一曰絞也博蠓切 綢綢 繆也直由切 絣絣 氏人殊縷布也北萌切

（九）

緒緒 絲耑也徐呂切 緬緬 微絲也弭沇切。引申爲凡緜邈之偁 ⿰糸皆⿰糸皆 大絲也口皆切 緯緯 織衡絲也云貴切 緷緷 緯也王問切 ⿰糸盈⿰糸盈 緩也讀與聽同他丁切 綎 ⿰糸盈或从呈 緢緢 旄絲也周書曰

惟緢有稽武儦切。今本緢作貌僞孔傳云惟察其貌許所據壁中文也 締締 結不解也特計切 緭緭 繒也云貴切 練練 湅繒也郎甸切。練當作□湅 蒲 緹緹 帛丹黃色也他禮切 衹 緹或作衹。此與衣部从氏之衹字各別按唐石經周易衹既平詩衹攪我心亦衹以異左傳衹見疏也論語亦衹以異以及凡訓適之字皆當作此今經傳多亂之衹之字或作秖起于唐初蓋六朝俗字 緺緺 綬紫青色也古蛙切 緣緣 衣純也以絹切 緥 褓俗字 緥 小兒衣也博抱切。古多借用保葆字 緟緟 增益也直容切。此重複之正字今則重行而緟廢矣許書重文若干皆當作緟文 線線 綫重文見上八畫 緛緛 衣戚也而沇切。戚者今之蹙字 緱緱 刀劒緱也古侯切 緘緘 所呂束匧也古咸切。此封緘字木部曰椷匧也爲椷匧字 編編 次簡也布玄切 緧緧 馬紂也七由切。字亦作鞦 緤 紲重文見上五畫 縆 亦作絚 縆 大索也一曰急也。古恆切亦作

絰者非从亘之緪也 緝緝 績也七入切。喪服傳段緝爲緁 𦂳 紵重文見上六畫 緦緦 十五升抽其半布也一曰兩麻一絲布也息茲切 𢇁 古文緦 緰緰 緰貲布也度侯切 緶緶 交枲也一曰緁衣也房連切。交絲爲辮交枲爲緶 ⿰糸封⿰糸封 枲履也博蠓切。急就篇屐屩絜麤今俗語履之判合爲幫字亦作幫讀如邦 緻緻 密也直利切。此篆大徐所增十九文之一按古細緻堅緻字作致無有作緻者可刪

（十）

縒縒 參縒也楚宜切。參者曑之或字見晶部按木部曰槮差竹部曰篸差又曰參差管樂皆長短不齊兒也集韻類篇皆引說文參縒也謂絲亂兒韻會於差字下引說文參差絲亂兒蓋古本有此三字 縎縎 結也古忽切 縛縛 束也符钁切 縠縠 細縳也胡谷切 縑縑 并絲繒也古甜切 縞縞 鮮巵也古老切 縉縉 帛赤色也春秋傳曰縉雲氏禮有縉緣即刃切 縓縓 帛赤黃色也一染謂之縓再染謂之赬三染謂之纁七絹切 ⿰糸剡⿰糸剡 帛騅色也詩曰毳衣如⿰糸剡土敢切。今詩作菼段借字也。鉉云⿰糸剡今俗別作緂 縟縟 繁采飾也而蜀切 縌縌 綬維也宜戟切 ⿱暴糸⿱暴糸 頸連也補各切。玉篇謂與襮同字 縜縜 綱紐也周禮曰縜寸爲贇切 縈縈 收卷也於營切 縋縋 以繩有所縣也春秋傳曰夜縋納師持位切 縢縢 緘也徒登切。周書有金縢凡艸木之藟曰縢俗作藤藤作藤 ⿰糸虒⿰糸虒 繫⿰糸虒也一曰維也郎兮切 縐縐 絺之細者也詩曰蒙彼縐絺一曰戚也側救切。戚者今之蹙字 縗縗 喪服衣長六寸博四寸直心倉回切。此衰經字經典作衰者段借字也 縕縕 紼也於云切 縊縊 經也春秋傳曰夷姜縊於賜切

（十一）

繅繅 繹繭爲絲也穌遭切。此繅絲之正字 繀繀 箸絲於莩車也穌對切 ⿰糸垂⿰糸垂 [illegible]

左傳無以縊酒 酉部引作酋 蓋亡字也

類也居用切。繈緃字如此衣部之襚蓋後人所增也褑俗字 縱緃緩也一日捨也
足用切。後人以爲從衡字者非也 縮縮亂也一日蹴也 所六切。縮之字俗作蹜古亦叚爲摍字
總字摠俗 總聚束也 作孔切 繃 俗作綳 繃束也墨子曰禹葬會稽桐
棺三寸葛以繃之 補盲切 縪縪止也 卑吉切 縳縳白鮮色也 持沇切
縵縵繒無文也漢律曰賜衣者縵表白裏 莫半切 縹縹
帛白青色也 敷沼切 縷縷綫也 力主切 縫縫以鍼紩衣也 符容切
緝 績重文見上八畫 繶繶以絲介履也 切力知 繫繫繳衣也一
日赤黑色繒 鳥雞切 縿縿旌旗之游所屬也 所銜切 徽徽袤幅
也一日三糾繩也 許歸切。凡徽號徽識字當作微 繲 解重文見上七畫 縼縼以長繩
系牛也 辭戀切 縻縻牛轡也 靡爲切 絼 縻或从多 績績緝也

禮漢律吕緵縪 其亡字也

則歷切 繐繐蜀細布也 祥歲切 繆繆枲之十絜也一日綢繆
也 武彪切。繆之叚借爲謬誤差謬紕繆之謬又叚爲謚盭之穆 ⑫ 織織作布帛之
總名 之弋切。古叚爲識字如詩之織文徽識也 䋙樂浪挈令織从糸从式 挈史記作
絜 繢繢織餘也一日畫也 胡對切。繪畫當作繪用繢字互詳繪下 繎繎絲
勞也 如延切 繙繙繙冤也 附袁切。集均類篇皆曰繙紕亂也是冤俗作紕也巾部布幡帑
二篆亦是墨韵字 繚繚纏也 盧鳥切 繞繞纏也 而沼切 䌖䌖合
也讀若捷 姊入切 繒繒帛也 疾陵切。繒弋之正字作矰 縡 籀文繒从宰省楊雄
吕爲漢律祠宗廟丹書告也 繟繟帶緩也 昌善切 繜繜薉貉中女子
無絝吕帛爲脛空用絮補核名曰繜衣狀如襜褕 子昆切。空者今之腔字核
當作覈 繑繑絝紐也 牽遙切 繕繕補也 時戰切 縜 字亦作緷 縜

絆葥兩足也蠻夷卒有肆當題之 相主切 𦈲 今作纆 纆索也 莫北切
切 繘繘綆也 余聿切 繘 古文从絲 繘 籀文繘 繐繐細疏布也
私銳切 彝彝宗廟常器也周禮六彝雞彝鳥彝黃彝虎
彝蜼彝斝彝吕待祼將之禮 以脂切 彝 彝 皆古文彝。按鐘鼎文作彝 蓋
象形難字也 ⑬ 繭繭蠶衣也 工殄切。手足重繭字當作䌓又借爲襺袍之襺 絸 古文
繭 繹繹抽絲也 羊益切 䌤䌤偏緩也 昌善切。毛詩檀車幝幝釋文云韓詩
作䌤 繯繯落也 胡畎切。落者今之絡字 繡繡五采備也 息救切 繪
繪會五采繡也虞書曰山龍華蟲作繪論語曰繪事後素
黃外切。古者繪訓繡績訓畫此二字之判也今繢畫字亦作繪而繢廢矣鄭司農注周禮引論語繢事後素 繰繰
帛如紺色或曰深繒讀若喿 親小切。今用爲繅絲字非也 繩繩索也 食陵切

切 繮繮馬紲也 居良切。俗字作韁 繳 字亦作繳 繳生絲縷也謂
縷糸矰矢而椎射也 之若切 繴繴繴謂之罿罿謂之罬
罬謂之罦捕鳥覆車也 博厄切 ⑭ 繼繼續也 古詣切。各本篆作繼
是吕隸改篆也今正 𢇍 繼或作𢇍。各本無此惟繼下有反𢇍爲繼四字今據補 辮辮交也 薄犬
切 纁纁淺絳也 許云切。周禮故書纁作䌨 繻繻繒采色也讀若繻
有衣 相俞切 纂纂似組而赤 作管切。釋詁曰纂繼也此纘之叚借也 纀纀
常削幅謂之纀 博木切。字亦作襆又作襥 繫繫繫𦃇也一日惡絮 古詣切。
或叚爲繫系說系字非也 ⑮ 纅纅絲色也 以灼切 纇纇絲節也 盧對切
續續連也 似足切 賡 古文續从庚貝。毛詩西有長庚傳曰庚續也此正謂庚與賡同義庚有
續義故古文續字取吕會意也 纏纏繞也 直連切 繱繱帛青色也 倉紅切。

爾雅青謂之蒽蒽即纖也　纍綴得理也一曰大索也　力追切。此纍紲字論語作縲俗體也。又說文無累字厽部曰絫增也即今之增累字也累其俗字也　纊絮也春秋傳曰皆如挾纊　苦謗切　絖　纊或从光　⑯纑布縷也　洛乎切　[illegible]重文見上十二畫　⑰纖細也　息廉切。纖好之纖當作孅纖雨之纖字作霰又女部孅下曰兇細也音義皆同　纓冠系也　於盈切　纕援臂也　汝羊切。此攘臂之正字攘者古揖攘字也　[illegible]西胡毳布也　居例切。亦借罽為之　⑱纔帛雀頭色也一曰微黑色如紺纔淺也讀若讒　士咸切。今人用為才字　纗維綱中繩也讀若畫或讀若維　戶圭切　[illegible]重文見上十二畫　⑲纘繼也　作管切　[illegible]　俗字作絁　粗緒也　式支切　纚　字亦作縰　冠織也謂呂緇帛韜髮　所綺切　⑳[illegible]不均也　力臥切

㉔[illegible]　重文見上十二畫

素部四百六十八

素　今字作素　白致繒也　桑故切。致者今之緻字　③䋘白約縞也　以灼切　𦃲素屬　居玉切　⑧从素上十　繛緩也　昌約切　綽　繛或省。今多如此作　綽約亦作婥約　⑨𦆄繛也　胡管切　緩　𦆄或省。今多如此作　⑪𦈌素屬　所律切。𦈌之字或作繂或作繂

絲部四百六十九

絲蠶所吐也　息茲切　𢇍織呂絲毌杼也　古還切　⑦轡馬轡也詩曰六轡如絲　兵媚切。各本篆文作轡按廣韻六至轡下云說文作轡今據改正

率部四百七十

率捕鳥畢也象絲网上下其竿柄也　所律切。率先率循字當作達

虫部四百七十一

虫一名蝮博三寸首大如擘指象其臥形物之微細或行或飛或毛或蠃或介或鱗呂虫為象　許偉切。爾雅釋魚蝮虫今本虫作虺段借字也　②虯龍無角者　渠幽切。廣雅曰有角曰龍無角曰虯龍即虯字虯即螭字虯俗作虬　③虺呂注鳴者詩曰胡為虺蜥　許偉切。今爾雅呂虺為虫蝮字蜥今詩作蜴　蜥蜴即蜥易之俗字也　[illegible]蟲申行也讀若騁　丑善切　虹螮蝀也狀佀虫明堂月令曰虹始見　戶工切　䖧　籀文虹从申申電也　④蚦　今作蚺　大它可食　人占切。俗又作蚺為蟒蛇字非也蟒蛇之正字當作蟒　蚓　螾重文見下十一畫　蚖榮蚖蛇醫呂注鳴者　愚袁切。釋魚曰蠑螈蜥蜴蜥易也蠑者俗字螈者異文　蚔畫也

巨支切。此與蚔篆迥別　蚚強也　巨衣切　蚩蟲也　赤之切　蛜蛜威委黍委黍鼠婦也　於脂切。字亦作蛜　蚣　蜙重文見下八畫　蚗蚗蛁蟧也　於悅切。方言作蛥蚗　蛃蚗蟬屬讀若周天子赧　武延切。爾雅蝒者馬蜩方言蟬大者謂之蝒馬玉篇廣韻皆曰蝒即蛃字　蚑行也凡生之類行皆曰蚑　巨支切　蚌蜃屬　步項切。字亦作蜯　蚨青蚨水蟲可還錢　房無切　⑤蛁蟲也　都僚切　[illegible]蛣[illegible]也　區勿切。今爾雅作蝠　強蚚也　巨良切。段借為彊弱之彊又段借為勉彊彊迫之彊　彊　籀文強从蚰从彊　蛣蛣[illegible]也　去吉切　蛅蛅斯墨也　職廉切。釋蟲墨作螺蛅斯作蟴俗字也　蚳螘子也周禮有蚳醢讀若祁　直尼切　蟁　籀文蚳从蚰　𧑒　古文蚳从辰土　蛉蜻蛉也一曰桑根　郎丁切。今人作蜻蜓作蜻蛉蝏蛉之本字作蠕　蚼北方

有蚼犬食人古厚切 ⿰虫申 虹重文見上三畫 ⑥ ⿰虫向 蠁重文見下十三畫 蛕 字亦作蚘俗作
蛔 腹中長蟲也戶恢切 蛭 蟣也之日切 蛣 蛣⿰虫出蝎也
去吉切 ⿱圭虫 蠆也烏蝸切。按此非今之蛙字蛙之篆文作鼃見黽部 ⿰虫舟 蜩重文見下八畫
蛚 蜻蛚也 良薛切。玉篇廣均皆云蟋蟀一名蜻蛚鄭注考工記曰㠯注鳴者精列屬 蠚
螫也 呼各切 蛘 騷蛘也 余兩切。騷蛘即今之搔癢字也或用痒字非 蛟 龍
屬池魚滿三千六百蛟來爲之長能率魚而飛置笱水中即蛟
去 古肴切。中庸黿鼉蛟龍字亦作鮫 䖑 今作蛤 蜃屬有三皆生於海厲
千歲雀所匕也秦人謂之牡厲海䖑者百歲燕所匕也魁䖑一
名復累老服翼所匕也 古沓切 蛫 蟹也 過委切 ⿰虫屰 俗作⿰虫咢作鰐作鱷
佀蜥易長丈許水潛吞人即浮出日南也 吾各切 蛧 蛧
蜽山川之精物也淮南王說蛧蜽狀如三歲小兒赤黑色赤目長耳
美髮國語曰木石之怪夔蛧蜽 文兩切。蛧蜽俗作魍魎 蛩 蛩蛩獸也
一曰秦謂蟬蛻曰蛩 渠容切 ⑦ 蛹 繭蟲也 余隴切 蜓
蝘蜓也一曰螾蜓 徒典切。蜻蜓作蜻蛉 蛵 丁蛵負勞也 戶經切 蛓
毛蟲也讀若笥 千志切。本艸作蚝音同 蜀 葵中蠶也詩曰蜎
蜎者蜀 市玉切。今詩ナ旁人加虫作蠋俗字也 蛾 羅也 五何切。按此與蟻下之⿱我虫篆異字蠶
蛾字作⿱我䖵見䖵部 ⿱我虫 蟻重文見下十三畫 蜋 螂俗字 堂蜋也一名斫父 魯當
切。堂蜋與蟷蠰一語小異耳 蛸 蟲蛸堂蜋子 相邀切 蜆 縊女也
胡典切 蛺 蛺蜨也 兼叶切 蛶 商何也 力輟切。商俗作螪 蛻 它
蟬所解皮也 輸芮切 蜃 大蛤雉入水所匕 時忍切。玉篇作蜃入蚰部

蜎 肙也 狂兖切 ⑧ 蜥 蜥易也 先擊切。易之字俗作蜴蜥亦作蜥蜴詩
胡爲虺蜥今作虺蜴同音段借也 蜭 字即蛹 毛蠹也 乎感切 蛢 蟜蟥
㠯翼鳴者 薄經切 蜰 盧蜰也 符非切。盧俗作蠦 蜨 俗作蝶 蛺
蜨也 徒叶切 蜙 蜙蝑舂黍也㠯股鳴者 息恭切 。蜙或省 毛詩
如此作 蜾 蠃重文見下十三畫 蜩 蟬也詩曰五月鳴蜩 徒聊切。豳風傳曰蜩螗也本
部無螗字當依夏小正作唐 蜩或从舟 古周舟通用。 蜺 寒蜩也 五雞切。段借爲虹霓
霓之 蜻 蜻蛚也 子盈切。詩螓首毛傳曰螓首顙廣而方鄭箋螓謂蜻蜻也本部無螓字頁部曰顙
好皃引詩顙首方言蟬小者謂之麥蚻有文者謂之蜻蜻孫炎注尒疋引作有文者謂之螓陳氏奐曰螓當即蜻之異體
蜹 俗作蚋 秦晉謂之蜹楚謂之蟁 而銳切 蜡 蠅胆也
周禮蜡氏掌除骴 古詣切 蝁 蚨也 烏各切 蜦 它屬也
黑色潛於神淵之中能興雲致雨讀若戾艸 力屯切 蜧 蜦或
从戾 ⿰虫匊 ⿰虫匊鼀詹諸㠯脰鳴者 居六切 蜮 短弧也佀鼈
三足㠯气䠶害人 于逼切 蜮又从國。今㠯爲蟈蝦蟆之屬與蜮判爲二物矣 蜽
蛧蜽也 良獎切。疑本作兩後人改之俗作魎 蜼 如母猴卬鼻長尾
余季切。山海經注曰音遺又音誄 閩 東南越它種 武巾切 蝀 螮蝀也
多貢切 ⑨ 蝮 虫也 芳目切 蝘 在壁曰蝘蜓在艸曰蜥易
於殄切 蝘或从䖵 蝚 蛭蝚至掌也 耳由切 蠆 毒蟲也
丑芥切。俗作蠆非且與牡蠣字相溷 蠆或从䖵 蝤 蝤齎也 字秋切 蝎
蝤齎也 胡葛切 蝝 復陶也劉歆說蝝⿱比䖵蠹子也
董仲舒說蝝蝗子也 與專切。按今之蝗蝻字當作此 ⿱帥虫 悉⿱帥虫也 所律

切。今作蛛蝥皆俗字　蝒　馬蜩也　武延切。篇均皆曰蝒蚵同字　蟴　蛄蟴強羊也　式支切　蝍　渠蝍一曰天社　其虐切　蝥　盤蝥也　莫交切。按此與䖵部之蟊蟲部之蠹各物　蝑　蜙蝑也　相居切　蝗　螽也　乎光切　蛸　蛸蟲也　息正切　蝡　動也　而沇切。俗作蠕　蝸　蝸蠃也　古華切　蝓　虒蝓也　羊朱切。虒之俗字作螔　蚴　蚴蟉也　於虬切。漢書作蚴　蝦　蝦蟆也　乎加切。魚蝦之正字作鰕　蝯　善援禺屬　雨元切。下隸字書曰猿，俗猨，通蝯，正　蝙　蝙蝠服翼也　布懸切　蝠　蝙蝠也　方六切

（十）

螣　神它也　徒登切。毛詩段借爲蟘字　螉　螉蜙蟲在牛馬皮者　烏紅切　螝　蛹也　讀若潰　胡罪切　螟　蟲食穀心者　吏冥冥犯灋即生螟　莫經切　蟘　蟲食苗葉者　吏乞貣則生蟘　詩曰去其螟蟘　徒得切。各本篆作蟘，今正。俗作蟘，今詩作螣，段借字也　螕　齧牛蟲也　邊兮切　螘　蟻重文見下十三畫　蚳　蚔重文見上五畫　蠜　盤蝥毒蟲也　布還切。按本經蟲部下品曰斑貓味辛寒有毒一名龍尾即盤蝥之俗字也　螇　螇鹿蛁蟟也　胡雞切。蟟之俗字作蟟　⿰虫扇　蠅醜⿰虫扇搖翼也　式戰切　蠊　海蟲也　長寸而白可食　讀若嗛　力鹽切

（十一）

螼　螾也　弃忍切　螾　側行者　余忍切　蚓　螾或从引　蜙　螉蜙也　子紅切　雖　似蜥易而大　息遺切。語詞之雖當作唯　螻　螻蛄也　一曰螜天螻　洛侯切。亦作蝼蛄。許書無螜字當作蠹見䖵部　蚳　蚔重文見上五畫　蟅　螽也　之夜切。俗作蚱　蜳　蟲蜳　一曰浮游朝生莫死者　离灼切。浮游今作蜉蝣非也，蜉者蠹之或體，蝣者俗字也　螸　螽醜螸垂腴也　余足切

螫　蟲行毒也　施隻切。亦作蜇　蝕　敗創也　乘力切。俗作蝕，春秋經段爲日食之食　螭　若龍而黃　北方謂之地螻　或云無角曰螭　丑知切。字亦作蜿　蠯　陛也　脩爲蠯　圜爲蠇　蒲猛切。陛俗作蜌，本艸有蜌字，音蒲幸切，蜌即蠯也　蟉　蚴蟉也　力幽切　蟄　藏也　直立切　蟆　蝦蟆也　莫遐切。字亦作蟇　螹　螹離也　慈染切。螹字或作[illegible]　蟈　蜮重文見上八畫　蝃　蝃蝀虹也　都計切。毛詩作蝃

（十二）

蚤　蟲也　祖外切　蟯　腹中短蟲也　如招切　蟣　蝨子也　一曰齊謂蛭曰蟣　居豨切　蟫　白魚也　余箴切　蟜　蟲也　居夭切　⿰虫矞　⿰虫矞蟥蛢也　余律切。釋蟲蛂蟥蛢，按本部無蛂，蛂蟥即⿰虫矞蟥也，以翼鳴者見考工記梓人鄭注，翼鳴發皇，發皇即蛂蟥也　蟥　⿰虫矞蟥也　乎光切　蟠　鼠婦也　附袁切。鼠部鼠下或曰鼠婦音義同　蟬　以旁鳴者　市連切　蟨　蟨鼠也　一曰西方有獸　前足短　與蛩蛩巨虛比　其名曰蟨　居月切

（十三）

蠁　知聲蟲也　許兩切　蚼　司馬相如說从向　蠍　蠆尾蟲也　許竭切。宋本奪此今補　蟻　蚍蜉也　魚豈切。各本無蟻蛾二篆，今據廣韻及爾雅釋文補　蛾　蟻或从我。此與蛾羅字異　螘　蟻或从豈　蟷　蟷蠰不過也　都郎切。皆螗蜋別名　蠣　蠣蠃蒲盧細要土蠭也　天地之性細要純雄無子　詩曰螟蠣有子蠣蠃負之　古火切。今詩蠣作蛉，段借字，蠣作蜾　蜾　蠣或體也　从果　蠨　蠨蛸長股者　穌彫切。俗作蠨　蠉　蟲行也　香沇切　蠇　蚌屬　似螊微大　出海中　今民食之　讀若賴　力制切。俗作蠣　蟺　夗蟺也　常演切。夗蟺之俗字作蜿　蠏　有二

敎八足旁行非它鮮之穴無所庇胡買切。敎之俗字作蟹 鮭 蠏或从魚 ⑭ 蠀 蠀蠹也 祖兮切。今字作蠐 蠖 尺蠖詘申蟲也 烏郭切。尺俗作蚇 蠃 蠃蝓也一曰虒蝓 郎果切。廣韵螺蠃同說文無螺字 蠓 蔑蠓也 莫孔切。蔑之俗字作蠛 蠗 禺屬 直角切 ⑮ 蝘 蝘重文見上九畫 蠜 𠂤蠜也 附袁切 蠆 蠆重文見上九畫 蝮 蝮重文見下十六畫 ⑯ 蠥 衣服歌謠艸木之怪謂之祥禽獸蟲蝗之怪謂之蠥。魚列切。諸書多作孼俗作孽 ⑰ 蠲 馬蠲也明堂月令曰腐艸爲蠲 古玄切。鄭注戴記腐艸爲熒曰熒飛蟲熒火也蓋非古文古說熒俗又作螢 蠪 蠪丁螘也 盧紅切 蠰 蟷蠰也 汝羊切。蠰猶堂蜋 蠕 螟蠕桑蟲也 郎丁切。今作螟蛉非也 ⑱ 蠸 蟲也一曰大螫也讀若蜀都布名 巨員切。謂太螫之讀若纏也 蠵 觜蠵大龜也以胃鳴者 戶圭切 司馬相如說蠵从敻 ⑲ 蠻 南蠻它種 莫還切 ㉓ 彊 強重文見上五畫

說文易檢卷十三上

說文易檢卷十三下

蚰部四百七十二

蚰 蟲之總名也讀若昆 古魂切。凡經傳言昆蟲皆蚰蟲也今則昆行而蚰廢矣 ③ 蝨 齧人蟲 所櫛切 螽 今字作螽 蝗也 職戎切。夂古文終字 螽或从虫眾聲 蝱 齧人飛蟲 武庚切。詩言采其蝱傳曰蝱貝母釋艸釋文云說文作莔莔正字蝱段借字也 ④ 𧒂 齧人跳蟲也 子皓切 𧒂或从虫。經傳多段爲早字 蠹 蠹重文見下十六畫 ⑤ 蟊 蠿蟊也 莫交切。蟊賊之正字作蟊見蟲部 蟁 齧人飛蟲 無分切 蟁或从昏 俗蟁从虫从文 蝱 蝱蟟也 強魚切 ⑦ 蛾 蠶匕飛蛾 五何切。蛾者蠶蛾蛾者蛾羅二字截然不同今作蠶蛾非也。各本此下有螯篆今移蛾下 蛷 多足蟲也 巨鳩切 蛷或从虫。字亦作蛷 ⑧

蟲 俗作蠦又作螵 蟲蛸也 匹標切。此與虫部螵異字 蟁 蟁重文見上五畫 ⑨ 蠡 蟲齧木中也 盧啟切。各本篆作蠡中少一畫凡全書从蠡之字皆如此蓋以隸改篆也今俱正之。左傳不疾瘯蠡釋文云說文作瘰瘰者正字蠡者段借字也蠡之字一作蠡見九歎方言一作盠見皇象書 古文。按此與篆文不別段云疑古文从豕 蠢 蟲動也 尺尹切。蠢與心部惷訓亂義別左傳王室實蠢蠢焉惷下引之正字也 古文蠢从𢦏周書曰我有𢦏于西 ⑪ 螬 俗作螬 蠀螬也 財牢切 蠭 俗作蜂 飛蟲螫人者 敷容切 古文 逢蠭 螱 飛螱 於貴切。各本無此爾雅螱飛螱釋文曰說文字林从蚰今據補 ⑫ 蠶 任絲蟲也 昨含切 寍 寍蟲也 奴丁切 ⑬ 蝎 螻蛄也 胡葛切。字亦作蝎見虫部螻下 雋 蟲食也 子兗切 ⑮ 蠯 隸省作蠯 蠯蟲也 知行切。俗作蟶 蠽 俗作蠽 小蟬蜩也 子列切。

方言蟬其小者謂之麥蚻今江東呼麥蠽然則蠽蚻同字。蠠 蠭甘飴也一曰螟子 彌必切。釋詁曰蠠沒也是段蠠爲黽也亦作蜜故字又作蠠

宓 蠠或从宓。今通用此體。

⑯ 蠿 蠿蟊作网蛛蟊也 側八切

蠹 今省作蠹 木中蟲 當故切。今俗謂蛀之蛀按虫部無蛀字一切經音義卷十六曰蠹即蛀丁故反善見律始改作蛀

𧒒 蠹或从木象蟲在木中形譚長說

⑰ 蠹 蠹蠹也 縛牟切。亦省作蠹蠹 雅字譌作蠹 蠹作蠹尤俗

蜉 蠹或从虫从孚。或用爲浮游字非也

蟲部四百七十三

蟲 有足謂之蟲無足謂之豸 直弓切

⑤ 蟊 蟲食艸根者 莫浮切。此下舊有蟁篆有巳見虫部此爲重出今芟。按蟊與蛑部之蟊不同蟊賊字正當作蟲今則盡段蟊爲之矣

𧍒 古文蟊从虫从牟。凡漢人言侵牟皆蛑之段借

蠱 腹中蟲也春秋傳曰皿蟲爲蠱晦淫之所生也梟磔死之鬼亦爲蠱 公戶切

⑧ 蠹 臭蟲負蠜也 房未切

蜚 蠹或从虫。古書多段爲飛字

⑩ 𧕢 𧕢蠹大蟻也 房脂切

蚍 𧕢或从虫比聲

蟁 民蟲也 良刃切。按此蚊之別不當武巾切仍讀蚊也今依篇韵良刃切

風部四百七十四

風 八風也東方曰明庶風東南曰清明風南方曰景風西南曰涼風西方曰閶闔風西北曰不周風北方曰廣莫風東北曰融風風動蟲生故蟲八日而匕 方戎切

凬 古文風

④ 䬘 大風也 于筆切。各本篆體作䬘从日月之日非聲也今正

⑤ 颵 小風也 翾聿切。廣均之颵即颵下十二畫此字也

颯 風聲也 穌合切

⑥ 颲

⑦ 颲

颲也讀若烈 良薛切。颲颲與仌部之凓冽略同按烈風字正當作颲

颲風雨暴疾也讀若栗 力質切

⑧ 䬝 北風謂之䬝 呂張切。爾雅作涼陸氏音義曰本或作䬝按涼風字正當作此涼者寒涼字用之

颮 疾風也 呼骨切。廣雅作颮 廣均曰颮爲颮之俗然則颮又颮之省也

颺 風所飛揚也 與章切。按飛揚字亦可作此

⑨ 颹 大風也 王勿切。玉篇于貴切

⑪ 飄 回風也 撫招切。飄颻正字作𧼮 飄颻亦作標搖飄其俗字也輕飄當作輕𧼮凡物之飄落當作部首𠬪

飂 高風也 力求切

⑫ 飆 扶搖風也 甫遙切

飆 古文飆

它部四百七十五

它 虫也从虫而長象冤曲垂尾形上古艸居患它故相問無它乎 託何切。它之字段佗爲之俗又作他

蛇 它或从虫。俗音食遮切

龜部四百七十六

龜 舊也外骨內肉者也从它龜頭與它頭同天地之性廣肩無雄龜鼈之類以它爲雄象足甲尾之形 居追切

𠁴 古文龜

③ 䶰 䶰龜也 徒冬切

④ 䶱 龜甲邊也天子巨龜尺有二寸諸侯尺大夫八寸士六寸 汝閻切

黽部四百七十七

黽 鼃黽也从它象形黽頭與它頭同 莫杏切。黽勉之黽者段借字或作僶作勔者皆俗體也 正字當作愐作黽

䵶 籒文黽

④ 黿 大鼈也 愚袁切

⑤ 鼃 蝦蟇也 夫鼃詹諸也其鳴詹諸其皮鼃鼃其行𠝇𠝇 七宿切。詹諸俗作蟾蠩又作蟾蜍

鼀 鼀或从酋

䵹 䵹屬頭有兩角出遼東 其俱切

鼂 匽鼂也讀若朝楊雄說匽鼂蟲名杜林以爲朝旦非是

陟遙切。漢書鼂姓又作晁 𪓐 古文从皀 ⑥ 鼀鼀 蝦蟇屬 烏媧切。此今所用之蛙字也 蠅蠅 營營青蠅蟲之大腹者 余陵切 鼅鼅 鼅鼄也 陟輸切 𪓰 鼄或从虫。今字通行此體 鼄鼄 鼄重文見上五畫 ⑨ 鼄 鼄重文見上五畫 ⑩ 鼆 水蟲也薉貉之民食之 胡雞切 ⑪ 鼅鼅 鼅鼄 鼅鼄不蛛也 陟离切 蜘 或从虫。隸省作蜘今俗用之 ⑬ 鼈鼈 甲蟲也 并列切 鼉鼉 水蟲似蜥易長丈所皮可爲鼓 徒何切。从單黽 ⑭ 鼀鼀 鼀鼀 鼀鼀詹諸也詩曰得此鼀鼀言其行鼀鼀 式支切。今詩作戚施許所據蓋古本也按孟子施施字當可作此

卵部四百七十八

卵卵 凡物無乳者卵生象形 盧管切 卝 古文卵。此篆各本無今依九經字樣補。周禮借爲礦字毛詩用爲總角卝兮之卝 ⑨ 㲉㲉 卵不孚也 徒玩切。管之五行篇羽卵者不段段爲之

二部四百七十九

二二 地之數也从耦一 而至切 弍 古文二 凡凡 最括而言也 浮芝切。按凡之篆文从二从乀乀古文及字見又部攷其文ㄗ旁不當引筆下來當作弓也 ④ 亘亘 求回也 須緣切 ⑥ 竺竺 厚也 冬毒切。此篤厚之正字篤訓馬行遲也今經傳竺字皆作篤惟釋詁尚存其舊叚借之字行而真字廢矣亯部曰管𣌭也音義皆同 ⑦ 亟亟 敏疾也 紀力切又去吏切。部首苟下曰自急敕也可通用又心部曰悈急性也音義亦略同 恆恆 常也 胡登切 亙 古文恆从月詩曰如月之恆。此篆蓋有譌舛既云从月則ㄗ當作夕不當作ㄗ也。引詩說从月之意非謂詩作亙也傳曰恆弦也按詩之恆本亦作縆謂張弦也月上弦而就盈於是有恆久之義故古文从月

土部四百八十

土土 地之吐生萬物者也二象地之上地之中丨物出形也 它魯切 ② 圤 墣重文見下十二畫 凷凷 墣也 苦對切 塊 俗凷字 圣圣 汝潁之閒謂致力於地曰圣讀若兔窟 苦骨切 ③ 地地 元气初分輕清昜爲天重濁侌爲地萬物所敶列也 徒四切。敶列字今作陳非也 墬 籒文地从𨸏土彖聲。各本篆體从彖作墬今从小徐 圪圪 牆高皃也詩曰崇墉圪圪 魚迄切。大雅皇矣曰崇墉言言傳曰言言高大也又曰崇墉仡仡傳曰仡仡猶言言也依說文本作圪圪 在在 存也 昨代切 圮圮 毀也虞書曰方命圮族 符鄙切 [illegible] 圮或从手配省非聲。此與屵部之巖字其音義皆略同也 圯圯 東楚謂橋 與之切 圭圭 瑞玉也上圜下方公執瓛圭九寸侯執信圭伯執躬圭皆七寸子執穀璧男執蒲璧皆五寸吕封諸侯楚爵有執圭 古畦切

珪 古文圭从玉。今經典中圭珪錯見 ④ 均均 平徧也 居勻切 坄坄 缶竈窗也 營隻切 𡋲 圭 皆封重文見下六畫 坐 坐重文見下七畫 坻坻 箸也 諸氏切 按坻與五畫之坁迥別春秋傳曰物乃坁杜注坁止也此坁之本義今版本左傳及釋文及廣均四紙皆作坻坻行而坁廢矣 坒坒 地相次坒也衛大夫貞子名坒 毗至切。按北宮貞子名喜不名坒此疑有誤 坎坎 陷也 苦感切。毛詩傳曰坎坎擊鼓聲按此謂坎坎爲竷竷之叚借字也 圻 垠重文見下六畫 坋坋 塵也一曰坋大防也 房吻切。周南傳曰墳大防也乃坋之叚借字也此義當音平聲 坏坏 丘一成者也一曰瓦未燒 芳桮切。缶部曰㲉未燒瓦器也音義略同按器坏胎字當作㲉坏之字俗作坯 ⑤ 坤坤 地也易之卦也 苦昆切 坶 今亦作坶 坶 朝歌南七十里地周書武王與紂戰于坶野 莫六切。此牧野之本字 坪坪 地平也 皮命切。各本篆體作垺今依舊鈔小徐本正 坡坡 阪也 滂禾切。𨸏部曰陂阪也音義皆同 坴坴

土由坴坴也讀若逵一曰坴梁地 力竹切 坺坺 坺土也一臿土
謂之坺詩曰武王載坺一曰塵皃 蒲撥切。今詩作旆傳曰旆旗也許引此詩則偁經說段
之例如無有作敃說敃即好也 坐 堂重文見下八畫 坫坫 屏也 都念切。坫之字俗作店 坌坌
埽除也讀若糞 方問切。按坌字曲禮作糞少儀作拚又皆作攅糞與坌音義略同拚其段借字也
坦坦 安也 他但切 坻坻 小渚也詩曰宛在水中坻 直尼切。與坻迴別
汱 坻或从水从夊 渚 坻或从水者 坿坿 益也 符遇切。此附益之正字附乃附婁讀步口切非
益義也今附行而坿廢矣附近之附當作坿 坼坼 裂也詩曰不坼不疈 丑格切。今詩
作副疈者籀文也 坱坱 塵埃也 於亮切 坥坥 益州部謂螾場曰坥 七余切
⑥ 垓垓 兼垓八極地也國語曰天子居九垓之田 古哀切。
垓之異體作畡 垣垣 牆也 雨元切 𩫖 籀文垣从𩫖 垛垛 門堂孰也 丁果切。

孰者今之塾字 封封 爵諸侯之土也公侯百里伯七十里子男五十里
府容切 𡉚 籀文封从丰 圭 古文封省。此與之部讀若皇者同字猶亥豕古文同作丌也 型型 鑄
器之灋也 戶經切。與㓝字亦段刑字爲之俗作刑非是型之俗體作型 垎垎 水乾也一曰
堅也 胡格切。垎格字當作此垎之字或作塥俗作洛 垐垐 以土增大道上 疾資切
堲 古文垐从土即虞書曰龍朕堲讒說殄行堲疾惡也。此說堲即疾之段借也 垍垍 堅土也讀
若萁 其冀切 垠垠 地垠咢也一曰岸也 語斤切。垠亦作𡋯咢今或作堮字又作壥 淮南書
圻 垠或从斤。段氏云古斤聲與幾聲合韵冣近故周禮故書畿爲近田部曰𤰞遠近言
之則言畿也鄭曰畿猶限也是畿可作圻圻亦可作垠也 垑垑 恃也 尺氏切。釋詁曰恀恃也
蓋本作垑 垔垔 塞也商書曰鯀垔洪水 於眞切。按此字古書多作堙作陻
而眞字廢矣 𨺅 垔或从𨸏。依段說補此陻蓋陋之俗體也
湮塞者亦段借字也 [illegible] 古文垔

⑦

垝垝 毀垣也詩曰乘彼垝垣 過委切 䧬 垝或从𨸏 垢垢 濁
也 古厚切 垤垤 螘封也詩曰鸛鳴于垤 徒結切。雚之俗字作鸛 垗垗
畔也爲四畤界祭其中周禮曰垗五帝於四郊 治小切。今周禮作兆古
本當如此也 ⑦ 圬 [illegible]重文見下十三畫 埒埒 庳垣也 力輟切 垷垷 涂也
胡典切。廣雅垷拭也即垷之異體也 垸垸 以泰和灰而髼也一曰補垣
也 胡玩切 城城 以盛民也 氏征切 𩫨 籀文城从𩫏 [illegible] 地也 林子
切 埂埂 秦謂阬爲埂讀若井汲綆 古杏切 埃埃 塵也
烏開切 垽垽 澱也 魚僅切 埍埍 徒隸所居也一曰亭部 古泫
切 珪 圭重文見上三畫 ⑧ 埴埴 黏土也 常職切。按禹貢埴字鄭本作戠正義曰戠埴
音義同字又作壥作樴 基基 牆始也 居之切 堂堂 殿也 徒郎切。地名堂邑本字

作鄣凡云堂堂者當作闛闛 坐 古文堂如此 臺 籀文堂从尚京省聲 堊堊 白涂也
烏各切 埽埽 俗作掃 埽 棄也 穌老切 埻埻 射臬也讀若
準 之允切。埻的者準的之正字 埤埤 增也 符支切。此與會部朇衣部裨音義皆同字从土
者蓋謂土之增益也 埱埱 气出土也一曰始也 昌六切。俶下云一曰始也音義皆同 埵
埵 堅土也讀若朵 丁果切 埩埩 治也 疾郢切。廣韵曰埩魯北門池也許水部作淨
堅堅 積土也 才句切。手部捊下曰引堅也引申爲凡聚之偁各書多借爲聚字 培培 培
敦土田山川也 薄回切。𨸏部云附婁小土山也俗作培塿 [illegible] 塵也 房未切 堋
今字作崩 堋 喪葬下土也春秋傳曰朝而堋禮謂之封周官謂之
窆虞書曰堋淫于家亦如是 方鄧切 ⑨ 堣堣 堣夷在冀
州暘谷立春日日值之而出尚書曰宅堣夷 噳俱切。今堯典作嵎恐是衞

包所或係轉寫之譌 壼 土也雒陽有大壼里 戶昆切 堛 凷
也 芳逼切 堫 種也一曰內其中也 子紅切。廣雅曰稷種也即堫種字之異體也
堵 垣也五版爲堵 當古切 𩫖 籀文从𩫏 堨 壁閒隙
也讀若謁 魚列切 堪 地突也 口含切 堤 滯也 丁禮切。按堤
與坻音義略同與隄音義俱異俗用堤爲隄非也 堲 垐重文見上六畫 ⿰土則 遏遮也
初力切 垂 遠邊也 是爲切。凡邊皆曰垂俗書邊垂字作陲乃由用垂爲邊下字不得不用陲爲
垂矣𨸏部曰陲危也也無邊義不可通借 場 祭神道也一曰山田不耕者一
曰治穀田也 直良切 ⑩ 塙 堅不可拔也 苦角切。說文無確字確之變體
堅確字當作此 ⿰土觲 赤剛土也 息營切。大徐新附有騂篆騂即⿰土觲也二字之體變作垶作騂
塍 稻田中畦埒也 食陵切 塊 凷重文見上三畫 ⿱濛土 涂也 木貢

手部曰擊傷擊也爲毀傷之正字

切 塡 塞也 植鄰切。今待年切孟子塡然鼓之字當作闐又穴部曰窴塞也音義皆同
塒 雞棲於垣爲塒 市之切 塞 隔也 先代切。塞之字俗作寨今用塞
爲室𡨄之𡨄又段借爲充塞之塞段借行而俗字出矣 𡏶 垔重文見上六畫 塏 高燥
也 苦亥切 毀 缺也 許委切 毀 古文毀从壬 ⿰罘土 壞重文見下十六畫 塋
墓地 余傾切 ⑪ 墐 涂也 渠吝切。詩段爲道殣之殣 塈 亦作墍
仰涂也 其旣切 墉 城垣也 余封切 𩫏 籀文墉从𩫏。各本作𩫏而云古文蓋
轉寫之誤也 墊 下也春秋傳曰墊隘 都念切。漢後用爲墊江縣字广部曰⿸广執
屋下傾也音義略同 墇 擁也 之亮切。此與障音同而義小異察法魯語鯀鄣洪水當作此墇字韋
昭曰防也 塹 阬也一曰大也 七豔切 ⿰土虖 坼也 許許切。此與缶部罅
音義皆同 隓 墮或从𨸏 塺 塵也 亡果切。火部炱下曰灰炱煤也而說文無煤字按

塺即煤也今人燃火之煤本名石炭字可作墨 塿 塺土也 洛侯切。俗書附婁作培塿 ⿱殹土
塵埃也 烏雞切 墓 丘墓也 莫故切 ⑫ 墣 凷也 匹角
切 圤 墣或从卜 ⿰土尞 周垣也 力沼切。⿰土尞垣字文選譌作繚非也 墀 涂地
也禮天子赤墀 直尼切 墨 書墨也 莫北切 增 益也
作滕切 墠 野土也 常衍切。經典段壇爲墠 ⿰土壹 天陰塵起也
詩曰⿰土壹⿰土壹其陰 於計切。今詩⿰土壹作曀按曀下曰天霒霃也音義略同 瘞 幽薶也
於罽切 ⑬ 墬 地重文見上三畫 墺 四方之土可定居者也 於六切。
此與𨸏部隩異字禹貢四墺既宅今作隩者衛包改也西都賦天地之隩區李注引此知本从土唐石後人乃改也如今本尚書之作隩耳周語宅爲九隩注云隩內也其字从𨸏 𡉏 古文墺 墽 磽也 口交切。
墽之義同磽其字亦作墝 壁 垣也 比激切 堀 突也詩曰蜉蝣堀

閱 苦骨切。各本別有堀篆是隸體也今芟彼存此穴部有窋無窟其字當作此 ⿱高土 堂重文見上八畫
⿰土葉 今字省作堞 城上女垣也 徒叶切 墳 墓也 符分切。詩借爲大防之
坋切 壇 祭壇場也 徒干切 ⑭ 墼 令適也一曰未燒
者 古歷切。俗語未燒者曰土墼 壎 樂器也以土作六空 況袁切。字或作塤
璽 王者之印也 斯氏切 璽 籀文从玉 ⿰土㬎 下入也 直立切。此與
下溼曰隰義略同 壔 保也一曰高土也讀若毒 都晧切。保之字俗作堡
壓 壞也一曰塞補也 烏狎切 ⿰頁圣 因突出也 胡八切 ⑮ 壘
軍壁也 力軌切。壘土爲牆之壘作垒見厽部首 壙 塹穴也一曰大也 苦謗切
⑯ 壚 黑剛土也 洛乎切 壞 敗也 下怪切。詩譬彼壞木疒部引作瘣
𣫓 籀文壞从攴。口部重出今芟 ⿰罘土 古文壞省 ⑰ 壠 字亦作壟 丘壠也 力踵切

壤壤柔土也如兩切

垚部四百八十一

垚垚土高皃吾聊切㊂堯堯高也吾聊切㚁古文堯。此从二土而二人在下

堇部四百八十二

堇堇黏土也巨斤切𡏳古文堇。按从黃土。𡏳亦古文。按古文鷬字ナ傍从此各本篆

體誤今正㊅艱艱土鷬治也古閑切囏囏籒文艱从喜

里部四百八十三

里里凥也良止切㊃野野郊外也羊者切埜古文野从里省从林。

亦作埜汗簡作壄⑫釐氂家福也里之切。此祝釐字豪氂之正字作犛亦通作氂

田部四百八十四

田田敶也樹穀曰田象形待年切㊁町町田踐處曰

町他頂切甸甸天子五百里內田堂練切㊂甿甿田民也武庚

切。民部曰氓民也此从田故曰田民也唐人諱民故氓之蚩蚩周禮以下劑致氓石經皆改作甿㊃界界竟

也古拜切。界畫之正字作介竟俗作境𤱶𤱶竟也一曰百也趙魏謂百

爲𤱶古朗切。百者今之陌字㊄畞畞畮重文見下七畫畔畔田界也薄半切

畛畛井田閒百也之忍切畜畜田畜也淮南王曰玄田爲

畜丑六切。積畜之本字作蓄畜產之正字作嘼犍𤲸𤲸魯郊禮畜从田从茲茲益也

㊅畦畦五十畮曰畦戶圭切畤畤天地五帝所基止祭地

也右扶風有五畤好畤鄜畤皆黃帝時祭或云秦文公立

周市切略略經略土地也离約切㊆畲畲三歲治田也易曰

不菑畲凶以諸切畮畮六尺爲步步百爲畮秦田二百四十

步爲畮莫后切畝畝畮或从十久。今惟周禮作畮五經文字曰經典相承作畝畯畯農

夫也子峻切畱畱止也力求切㊇畸畸殘田也居宜切。凡奇零字

當作此畹畹田三十畮曰畹於阮切畷畷兩百閒道也廣百

六尺陟劣切當當田相值也都郎切㊈𤳅𤳅城下田也一曰

𤳅郤地而緣切。郤地即隙地。按此字从需者譌。玉篇云𤳅正𤳗俗堧正壖俗是也𤳁𤳁和

田也鄭有𤳁地名也耳由切畼畼不生也丑亮切。今之暢字即此之隸變暢茂

之正當作蕩按蕩下曰茂艸也與此義正相反今則暢行而畼蕩皆廢矣㊉𤰾𤰾殘薉田也詩

曰天方薦𤰾昨何切。今詩作瘥傳曰薦重瘥病許所引或三家詩也畿畿天子地千

里以逺近言之則言畿巨衣切𤲸畜重文見上五畫⑪疁疁燒

種也漢律曰疁田茠艸力求切⑫𤳖𤳖轢田也良刃切。足部曰蹸轢也義

相近疃疃禽獸所踐處也詩曰町疃鹿場土短切。楚辭九思鹿蹊

兮𤲺𤲺𤲺𤲺與疃蓋一字亦作暖⑭疇𠃬耕治之田也直由切。疇誰字當作𠷎見

口部疇昔字作𦒱見白部𠃬疇或省

畕部四百八十五

畕畕比田也居良切㊂畺畺界也居良切疆疆畺或从土彊聲

。今則疆行而畺廢矣

黃部四百八十六

黃黃地之色也乎光切㊄黇黇白黃色也他兼切㊅䵍

䵍青黃色也呼臯切黊黊鮮明黃色也戶圭切㊆䵌䵌

釋詁曰務強也其字亦作敄

赤黃色也一曰輕傷人皾姁也許兼切 ⑨黇 黑黃色也他耑切

男部四百八十七

男 丈夫也从田从力男子力於田也那含切 ⑤甥 謂我舅者吾謂之甥所更切 ⑥舅 母之兄弟爲舅妻之父爲外舅其九切

力部四百八十八

力 筋也象人筋之形治功曰力能禦大災林直切 ②功 以勞定國也古紅切 加 語相譄加也古牙切 ○劣 弱也力輟切 ⑤助 左也牀倨切 劭 勉也讀若舜

樂韶寔照切。爾雅方言皆曰劭釗勉也釗當是劭之段借字 劫 俗作刼 人欲去吕力脅止曰劫或曰吕力去曰劫居怯切 ⑥劼 慎也周書曰劼毖殷獻臣恪八切 券 勞也渠卷切。此勞倦之本字倦訓罷義似同而別契券之券从刀不从力 勀 濫有辠也胡槩切 ⑦勁 彊也吉正切 勊 尤勮也苦得切。勊者吕力制勝之謂與克義不同其字俗从刀作剋經典有克無剋諸家之書克剋不分而勊乃廢矣 勈 今字作勇 气也余隴切 㦷 勇或从戈用 恿 古文勇从心 勃 排也蒲沒切。孟子色勃如也米部引作孛正字也色部又引作艴異文也俗用渤海字當作此渤其俗體勃地之正字作郣見邑部 ⑧勑 勞勑也洛代切。勑之字俗作徠或用爲敕字誤矣 勉 彊也亡辨切 勍 彊也春秋傳曰勍敵之人渠京切。勍與倞音義皆同 ⑨務 趣也亡遇切 勖 勉也周書曰勖哉夫子許玉切。俗作勗

字形譌踳不通 動 作也徒總切 逋 古文動从辵 ⑩勝 任也識蒸切 勞 劇也魯刀切 古文如此。各本篆體作今據汗簡引舊說文正 勛 勳重文見下十四畫 ⑪勥 迫也其兩切。凡云勉彊字今則用強彊而勥廢矣 ⿰彊力 古文从彊 勠 幷力也力竹切。古書多有誤作戮力者 勦 勞也春秋傳曰安用勦民力小切又楚交切。此與刀部剿絕字亦作劋迴異俗多淆之 勤 勞也巨斤切 勢 健也讀若豪乎刀切。此豪傑眞字自段豪爲之而勢廢矣 勡 劫也匹妙切。刀部剽下一曰劫人也與此略同 飭 致臤也讀若敕恥力切。飭與敕義略近支部敕誡也 募 廣求之也莫故切 ⑫⿸厥力 彊力也瞿月切。俗語崛彊當作此⿸厥力 勨 繇緩也余兩切。繇者今之傜字言傜役緩也 勩 勞也詩曰莫知我勩余制切 ⑬勱 勉力也周書

曰用勱相我邦家讀與厲同莫話切。或用邁字爲之左傳引夏書皋陶邁種德邁勉也 勮 務也其據切 ⑭勳 能成王功也許云切 勛 古文勳从員 ⑮⿰畾力 推也盧對切。俗字或作擂 勶 發也丑列切。俗用撤除字當作此 ⑯⿰彊力 勥重文見上十一畫 ⑰勞 勞重文見上十畫 ⑱勸 勉也去願切 ㉓勴 助也良倨切

劦部四百八十九

劦 同力也山海經曰惟號之山其風若劦力制切 ②協 同眾之龢也胡頰切 叶 古文協从口十 旪 古文協或从曰十 ③恊 同心之龢也胡頰切 ⑨勰 同思之龢也胡頰切

金部四百九十

金 金 五色金也黃爲之長久薶不生衣百鍊不輕從
革不韋西方之行生於土从土ナ乀注象金在土中形居音切 金
古文金 ㊁ 釘 釘 鍊鉼黃金也當經切 ㊂ 釦 釦 金飾器苦厚切
鈦 鈦 鐵鉗也特計切 釬 釬 臂鎧也侯旰切 釭 釭 車轂中鐵也
古雙切 釳 釳 乘輿馬頭上防釳插以翟尾鐵翮象角所以防
网羅釳去之許訖切 釣 釣 釣魚也多嘯切 ㊃ 鈏 鈏 錫也羊晉切
鈕 鈕 印鼻也女久切 ⿰王丑 古文鈕从玉 鈂 鈂 臿屬也讀若沈直深切
鈐 鈐 鈐鏞大犂也一曰類枱巨淹切。枱他書作耜 鈞 鈞 三十斤也

銞 古文鈞从旬 居勻切 鈀 鈀 兵車也司馬灋曰晨夜內鈀車一曰
鐵也 伯加切。俗用田器之鈀其字當作杷 鈁 鈁 方鐘也府良切 釾 釾 鏌釾也
以遮切。漢郭究碑作鋣亦通作莫邪 鈒 鈒 鋋也穌合切 鈗 鈗 侍臣所執兵也
周書曰一人冕執鈗讀若允 余準切。今書鈗作銳 鈇 鈇 所莝刀也甫無切
鈔 鈔 俗字作抄 叉取也楚交切 鈌 鈌 刺也於決切 鈋 鈋 吪圜也
五禾切 ㊃ 鈍 鈍 錭也徒困切 ㊄ 鉛 鉛 青金也與專切 鉉 鉉 所
以舉鼎也易謂之鉉禮謂之鼏胡犬切 鉥 鉥 長鍼也食聿切
鈹 鈹 大鍼也一曰劍而刀裝者敷羈切 鈭 鈭 鈭錍斧也
即移切 鉏 鉏 俗作鋤 立薅所也士魚切 鉊 鉊 大鎌也鎌或謂之鉊
張徹說 止搖切。方言錐謂之鍇其字从茖亦音茖 鉆 鉆 鐵銸也一曰膏車鐵鉆

敕淹切 鉗 鉗 以鐵有所劫束也 巨淹切。箝制字本此箝者籋
也籋即今之鑷字鉗箝二字俗多清之 鈴 鈴 令丁也郎丁切 鉦 鉦 鐃也似鈴柄中上下通諸盈切
鉈 鍦 短矛也 食遮切。方言矛吳揚江淮南楚五湖之
閒謂之鍦按鍦即鉈字廣雅作鉇晉書大
八鉈矛左右盤俗書多作蛇 鉞 鉞 車鑾聲也詩曰鑾聲鉞鉞呼會切。
鉉等曰今俗作鐬以鉞作斧戉之戉非是 鉣 鉣 組帶鐵也讀若劫居怯切 鉅 鉅
大剛也 其呂切。引伸爲鉅大字 銻 銻 利也讀若齊徂奚切 ㊅ 銀 銀
白金也語巾切 銅 銅 赤金也徒紅切 銑 銑 金之澤者一曰小鑿
一曰鐘下兩角謂之銑穌典切 銕 鐵重文見下十四畫 鉹 鉹 曲鉹也讀
若擠一曰詩云侈兮哆兮尺氏切 鈃 鈃 似鍾而長頸戶經切 鉶
鉶 器也 戶經切。俗从刑作鉶非也 銚 銚 温器也一曰田器 以招切。本部無鐅字

銚即今之鐅字也釋器方言皆作斛釋 銞 鈞重文見上四畫 銎
器曰斛謂之銚郭云即古鍫臿字
銎 斤斧穿也曲恭切 銛 銛 臿屬讀若棪桑欽讀若鐮 息廉切。
段云當从西作銛 䤬 䤬 臿金也一曰䤬鎣鐵也讀若毀行過委切 鉵
鉵 枱屬也讀若同徒冬切 銍 銍 穫禾短鎌也陟栗切 銓 銓
稱也此緣切 銖 銖 權十絫黍之重也市朱切 銜 銜 馬勒口
中也銜者所以行馬者也戶監切 鉻 俗作剃作鬄 鉻 鬄也盧各切 ㊆
鋈 鋈 白金也烏酷切 鋚 鋚 鐵也一曰轡首銅也 以周切。詩鞗革
沖沖毛傳曰鞗轡也鞗即鋚字 銷 銷 鑠金也相邀切 鋏 鋏 可以持冶器
鑄鎔者也讀若漁人夾魚之夾一曰若挾持古叶切 鋌 鋌 銅
鐵樸也徒鼎切 鋞 鋞 温器也圜而直戶經切 鋙 鋤重文見下十一畫

銼 銼鑹鍑也 昨禾切 鋗 鋗 小盆也 火玄切 鉛 鉛 可以句鼎耳及鑪炭讀若浴一曰銅屑 余足切 鏞 鐘重文見下十二畫 鉆 鉆 鉆也 陟葉切 銳 銳 芒也 以芮切。俗用鋒鋩字古用夆芒 㓹 籀文銳从厂剡 鋝 鋝 十一銖二十五分銖之十三也周禮曰重三鋝北方以二十兩爲三鋝 力輟切 鋋 鋋 小矛也 市連切 鏊 鏊 車樘結也讀若誓一曰銅生五色也 時制切 鋃 鋃 鋃鐺瑣也 魯當切 鋂 鋂 大環也一環貫二者詩曰盧重鋂 莫桮切 鋪 鋪 箸門抪首也 普胡切 銽 銽 斷也 古活切 銻 銻 鎕銻也 杜兮切 亦作唐厗。⑧ 錫 錫 銀鉛之間也 先擊切 鋻 鋻 剛也 古甸切 錄 錄 金色也 力玉切。歷錄當作娽娽 錮 錮 鑄塞也 古慕切。段借爲痼疾之痼 錪 錪 朝鮮謂釜曰錪 他典切 錠 錠

鐙也 丁定切 錯 錯 金涂也 倉各切。錯之字或借爲逪道之逪又借爲摩厝之厝又借擧措之措 錡 錡 鉏鋤也江淮之間謂釜錡 魚綺切 錍 錍 鈭錍也 府移切 錢 錢 銚也古者田器詩曰庤乃錢鎛一曰貨也 即淺切。錢貝字本作泉今則錢行而泉廢矣 鋸 鋸 槍唐也 居御切 錐 錐 銳也 職追切 錙 錙 六銖也 側持切 錘 錘 八銖也 直垂切。古稱錘字祇作垂 錚 錚 金聲也 側莖切。玉篇錚同鎗非是 錟 錟 長矛也讀若老耼 徒甘切 錏 錏 錏鍜頸鎧也 烏牙切 錔 錔 以金有所冒也 他荅切 錉 錉 業也賈人占錉 武巾切 錭 錭 鈍也 徒刀切 錗 錗 側意 女恚切。段云側意猶側詈錗即今之歪字唐人曰天邪 ⑨ 鍇 鍇 九江謂鐵曰鍇 苦駭切 鍊 鍊 治金也 郎電切。火部曰煉鑠治金也謂愈煉而愈精也又支部曰漱辟漱鐵也精鍊字皆可作 鍛 鍛 小冶也 丁貫切。鍛之

字俗別作煅鍛物字古祇作段 鍾 鍾 酒器也 職容切 鍑 鍑 如釜而大口者 方副切 鍪 鍪 鍑屬 莫浮切。字或作鍪 鍵 鍵 鉉也一曰車轄。渠偃切 管鍵之鍵當作楗 鍓 鏶重文見下十二畫 鍱 鍱 鏶也齊謂之鍱 與涉切 鍤 鍤 郭衣鍼也 楚洽切。鍤之正字作銚臿 鍼 鍼 所以縫也 職深切。竹部曰箴綴衣箴也與此同音異用俗作針 鍥 鍥 鐮也 苦結切 鍰 鍰 鋝也書曰罰百鍰 戶關切 鍠 鍠 鐘聲也詩曰鐘鼓鍠鍠 乎光切。今詩作喤喤毛傳曰喤和也 鍭 鍭 重文見下十一畫 鏃 鏃 矢金鏃翦羽謂之鍭 乎鉤切。按此篆張次立所補鍇無鍭有儀禮作猴 鍜 鍜 錏鍜也 乎加切 鍡 鍡 鍡鑸不平也 烏賄切。玉篇云鍡鑸亦作碨礧 鍒 鍒 鐵之耎也 耳由切。耎猶偄也 ⑩ 鎔 鎔 冶器法也 余封切 鎬 鎬 溫器也武王所都在長安西上林苑中字亦如此 乎老切

鋞 鋞 酒器也 大口切 豆 鋞或省金。豎字从此 鎣 鎣 器也讀若銑 烏定切 鑢 鑢 器也 杜兮切 鎩 鎩 鈹有鐔也 所拜切。廣均又所八切 鎌 俗作鐮 鐮 鐮 鍥也 力鹽切 鎮 鎮 博壓也 陟刃切 鎛 鎛 鎛鱗鐘上橫木上金華也一曰田器詩曰庤乃錢鎛 補各切。此與訓大鐘之鎛異字 鎗 鎗 鎗鏓鐘聲也 楚庚切。本部無鏘字鏘即鎗之俗體也又玉部曰瑲玉聲也與此同音異用凡云玉佩鏘鏘字當作瑲也鎗矛之鎗字作鏦見下 鎧 鎧 甲也 苦亥切 鎎 鎎 怒戰也春秋傳曰諸侯敵王所鎎 許既切。今本作愾 鎕 鎕 鎕銻火齊也 徒郎切。厂部作唐厗字又作磄 ⑪ 鏈 鏈 銅屬 力延切 鐵 鐵重文見下十四畫 鏤 鏤 剛鐵也可以刻鏤夏書曰梁州貢鏤一曰鏤釜也 盧候切 鏡 鏡 景也 居慶切。漢書音義孟康曰梟鳥名食母破鏡獸名食父今字作獍許書所無鏡固本字也 鏏 鏏

鼎也讀若彗 于歲切 鏟鏟 鏶也一曰平鐵 初限切。凡鏟削字如此俗多作剗 鏇鏇 圜鑪也 辭戀切 鋤鋤 鉏鋤也 魚舉切 鋙 鋤或从吾 鏨鏨 小鑿也 藏濫切 鏝鏝 鐵杇也 母官切。各本此下有槾篆云或从木巳見木部今芟孟子作墁俗字也 鏞鏞 大鐘謂之鏞 余封切 鏓鏓 鎗鏓也一曰大鑿中木也 倉紅切。釋名曰轑言輻轑入轂中也轑入正鏓入之譌 鏜鏜 鐘鼓之聲也詩曰擊鼓其鏜 土郎切。鼓部曰鼞鼓聲也引詩擊鼓其鼞蓋鼞爲鼓聲鏜爲擊鼓聲也 鏌鏌 鏌釾大戟也 慕各切。亦作莫邪 鏢鏢 刀削末銅也 撫招切。通俗文曰刀鋒爲鏢鏢即鏢字削俗作鞘 鏦鏦 矛也 七恭切。今楚江切鎗矛字當作此 鍦 鏦或从彖。玄應曰字詁云古文鏦穳二形今作穳同麤亂切字林云穳小矛也按鍦與鏦當是同異而各字今說轉寫有誤 鏠鏠 兵耑也 敷容切。古祇作夆俗作鋒 鏐鏐 弩眉也一曰黃金之美者 力幽切

鏑鏑 矢鏠也 都歷切。古亦作鍉 𨯂𨯂 羊箠也耑有鐵讀若至 脂利切 鏃鏃 利也 作木切。矢鏃之鏃古作族 鏉鏉 利也 所右切 (十二) 鐐鐐 白金也 洛蕭切 鐈鐈 似鼎而長足 巨嬌切 鐆 字亦作燧 鐆 陽鐆也 徐醉切。此篆疑後人所增周禮秋官本作遂 鐎鐎 鐎斗也 即消切。鐎斗即刀斗作刀者俗字也 鐙鐙 錠也 都滕切。鐙之字俗作燈 鏶鏶 鍱也 秦入切 鍓 鏶或从咠 鐅鐅 河內謂臿頭金也 芳滅切 鏅鏅 鈴鏅也 徒果切 鏺鏺 兩刃有木柄可目乂艸讀若撥 普活切 鐃鐃 小鉦也軍灋卒長執鐃 女交切 鐘鐘 樂鐘也秋分之音萬物種成故謂之鐘古者垂作鐘 職茸切。經傳多作鍾叚借酒器字 銿 鐘或从甬 鐔鐔 劍鼻也 徐林切 鐏鐏 柲下銅也 徂寸切 鐓鐓 矛戟柲下銅鐏也詩曰厹矛沃鐓 徒對切。此篆各

本作錞按玄應書廿一卷引說文作鐓玉篇廣韻皆鐓爲正字錞注同上今正 鐜鐜 下垂也一曰千斤椎 都回切。按此二義皆鐓之引伸蓋後人分別增一篆改鐓爲錞可佀刪之無不可者 鐗鐗 車軸鐵也 古莧切 鐊鐊 馬頭飾也詩曰鉤膺鏤鐊一曰鍱車輪鐵也 與章切。今經典作錫 鐉鐉 所目鉤門戶樞也一曰治門戶器也 此緣切 鐂鐂 殺也 力求切 劉 鐂或从金刀丣聲。此篆各本無按竹部有䉧劉聲水部有瀏劉聲若無劉字則劉聲無本矣且漢帝姓劉古書未見作鐂者今特補綴于此 (十三) 鐼鐼 鐵屬讀若熏 火運切 鏖鏖 昷器也一曰金器讀若奧 於刀切。鏖之字或作爊或作鏖 鐪鐪 煎膠器也 郎古切 鐫鐫 破木鐫也一曰琢石也讀若瀸 子全切 鐲鐲 鉦也軍灋司馬執鐲 直角切 鐸鐸 大鈴也軍灋五人爲伍五伍爲兩兩司馬執鐸 徒洛切 鐺鐺 鋃鐺也 都郎切 鐘鐘

伐擊也 旨善切 (十四) 鐵鐵 黑金也 天結切 鐡 鐵或省 銕 古文鐵从夷 鑄鑄 銷金也 之戍切 鑑 俗作鑒 鑑 大盆也一曰鑑諸可目取明水於月 革懺切。經典多用鑑爲鏡 鑊鑊 鑴也 胡郭切。詩是刈是濩字當作此 鐕鐕 可目綴箸物者 則參切。按今所謂釘者當作此字 鑋鑋 金聲也讀若春秋傳轚而乘它車 苦定切。按轚者即脛字亦或作踁今左傳作轚而乘他車則不可通矣 (十五) 鑗鑗 金屬也一曰剝也 里西切 鑠鑠 銷金也 書藥切。爍者鑠之俗字 䥯䥯 枱屬也讀若嬀 彼爲切。廣韻作䥯 鑢鑢 厝銅鐵也 良據切。周禮注作錯 鑣鑣 馬銜也 補嬌切 鑣 鑣或从角 (十六) 鐃鐃 鐵文也 呼鳥切 鑪鑪 方鑪也 洛乎切。甾部曰盧𥂕也籒文作盧篆文作盧土部曰壚黑剛土也三字音同義異古多通用又皿部曰盧飯器也六書正譌云盧別作鑪爐非是并不知說文之有鑪字也 (十七) 鑲鑲 作型中腸也

汝羊切

鑯 鑯 鐵器也一曰鐫也 子廉切。郭注爾雅用爲今之尖字按尖亦可作鋭

鏄 鏄 大鐘淳于之屬所吕應鐘磬也堵吕二金樂則鼓鏄應之 匹各切。周禮國語作鎛是段借鎛鏻字

⑱ 鑴 鑴 甞也 戶圭切。今本周禮注譌作鑴非是

鑱 鑱 鋭也 士銜切

鑸 鑸 鍡鑸也 洛猥切。亦作碨礧

⑲ 鑽 鑽 所吕穿也 借官切。鑽者器名鑽物之鑽當作欑

鑾 鑾 人君乘車四馬鑣八鑾鈴象鸞鳥之聲聲龢則敬也 洛官切。龢鑾字作鸞者段借字也

⑳ 鑹 鑹 銼鑹也 魯戈切

鑿 鑿 所吕穿木也 在各切。經傳段爲鑿字

钁 俗作戳 钁 大鉏也 居縛切

幵部四百九十一

幵 幵 平也象二干對冓上平也 古賢切。禹貢道岍及岐許書無岍字蓋古祇作幵後人加山旁耳

幵 幵 古文幵。此篆各本無按木部籒文栞小篆作栞則知幵爲幵之古文矣今補

勺部四百九十二

勺 勺 枓也所吕挹取也象形中有實與包同意 之若切。木部枓下云勺也此云勺枓也是爲轉注俗用杓字非也酙酌的字亦當作此

㊀ 与 与 賜予也一勺爲与此與予同意 余呂切。取與當作此与今俗吕與代与而與廢矣與者攩與也

几部四百九十三

几 几 凥几也周禮五几玉几彫几彤几纂几桼几 居履切

㊂ 凥 凥 処也孝經曰仲尼凥凥謂閒凥如此 九魚切。凥処字本如此今吕蹲居字代之別製踞爲蹲居字乃致居行而凥廢矣

処 処 止也 昌與切

處 處 処或从虍聲。今或體獨行轉吕処爲俗字

㊅ 凭 凭 依几也周書曰凭玉几讀若馮 皮冰切。今尚書作憑衛包所改俗字也凡馮依字當作此

且部四百九十四

且 且 所吕薦也从几足有二横一其下地也 子余切又千也切。薦當作荐

𠀃 古文且又吕爲几字。鉉本奪此今从鍇本補入

㊃ 俎 俎 禮俎也 側呂切

⑫ 䖑 䖑 且往也 昨誤切

斤部四百九十五

斤 斤 斫木斧也象形 舉欣切

㊃ 斧 斧 所吕斫也 方矩切

斨 斨 方銎斧也詩曰又缺我斨 七羊切

所 所 伐木聲也詩曰伐木所所 疏舉切。詩伐木次章伐木許許此作所所蓋異文也

所 所 二斤也 語斤切

㊄ 斫 斫 擊也 之若切

斪 斪 斪斸所吕斫也 其俱切

㊆ 斱 斱 相擊也 來可切

㊇ 釿 釿 劑斷也 宜引切

斯 斯 析也詩曰斧吕斯之 息移切。斯之俗字作撕

斮 斮 斬也 側略切

㊈ 新 新 取木也 息鄰切

⑩ 斲 斲 斫也 竹角切

斲 斲或从畫从丮。鉉本篆體畫作畫今依玉篇正

(十六) 斷 斷 截也 徒管切。斷首之正字作𩠐見首部

𢇍 古文斷从㠭㠭古文叀字周書曰𢇍𢇍猗無它技。許所據壁中古文也

𢇍 亦古文斷

㉒ 斸 斸 斫斸也 職玉切。釋器釋文云斸本或作𣃏此疑後人所增

斗部四百九十六

斗 斗 十升也 當口切。段借爲斗陗之斗今作陡峭者俗字也斗勺之斗當作枓

升 升 十合也合龠爲合龠容千二百黍 識蒸切。升高之升篆作𨳕見門部

㊄ 㪷 㪷 量物分半也 博幔切。吕字形釋之即五升也

㊅ 料 料 量也讀若遼 洛蕭切。料理之料當作撩

㊆ 斛 斛 十斗也 胡谷切

斜 斜 抒也讀若荼 似嗟切。斜正敧斜字當作衺

㊇ 斝 斝 玉爵也夏曰醆殷曰斝周曰爵或說

斝受六升 古雅切 斞斞 量也周禮曰桼三斞 以主切。按此與論語考工記之庾
絕異 ⑨ 斟斟 勺也 職深切。今人多用斟酌 斛斛 斛旁有庣也一曰
突也一曰斛利也爾雅曰斛謂之疀古田器也 土雕切。今篆體去其首筆作
斛非也按田器之斛爲金部銚之叚借字即今之鍫字也 ⑩ 斡斡 蠡柄也楊雄杜林
說皆以爲軺車輪斡也 烏括切。字亦作斡 魁魁 羹枓也 苦回切 斠
斠 平斗斛量也 古岳切。較量字可作此 㪺㪺 量旁溢也 普郎切 ⑬
[illegible] 抯也 舉朱切 斣斣 相易物俱等爲斣 昌六切。按小徐本無此篆
(丸) [illegible] 杼扇也 俱願切

矛部四百九十七

矛矛 酋矛也建於兵車長二丈象形 莫浮切 𢦏𢦏 古文矛从

戈 ④ 䂆䂆 刺也 女久切 ⑤ 矜矜 矛柄也 居陵切又巨巾切。各本篆體作矜今依漢石經論語溧水校官碑魏受禪表皆作矜正之矜之字亦作穜 ⑦ 䂅䂅 矛屬 力當切 ⑧ 矠矠 矛屬讀若笮 士革切。周禮段矠字爲之 ⑩ 䂎䂎
矛屬 苦蓋切

車部四百九十八

車車 輿輪之總名也夏后時奚仲所造象形 尺遮切。此篆橫視之乃得古音居 𨏖𨏖 籒文車 ① 軋軋 輾也 烏轄切 ② 軍軍 圜圍也
四千人爲軍 舉云切 軌軌 車徹也 居洧切 ③ 軒軒 曲輈藩車也
虛言切 軓軓 車軾前也周禮曰立當前軓 音範 防錽切。周禮大行人上公立當車軓 蓋本作前軓 前軓者前乎軓也。軓之字又作軋 𨊻𨊻 車約𨊻也周禮曰孤乘

夏𨊻一曰下棺車曰𨊻 敕倫切。玉篇廣韻𨊻輴同 軎軎 車軸
耑也 于濊切。五經文字作軎 繫擊等字从之 轊 軎或从彗 軑軑 車輨也 特計切 軔
軔 所以礙車也 而振切 ④ 軘軘 兵車也 徒魂切 ⿰車反⿰車反 車耳
反出也 府遠切 較較 車輢上曲鉤也 古岳切。此字今作較引申爲計較之較亦作校俗作挍
較量之較可作斠 軝軝 長轂之軝也以朱約之詩曰約軝錯衡 渠支切
⿰革氏 軝或从革 軏 俗作軏 軏軏 車轅耑持衡者 魚厥切 軜軜 驂馬內
轡系軾前者詩曰渼以觼軜 奴荅切 軖軖 紡車也讀若狂
一曰一輪車 巨王切 斬斬 截也 側減切 ⑤ 軺軺 小車也 以招切
軨軨 車轖閒橫木 郎丁切 䡼 司馬相如說軨从霝 軫軫 車後橫木
也 之忍切 軸軸 所以持輪者也 直六切 軹軹 車輪小穿也 諸氏切

軶 隸省作軛 俗又作枙 軶軶 轅耑也 於革切 軥軥 軶下曲者 古候切 軷
軷 出將有事於道必先告其神立壇四通尌茅以依神爲軷既
祭犯軷轢牲而行爲範軷詩曰取羝以軷 蒲撥切 輾輾 轢也 尼展
切。各本篆作輾今依鍇本。輾之字隸變作輾俗別作碾 輾轉之輾古祇作展 軼軼 車相出也 夷質
切。奔軼超軼字當作駛 軻軻 接軸車也 康我切 軵軵 反推車令有所付
也讀若茸 而隴切。集韻云軵或作輯作軏 軧軧 大車後也 丁禮切 ⑥ 軾軾
車前也 賞職切。經傳多作式者古文叚借也 輅輅 車軨前橫木也 洛故切 輈
輈 轅也 張流切 𨐇 籒文輈 ⿴行車⿴行車 車搖也 古絢切 ⿱丞車⿱丞車 軺車
後登也讀若易拯馬之拯 署陵切 載載 乘也 作代切 軭軭 車
戾也 巨王切 ⿰車多⿰車多 礙也 康禮切 輇輇 藩車下庳輪也讀若

饌一曰無輻也市緣切 ⑦ 輕輕輕車也去盈切 輒輒車兩輢也陟葉切 輑輑軺車前橫木也讀若君一曰讀若褌牛尹切 䡖軦重文見下八畫 輂輂大車駕馬者也居玉切。按左氏傳陳畚梮梮乃輂之或字也史記河渠書山行即橋者土轝漢五行志作輂是梮一作欙又士喪禮輁九勇反輁亦輂字 [illegible][illegible]連車也一曰卻車抵堂爲[illegible]讀若遲士皆切 輓輓俗作挽輓引車也無遠切 輔輔春秋傳曰輔車相依扶雨切。輔弼之輔作俌輔頰之輔作酺 ⑧ 輜輜輜軿衣車也軿車前衣也車後爲輜側持切 軿軿輜軿也薄丁切。俗用軿幪字當作此亦可作𨋢 輬輬臥車也呂張切。史記作涼 輣輣樓車也薄庚切 輢輢車旁也於綺切 輥輥轂齊等皃也周禮曰望其轂欲其輥古本切 輨輨轂耑錔也古滿切 [illegible][illegible]直轅車轒也居玉切

範範範軷也讀與犯同大徐音犯廣韻防錽切。模範之範當作笵見竹部 輖輖重也職流切。詩惄如朝飢是叚朝爲輖也 輩輩若軍發車百兩爲輩補妹切 䡵䡵車迹也即容切。䡵之字俗變爲蹤再變爲踪 輟輟車小缺復合者也陟劣切。按网部有輟爲罬之或體 輪輪有輻曰輪無輻曰輇力屯切 輗輗大車轅耑持衡者也五雞切 䡖輗或从空 棿輗又从木 輐輐大車後壓也於云切。篇韻云轒輐兵車漢書文選作轒輼 輦輦輓車也力展切 ⑨ 輶輶輕車也詩曰輶車鑾鑣以周切 輯輯車和輯也秦入切。書之編輯字當作咠 輹輹車軸縛也易曰輿說輹芳六切。或作輻者譌字也 輮輮車网也人九切。网之俗字作輞 輻輻輪轑也方六切。輹下引易輿說輹正字也 ⿰車軍⿰車軍軶軥也乎昆切 輸輸委輸也式朱切 ⑩ 轀轀臥車也烏魂切 輿輿車輿也以諸切。學者轝之譌體非輿字也 ⿱𤇾車⿱𤇾車車䡅規也一曰一輪車讀若煢渠營切 轂今字作轂 轂輻所湊也古祿切 轅轅輈也雨元切 轄轄車聲也一曰轄鍵也胡八切。按轄與舝異字而音義皆同 ⿰車真⿰車真車⿰車真弘聲也讀若論語鏗尒舍琴而作一曰讀若堅苦閑切。廣韻口莖切按廣雅作轃玉篇作轃皆即此字也 轃轃大車簣也讀若臻側詵切 ⑪ 轈轈兵車高如巢㠯望敵也春秋傳曰楚子登轈車鉏交切 ⿰車曼⿰車曼衣車蓋也莫半切 專書重文見上三畫 轉轉還也知戀切 ⿱執車⿱執車抵也陟利切。說文無輊字軒輊字可作此 ⿱殸車⿱殸車車堅也口莖切 ⑫ ⿰車童⿰車童陷敶車也尺容切。大雅與爾臨衝傳曰臨臨車也衝衝車也釋文曰說文作幢陷陣車也是幢者正字衝者叚借字也 轐轐車伏兔也周禮曰加軫與轐焉博木切 轑轑車蓋弓也

一曰輻也盧皓切 轜轜喪車也如之切。各本篆體作輀今據文選注玉篇廣韻龍龕手鑑皆作轜正 ⑬ 轖轖車箱交革也所力切 轙轙車衡載轡者魚綺切 钀轙或从金獻。今爾雅鑣謂之钀與轙異事 轒轒淮陽名車穹隆轒符分切 轘轘車裂人也春秋傳曰轘諸栗門胡慣切 ⑭ 轛轛車橫軨也周禮曰參分軹圍去一以爲轛圍追萃切 轚轚車轄相擊也周禮曰舟輿擊互者古歷切。肩摩轂擊當專用此轚字 ⿱算車⿱算車治車軸也所眷切 轟轟羣車聲也呼宏切。玄應曰轟今作輷字書作軥同呼萌切按古字作軥今字作輷玉篇作轟 ⑮ 轢轢車所踐也郎擊切 ⿱戔車部首車重文 ⑰ 轠軨重文見上五畫 ⑯ ⿰車𢧵⿰車𢧵車伏兔下革也讀若閔眉殞切。按𢧵籀文婚字下體从女各本篆作[illegible]非也今正 ⑳ ⿰車獻⿰車獻載高皃五葛切 ㉑ [illegible]輈重文見上六畫

𠂤部四百九十九

𠂤𠂤小𠂤也。象形。都回切。𠂤之字俗作堆，堆行而𠂤廢矣。㊂𡴀𡴀危高也。讀若臬。魚列切。官官吏事君也。古丸切。今字省𠂤之首畫。

說文易檢卷十四上

說文易檢卷十四下

阜部五百

阜隸變作阜，作阝。𨸏大陸也。山無石者。象形。房九切。𨺅古文。㊁阞阞地理也。盧則切。𨸟𨸟正名。讀若丁。當經切。㊂阤阤小崩也。丈爾切，又弋爾切。隫隫字當作此。隫者陸之俗體也。阢阢石山戴土也。五忽切。阢隉字當作此。按木部無杌，檮杌作檮柮。㊃阪阪坡者曰阪。一曰澤障也。一曰山脅也。府遠切。廣韻又作坂。阭阭高也。一曰石也。余準切。阬俗字作坑。阬閬也。客庚切。阯阯基也。諸市切。阯與止音義皆同。址阯或从土。防防隄也。符方切。禮記鄭目錄云：名曰坊記者，以其記六藝之義所以坊人之失者也。按防即坊字，大徐新坿坊字非也。埅防或从土。阮阮代郡五阮關也。虞遠切。㊄阿阿大陵曰阿。一曰阿曲𠂤也。烏何切。陂陂阪也。一曰池也。彼爲切。此與土部坡音義皆同。偏陂之正字作頗。阻阻險也。側呂切。附附附婁小土山也。春秋傳曰：附婁無松柏。蒲口切。左傳作部婁，古文借段字也。或作培塿，俗用字也。凡附益字當作坿。附近字當作駙，亦可作坿。今則盡用附而附之本義廢矣。阺阺秦謂陵阪曰阺。丁禮切。阸隸變作阨。阸塞也。於革切。𨸹陳重文，見下八畫。阽阽壁危也。余廉切。阼阼主階也。昨誤切。阹阹依山谷爲牛馬圈也。去魚切。㊅限限阻也。一曰門榍也。乎簡切。其字俗作臬作[illegible]。降降下也。古巷切。降服之正字作夅，見夊部。陊陊落也。徒果切。或作墮落，段借字也。𡐦隸變作𡐦。𡐦商小𠙴也。去衍切。按此从𠂤从臾，臾古文蕢字，見艸部。各本篆體作訾，誤，今正。⿰阝衣⿰阝衣酒泉天⿰阝衣阪也。於希切。陔陔階次也。古哀切。㊆陗陗陵也。七笑切。陖陖陗高也。私閏切。山部曰：陖，高也。或作峻。此曰陗高。

也蓋婢言高者未必陗此峻陵之别也 陋陋阸陝也盧候切 陟陟登也竹力切。夏小正執陟攻駒是段陟爲騭也 𨺞古文陟 陝陝隘也侯夾切。陝之字俗作陿作峽作狹

埅防重文見上四畫 陘陘山絕坎也戶經切。或段借作脛作徑 陜陜弘農陝也古虢國王季之子所封也失冉切。與上訓隘之陝絕異 ⿰阝告⿰阝告大𨸏也一曰右扶風郿有⿰阝告𨸏苦沃切 陚陚丘名方遇切 除除殿陛也直魚切

陛陛升高陛也旁禮切 院院堅也王眷切。按宀部爲寏之或體 陙陙水𨸏也食倫切 (八) 陵陵大𨸏也力膺切。凡陵夷侵陵等字當作夌見夊部陵轢之陵當作蹸 陰陰闇也水之南山之北也於今切。陰陽之正字作霒易霒見雲部古文作侌 陸陸高平地力竹切 𨻻籒文陸 陬陬阪隅也子侯切

陮陮陮隗高也五辠切。陮隗猶崔巍亦猶崒嵬 陷陷高下也一曰

陊也戶猎切。陷阱之正字作臽見臼部 ⿰阝卷⿰阝卷河東安邑陬也居遠切 陭陭上黨陭氏阪也於离切 陳陳宛丘也舜後嬀滿之所封直珍切。古段爲軍敶之敶見攴部俗作陣 𨻿古文陳 陶陶再成丘也在濟陰夏書曰東至于陶丘陶丘有堯城堯嘗所凥故堯號陶唐氏徒刀切。凡甄陶陶漁字竝作匋見缶部 臯陶當作咎繇 ⿰阝丞⿰阝丞耕以臿浚出下壚土也一曰耕休田也之少切

陪陪重土也一曰滿也一曰陪臣陪備也薄回切 陴陴城上女牆俾倪也符支切。俾倪或作睥睨作埤堄皆非也 𩫾籒文陴从𩫏 陲陲危也是爲切。今段陲爲邊垂之垂陲行而垂廢矣 陯陯山𨸏陷也盧昆切。此淪陷正字今則淪行而陯廢矣 ⿰阝戔⿰阝戔水𨸏也慈衍切 (九) 陽陽高明也與章切。陰陽之正字作侌昜首陽之陽作暘秋陽之陽作暘 隅隅陬也噳俱切 隊隊從高隊也

徒對切。隊墜正俗字古書多作隊今則墜行而隊廢矣大徐坿墜于土部非許意也又石部曰䃍陊也與此音義略同 隉隉危也徐巡以爲隉凶也賈侍中說隉灋度也班固說不安也周書曰邦之阢隉讀若虹蜺之蜺五結切。今書作杌隉許出部作槷䠢古今文字之不同如此 隄隄唐也都兮切。唐俗作塘隄防之隄當作堤見土部二字音同義異不可通借按隄之字或作⿰阝定猶麟之定即麟之題也 隈隈水曲也烏恢切。門樞之正字作椳 隃隃北陵西隃鴈門是也傷遇切 ⿰阝貞⿰阝貞丘名陟盈切 陼陼如渚者陼丘水中高者也當古切。此與水部渚或多溷淆通用 階階陛也古諧切 ⿰阝彖⿰阝彖道邊庳垣也徒玩切 陾陾築牆聲也詩曰捄之陾陾如乘切。今詩作陑手部捄下引之釋文云亦作陑此篆疑有誤 隍隍城池也有水曰池無水曰隍矣易曰城復于隍乎光切 (十) 隗隗陮隗也五辠切 ⿰阝厽

⿰阝絫磊⿰阝絫也恪猥切 隕隕從高下也易曰有隕自天于敏切。石部曰磒落也音義略同幅隕之隕依許當作圓或作員左傳隕子辱矣手部引作抎 隓隓敗城𨸏曰隓許規切。今字从小篆作墮俗作隳按隓本敗城之偁凡傾隓字當作阤隓墮落字當作陊 𡐦篆文隓 隒隒崖也讀若儼魚檢切。俗字作嵰 隔隔塞也古覈切 隖俗作塢 隖小障也一曰庳城也安古切 (十一) ⿰阝區⿰阝區敧區也豈俱切。敧區俗作崎嶇 ⿰阝頃⿰阝頃仄也去營切。人部曰傾仄也音義皆同蓋傾者人之側也⿰阝頃者山𨸏之仄也 障俗作鄣作嶂 障障隔也之亮切。土部曰墇擁也二字音同而義殺別月令無有障塞是障之本義韓退之文障百川而東之則當作墇也 際際壁會也子例切 隙隙壁際也綺戟切 (十二) 隥隥仰也都鄧切。字亦作蹬 隤隤下隊也杜回切。按隤與穨音同而義別不可通用 墤隤重文見上

十畫 ⿰阝無⿰阝無弘農陝東陬也武扶切 ⿰阝烏⿰阝烏鄭地春秋傳曰將會鄭

伯于隖 許爲切。隖今經傳皆作鄔按古祇作隖各本邑部別出鄔篆蓋後人所增也今刪彼存此 ⑬
險 險 阻難也 虛檢切 隩 隩 水隈厓也 烏到切。隩與墺音同義別互詳土部
陝之字漢書作阸字林作坑 解 解 水衡官谷也一曰小谿 胡買切 ⑭ 隰
隰 阪下溼也 似入切 隱 隱 蔽也 於謹切。隱㥯字當作㥯見心部隱匿字當作乚見部首
若孟子隱几字當作𥡴見受部又按說文無穩字古祇作隱亦可作𥡴 ⑮ 隫 隫 通溝以防水
者也讀若瀆 徒谷切。四瀆字當作此 𧮫 古文隫从谷 ⑰ 隴 隴 天水大阪
也 力踵切 ⑯ 陙 陙 大𨸏也 胡本切

𨺅部五百一

𨺅 𨺅 兩𨸏之閒也 似醉切。按此即今之隧字也 ④ 䦗 䦗 𨸏突也 於決切 ⑧
𨻰 𨻰 阸也 烏懈切。𨻰籀文嗌字見口部 䜰 篆文𨻰从𨸏益 ⑰ 𨼹 𨼹 塞上

說文易檢 卷十四下 四

亭守𤇾火者也 徐醉切。今字省作燧 𨽍 篆文𨼹省

厽部五百二

厽 厽 絫坺土爲牆壁象形 力詭切 ③ 垒 垒 絫墼也 力軌切
⑥ 絫 絫 增也一曰絫十黍之重也 力軌切。凡增益謂之積絫絫之字隸變作累累行而絫廢矣累綴之累當作纍見糸部

四部五百三

四 四 侌數也象四分之形 息利切 𠔀 古文四如此 亖 籀文四。按此从二二當四畫均長今人作篆多誤

宁部五百四

宁 宁 辨積物也象形 直呂切。說文無佇竚字按皆宁之俗體也凡延佇竚立竚望等字當作貯亦可作宁又貝部曰貯積也與此音義皆同 ⑧ 𦦻 𦦻 幡也所以盛米也 陟呂切

叕部五百五

叕 叕 綴聯也象形 陟劣切 ⑥ 綴 綴 合箸也 陟衛切

亞部五百六

亞 亞 醜也象人局背之形賈侍中說以爲次弟也 衣駕切 ⑥
𠅋 𠅋 闕 衣駕切

五部五百七

五 五 五行也从二侌昜在天地閒交午也 疑古切 㐅 古文五如此

六部五百八

六 六 易之數侌變於六正於八从入八 力竹切

說文易檢 卷十四下 五

七部五百九

七 七 昜之正也从一微侌從中衺出也 親吉切

九部五百十

九 九 昜之變也象其屈曲究盡之形 舉有切 ⑨ 馗 馗 九達道也似龜背故謂之馗 渠追切 逵 逵 馗或从辵坴馗高也故从坴。今毛詩作此字

禸部五百十一

禸 禸 獸足蹂地也象形尒疋曰狐貍貛貉醜其足蹞其迹厹 人九切。此與口部厹迥異詩厹矛字今作厹者轉寫之譌也 蹂 蹂 篆文厹。籀蹂之蹂當作𦥷見臼部蹂者叚借字也 禽 禽 走獸總名从厹象形禽离兕頭相似 巨今切 离 离 山神也歐陽喬說离猛獸也 呂支切。此螭魅之本字大徐于鬼部卅螭篆非也又螭者許所謂若

龍而黃者左傳螭魅罔兩是亦叚借字也

萬 蟲也 無販切 禹 蟲也 王矩切 禼 古文禹 𩳁 周成王時州靡國獻𩳁𩳁人身反踵自笑笑即上脣弇其目食人北方謂之土螻爾雅曰𩳁𩳁如人被髮讀若費一名梟陽 符未切。𩳁之字他書多作狒 𩳁 古文𩳁。此篆各本爲禼之古文今據釋獸釋文移改 禼 蟲也讀若與偰同 私列切。殷玄王以爲名見漢書俗改用偰契字

嘼部五百十二

嘼 嘼牲也象耳頭足厹地之形古文嘼下从厹 許救切。此六畜之正字 嘼 古文嘼。此篆據上釋文補 ④ 獸 守備者也一曰兩足曰禽四足曰獸 舒救切

甲部五百十三

甲 東方之孟昜氣萌動从木戴孚甲之象太一經曰人頭空爲甲 古狎切 𠇾 古文甲始於十見於千成於木之象。段說小篆作𠇾古文作甲

乙部五百十四

乙 象春艸木冤曲而出侌气尚彊其出乙乙也與丨同意乙承甲象人頸 於筆切 ③ 尤 異也 羽求切。尤悔之尤當作訧 ⑩ 乾 上出也 古寒切 乾 籒文乾 ⑫ 亂 不治也 郎段切。𠬪部曰𤔔不治也攴部曰敿煩也與此音義皆同

丙部五百十五

丙 位南方萬物成炳然侌气初起昜气將虧从一入冂一者昜也丙承乙象人肩 兵永切

丁部五百十六

丁 夏時萬物皆丁實象形丁承丙象人心 當經切

戊部五百十七

戊 中宮也象六甲五龍相拘絞也戊承丁象人脅 莫候切 ③ 成 就也 氏征切 𢦩 古文成从午

己部五百十八

己 中宮也象萬物辟藏詘形也己承戊象人腹 居擬切。藏者今之藏字 𢀒 古文己 ⑥ 㠱 謹身有所承也讀若詩云赤舄几几 居隱切。此謹身之本字按禮記借爲合巹之巹 ⑧ 曩 長居也讀若杞 暨己切。曩居者即他書之箕踞也

巴部五百十九

巴 蟲也或曰食象它象形 伯加切 ⑧ 𢀜 𢬵擊也 博下切。𢬵者反手擊也今之琵琶古當作𢬵𢀜

庚部五百二十

庚 位西方象秋時萬物庚庚有實也庚承己象人齎 古行切。按小徐駁李陽冰說从干𠬞象人兩手把干立不可從今各本篆皆從陽冰非也中〇者象人齎

辛部五百二十一

辛 秋時萬物成而孰金剛味辛辛痛即泣出从一䇂䇂辠也辛承庚象人股 息鄰切 ⑤ 辜 辠也 古乎切 𣦸 古文辜从死 ⑥ 辠 犯灋也秦以辠佀皇字改爲罪 徂賄切。罪本訓捕魚竹网而漢以後經典

多从之非古也。（八）辤辤 不受也。似茲切。此辤譏本字，今經傳皆作辭而辤廢矣。辝 籀文辤从台。

（九）辥辥 辠也。私列切。（十二）辭辭 說也。似茲切。說者釋也，與言詞字似同而異。𤔲 籀文辭从司。

辡部五百二十二

辡辡 辠人相與訟也。方免切。（七）辯辯 治也。符蹇切。治者理也，俗多與辨不別，辨者判也。

壬部五百二十三

壬壬 位北方也。侌極昜生，故易曰龍戰于野。戰者接也。象人褱妊之形。承亥壬以子生之敘也。壬與巫同意。壬承辛，象人脛。脛，任體也。如林切。

癸部五百二十四

癸 此體从籀文作 𤾯 冬時水土平可揆度也。象水從四方流入地中之形。𤾯承壬，象人足。居誄切。癸 籀文从𣥠从矢。

子部五百二十五

子孚 十一月昜气動萬物滋，人以爲偁。象形。即里切。𢀈 古文子从巛象髮也。𡿺 籀文子囟有髮，臂脛在几上也。（二）孕孕 褱子也。以證切。（三）字字 乳也。疾置切。

存存 恤問也。徂尊切。（四）𡥉𡥉 放也。古肴切。今字與孝無別。教字从此。（五）孟孟 長也。莫更切。各本此下有𤓽篆云古文孟，已見人部爲古文保，今刪此存彼。季季 少偁也。居悸切。孤孤 無父也。古乎切。（八）挽挽 生子免身也。亡辯切。挽之字俗作娩，非也。按女部曰嬔生子齊均也，分娩字亦可用，又兔部有娩篆，曰兔子也，从女从兔，與此音異俱別。（十）

㝅㝅 乳也。一曰㝅瞀也。奴豆切。孳孳 孳孳汲汲生也。子之切。各本篆體从茲作孳誤，今正。孳孳與孜孜通用。𦘔 籀文孳。各本篆作𦘔从兩糸誤，今據集韻引正。（十二）疑疑 惑也。語其切。ヒ部有𣬉曰未定也，音訓略同。（十四）孺孺 乳子也。一曰輸孺也。輸孺尚小也。而遇切。（十六）孽孽 庶子也。魚列切。祅孽之本字作蠥，見虫部。俗作孽。（十九）孿孿 一乳兩子也。呂患切。釋畜未成雞健，方言凡人嘼乳而雙產秦晉之閒謂之健子。按說文無健，則健即孿也，方音稍異遂別爲一字耳，於義亦通作連。

了部五百二十六

了了 尥也。从子無臂，象形。盧鳥切。段借爲憭悟之憭。（一）孑孑 無右臂也。居桀切。孓孓 無左臂也。居月切。孑孓，廣雅孑孓蜎也，郭樸云井中小蛣蟩赤蟲也。說文無蛣蟩字，正當作孑孓。

孨部五百二十七

孨孨 謹也。讀若翦。旨沇切。孱弱字當作此。（三）孱孱 迮也。一曰呻吟也。士連切。孟康曰冀州人謂愞弱爲孱，其字當作孨也。（四）孴孴 盛皃。讀若薿薿。一曰若存。魚紀切。𡥺 籀文孴从二子。一曰𡥺即奇字𦫵。

𠫓部五百二十八

𠫓𠫓 不順忽出也。从到子。易曰突如其來如。不孝子突出不容於內也。𠫓即易突字也。他骨切。凡物之反其常事之逆其理突出至者皆是也，不專謂人子。衝突滑突作突，突然突如字當作𠫓，今則突行而𠫓廢矣。𠫓 或从到古文子。（四）育育 養子使作善也。余六切。虞書曰教育子。毓毓 育或从每。周禮周易蒙卦皆作此字。（七）疏疏 通也。所葅切。疋部曰疋通也，與此音義皆同。又曰𨟐門戶疏窻也。按鄭注月令明堂位、薛解西京賦、張注靈光殿賦皆

訓疏爲刻鏤其字正當作䟽也

丑部五百二十九

丑丑紐也十二月萬物動用事象手之形日加丑亦舉手時也 敕九切 ④䏔䏔食肉也 女久切 ⑦羞羞進獻也 息流切

寅部五百三十

寅寅髕也正月昜气動去黃泉欲上出侌尚強也象宀不達髕寅於下也 弋真切。寅恭之寅當作夤見夕部。按尚書寅字皆夤之叚借也 𡩟古文寅

卯部五百三十一

卯卯冒也二月萬物冒地而出象開門之形故二月爲天門 莫飽切。今字變作卯與九篇之卯不分矣 𠨦古文卯

辰部五百三十二

辰辰震也三月昜气動靁電振民農時也物皆生从乙匕象芒達厂聲也辰房星天時也从二二古文上字 植鄰切。星辰之辰本字作曟見晶部日月合宿之曟見會部 𨑃古文辰 ③辱辱恥也 而蜀切

巳部五百三十三

巳巳巳也四月昜气巳出侌气巳藏萬物見成彣彰故巳爲它象形 詳里切。古巳午與巳然字無二形亦無二音其義則異而同也 㠯㠯用也从反巳賈侍中說巳意巳實也象形 羊止切。李斯石刻文作㠯隸變作以今字用之

午部五百三十四

午午啎也五月侌气啎屰昜冒地而出也象形此與矢同意 疑古切 ⑦啎啎屰也 五故切。啎之字亦作許俗作忤又作仵凡魁梧枝梧抵梧等字當作此啎屰即忤逆也

未部五百三十五

未未味也六月滋味也五行木老於未象木重枝葉也 無沸切

申部五百三十六

申申神也七月侌气成體自申東吏己餔時聽事申旦政也 失人切 𢂇古文申 𣅀籒文申 ①臾臾束縛捽抴爲臾臾 羊朱切。凡臾僊瘐死獄中者皆當作此按說文無瘐 臾臾臾也 余制切。臾與手部抴音義皆同抴之字俗作拽 ⑨𨋩𨋩字亦作棟 鼙鼙小鼓引樂聲也 羊晉切。周頌應田縣鼓箋云田當作棟棟小鼓在大鼓旁應鼙之屬也聲轉字誤變而爲田

酉部五百三十七

酉酉就也八月黍成可爲酎酒象古文酉之形也 與久切 丣古文酉从卯卯爲春門萬物已出丣爲秋門萬物已入一閉門象也 非亦古文酉。據汗簡引增此 ③酒酒就也所以就人性之善惡一曰造也吉凶所造起也古者儀狄作酒醪禹嘗之而美遂疏儀狄杜康作秫酒 子酉切 酎酎三重醇酒也明堂月令曰孟秋天子飲酎 除柳切 配配酒色也 滂佩切。亦叚爲妃字 酨酨酒色也 與職切 酌酌盛酒行觴也 之若切。斟酌字當作勺 酏俗作酏 𨠬黍酒也一曰甜也賈侍中說𨠬爲鬻清 移爾切 ④酓酓酒味苦也 於琰切。此篆毛扆補之 䣥䣥酒色也 普活切 酳酳少少歠也 余刃切。曲禮注以酒曰醋說文無醋玉篇云酳醋同字 酖酖樂酒也 丁含切。詩箴

湛於酒當作此字鴆毒之鴆見鳥部 莤莤 禮祭束茅加於祼圭而灌鬯酒是爲莤像神歆之也春秋傳曰爾貢包茅不入王祭不供無以莤酒一曰莤榼上塞也 所六切。今本左傳作縮此莤古文也 ⑤ 醬醬 酒疾孰也 芳萬切 酤酤 一宿酒也一曰買酒也 古乎切。沽酒字當作此市沽之沽夂部作夃 酣酣 酒樂也 胡甘切 酟 醵重文見下十三畫 酌酌 酒䣧也 香遇切。字亦作酗 酢酢 醶也 倉故切。此醋漿本字醋乃醻醋字也後人酢醋互譌如種穜僮童之互譌也 ⑥ 酬 醻重文見下十四畫 酮酮 重酒醲也 仍吏切。此篆各本作䣼皆有酮無䣼按廣韻玉篇列字次第正與說文相合則古本說文作酮可知矣今據改正 截截 酢漿也 徒奈切 [illegible] 而對切 ⑦ 醁醁 酒母也讀若廬 同都切 [illegible] 酒也 古玄切 酷酷 酒味㫗也 苦沃切。酷熟字當作焅 酺酺 王惪布大歙酒也 薄乎切 酲酲 病酒也一曰醉而覺也 直貞切。許無醒字醉中有所覺悟即是醒也此一字而兼二義者 酸酸 酢也關東謂酢曰酸 素官切 畯 籀文酸从畯 酹酹 餟祭也 郎外切 ⑧ 醇醇 不澆酒也 常倫切。凡純早純樸字當作此純者段借字也惟純孰當婢用此 醆醆 爵也一曰酒濁而微清也 阻限切。此篆小徐所增大徐新附作琖劉昌宗曰本作湔音同段氏云按古當用戔字後人以意加酉 章見言部 醋醋 客酌主人也 在各切。此醻酢字按諸經多以酢爲醋惟禮經尚仍其舊今竟莫能諦正矣 醅醅 醉飽也讀若僰 匹回切 醉醉 卒也卒其度量不至於亂也一曰酒潰也 將遂切 醬 俗作醬 醬醬 醢也 即亮切 牆 古文醬如此 㽅 籀文 䣼䣼 襍味也 呂張切。周禮段涼字爲之 ⑨ 醓醓 [illegible]也 余箴切 醢 醬重文見上八畫 醢醢 醬醢 [illegible] 榆醬也 莫候切 [illegible] 醬[illegible]也 田候切 ⑩ [illegible] [illegible]生也 莫紅切

醞醞 釀也 於問切。引伸爲醞藉今人多作蘊藉非也按許有薀字無蘊字 [illegible] 酮也 郎擊切 醠醠 濁酒也 烏浪切 䤍䤍 歙酒俱盡也 迷必切 醟醟 酗酒也 爲命切 醢醢 肉醬也 呼改切 䤃 籀文 ⑪ 醪醪 汁滓酒也 魯刀切 [illegible] 酒也 陟離切 醧醧 宴私歙也 依據切。玉篇廣韻作醧 於娛切 醫醫 治病工也醫之性然得酒而使一曰殹病聲周禮有醫酒古者巫彭初作醫 於其切 醨醨 薄酒也讀若離 呂支切。今人澆醨字作漓俗字也 醳醳 擣榆醬也 蒲計切 ⑫ 醰醰 酒味長也 徒紺切 醮醮 冠娶禮祭也 子肖切 礁 醮或从示 酸 酸重文見上七畫 醦醦 歙酒也 子朕切 [illegible] 醬也 居律切 ⑬ 醴醴 酒一宿孰也 盧啟切 醲醲 㫗酒也 女容切。凡濃淡濃㫗字皆當作此亦通作襛襛俗作穠 醵醵 會歙酒也 其虐切。古音其庶切 酟 醵或从巨 醶 俗作醶 醶醶 酢漿也 魚窆切 ⑭ 醹醹 㫗酒也詩曰酒醴維醹 而主切 [illegible] 泛齊行酒也 盧瞰切 醻醻 獻醻主人進客也 市流切 酬 醻或从州 醺醺 醉也詩曰公尸來燕醺醺 許云切。今詩作來止熏熏 [illegible] 闕 慈冉切 ⑰ 釀釀 醞也作酒曰釀 女亮切 醰醰 酒味淫也讀若春秋傳曰美而豔 古禫切 [illegible] 酢也 初減切 ⑱ 釂釂 歙酒盡也 子肖切 ⑲ 釃釃 下酒也一曰醇也 所綺切

酋部五百三十八

酋酋 繹酒也从酉水半見於上禮有大酋掌酒官也 字秋切 ④ 尊尊 酒器也周禮六尊犧尊象尊著尊壺尊大尊山尊

吕待祭祀賓客之禮 祖昆切。自𨺅用尊爲尊卑字而別製罇樽爲酒尊矣 尊 尊或从寸。按許書从尊之字無一作尊者此蓋後人所增

戌部五百三十九

戌 戌 威也九月昜气微萬物畢成昜下入地也五行土生於戊盛於戌 辛聿切

亥部五百四十

亥 亥 荄也十月微昜起接盛侌从二二古文上字也从乙象裹子咳咳之形也春秋傳曰亥有二首六身 胡改切。按今篆亥身祇有五畫蓋周時首二畫下作六畫也 𠀅 古文亥亥爲豕與豕同亥而生子復扸一起

說文易檢卷十四下

坿識增刪移併各文 其篆體譌誤者已于本文下註明

示部 增 祽 禮 刪 禫 古祇作導或作道

玉部 增 ⿰王畢 古文玖 琛 新坿移入 移 琁 各本爲璿之或文今移璿下

艸部 增 荻 各本奪此 萍 蓱之正文水部移此 刪 菰 菥之譌字 蔹 菿之譌字 蓘 蕤之譌字 蒕 𧖴 皆菹之重文見血部 移 蘄 併入芹下

牛部 增 ⿰牛甬

口部 增 嚚 嚚之正文 叡 喟或文 嗤 刪 右 見又部 吁 見于部 否 見不部 噂 古祇作傳 涶 唾或文見水部 悊 哲或文見心部 𣢾 呦或文見欠部

走部 刪 趑 古祇作赼

彳部 刪 㝵 古文得見見部

齒部 刪 齹 古祇作差

足部 增 蹳 刪 跨 即蹕之譌 踞 見尸部居之俗文

干部 增 幹

冊部 增 卌 據廣韻

言部 增 謠䚻或文 譝
删 謚謚之譌字 註 誤本部重出
丮部 增 蓺埶或文
删 𢪈見手部
畫部 删 劃古文畫見刀部
攴部 删 劇敫之重文見刀部 肇戈部肇之譌字 𣀔見土部壞之籀文
目部 删 睆移入刀部刲下
隹部 增 痽䧹鷹之正文 魋鬼部移此
鳥部 增 䳒即今鳶字
玄部 增 玈新坿移入

骨部 增 肯據本篆釋文云骪或作肯
肉部 增 胞包部移此 朘新坿移入 臋依段說
删 𦟧脥或文據五經文字無
刀部 增 睆刲或文目部移此 𠛱古文刻 劇新坿移入
删 𠟭古文則據汗簡引說文續沾
竹部 增 筮簭之篆文 个箇之或文 第
鼓部 删 鞈古文鼙見革部 鼛即鼙之譌字
食部 增 餱
删 𩚵即米部粈之俗體 按𩚵爲古文應删粈存𩚵
矢部 增 𥎦古文矢

畐部 增 畗畐重文據本篆下釋解云或从口
木部 增 𣡌據林部𣡌下釋文云𣡌古文樸 黌橫或文 𣐿古文樴
删 柅𡰥或文本部重出 檍即樍之譌
移 柵誤入桃下今據列爲一文
之部 增 㞷古文㞷
𣎳部 增 𣏂古文旅據白部者文之釋
出部 删 敖見放部
邑部 增 鄉
删 鄬古文作隔
貝部 增 𡭴古文賁
日部 增 昗昃之正文 昬昏或文

多部 增 𡖇
𢎘部 增 由古文甹
片部 增 爿
香部 增 馣 馤
宀部 增 麻
疒部 增 廿古文疾 痟 瘵
黹部 增 希黹之古文
衣部 增 袀
尸部 增 𡰴 𡱁皆居之或文
舟部 增 𦪌汲古本賫此

欠部 增 歈 新卅移入
刪 吹 見口部 歗 見口部嘯之籀文
頁部 增 頎
包部 刪 胞 移入肉部
鬼部 增 魖
刪 魋 移入隹部 𥏼 籀文鬽之譌字
厶部 刪 羑 古文羑見羊部
石部 增 磧 新卅移入 磾
刪 卝 礦之古文移爲古文卵字
豕部 增 豥

豸部 增 𧳜
馬部 增 驏 鸒
兔部 增 兔
火部 增 𤆍
黑部 增 黛 黱或文
心部 增 忕
刪 愷 見豈部 憬 慶之別體 怏 即忕之譌
移 𢡅 併入惕下
水部 增 濤 新卅移入 濂 濂或文 池
刪 萍 移入艸部爲蓱之正文 沿 古文沇本部重出 塗 見土部

移 瀷 併入潩下
仌部 增 冽
刪 瀨 即冽之譌
門部 增 闠 新卅移入
耳部 增 𦗮 聵或文 聧
手部 增 𥕞 宋本奪此 拯 抍撜之正文 打 新卅移入 摻 揩
刪 𢴉 見韋部韝之或文
女部 增 妥
刪 孌 籀文孅本部重出
移 婉 併入妴下

匚部 增 匛 柩匶之正文
弓部 增 弓 彈古文 彆
系部 增 繇 繇或文
糸部 增 綯 綯之正文 𢇍 緜或文 㡭 古文繼
虫部 增 蠍 各本奪此 蟻 蛾之正文 𧊟 蟻或文蚰部䖸下移此
蚰部 增 𧑓
刪 䖸 䖸或文移入虫部蟻下
蟲部 刪 蚤 蟁或文見虫部
卵部 增 卝 古文卵石部礦下移此
土部 增 𡋬 垔或文

刪 堀 卽堀之俗體

金部 增 劉 鐂或文

刪 樓 鏝或文見木部

幵部 增 赽 古文幵

且部 增 𠀃 古文且

矛部 增 矜

刪 矜 卽矜之譌字

厽部 移 [illegible] 古文絫移纍下

䍅部 增 [illegible] 據本篆釋文云古文䍅下从公

酉部 增 丣 古文酉據汗簡 酓 宋本奪此

說文易檢卷末上部目

一畫

一部 丨部

乙部 亅部

二畫

二部 亠部

人部 儿部

入部 冂部

冖部 凵部

冫部 几部

刀部 力部

匚部 匸同 十部

卜部 卩部

厂部 厶部

又部

三畫

口部 囗部

土部 夊部

大部 女部

子部 宀部

寸部　小部
尢部　尸部
山部　巛部
巾部　干部
幺部　广部
廴部　廾部亣同
弋部　弓部
彐部　彡部
彳部

四畫

心部　戈部
戶部　手部
支部　文部
斗部　斤部
方部　无部
日部　曰部
月部　木部
欠部　止部
歹部　殳部
毋部　毛部

气部　水部
火部　爪部
父部　爿部
片部　牛部
犬部

五畫

玄部　王部
瓜部　瓦部
甘部　生部
田部　疋部
疒部　癶部
白部　皮部
皿部　目部
矛部　矢部
石部　示部
禸部　禾部
穴部　立部

說文易檢卷末上部目

說文易檢卷末上

一部

(二)上部首丄重文 下丄部丅重文 (三)廿十部 (四)世卅部 (五)百白部 西𠂢部

丞𠬞部 再冓部 (六)百百重文 亞西重文 (七)卣谷部西重文 (十)乖西重文

丨部

(二)个竹部箇重文 (三)弔篆作弔人部 丰生部 (四)平亏部 由丂部甹重文

(六)串毌之隸變。俗又作丳

乙部

(二)乞气之隸變 (五)乩篆作卟卜部

亅部

(二)亍彳部 (四)乎兮部 (七)事史部 (十)亯部首亯重文即今享字

二部

(二)互竹部笠重文 (四)亙恆重文 (五)些段氏玉裁女部姕字當之鉉氏樹玉謂即呰之俗體。案人部佌訓小兒字又作仳今人字體每將偏旁任意挪動或即仳偶呂人旁移下艸書作兩點形致譌作些亦未可定且些取散細之意與佌音義皆近 (七)差左部差重文

亠部

(二)卞篆作弁在兒部爲兒之重文卞急之卞作𢍏弁即今弁字 (五)亨篆作亯部首 (六)享篆亦作亯亯重文作亯案今亨享烹三字皆亯之形變 (六)亭部首亮重文 充篆作沇 (七)亭高部

(八)亳高部 (二十)亹字又作亹詳後文部 俻應移五畫 傈應移八畫

人部

(二)介八部 仂篆作扐通作防 仉孟母氏也篆从反爪見爪部 (三)他人部曰佗負何也即今馱字無他他人字當作它 㐰信重文 仙篆作仚仙佛之仙當作僊 仗篆作杖 仟祇作千 仈篆作阢

(四)仵篆作啎通作午 优篆作訧 (五)信剛重文 伫篆作宁凡伫立延伫字當作貯或作竚亦俗

低篆作氐 伺通作司 佐佑篆作左右左右祇作ナ又 伻古祇作平伻使之正字當作𢕟

佔疑本作沾禮呻其佔畢鄭注佔視也字當作覘 估篆作𡋭通作辜 住篆作駐或作侸作逗作遛

佟人姓古祇作冬 伴說文無伴侶字當作扶旅 (六)侑姷重文 侎敉重文

佰夕部夙重文 臾申部 侐篆作𥁃通作溢 侀篆作刑井部 使篆作㑊 伇役重文

部 侏祇作朱 佹篆作詭 佌篆作仳 佯篆作詳佯狂之佯作陽 侘篆作侘 休

古祇作亦𩀥經解休之傺當作侶 (七)㑳古文兵字奴部 侄篆作侄通作涇 侶通作旅亦作呂 侲篆作振

(八)俛頁部頫重文 俯篆作頫作俛 倅通作卒 倒篆作到 佰夙重文夕部

俸篆作奉奴部部今字作屆 倣篆作放亦作仿 倯篆當作庸 倥祇作空 倔篆作屈尾

倜倜儻通作俶儻 倘字亦作儻篆作黨 倸禮玉藻若祭爲己倸卑案倸是唐人避諱字陸釋文作傑說文亦無傑字玉篇傑下出重文傑字狀則傑者傑之省後又變作倸耳 (九)停祇作亭 偵

倕祇作垂 偨祇作負亦作詞 偍篆作偍詳偍下 偝篆作倍通作背 偟通作遑不足㒢古祇作皇遑亦新附

偎篆作㥯 偷篆作媮薄作偷 偪篆作畐部首 傁又部叜重文今字作叟 偬篆作恖 偩祇作負

傖通作倉傖儴篆作搶攘 偈篆作揭 倮篆作裸在衣部爲裸之重文 僥篆作僥

(十)傀態重文 傔通作兼 傜字又作徭傜役古作繇篆作

役 傚篆作效今作効尤俗 傒祇作奚 傲敖之俗字見人部 傎篆作顛 傍篆作旁文陟重

(十一)債責之俗字 傗篆作傗通作連 傺祇作祭 僊篆作僊 備篆作備倄 傫

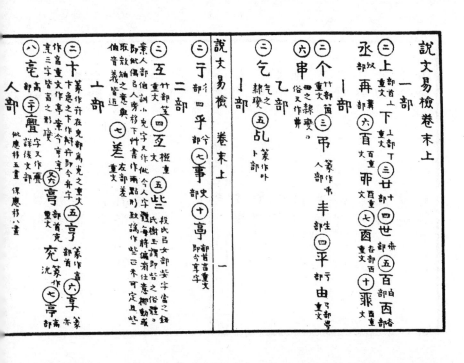

玉篇傑同傑篆作傑 (十二)僦通作就疑古 僬通作 僧疑增曾之俗字 僯遴重文今依錯

…儕 外篆… 僬 焦… 僝 倴 篆… (十三)價 賈 通作… 億 意安億 …通作…

之億篆作憶億 北之億篆作意 僿 篆作𡨴亦 段作寒 儂 儂家即奴家 錢氏大昕說 倢 通作 捷正

字當作斷 僶 寵之俗字僶 勉當作愐 (十四)儘 篆作 盡 儛 篆作 舞 儓 篆作𡒗亦 通作臺

儚 篆作懜 亦作儚 (十六)褢 篆作傀 或作瓌 (十七)儴 篆作攘 通作襄 懶 字又作𢡉 篆作頼

(二十)儻 俗又作倘 篆作黨

儿部 光應四畫

(二)宂 冂部 (三)光 火部 兂 部首長 重文 (四)兄 長重文 兆 卜部𠧞 重文

(五)兕 部首𤉡 重文 (六)咒 篆作詶 通作祝 (九)兜 兜部 [illegible] 契部契 重文

入部

(四)侌 雲部 霒 重文 (五)余 八部 (七)俞 舟部 疌 止部

冂部

(三)冋 回重文 冈 部首网 重文 (四)𤰃 部首用 重文 (五)𦉰 网重文 (六)罔 网重文

(十三)[illegible] 冃部 冒 重文 (十六)[illegible] 兩重文

冖部

(二)冗 篆作宂 (六)罙 疑又罙之隸變又疑罙之譌字。罙篆作𥦚 𡧨 宅重文 (七)𠬝

段重文 見又部 (八)冢 勹部 冡 冃部 (十四)冪 字又作冪篆作幎覆冪之冪篆作冖又通作冪

凵部

(二)出 部首凷 重文 (三)𠙷 部首玉 重文 凹凸 亦作窅突坳突篆作窅胅說詳目部窅下

(四)凷 部首凷 重文 (六)函 篆作𠚕 弓部

冫部

…(三)冬 部… (六)冶 塔… (八)准 準… 淨 清… (十三)凜 凜篆…

澳 篆作 滄 (十六)瀨 篆作 冽

几部 凬下从古文人字應移儿部

(一)凡 二部 (二)兂 部首兂 重文 (三)凥 部首凥 重文 (六)究 禼重文 見内部 (十六)

𠒊 部首死 重文 (八)椉 乘重文 見桀部 (九)凰 祇作皇 (十)凱 篆作愷爲部首豈之重文

刀部 同刂

刀 刀刁蓋古今字齊公羊僖公十八年桓公死豎刁易牙爭權不葬左傳作貂後人因𠮦爲姓刁斗之刁當作鐎說文鐎下曰鐎斗也此其𠮦字刁悍之刁篆作雕

(三)刅 篆作創爲部首刅之重文 (四)刎 通作歾

㓜 篆作肉 止部 刘 疑當作桊 (五)刦 篆作劫 别 篆作剮 在冎部 (六)刽 字又

作斫 篆作銘 剁 即剁之俗體 (七)前 篆作歬 止部 剃 篆作鬀 剋 篆从力作勊 通作克

(八)剕 足部曰跳跀也 即剕刖之𠮦字 剆 斷重文 剠 篆作黥在黑部 剚 祇作事

剒 釋器厝謂之剒陸釋文作斮云本或作厝玉篇云剒亦或作錯按說文斮斬也非其義厝厲石也引詩他山之石可以爲厝此剒之正字今小雅作錯又厝之段借字也 剜 鈕云疑剜之別體段云即棺字亦通作剈 剡

字又作劖篆作剗 剬 周禮弓人𡑐于剬而休于氣陸釋文劖通作鑱作鑱 剬 曰剬本又作腦按說文作𡿺在匕部 (九)

創 部首刅 重文 剪 篆作 剸 剮 篆作冎 部首 契 篆作栔 刧部 劀 祇作 屋 (十) 剩

篆作 贖 (十一)剸 首部 𩠐 重文 劋 篆作 劋亦 通作勦 劇 詳上 剹下 (十二)劉 金部 鐂 重文

劚 篆作 斀 (十三)劍 刃部 劒 重文 劂 篆作 剧 (廿二)劙 篆作 𠞾

力部

(五)劬 或作句 疑又 勮之別體 努 疑當作㚢 (六)勅 篆作敕今俗多與勑溷 按勑音來乃倈之正字

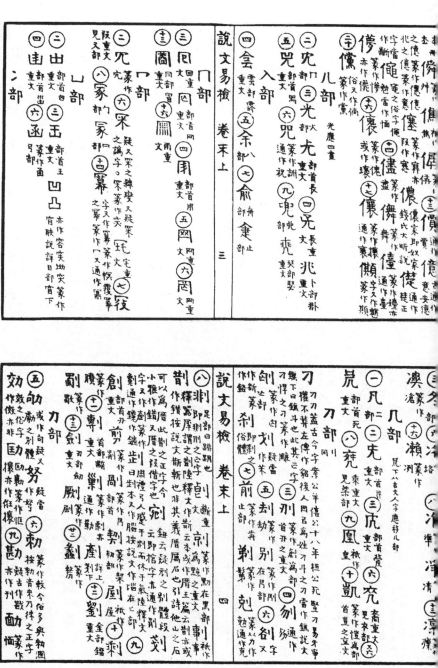

効 效之俗字 作傚亦非 劻 劻勷 篆作恇 勷亦作儴 (九)勘 疑古作戡 亦作刊 勔 篆作 愐

（十）勛 勛之譌體 （十二）勢 通作埶 勣 篆作績 （十四）辦 即辦之俗體見刀部 （十五）
勵 篆作厲 （十七）勷 篆作攘亦通作襄

匚部 同匸

匸 部首匸重文 （四）[illegible] 栝重文亦作匲 匧 篋重文 （三）匝 應移上 篆作帀部首 （五）匤
篆作[illegible]曲部 （八）匴 部首箕重文 （九）[illegible] 帷重文 匭 簋重文 匾 篆作扁册部 （十二）
[illegible] 簋重文 （十三）匳 篆作籢俗作奩尤非 （十五）[illegible] 籩重文 （十八）[illegible] 区重文

十部

（二）升 斗部 （四）卉 篆作芔艸部 （六）卒 衣部 卑 ナ部 卓 匕部 移下卜部 （十）

卜部

臯 篆作皋夲部 覃 㫗部

（五）卤 部首西重文 卣 卤之隸變見部首 （六）卥 西重文 卓 匕部

卩部

（五）却 篆作卻卩部 （六）卺 己部合卺之卺篆作巹見丞部 卷 篆作卷在䡇部爲䡇之重文
（九）[illegible] 篆作鬈在㚘部 （十）[illegible] 寋之譌字

厂部

（五）[illegible] 風部 （六）厔 篆从广作庢 （七）[illegible] 席重文 厚 篆作𣆪㫗部 [illegible] 篆作[illegible]
（八）厤 秝部秝重文 原 篆作厡在灥部爲厵之重文平原之原篆作邍 （九）厠 篆从广作廁 （十二）
[illegible] 攴部 （十）[illegible] 鋭重文 厝 篆作厝 厦 篆作夏 （十二）厪 篆从广作廑
厰 篆作[illegible]甘部有厰音義俱異。按厂部 （廿二）廳 詳後广部廳下

厶部

（二）厷 篆作𠫓又部 云 部首雲重文

又部

（二）[illegible] 究重文 作[illegible]即今敢字 [illegible] 奴部 （十三）[illegible] 奴部 叡 奴部即壑之正文 （十四）[illegible] 奴部 [illegible] 文部
（五）[illegible] 鞭重文 （七）[illegible] 嘖重文 叟 事重文 （九）[illegible] 攴部重文

口部

（二）叨 饕重文 叶 劦部協重文 同 部首冂重文 叵 鈕云疑叵之俗體按此字見說文敘中可補入
叩 篆作敂通作扣作[illegible] （三）向 宀部 吁 亏部 [illegible] 呷之譌字 （四）吷 歠部歠重文
邑 甘部甚重文 呀 即牙之俗字通作訝 呐 即部首㕯字 呃 篆作啞 吼 篆作呴后部
吭 亢之俗字 [illegible] 即哺字按古父甫通用今俗匙知爲一字者 吵 篆作訬 （五）[illegible] 謀重文 咎 人部
[illegible] 部首皮重文 音 篆作杏部 舍 亼部 咏 詠重文 [illegible] 吴重文夨部 唷

篆作痾 呵 篆作訶呵气之呵从反丁作丂 呴 篆作詬爲詢之重文 咋 篆作詐 呢 疑祇作尼
哈 鈕云疑古作咍或作欸又疑詒之別體 （六）唉 篆作誒 咱 篆作詛 哂 篆作弞欠部
咬 篆作齩 㕻 部首咅重文 咡 古祇作耳亦段作珥 咤 篆作詫 咻 祇作休 （七）
哦 即誐之別體 唄 古祇作貝 唈 疑古祇作邑亦通作悒段說邑部首亢字當之 （八）售 即讎之俗
字亦可作餘 唳 通作戾亦作厲 唶 譜重文 唼 篆作噆 喀 篆作欲 啣 衘之俗字 （九）
喚 篆作䚽通作讙 喫 通作吃篆作吃 喲 部首谷重文 嵒 部首㗊重文 喻 篆作諭
嗙 篆作謗亦通作 嘷 篆作嗥 善 篆作譱在誩部 喃 字又作諵篆作詽 喋 按喋
無正字通作蹀篆作[illegible] 喧 大學引詩赫兮喧兮說文無喧字依詩當作咺說文咺从口宣省聲則喧者宣之不省者也爾雅釋訓赫兮烜兮威儀也字作烜說文烜爲爟之重文舉火曰爟經典與赫連文當以烜爲正字咺爲段借字又心部曰愃寬閑心腹皃引詩赫兮愃兮與毛詩爾雅不同當是許時有此本之說[illegible]借也玉篇喧許袁切大語也此喧字當作咺作爟

又通作部首口字 ⑩ 嗃 通作熇又疑歊之別體 嗅 篆作齅或通作臭 嗟 篆作着 嗉
祇作素 嗒 篆作荅或作䂻 ⑫ 嗼 謨重文 嗽 篆作欶通作漱 嘔 歐之俗字 嗷 篇韵
皆與咲同字 嗚 篆作烏部首 嘕 篆作嫣 ⑬ 噈 歒重文 嘲 通作嘲 嘶 篆作
新古通作斯 噀 通作潠按潠在新坿鈕云即潩之別體潩者又瀵之譌字今正 噁 篆作歍 嘿 篆作默
噂 各本口部有此按古祇作傳 嘻 篆作譆 嘬 篆作冣見冃部今人習用訓極之最字當作冣見冂部
⑬ 噞 疑古作歛又疑嚴之別體 嚃 舌部曰䑙歠也即嚃之正字 噰 雍之俗字篆文作雝 噢 篆作
懊 噪 篆作譟又品部曰喿鳥羣鳴也爲雖喿之正字 噯 通作僾段氏謂即部首旡字 噬 篆作簭
⑭ 嚇 古祇作赫通作唬 嚅 口部吺下曰譪吺多言也譪吺即囁嚅之正字周伯琦六書正譌曰譪吺別作
囁嚅竝非 𪔂 員重文 嚄 古通作獲 ⑮ 嚬 篆作顰 ⑯ 囁 篆作讘互詳嚅下
嚾 篆作讙通作囂 囀 古祇作轉 噧 篆作噧 ⑲ 𡅅 篆作䜌 囈 篆作寱見㾈部

又通作懲 ㉒ 𡅖 篆作嚴

口部

① 囗 日重文 ③ 囧 部首囪重文 ④ 囦 淵重文 园 篆作刓 囤 篆作笹俗云米
因者其字當作櫃 ⑦ 訇 篆作訇 ⑧ 圊 广部曰廁清也清即圊字 ⑨ 圚 篆作闠
圔 篆作篇 ⑫ 圈 篆作圈

土部

③ 圬 篆作杇又作釫在木金部爲杇之重文 坾 篆作㞢在之部 ④ 址 阯重文 坊 即防之俗
體或作方 坂 篆作阪 坽 疑可作岑 坑 篆作阬 ⑤ 坰 部首冂重文 坳 疑坳之別
體或作幼坳突之坳篆作宦 坜 亦作阪 坏 篆作坏 ⑥ 垕 㫗部厚重文 垈 篆作
坺 ⑦ 埅 防或文 垼 篆作坄通作役 埏 疑延之俗字亦作㢟 埇 篆作硧 坶 篆作坶

埣 篆作埣 埋 篆作薶 埻 篆作郭 ⑧ 域 在戈部爲或之重文 烾 火部赤重文
坙 部首巠重文 場 通作易 堆 篆作𠂤見部首古亦作碓 埜 古文野字 堄 篆作倪亦作睨
篆作鍫 ⑨ 堞 篆作堞 塗 篆作涂涂塗山之正字作盬 堮 篆作咢在㗊部 堛 篆作畐 [illegible]
堩 篆作亙按亙者古文柩字在木部柩即柩之隸變 堗 祇作突 堙 字又作陻篆作垔作西
堧 字又作壖𥈧皆非也篆作瑌 堡 俗又作堢更非篆祇作保通作葆 ⑩ 塓 鈕云疑鏝之別體 塔
鈕云疑刺之俗字或作鞈 塘 通作唐 塤 篆作壎 塢 篆作隖 塙 篆作塙亦作礭 塚 篆作
匋在勹部 堰 古祇作匽 ⑪ 境 通作竟 塾 通作孰鈕云即𡎺之別體 塼 篆作專今作甎尤俗
墟 本祇作虛 墅 祇作野 㙴 篆作擐又金部鐶同 堠 古祇作候 ⑫ 墜 篆作隊通作礈
𡐨 隤重文 墮 此與墮異今習用墮落字當作陊 墝 篆作磽亦通作墽 墫 說文作壿見士部从土非
墱 篆作隥 墦 疑當作藩 墢 玉篇墢即坺 [illegible] 篆作垠 墩 篆作敦通作頓 塷 詳堡
下 ⑬ 壒 通作堨 墾 今字作墾篆作豤 壅 篆作邕在巛部亦作廱 壈 古通作廩篆作
㐭爲部首㐭重文 壄 野重文 𡒊 篆作戠亦通作埴 ⑭ 壑 𣦼部壑重文 壏 篆作㯺
𡒅 詳堧下 ⑯ 壝 疑古祇作遺 疆 畺部畺重文 [illegible] 寅重文 壡 𣦼部叡重文
壥 又㙻之俗體篆作廛 ⑮ [illegible] 栞重文

夊部

⑦ 夏 篆作夓 ⑩ 愛 篆作㤅心部 夔 鈕氏云疑蓳之俗體通作𧪠

大部

① 太 水部泰重文 ③ 尖 篆作𡰥亦作鑯 ⑥ 奔 篆作奔夭部 奓 部首奢重文
奐 𠬞部 奕 亣部 奕 亣部弈在𠬞部奕之 ⑦ 𡘌 模重文 奘 亣部 奚 亣部
奧 衛重文 ⑨ 奠 丌部 ⑩ 奥 宀部 ⑫ 獎 篆作獎犬部 奩 又匳之俗字篆作𣪠

婀 婀娜通作阿那 古作旖旎 儺

嬛 十六畫

(十二)樊 篆作𡴻 𠬞部 (十三)𦋺 六部 (十四)顛 酉部重文 (十五)㚖 俗作𡘜 篆作𡘜

作𡜒在大部 (十九)孌 奴部

女部

(二)奶 又嬭之俗字 篆作嬭 (四)妉 玉篇同媅 姒 通作似 妦 篆作丰 生部 妖 篆作䄏

娱 妙 篆作妙 段氏謂即眇字 妢 邠 篆作邠 妐 字亦作忪 篆作伀 妒 篆作妬 好 篆作好 媄

篆作便 亦作㛹 婢 仔 (五)妲 古祇作旦 妹 作妹 祇作末喜 嬉 姆 俗又作娒 通作母 姹 篆作 姌 俗作

姘 (六)姤 亦通作后 遘 要 篆作㝌 臼部 姥 下詳姆 姹 篆作姹 姱 俗作㛂

同字篆祇作夸 姮 姮娥也 案淮南覽冥訓羿請不死之藥于西王母 姮娥竊以奔月 其字作恆 姮者恆之俗 又漢書地理志常山郡 張晏曰恆山在西 避文帝諱 故改曰常山 故恆娥亦改曰常娥 不知何時加女旁作嫦 (七)娟 鈕樹玉曰 嬋娟通作嬋媛 亦作嬗媛 段玉裁云女部嬽好也 即今娟字 娜 祇作那 詳下 婆 篆作媻 娖 篆作娕

說文易檢 卷末上 九

娬 篆作嬔 當作嬎 見女部 或作挽 見子部 婜 篆作㛊 娚 案即嬲之省文 篆作娩 (八)娩 說文免部有娩篆 而女部無娩篆

婟 妃 篆作 娼 倡 篆作 娵 可作陬 篆作諏 亦 婘 眷 篆作 (九)

婧 倩重文 婿 士部壻重文 㛹 古祇作便 婸 惕 篆作 婷 通作亭 亦可作娗 (十)

嫉 族重文 嫐 篆作㛖 錢大昕以㛖字當之 亦可用 嬘 祇作嵔 媵 篆作侯 (十一)嫠 通作釐

嫩 篆作媆 嫮 或又作婟 篆祇作夸 按集韻以婟夸為一字也。 嫘 篆作纍 嫘祖之正字當作纍

嫦 常之俗字 互詳姮下 嫜 古姑嫜字祇作章 嫕 嫕字又作媐 篆作㥲 (十三)嫺 篆作嫻

嬌 通作驕 亦作㚨 嬋 嬋娟通作嬋媛 亦作嬗媛 或作嬗 嫶 篆作醮 (十三)嬙 鈕云通作牆 又疑戕

之別體 嬉 篆作娭 又人部曰僖樂也 亦即嬉字 嬉祇作末喜 嫕 下詳嬮 (十四)嬲 或省作娚 李善曰音

義與嬈同 嬭 篆祇可作嬭 今作奶尤俗 (十五)嬮 嬮詳前下 (十六)嬰 褱重文 (十七)孃 篆作

嬻 (十八)孏 篆作嬾 孊 篆作

子部

(四)孛 朩部 孝 老部 (五)孥 古祇作奴 段借作帑 孠 嗣重文 (六)孩 咳重文 (十三)

學 教部斆重文

宀部

(四)㝈 貧重文 (五)官 𠂤部 宜 篆作宐 (六)宎 篆作窔 穴部 窔義別 (七)家 篆作

宋 (八)宲 通作采 寂 篆作宗 互詳寞下 (九)𡨎 禋重文 篆作𡨎 寗 用部 篆作甯

寐 㝱部 寎 㝱部 (十)寘 蓋寘之省文 寐 㝱部 (十一)寥 篆作廫 寧 丂部

寤 㝱部 寞 篆作嗼 亦作宗嗼 寂寞通作㝛嗼 (十二)審 在釆部 為宷之重文 寮

篆作寮 (十三)寰 通作縣 (十四)𥨾 重文 篆作 寱 㝱部 (十九)寢 㝱部首 寢

寣 㝱部 (廿二)寱 㝱部 (廿三)𥧒 㝱部 (廿四)𡫠 㝱部

說文易檢 卷末上 十

寸部

(四)寽 𠬪部 (五)㝵 篆作㝵 在見部 (六)尃 又部叔重文 封 土部 (七)㝡

又部𡨧重文 即今叟字 射 矢部䠶重文 㽞 巢部 (八)尉 篆作㷉 在火部 (九)尋

篆作𢒑 尌 導重文 (十二)奪 篆作奪 奞部 壽 老部

小部

(二)尒 八部 (五)尚 八部 (四)尚 古文貴 (八)㝴 白部 (九)尞 篆作尞 人部

尢部

(十)尳 篆作尳 (十四)尷 篆作尷 (十二)尰 瘇重文 移上 (九)尰 即尰之俗字 應移上

尸部

尼 移前

(二)尼 仁重文 (三)尾 㕯部良重文 尸 部首 (四)屁 篆作屎 尾部 (五)

俗云抽屜其字當作替

屜 篆作屜尾部（六）屎 辵部徙重文篆作屎大雅民之方殿屎其正字當作唸吚至俗以屎爲糞其字當作菌（七）屓 俗又作屭篆作屓 屡 篆作㕙 展 篆作㞡 屛 屐 履部（九）屨

按此字又作屜篆當作鐵玉篇曰屜鐵之古文（八）屜 篆作屎（十）屣 辵部徙重文 屛 本部屛重文

屐 集韻與𡱂同案𡱂在新坿鈕云疑𡱂之俗字 屣 俗又作𨂿篆作屣或文作躧（十一）屢 通作婁

（十二）屧 篆作屧（十三）屨 詳上屨下（十五）屩 履部（十六）𡳾 履部 屬 尾部（廿一）

屭 詳上屓下

山部

峹應移八畫

（二）𡵂 厃重文（三）屹 篆作圪（四）岐 郊重文 岟 字又作岷作崏篆作𡺸 岌 通作駁

（五）岷 詳岐下 峋 峋嶁祇作句婁 峃 即密字（六）峋 嶙峋通作鱗眴 岍 本作汧 汧通作汧

峙 篆作庤 峘 篆當作恒 峐 篆當作屺 峒 古祇作同通作洞（七）峴 篆作堄峴山可作硯山

峽 篆作陜陝从二人與陝異字亦作陿 峭 篆作陗 峬 篆作㕊（八）嶅 郊重文

崑崙 昆侖通作 崤 篆作殽 崧 崧即嵩嵩在新坿當作崇 崚 崚嶒通作棱繒 崎 篆作敧

崦 崦嵫山名祇作奄茲 崢 篆作崝 㟞 篆作嶘 崆 祇作空 崈 師古曰古崇字（九）

嵌 篆可作廞 嵐 疑嵐之俗字 嵇 即稽之俗字 㟁 詳峽下 㟧 又崦之異體篆作奄 崶 祇作封

嵹 篆作羌 㟪 嶅 詳岐下（十）嵩 通作崇 嵤 篆作嶸 嵫 祇作茲

嵽 嵲 雷浚曰嵲音義可作阢隉 嵰 篆作隒（十一）嵽 詳嵲下 嶇 篆作䧁 嶪 篆作業

嵸 篆作丵部首亦可作族 嶄 字又作巉篆作斬 嶁 祇作婁 嶂 篆作障（十二）嶙

嶙峋通作鱗眴 嶠 通作喬又作橋 嶓 古祇作番 嶡 明堂位俎用梡嶡鄭注梡始有四足也嶡爲之距陸釋

文曰嶡本又作橛案說文木部無橛有橜 嶔 篆作崟 嶕 祇作焦 嶒 詳崚下（十三）嶼

鈕云疑涂之別體 嶵 篆作辠 嶩 篆作峱 嶰 篆作澥通作解（十四）嶺 通作領

巑 郊重文 㠛 嶽可作獲 巏 篆作㠝（十七）㠚 祇可作鮮（十八）巙 篆作峱（十九）

巔 祇作顚 巉 詳嶄下（二十）巘 篆作甗

巛部

（十一）巤 囟部（十五）𢀇 部首子重文

巾部

（二）市 篆作巿冂部 𢁒 豕重文古文亥同（三）帆 篆作颿 杀 部首殺重文（四）𢂁

部首冬重文 帊 此大徐新坿字疑可作靶 希 部首黹重文 帔 篆作帗（五）帝 帝重文見上部

帒 俗又作袋篆作幐 㠿 篆作貲 帕 段云即幞字（六）㡌 帢之譌字 𠧞 匕部卓重文即今卓字

帟 通作奕（七）帢 給重文 𢂾 部首堇重文 㡛 篆作忽（八）𢂒 又部尹重文

帲 篆作帲在巡部亦通作幷（九）帽 篆作冃見部首或段作冒亦在冃部 幄 篆作楃（十）

幌 字又作榥篆作櫎 㡚 字亦作構篆作韝（十一）幗 篆作槶（十二）幢 通作橦 幟 通作識亦

或作織 幞 篆作纀 幗 篆作幗 𢅰 希部（十三）幧 通作綃 幨 篆作襜（十四）

幪 篆作幏（十六）幰 通作軒

干部

（四）罕 篆作罕网部

幺部

（一）幻 予部从倒予 𢆯 糸重文又古文玄同（三）𢆸 部首叀重文（十二）𢆻 又仳之俗字篆作佁

麼 通作麽或作摩

广部

（二）庀 經典多作比（三）厇 宅重文（四）庋 攱之譌字 庈 俞太史樾曰說文有屖篆讀若

紒或即此字案今金本通用紒籒文作絟即其證从厂从广古書亦多相溷 (五)庛篆當作朿 店篆作坫

(六)㡯字又作㫃篆作限 (七)废即廢之俗字或作䟍 座本祇作坐 (八)㢝此新附字

鈕云未詳疑本祇作麥 庽寓重文 㢒篆作侈 康篆作㝩在宀部 庵篆作盦

㢘篆作㢘 (九)厝藍重文 廂通作箱 㢝篆作窳 㢜篆作㢜 (十)

廊通作郎 廈通作夏 (十一)廎高部高重文 廖篆作廫通作飂 廓篆作

郭作㝷 廘祇作鹿 (十二)廠祇作敞 廝祇作斯 廞疑欽之譌其正字當作廞 (十三)

㢋部首亯 虞虎重文今字作廖 勵蓋即廑之別體亦通作勤 廨祇可作解 廧篆作牆在嗇部 (十七)廯古祇作鮮釋言廯廯疑 (廿三)廳高部日高小堂也疑即廳字案漢魏皆作聽事六朝以來乃始加广

廴部

(三)㢟部首延之隸變 (七)𢌬誕重文 (八)𢌭目部

廾部不同

(二)弁篆作㝸在皃部皃重文 (三)弆舁部與重文 (四)弅華部棄重文 弄

弃 兵奴部 (五)其部首箕重文 具 弆奴部 典 畀丌部 弄古祇作去

(六)弈此簙弈之弈在奴部與六部奕異 弇奴部 弁古文全入部 (七)弄奴部

(八)㝁皃部皃重文 (九)𢍏米部今字作糞 异丌部巽重文 (十)與舁部 (十二)

弊篆作獘犬部 𢍃比部 弃手部捧重文捧即拜之正文 (十三)興舁部 (十五)彝糸部 (十七)

龔奴部 (十六)顛丌部 (十九)𢍰彝重文 (廿四)𢍸舁部與重文

弋部

弋部首 (一)弌古文一 (二)弍古文二 (三)弎古文三

彡篆作彡部首

弓部

(二)弗丿部 弖部首乃重文 (四)弦即弘字 (五)弛篆作弛 弜 弓部弜重文

弣通作拊刀把之㔾字作𠛎 弤玉篇弤同弴 (九)弽韘重文 (十二)彄 弼重文 (十三)

彋篆作弘 (十四)彌篆作镾在長部亦通作彌 (十五)彍篆作彍

彐部

(一)尹又部 (八)彗又部

彡部

(二)㐱篆作㐱在几部 (四)尨犬部 彤即彤之隸變在丹部彤異字 (五)彨首部

丹重文 (七)彧篆作㦸有部 (八)參晶部曑重文 彬彬重文俗又作斌非 彩

采通作 (又八)影馬重文 (九)𩣡馬重文 (十八)𩕢部首色重文 (十九)𩣡篆作螭

(廿五)鬱此鬱字在𩰲部 (廿六)𪄿林部

彳部

(三)彴集韵以彴為一字 (四)彸辵部徙重文 彼返重文 彷仿之俗體 彸篆作彸

(五)征延重文 油玉篇與宙同 徂退重文 (六)徍會重文 部首 徣玉篇云古文格字

徊篆作回俗作迴尤非 徇篆作徇 (七)徒辵部篆作辻 後來部敄重文 徬篆作𢕂

(八)徙辵部篆作辿 從从部篆作𨒥 徘篆作裴 徠玉篇云古文來字勑徠之徠篆作勑

(九)徨祇作皇 (十)徭今字又作傜篆作傜古書多作繇

心部

(一)必八部 (二)忉篆作忍 (三)忎仁重文 忖通作寸亦作刌 怭篆作苾段說謂

即㐭字 (四)㤀古文狂篆作性 忍究重文 忪篆作松 恷篆作恧恷悅作恧尼亦作

得忕 怍 篆作㤰通作乍 怍 日部曰昇喜樂也即怍說之巳字 怡 篆作怡愬 快 駃篆作 悅

忕篆作 忳 篆當作純 ⑤ 怊 通作惆亦作超 怩 古祇作尼互詳𡰥下 怯 犾重文 怔

征篆作 怭 篆作佖 怗 通作帖安怗之怗當作聑 怈 俗又作怏篆作忕 怐 篆作佝 ⑥

恁 飪重文 恰 疑洽之俗字 恍 俗又作慌篆作怳 恝 篆作忿按忿恝古今字 恀 即土部垑字

恡 篆作吝 恪 篆作愙 恌 篆作佻 怏 字亦作怈篆作怏 怴 公羊桓公五年傳曷爲

以二日卒之怴也何注怴者狂也錢氏大昕曰說文疒部㾓狂走也即怴也之怴 恐 古恐字 ⑦ 悖 誖重文

㤜 古文姦與悍異字 悌 通作弟 悚 篆作愯 悕 篆作唏 恿 勇重文字又變作慂

帖 篆作帖 㤺 篆作愷 悅 篆作說 ⑧ 惉 通作怗亦作苫 悱 疑誹之別體

恖 悉重文在采部 悾 祇作空 悻 篆作婞通作悻 惝 通作黨惝怳之惝作敞 悟 篆作悟

惚 祇作忽 惋 篆作惌在宀部爲宛之重文 惘 祇可作罔 ⑨ 愇 是部違重文 惹

通作諸又疑諸之別體 愀 篆作愁通作湫 㥛 篆作亟 惇 篆作㥯在兮部 𢥞 閔重

文 惱 篆作㛴 愈 病愈之正字作瘉又有訓益者古通用俞亦作逾 愔 篆作懕 愕 篆作遻

愎 段氏曰即復之變體 ⑩ 愧 媿重文 愷 豈部 㥏 兮部甹重文 愮 篆作搖

慄 本祇作栗在卣部篆作㮚 愬 言部訴重文即今訴字 愫 祇作素 慂 篆作恿爲勇之

重文互詳慫下 ⑪ 慵 通作庸 慟 通作動又作慟 慱 篆作團亦作摶 慬 蓋僅之譌字

慷 篆作忼 慝 古通用匿 慥 古祇作造 慾 本祇作欲 憨 段氏曰即戇之變體愚案

疑即戇字 慳 篆作掔 慣 篆作遦亦作摜 慫 漢書衡山王傳日夜縱臾王謀反事師古曰縱臾謂奬

勸也雷氏浚曰案縱臾即慫慂即須臾之臾讀曰勇聲轉也慂作恿古文勇字 ⑫ 憬 本作懬 憩

篆作愒 憔 篆作醮或作顦 憍 篆作驕 憢 篆作嘵 憴 祇作黽 ⑬ 懇 通作

貇今字作懇 懌 通作釋亦作繹 憶 篆作意在言部古通作意 憾 古祇作感 懍 篆作懔

憑 篆作凭通作馮 憊 篆作㥶 憷 通作楚亡字當作齭 懊 古祇作惱案惱篆作㛴詳女部

⑭ 懘 通作滯 懥 懫字同篆作疐在至部 懛 篆作儓 懰 篆作劉在金部鐂之重文

懠 離騷段齋字爲之 ⑮ 懫 與懥同字篆作墊 懮 篆作憂憂愁之憂作恖 懪

篆作㬥 ⑯ 懵 篆作懜 懶 篆作嬾 懸 本祇作縣 ⑱ 𢥠 晉灼曰古悚字悚篆作愯

⑲ 戀 篆作孌 ⑳ 戄 篆作矍

戈部

② 戎 篆作戎 ③ 𢦐 我重文 戒 𠬞部 ⑤ 𢦒 勇重文 ⑦ 戚 戉部

⑧ 戟 篆作戟 ⑨ 戲 篆作戲部作戲 ⑩ 截 篆作截 戴 𢍰重文 ⑯

戳 篆作鐓

户部

③ 戺 匠部巸重文 ④ 戽 疑古祇作斗

手部 攤應移十八畫

② 扑 部首攴小擊也即今扑字又手部撲挨也亦可用 扒 又扒之俗字篆作杷 ③ 扢 廣雅扢與

槩同古字通篆亦可作扢 托 篆作侂通作託 扡 亦即拖字篆作扡 ④ 折 艸部𣂚篆文作折

𢪃 部首手重文 抑 印部𢑏重文 抛 即拋之俗字亦作摽 扯 篆當作摩 抔 篆作坏通作捊

抄 篆作鈔 批 篆作攄 抃 篆作拚 抆 篆作捪集韻㧙抆捪爲一字 扳 篆作攀𠬞部

扼 篆作搹抗 ⑤ 拜 手部𢪃重文篆作𢪊从兩手下 拗 疑夭矯之俗字 抗 㐬重文

抮 篆作紾 拒 篆作歫 拆 篆作坼 拍 篆作拍 拖 篆作拕 拄 篆作柱

拑 篆作拑 押 一切經音義與帘通簾押之押當作壓 抹 祇作末抹摋本作末殺雷浚曰其正字當作濊

減見水部濊篆下 ⑥ 拪 遷重文 拭 通作式正字當作飾 㧧 廣韻㧧作𨋕車反推車令有所付也讀若茸

挍篆作校亦通作較　拯篆作拯　拷祇作考　捸篆作姝　挖篆作空　拿篆作
挐　挎通作刳雷浚曰桍與挎音義並合　抴篆作抴亦可作曳曳在申部　⑦捌紐云即別之俗字
或作拔　撈字無之大篆可作撈詳概字解中俗或从撈米作　捍篆作斁通作扞　捂篆當作捂亦通作梧
捆篆作稛　捼篆作捼　挪祇作邪挪揄篆作歈　挪祇作那搓挪篆作挾莎　捖篆作推
挸篆作現　捐玉篇同捏亦通作擊　捃字亦作攈篆作攗　⑧掐通作陷又疑插之俗字又疑掐
之譌字　捻即敜之俗體　掠通作略或作擽又疑倞之別體　掣篆作摩　捥俗又作腕篆作腕
掛篆作挂　挽篆作輓　拼篆作拼通作拼　掫掫之譌字　掬玉篇掬同鞠又通作弆亦可作
剝作臼擢　掴同捆作捆　掞篆作剡　掟篆作鋌　掃篆作埽　採篆作采
掆篆作扛　⑨撥篆作發在𣥠部集均又作蹳　揃玉篇揃余忍切段云當是攽之或體　揉
篆作煣通作柔作鞣　揥篆作擿　揳即楔字之別體　揕篆作扰　揵篆作赶亦可作攑

搞篆作搞　拲韋部重文　揊通作屏　揀本祇作柬　揨篆作朾　⑩
揞通作晉或作薦　搆篆作構　搉篆作推　揩篆作揩亦可作拉　揩篆作揩　搶
篆作捨　搮篆作索　搬疑即鎩字抹搬祇作末殺及詳抹下　搴篆作擇玉篇搴下有重文摶字云出
說文即擇之誤　搓搓搓篆作挾莎　搥篆作捶　搋又撤之省文篆作撒　⑫摵即槭之俗字
摕即郗之俗字　摴即摴攄之俗字　摮摮之譌字　摠總之俗字　摣篆作叡通作担
摲篆當作芟古或段摲字為之　摻篆作涂　摝疑祇作鹿案儀禮大司馬三鼓摝鐸鄭
司農云摝讀如弄蓋聲轉可　㨾即樣字　摒篆作將　⑬撤篆作勶經典通借作徹
撰撰述之撰篆作譔撰具之撰篆作僎亦通作養　撊篆作通作瞯　撋字亦作挼篆作揗
撈篆作撩集韻以撈撩為一字　撕篆作斯　撍篆作寁　撠篆作戟　撒篆作糳
撙篆作劃通作僔亦作撙　撐篆作党止部　撟篆作拴　⑬擂字亦作擂篆作𠠾

撼篆作撼　擔篆作儋　擓篆作括　擁篆作擁　擎支部曰攲持也讀若琴即擎
字　撾俗亦作檛篆作箠　擉篆作籍　擞篆作歙歙本新附茲已移正　擗又當作嬔欠部歛下曰祇作辟
人相笑歛瘉即擻歛之正字　⑭擯儐重文　擻字又作擞又當作瘉歛互詳歛下篆作
擱祇作閣　擇篆作擇互詳搴下　擮篆作戟　擨字即厭　⑮擲篆作擿
擺篆作捭　擾手部曰擾煩也訓亂之字从之牛部曰㹛牛柔謹也訓順之字从之　擂俗又作擂
篆作䝝　擴篆作彍字作彍亦非　攄舒也雷浚曰手部攄舒也音同義近　擷襭文重
攀𠬜部首重文　攃篆作案說文無　搣廣韻又作祇作搣　⑯擧舉之譌字之篆
作舉在手部　⑰攖本祇作嬰　擳篆作叢即今䕷字在丵部　⑱攘篆作攘　⑲
攙即鑱字之俗體　攤疑儺之別體或作灘　攢通作篡亦作儹作攢作鑽　攡篆作摛
攦篆作靡古或字為之變作擵耳　攟俗又作捃篆作攈　㉒攪篆作擊

攴部文同

④攷攴部首攷重文　敊扶重文　⑥敚人部　⑦敹篆作敹出部　敱杏部重
文杏即今音字　敢𠬪部叡重文篆作敢　敹攴部首殺重文　⑧敳本部奏重文　散篆作
散肉部　⑨敭揚重文　敪徹重文　𢾅篆作殹　⑩𢾊殺重文　⑪毆驅重
文　𢾅篆作戲　⑫𢿙播重文　⑯斆教部　斀壞重文　𢿫篆作徽　⑰
𣀠篆作斅

文部

⑦斌篆作份作彬　⑧斑篆作辬斑白之斑作辬虎斑之斑作彪　⑨斒字又作璸作玢篆
作辬　⑩斖今又作亹徐氏曰易云定天下之亹亹當作娓鈕樹玉云即亹之俗字段玉裁云詩亹亹文王字當
作忞心部曰忞自勉強也

斗部

⑥ 斟 斡之變體

斤部

① 斥 篆作㡿广部
⑥ 𣂚 艸部即折之正文
釿 字又作劉篆作鎦
⑩ 斳 斯重文

方部

③ 㫄 丄部旁重文
㫃 部首㫃重文
④ 於 部首烏重文
⑤ 旁 上部旁重文
斿 篆作游㫃部玉篇游或作斿
旑 詳禾部移下或通作阿
⑥ 旁 篆作旁上部
㫂 詳禾部移篆下或通作那
⑦ 旉 篆作尊寸部
旍 即旌字
旎 篆當作施㫃部日
旖旑施也旖施即旖旎說詳旑下
⑨ 旄 部首烏重文
旒 篆作㳅旌旗之旒作流
旓 古通作梢
⑯ 旝 旝之譌字

无部

无 匕部旡重文旡即今無字
① 旡 部首旡重文

日部

① 旯 涿重文
③ 𣅀 期重文
昝 冬重文
④ 昈 通作扈
昉 通作放
昂 通作卬
昇 通作升
旺 篆作暀玉篇旺暀同
昊 篆作昦在夰部
㫝 風重文
⑤ 映 鈕云疑古作盎通作泱
昶 通作暘
昳 通作跌
春 篆作萅在艸部
昝 篆作朁
星 晶部曐重文
眘 慎重文
⑥ 𣆜 弄部晉重文
畾 部首畾重文
晅 篆作煖寒煖之煖作燠
晌 篆作曏鄉
晒 篆作曬
晁 篆作鼂
晉 篆作晉
晊 俗又作脛篆祇作至見首部
⑦ 晟 字亦作晠篆作盛
晨 晶部曟晨重文星辰字本如此早晨之晨篆作晨
晡 篆作餔
⑧ 晙 通作浚
晬 鈕云或作粹又疑卒之俗字
督 督之俗字

晰 即晢字
暌 睽之俗字
暜 篆作普作普作替在竝部
晴 字亦作睲篆作姓
⑨ 暉 篆作煇
暒 詳晴下
⑩ 暝 祇作冥
暠 篆作皜
⑪ 暮 本祇作莫在茻部
魯 白部
暴 暴虐之暴篆作㬥在本部日部曰暴晞也即今曝字
⑫ 曇 鈕云即黕之俗字
曈 疑即童之俗字
㬮 篆作晛
曄 篆作曅
曆 通作歷
⑬ 曖 篆作愛在夊部
⑭ 曜 篆作燿
曛 曛黃昏時楚辭纁黃王逸注一作曛則篆可作纁
⑮ 曝 篆作暴在日部
⑯ 曣 篆文作㬫
⑰ 曦 篆作晞
曨 新附曈曨疑即童龍之俗字
⑳ 曭 祇作黨

曰部

曷可移日部
④ 叶 劦部協重文
⑥ 𣌝 字亦作𣍌篆作吁
⑦ 曹 篆作𣍘
𣍆 篆作𢏺在弟部
⑧ 𣌭 篆作曑在希部
⑨ 𣍌 詳𣌝下

月部

④ 朋 篆作鵬在鳥部爲鳳之古文
⑧ 霸 月部霸重文
朝 篆作翰在倝部
朞 即期之變體期年之期篆作稘
⑭ 朦 通作蒙
⑰ 朧 朦朧通作蒙蘢

木部

① 朩 林重文篆作朩
② 朹 簋重文
朽 歾重文
朼 匕之俗字
朳 俗又作扒篆作杷
③ 床 俗又作牀篆作𤖯
村 篆作邨
柰 泰之俗字今通行作渿
杀 亦泰之俗字張參曰杀古殺字
杆 干之俗字或通用竿
杉 說文本作煔見炎部大徐增樹字
杌 檮杌之杌篆作柮杌隉之杌篆作阢
④ 杼 網重文
杸 殳部
杯 篆作桮
板 篆作版
杭 手部抗之重文
𣎴 困重文
柒 詳桼下
杬 篆作芫
枘 篆作內
罙 篆作突見穴部隸又變作罙
柅 篆作軶
杺 祇作心
⑤ 柝 篆作㯻擊柝之正字作欜
柣 即楯字
柂 篆作杝
柩 匚部匛重文
查 俗又作楂篆作樝
枲 篆作枲在朮部
柑 即鉗之異體柑橘之柑祇作甘

柟俗又作楠篆作枏 柛槇之別體 枻枻之隸變 柁俗又作舵篆作柂 架與枷異字祇作加
㊅梂即梂之譌字 栗篆作㮚作㮚在卤部 栖篆作棲爲部首西之或文棲遲之棲字或作𢈴
栲篆作㭴 県字亦作㡾篆作限 桁篆作笐通作衡 栻祇作式 枸字又作蒟篆作筍
亦通作椅 栖俗又作栖篆作格 桅各本有桅篆乃桅之誤今正桅疑當作危 ㊆桊手部拳重文
栱即上桊字 桜篆可作押五詳手部押下 桾祇作君 梛篆作枒通作邪 桅篆作桅
楇篆作𣚂亦通作輂 ㊇梲轂重文 集雥部雧重文 棹字或作櫂櫂乃新坿篆當作櫂
棲部首西重文 椇枳椇二字連文篆作積椒段借作枸作句 棬篆作桊杯棬之正字作棬圈 棻篆作
㮄 棸篆文作椒 椈篆作鞠 榍篆作枅 棕篆作椶 棪詳栖下 棒篆作
棓 椀俗又作碗篆作盌亦作盌 棇篆作楣 棶祇作來 㮕字又作櫘篆作特 ㊈
椸通作杝 㯌乙部直重文 棄篆作棄苹部 楠篆作枏 椹篆作葚亦通作甚

榔古文櫛字 楦篆作楥 椔篆作甾重文作甾 椿篆作杶亦可作櫄 楩祇作便
椅篆作椅 楂詳植下 楞篆作棱 楔今又作樏篆作柄 㮛字亦作鍉篆作匙
㊉榭通作謝亦作䠊 槔通作皋 槊即梢之俗字通作箾 榻疑闒之別體又通作冡
榕篆作寀即松之重文 榿篆作机机案之正字作几 榥俗又作幌篆作櫎 榎篆作檟玉篇榎
同槓 榛篆作榛 榔篆作根 寨篆作塞見土部 樆本作離 榩祇作虔 榤
本祇作桒 ⑪椿即春之俗字今俗語云木椿當作株字 榪篤重文 樕篆當作遬見辵部爲速之
籀文 槾鏝重文 槿篆作堇 檄疑可作敫或云檄攬作格覽 榔篆作桹 樏篆作樏
檆祇作郄 槲祇作斛 樟祇作章 槻祇作規 𣟦字又作藥篆作蔣 櫰詳栘
篆下 ⑫橐橐部 樺篆作檴作樺 檿篆作檿 樽篆作尊作尊在酋部
楛篆作枯通作苦 橧篆作橧 檍詳杼下 橅篆作模 橡古祇一樣字或通作象

檥 㮚篆作卤 榼篆當作醢 樘俗又作撐篆作樘樘距篆作堂歫 檝篆作楫
樾祇作越 櫑祇作畾 橯祇作勞 檎祇作禽 榱詳移篆下 ⑬橐櫜部
櫝䵅重文 檖篆作檖 檣篆作牆 檡篆當作澤 檍篆作檍 桫
篆作棧 檕即檄字 樺篆作華亦通作暴 ⑭櫂通作櫂又作濯 櫃篆作匱
欂篆作欂 檗疑即檗之隸變 檳檳榔篆作賓根又疑檳之變體 ⑮櫍通作質
櫜橐部櫜 櫜字又作韛篆作排 櫐釋木諸慮山櫐字當作蘽案木部有櫑篆與此異 櫞祇作
緣 櫏祇作遷 ⑯櫫篆作箸亦通作豬 欅篆作柜 櫨篆作盧 ⑰櫻
通作嬰作鸚 欄祇作闌 欀篆作闌 欗篆作欗 檃篆作檃 櫱詳前櫱下
⑱欇即聶字 ⑲欃篆作鑱 欐篆作欐 ㉑欖篆作覽亙詳橄下 ㉔
𣡌卤部㮚重文㮚即栗字

欠部

㊅欶瘷重文 ㊆𣢒敂重文 ㊇歘篆作欻 ㊈歅通作湮 ㊉歗篆作㰥
⑫歊篆作歊古作瘷 ⑬歗嘯重文 ⑮歠㱃部 𣤊篆作嚘

止部

㊁𣥠正重文 ㊃𣥂㫃部旅重文 𣥤近重文 𣦬遷重文 ㊅𣦂跟重文
㊈歲步部

歹部

㊃殀篆作夭 ㊄𣦸篆作魅 ㊅殉篆作徇 殈篆作殈 殔篆作肆 ㊆
殍篆作莩亦段借字其正字當作受 ㊈⿰歹彖篆作喙 ⿰歹良此餐之譌字饔飧之飧从夕篆文作飧
㊉殞篆作隕 ⑪殢篆作懘 ⑬殭篆作僵

殳部

(六)般 皀部 (七)殸 磬重文 𣪊 受部𠭖重文即今習用敢字 (八)𣪠 篆作𣪏 (十)

毀 土部毀重文 (十三)𣫂 篆作毃

毋部

(四)毒 屮部

毛部

(四)耄 篆作薹老部 毞 篆作紕 (六)毦 鈕云疑古作珥又疑䭜之譌文 𣯛 篆作毦 (七)

毬 疑當作梂通作莍梂字古通用鞠 毫 豪之俗字篆作豪作豪在希部 毻 字亦作毻

篆作髦 (八)毯 大徐以𦆶字當之亦可作緂 毽 字又作䭈篆作䩞 (九)毼 士喪禮毼豆四鄭

主毼白也雷浚曰明堂位楬豆似本此則篆可作楬 毹 下詳氍 𣰆 字又作𣯴篆作髶 (十)氂 犛部

氍 鈕氏曰氍毹即闟登之俗字又通作罽 (十二)𣰏 雷浚曰疑當作彡 𣰓 篆文作𣰓 (十二)𣰦

鈕曰未詳疑可作㲣 毲 下詳氍 𣰅 篆作韠又𦫸部㲚或从衣作𧞤引書鳥獸褎毛爲叚借字

(十五)𣰽 髟部鬣重文或又作獵 (十六)氎 鈕云氎毲即褻溲之俗字

气部

(六)氤 壺部曰壹壺也引易天地壹壺爲氤氳之正字今周易作絪緼他書作烟熅氤氳皆俗用字也

(十)氳 下詳氤

水部

(三)汥 坻重文 沇 即沔之別體或作瀗作瀗 汖 篆作𣱦 汐 祇作夕 (四)汸 舟部

方重文 汆 部首歠重文 沃 篆作洪 沌 混沌也說文有混無沌混沌當作渾淪或作渾敦 汰

篆作汏 泚 篆作洪 (五)洍 重文 書部洍 泝 篆作𣴠 法 重文 廌部灋 泉 首部

說文易檢　卷末上

泯 通作涽或作惛 泊 篆作洦 泊作㵒怕 (六)洲 本祇作州 津 篆作𣶒 洺

此新附字鈕云未詳案漢碑詺字每作詺形疑即洺之譌字又疑古祇作名

可作濮 洊 字亦作𣵀 篆作𣺬 (七)流 林部𣸈重文 涉 林部𣸈重文 浹 通作挾

汧 祇作汧 𣵽 作𣵽𣷨部俗字作𡰥已列尸部 潚 字又作𣶷篆作汝在攴部爲攸之重文 浡 作篆

勃 泹 篆作浸 浸 篆作濅 涊 篆作汈 涎 篆作㳄見部首或文作㵪 涖 俗又作莅

篆作𣵜 (八)淼 疑𣶭之俗字 港 通作巷在𨛜部爲𨞩之重文 涯 通作厓 添

沿 篆作洮 淘 篆作淛 𣵧 篆作湛 淴 作澒 淢 今字作𣺚 滸 篆作𣸢 淶 此亦唐人

疑諱字 洴 說文無洴澼二字玉篇云澈漂澈也段氏曰漂澈即洴澼 淀 疑即澱字亦通作定

篆作漂 淚 俗字 淝 玉篇云本作肥 淞 祇可作松 涴 篆作汙 (九)游 㫃部

溹 重文木部𣓉 溪 疑洹之別體 渦 篆作濄 渧 篆作滴 溢 祇可作益 渟

祇作亭 溅 篆作淺 湧 篆作涌 湢 集均類篇潤淘二同 溗 篆作𣶃 通作暦 溴 作篆

昊 湢 偪之變體說文亦無偪字祇作畐 渣 手部揸下曰取水沮也沮即渣字 清 禮少儀凡羞有清者

不以齊 段云即湆之或體雷浚曰汁之段借字 淄 篆作甾在艸部爲𦰌之重文 湃 篆作澎 渺 祇作眇

渤 篆作浡 通作郣 渢 玉篇渢汎同 (十)溦 通作敫 滁 通作涂 溘 疑古作盍

黎 黍部 潳 坻重文 溪 篆作谿 溯 篆作𣵠 作𨑓 溦 詳後滾下 滾 篆作混

源 篆作厡在灥部爲厵之重文 滸 詳前汻下 滙 篆作匯在匚部 漭 祇作莽 滴

又灕之變體篆祇作離淋漓淳滴滴滴等字當作醨 (十一)漁 在𩺰部爲瀺之重文 漙 通作團亦可作專

汻 篆作淲 漩 篆作𣶒 漘 篆作澊 通作呼 漯 篆作濕漯水乃濕水之誤 漈 詳前溦下 滸 作篆

𣷭 篆作淲 漩 篆作旋 澠 篆當作繩漢書通借作黽 澔 作浩浩汙祇作晧旰 漲 祇作張 漫 祇作曼

漪 古祇作猗 漶 祇作患 滭 祇作畢 滬 疑祇作扈 (十二)潺 疑古作孱亦通作僝

潔通作絜 濮鈕云即㴱之別體按㴱者潩之譌字各本誤今正 潮篆作淖 潪篆作澌
澎篆作滂亦通作彭 澄篆作澂 渫篆作涑 澀 澁篆作歰从四止在止部亦通作澀
潟篆作舄在烏部 潬俞樾曰即灘字或作灘 (十三) 澼詳洴下 瀿篆作蘩 澣篆作
瀚作浣 澦篆作預預在新坿通作豫 濾祇作慮 澺篆作濇 (十四) 濱篆作顭漢
書作瀕移水于有 濠篆作豪在希部為豪之重文 潩濕之譌字 濬谷部睿重文 濝篆作
淇 濶篆作闊在門部 濙 瀯篆作滎 (十五) 瀕篆作顭見部首今字省水作頻 濺
篆作濽又通作湔 濊篆作濊又作灁作減 瀉本祇作寫 瀍祇作廛 (十六) 瀊
澂通作 瀘通作盧 瀦通作豬亦作都 瀯祇作縈疑可通借作滎 瀚祇作翰 瀡
內則滫瀡以滑之史記三王世家蘭根與白芷漸之滫中索隱
引內則作滫瀡而下文釋滫之以為䤈鄭注釋讀與滫瀡
之滫同蓋釋滫即滫瀡記者之異說文有滫無瀡則當據
索隱作滫溲有溲無釋則釋溲亦當作滫溲也

(十七) 瀼古作穰 瀟即瀟之別體 瀛疑古作瀛 瀨篆作瀨 瀰篆作濔
瀗字又作瀫篆作瀗 (十八) 灘字又作灘篆祇作灘 灃祇作豐 (廿一) 灦此新坿字
今字作瀰篆作濔 灞祇作霸 (廿二) 㶖鱻部 灣祇作彎 (廿三) 灤篆作欒集均以
灤欒為一字

火部

(三) 炗篆作美 (四) 炒篆作鬻在鬲部 俗語炒鬧字作訬 炔字見女部妜下篆當作焆 (五) 炬篆作
苣 炷篆作主寳主之主篆作炷 炤篆作昭 炧篆作灺 炰即炮亦作咆互詳烋下 (六)
烋詩炰烋于中國箋說文炰作炮無烋字口部曰咆豕嗥也哮豕驚聲也咆哮即炰烋之正字 烙通作格
烸篆作鬻 炰 烌皆炰之別體篆作炮 (七) 㷋黃重文 烽篆作熢 焄祭義
君蒿悽愴篆當作薰 亯篆作亯見部首重文作𦎫亦可作蓋亭按亯者為亨享烹三字之本字後人分別之耳

(八) 無篆作橆在亡部 焙篆作𤐣 焰篆作爓 熑 㷣亦作熅篆作鬻 焮徐鍇繫傳
曰昕猶焮也可段昕字為之亦通作焮 (九) 煥通作奐 煅篆作鍛 煑鬲部鬻重文 𤍒
篆作爇 煏篆作𤊿 煠篆作鬻 煤篆作煣今人燃火之煤本名石炭其字可作墨
(十) 熏篆作熏在中部 煸通作偏亦作扁 寨篆作䔍 燜閔之俗字爓爍之爓當作部首
字亂 熵篆作鬻 (十一) 熟本祇作孰 熨即尉之俗字篆作㷉在火部
熚篆作熚通借作熚 熯篆作爽通作爽 熳祇作曼 (十二) 燧𨸏部䦢重文
燐篆作粦在炎部 燈篆作鐙 燃本祇作然 燷鷹重文 燜篆作㷀通作悶
熸疑當作䥂曰疑借字之誤 燉篆作焞煌祇作敦地名燉 (十三) 㸑部首爨重文
燧篆作㷭在闕部為闕之重文玉篇燧似醉切亦作燧闕同案燧即燧闕即闕燧說文
作鑯在金部 燻篆作穮作穮 燫篆作熑 燬即焜之別體火部此篆可芟 爊篆作鏖

(十四) 燼篆作𤇾 爛篆作爤 (十五) 爍篆作鑠通作燿爍之爍當作爚 霰 (十六) 爐篆作鑪 (十七)
(十六) 爞通作蟲

爪部

(四) 爬篆作把通作杷叉部㕛重文 爭叉部 (五) 爯冓部 (六) 爰篆作㸑叉部 (八) 爲叉部
(十) 爵叉部爵重文 (十二) 𤔲言部𤔲重文 𤔩部首系重文 (十四) 爵篆作爵在
鬯部 𥂝觴重文

父部

父又部 (八) 釜篆作釡在鬲部為鬴之重文

爿部

(八) 牀木部牀重文 牆酉部牆重文 (十八) 牆嗇部牆重文 (廿四) 牆牆重文

片部

(四)牉 篆作判

(八)牋 篆作箋

牌 疑可作排

(十)牓 篆作榜

(十二)⿰片業 篆作業

牛部

(五)牰 爾雅釋嘼皆牰陸釋文曰牰本或作褏褎衣部褎下有或文作袖蓋古本爾雅作褎俗本改作袖淺人吕其牛屬復改从牛旁耳

牸 祇作字

(八)犆 即特字古段作直

(九)犍 通作揵

犑 疑祇作具

(十)犒 本篆作槁

(十二)犝 通作童

(十一)⿰牛庸 篆作⿰牛庸

(十五)犦 篆作𤜁詳後夊部𤜁下

(十六)犩 本祇作魏魏篆作巍見嵬部

犬部 猴當作猴移九畫

(三)犴 豻重文

(四)狂 春秋哀公十四年莒子狂卒阮氏校勘記曰石經作狂

犺 祇作亢

⿰犭夬 篆作犻

(五)狘 疑古作越

狒 篆作[illegible]古文作[illegible]

⿰犭由 字又作蠝作鼺作鼺篆作鸓

狖 篆作蜼

狁 篆作[illegible]

狌 即猩字

(七)狷 即獧之別體

狺 篆作折亦可作犾

狸 篆作貍

狴 篆作陛非部

狽 古祇作貝狼狽之狽或以足部跟字當之

狹 篆作陜與从二入之陝字異

⿰犭足 字又作猎篆作猲

(八)猎 詳上⿰犭足下

猖 祇作昌猖狂篆作倀狂

猊 篆作麑

猘 篆作狾

猒 篆作猒甘部

猪 篆作豬

(九)猰 篆作猰猰本新坿茲已移正通作窫

⿰犭軍 或作韗

猬 篆作蝟在希部彙之重文

臭 篆作臭部首

猱 篆作夒玉篇猱夒同

獀 俗又作獀篆作蝬

猣 篆作豵

猢 祇作胡胡鼠名獑猢猢篆作斬

獳 篆作獳

猫 篆作貓貓在新坿當作苗

猷 即猶字

(十)獆 嗥重文

猾 篆作滑

猴 祇作侯

獅 祇作師

猿 又猨之俗字篆作蝯

(十二)獑 字又作⿰鼠斬篆作斬

獐 篆作麞

獍 古通作鏡

⿰犭留 篆作⿰鼠留

獝 篆作趫通作矞

(十三)⿰犭喿 字又作魈篆當作繰

獬 祇作解

⿰犭歇 篆作猲

獥 又⿰犭歇之譌字篆作猲

(十四)獮 篆作𤢻

獯 祇作熏

(十五)⿰犭畾 字又作蠝作鼺篆作鸓

獿 篆作獿今之用獿曰彌猴者其字當作夒

(十七)玃 篆作蠼

獼 獼猴篆作镾矦镾見長部

(十九)玁 篆作獫

玄部

(四)玅 弦部

(九)⿰玄曷 弦部

玉部

(二)玏 篆作塾今字亦作⿰王勒

(三)玘 疑玖之別體

(四)⿰王毋 毒重文

玢 字又作⿰王扁作瑞篆作辯

玞 祇作夫互詳珷下

(五)珈 或作哿

玳 玳瑁祇作毒冒或作瑇瑁瑇帽皆非

玻 玻瓈篆作頗黎一切經音義作頗棃

珀 琥珀說文有琥無珀琥亦非其義當作虎魄

玷 篆作刮亦可作玷

(六)珪 土部圭重文

玥 疑瑀之別體

珮 篆作佩

珓 篆作卬亦可作交

珤 廣韻曰古文寶字

(七)珙 通作共亦作拱作玒

琇 篆作璓

珵 篆本作珽

琈 篆作浮

琄 篆作鞙

珷 祇作武武夫或作珷玞碔砆皆俗

琉 俗亦作瑠篆作珋亦通作流

(八)琲 此新坿字鈕云未詳按廣韻亦作非

琡 通作璹

琖 或作湔

琘 俗又作碈篆作珉

琯 管重文

瑇 祇作毒互詳玳下

琪 篆作璂

(九)瑄 通作宣亦作珣

瑚 篆作瑚

瑊 篆作玪

瑋 篆作偉

瑌 俗又作瓀篆作碝

⿰王扁 詳玢下

(十)瑴 部首玨重文

璃 瑠璃篆作流黎

(十一)璀 璀璨通作翠粲或作萃粲

璇 篆作琁璿之重文

璉 篆作槤

⿰王勒 即塾俗字作玏

(十二)璠 篆作琊

璞 篆作僕石部磺下曰銅鐵樸也可證

(十三)璨 通作粲互詳璀下

璩 通作鐻或作渠鐻在虍部爲虡之重文

璫 通作當又用爲琅璫篆當作鋃鐺

璲 祇作遂

⿰王毀 玉篇曰⿰王毀古文瑛字

(十四)璽 土部壐重文

瓀 詳上瑌下

(十五)瓄 篆作賣在貝部

瓈 祇作黎互詳玻下

瓊 篆作瓊

璺 即釁之變體

(十六)瓌 傀重文

(十七)瓔 篆作賏

瓜部

（三）瓝 篆作瓝按隋書瓝稍今之金瓜椎也宋人字作犦稍遂為牛形因字譌而附會有如此者 （十一）瓢 瓠部

（十七）瓤 篆作纕 （廿一）瓥 篆祇作蠡

瓦部

（五）𤭛 𤭛重文 （六）瓷 疑垐之俗字 瓶 缾重文 （七）甇 篆作甇見部首 瓻 通作鴟鴟 瓴 瓴之譌字 甈 篆作甈 （十一）甗 斤部斲重文 甎 俗又作塼篆作專 甋 釋宮瓴甋謂之甓說文作令適 （十二）甒 廡篆作 𤮚 部首鬲重文 甏 篆作甏 （十三）甕 篆作瓮又缶部曰罋汲缾也與瓮各物 （二十）䨩 䨩篆作

甘部

（四）𤯍 口部昏重文 （十五）𤯌 晨部䢅重文

生部

（七）甡 篆作㹜 （九）曐 晶部曐重文

田部

（三）甽 田 部首く重文 畎 部首く重文 毗 字亦作毘篆作毗在囟部 （四）甾 甾重文 畏 由部 畗 邦重文 畀 緦重文 畎 （五）畚 篆作畚在甾部 （六）畡 篆作垓 （七）畢 篆作畢華部 （八）畫 部首畫重文 （九）畽 疃之變體 暖 疃篆作 （十）畬 部首 （十四）疇 𠷎重文 𤳉 字又作壖作堧篆作㽉

疋部

（八）㚇 夏重文 （九）疐 叀部 疑 子部

疒部

疿 字亦作瘵篆當作稌

𤷫 又瘵之異體經典通作稌

（三）疚 篆作㝌 疣 篆作疣 （四）疣 肬重文 （五）疹 胗重文 疥 篆作疾

疼 篆作痋 疧 說文祇有疷 （六）𤶖 膝重文 痢 廣韻十三祭痢同癘 痊 古祇作全

（七）痗 篆作痗 痙 祇作里 （八）痻 疑可作痻鄭箋痻病也大雅多我覯痻段本有痻字

多毛傳閔病也則閔即痻字 痯 篆作痯 瘁 篆作顇亦可作悴作萃 痼 篆作𤵸按本有痼

無痞容是失校祇作省 瘀 篆作瘀 痰 篆作淡 痾 篆作疴 瘂 篆作啞 （九）瘄

瘈 篆作瘛 瘇 篆作腫 瘝 通作瘝 瘃 篆作瘃 瘋 本祇作風

瘐 篆作瘉中字當作㾓 痩 史作瘦死 （十）瘟 篆作瘟之瘟作瘟頭瘟 瘡 刃部刅重文

瘠 篆作膌 瘙 字亦作瘙篆作搔 瘨 又顛之俗字篆作顛 （十一）瘺 癘重文 瘴

古通用障 瘯 篆作蔟通作族 瘰 篆作瘰 （十三）癖 古段僻字為之 癉 篆作痺

癙 祇作鼠 癗 詳上癗下 （十四）癠 玉藻親癠色容不盛鄭注癠病也莊公二十年公羊傳大災

者何大瘠也何休注瘠病也披釋文曰瘠本或作癠據此則癠即瘠字瘠篆作膌 癢 篆作瘍

（十五）癢 古祇作養亦段作痒 癢之癢當作蛘 （十六）㿄 瘦篆作 （十九）癲 俗又作瘨篆作顛 癧 祇作歷

（廿二）𤺋 秋之俗字說詳禾部秋篆下 （廿五）𤻲 篆作攣

癶部

（四）癸 部首癸重文

白部

（二）皁 篆作草草木之草本作艸 （三）皋 夰部 的 篆作的見日部 的皪 篆作玓瓅 皖 漢書地理志廬江郡皖其字从

（四）皈 篆作歸 （七）皓 篆作皓亦通作皠 皓首作顥 皜 篆作皓白色之皜當

目作睆其正字當作垸 （十）皞 篆从日作皞 皜 篆作翯亦通作皠 （十二）

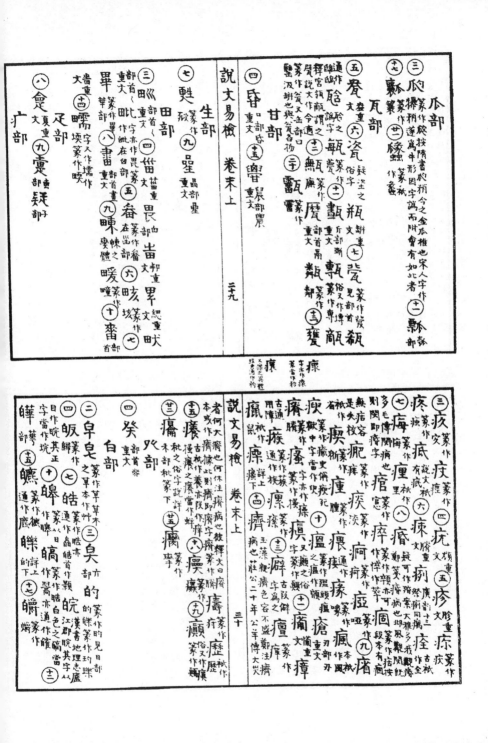

皣 𠌶部 （十五）皫 篆作皫通作麃 皪 詳上的下 （十七）皭 篆作爝

皮部

(七)皴鈕云疑皸之俗字(八)皵鄭司農云爾雅皵字當亦作錯或省借作昔皷部首

敱之俗字(九)皸鈕云疑皸之別體或作皹皸(十)䍫羆重文皺篆作縐(十三)

皾篆作韇

皿部

(四)盃又杯之俗字篆作桮(五)盔疑盤之俗字盍篆作盇在血部(六)盒篆作

盦(八)㿽菧重文盟盟重文在囧部盞篆作醆通作湔亦可作戔方言曰盞桮也亦可

作醆盝字又作盪篆作漉(九)監臥部(十)盧鱸重文盤槃重文(十一)

盟囧部盟重文盪俗又作盪篆作滌(十三)盬鹽部(十五)𥃩福重文

目部

(四)𥄉通作眏(五)眂眅皆視重文在見部眏玉篇眏同瞚眠篆作瞑(六)

眭或作睢眹疑瞵之俗字有用眹為眹兆字者篆當作𥉊眸通作牟䀨篆作睇眶

祇作匡(七)𥌩疾重文睆刀部刓重文(八)睚通作厓睛篆作精睟疑粹

之別體瞖篆作瞖睠篆作眷睫玉篇睫同眏俗作睫尤非睥睥睨篆作俾倪或作俾睨

睨亦段借字(九)睿奴部叡重文𥉂亦眏字(十二)瞠瞟之變體瞖篆作翳

瞉篆作脊瞰篆作睒瞯篆作瞷瞜祇作婁瞬祇作舜(十二)瞭

篆作憭瞪索隱曰眙與瞪同瞵篆作瞚瞳祇作童(十三)瞼疑眏之俗體

曒篆作曒(十五)䁻篆作戴(十六)矑篆作黸通作盧(十九)矙篆作闞矖篆作

覼𥌀篆作覹(二十)矍篆作矆

矛部

(四)矜篆本作矜(五)𥎦字亦作鍦篆當作鉈(七)矟通俗文矟重文作槊說文亦無槊

字篆當作矟(十二)矡玉篇矡同矜(十九)𥏈字又作鑅篆作䂏(廿九)矡同稍

矢部

(四)矤篆作矧(五)矩篆作榘在工部為巨之重文(八)䂏段氏云當作鴔(八)䂗

疾重文矮即雉之俗字疑亦可作蜱(九)𥏤白部𥏤重文(十五)矲祇作罷亦可作婢

石部

矻篆作仡(四)砌通作切砂古祇作沙砉篆作畫作劃砆祇作夫玉詳碔

下(三)砍篆作坎亦作埳(五)砥底重文砧字又作碪作甚或作枯砠篆作岨砰篆當

作填(六)硋篆作礙硈玉篇同矻篆當作仡硎集韻與阬坑同字按說文有阬無坑硎谷之云

字當作㮊(七)硜磬重文硬篆作梗碔碔砆篆作武夫俗又作珷玞亦非(八)碌通作錄

碏通作踖碈字又作瑉篆作珉碆篆作磻硾即錘之俗字亦作縋碗俗又作椀

篆作盌通作磐硍周禮典同高聲硍陳壽祺曰說文硻从石取者口莖切即高聲硍之硍(九)碁詳上砧下

硍硍磆作銀鏗篆作鏗(十)磋篆作瑳。按瑳亦段借字其正字當作𩱍磌公羊傳聞其磌然孟子作填然

鼓之疑即此字又可作闐(十)磐篆作盤亦作般磅篆作磅亦作磅疑亦可作滂磄篆

作鎕通作唐碾篆作輾磁磁石當作慈石器之磁當作瓷確篆作䃁又通作塙又门部引易夫乾

確然(十一)磝釋山多小石磝陸釋文曰磝字或作磽磽亦段借字正字當作墽磨篆作䃺

礐(十二)磢篆作㼒磥篆作磊亦作壘磯通作幾之俗字(十四)礎疑舄之俗字

磴篆作隥磷篆作粼碼祇作馬(十三)礒篆作礒通作圻又疑磏之俗字

礝字又作碝篆作碝磁又磁之俗字篆作慈礛厂部厱即礛諸字治玉石下曰厱諸俗作礛(十四)礪通作厲

礚篆作磕(十五)礦篆作磺礌詳上硍下(十六)礷詳上礛下礰篆作磿(十七)

礴 篆作薄磅礴亦作旁魄 （十九）巉 字又作嶄篆作嶃

示部

（二）礽 篆作礽 （三）奈 篆作柰 （四）祆 即天之俗字 （五）祚 通作胙 祛 篆从衣作袪 袖 玉篇曰禰之古文 （六）祧 字又作𥜥通作濯按肉部曰朓祭也博雅祧亦訓祭則字又可作朓 票 篆作㶾在火部 （七）禃 禮重文 禒 禋重文 祝 廣雅祝同餽

（八）禀 篆作稟在㐭部 （九）禊 錢氏坫曰絜即禊字亦可作類按說文凡讀若字皆可同音通用也蘭亭敘作稧尤俗 禕 篆从衣作褘 （十）禚 祥之譌字 （十一）褸 篆作膢 禪 篇韵皆有禪字篆當作譯 （十二）禫 古作導或作道按說文凡三引讀若三年導服之導則本無禫篆可知也各本于部末出禫字爲後人所增無疑今故芟去 𥜽 醮重文 禨 通作嘰禨祥之正字作魕 （十三）禬 篆作詛 （十四）禰 通作昵又作𦤺錢大昕云考於七廟爲最近故偁爾後人加示旁 𥜥 詳上祧下 𥜻

齋之隸變 （十七）禴 篆作礿 禋 篆作禋

禸部

（五）禺 篆作禺由部

禾部

（三）秉 又部 （四）𥝢 利重文 秠 篆作秠 种 人姓後漢書本傳爲仲山甫之後則种即仲字 秖 篆作衹在糸部爲緹之重文 （五）秬 鬯部𪏰重文 秣 篆作䬴 秘 篆作祕 秤 稱之俗字 （六）秅 篆作庛在广部 秸 篆作稭 （七）稂 蓈重文 稊 篆作荑 （八）稕 疑稛之別體通作純 稚 篆作稺 （九）稩 篆作稩 稧 詳前示部禊下 （十） 稛 俗又作梱篆作稛 （十一）穈 穤 篆作蔓 （十二）稽 穃 稽部 穛 字又作穱篆作穛 （十三）穢 篆作薉 穠 篆作襛 （十四）穩 通作隱 （十七）穱 同穛篆作穛

穴部

（五）窋 岫重文 窄 篆作笮通作迮 窫 詳容下 （六）容 篆作窅容窫即俗用之凸凹字篆作窅肰 窑 篆作窯 （七）穽 阱重文 窌 篆作窌 （八）窟 篆作堀 （十一）窶 篆作寠 窳 衹作窳 （十二）窿 衹作隆 （十三）窾 衹作款 （十六）竅 竅重文 （十八）竊 篆作竊在米部

立部

（四）竑 篆作紘通作宏 （五）竚 俗又作伫篆作宁見部首竚立竚望等字當作貯 （八）竪 篆作豎 （九）頭 頭之俗字 啇 商重文 （十六）𧶠 商重文

說文易檢卷末上

說文易檢卷末下部目

六畫

竹部 米部
糸部 缶部
网部 冈同 羊部
羽部 耒部
耳部 聿部
肉部 臣部
自部 至部
舌部 舛部

舟部 艮部
色部 艸部
虍部 从虎之字附 虫部 从䖵之字附後
血部 行部
衣部

七畫

見部 角部
言部 谷部
豆部 豕部
豸部 貝部

赤部 走部
足部 身部
車部 辛部
辰部 辵部
邑部 酉部
里部

八畫

金部 長部
門部 阜部
隶部 隹部

雨部

九畫

面部 革部
韋部 音部
頁部 風部
食部 首部
香部

十畫

馬部 骨部
髟部 鬥部

鬲部　鬼部

十一畫

魚部　鳥部

鹵部　鹿部

麥部　麻部

十二畫

黃部　黍部

黑部　黹部

黽部

十三畫

鼎部　鼓部

鼠部

十四畫

鼻部

十五畫

齒部

十七畫

龍部　龠部

凡無部可屬之字以字畫都數坿骿于後

說文易檢卷末下部目

說文易檢卷末下

竹部

㊂ 篪 即篪字在龠部爲䶵之重文 ㊃ 笏 篆作㫚亦作忽回今字作曶 笆 篆作杷

笈 篆作极亦通作扱 笋 篆作筍 ㊄ 笶 部首凵重文 筊 部首皮重文今字作筊 第

篆作第各本無此今依段説增入 笄 陳氏壽祺曰笄可通用簪而未詳其所據 笴 考工記妢胡之笴杜子春

曰妢書或爲邠邠胡地名也笴讀爲槀謂箭槀說文有邠字無妢字有槀字無笴字 笏 部筋 笳 篆作葭

笤 篆作卲 笻 古祇作卬 ㊅ 筐 匚部匡重文 筎 篆作茹 筄 疑古作兆兆在

卜部爲卝之重文 筏 篆作橃 笛 俗又作䈞篆作曲 筌 篆作荃 筈 篆作栝 答

古書多作荅按說文亼部曰合合口也合口者荅口也爾雅釋詁合對也郭注相當對合口之合正如此解是作荅亦

段借字正字似即合字此古字之僅存者至分合之合其字當作㓡說文㓡市也玉篇㓡亦作合 ㊆ 筋

筋部著 𥫢 畗部良重文 𥳜 逢蠭重文 筠 通作筍 筲 篆作箾亦通作箱 筯 篆作箸 筴 篆作莢 ㊇ 箅 典重文 箈 篆作菭通作蒠 箔 篆作薄 箌 篆作菿

箜 祇作空 ㊈ 𥳒 蠡重文 𥷚 褭重文 篋 匧重文 箕 篆作筫亦通作櫁

筽 篆作數 箷 篆當作袘 篌 祇作侯 箋 祇作妥互詳篇下 ㊉ 箎 龠部䶵之

重文 䉐 人卒部䘚之重文 篦 通作比亦作枇 篙 通作槁 𥴖 篆作筥 篩 篆作籭

篹 篆作匴亦通作箕 篧 篆作籗籱之重文 篔 祇作員 篞 疑祇作涅 (十一)

篲 𥳫 皆彗重文在又部 簎 手部 篠 篆作筱 簃 通作移亦作誃 簂 篆作幗

篷 劉明經禧延曰即帆之轉聲帆篆作颿疑亦通作篷 𥳮 篆作噬亦作逝 篴 篆作笛 簇 篆作族

篾 篆當作蔑首部曰蔑不明也引周書布重蔑席讀與蔑同案蔑席是壁中古文其字亦當作蔑許引之說段借也

簢 簢篾祇作萬爰見竹部薾篆下 (十二) 簛 古篗字 簟 篆作潭 簪 篆作兂作簪

簀篆作簀 籤篆作籤 簨篆當作筍 箘篆作箟 簥疑祇作喬 ⑬ 簿篆作薄段氏謂即簿字 簻篆作箠 簷篆作檐 簹祇作當 ⑭ 籊篆作擢 篾又篾之異字篆作篾 ⑯ 籛古祇作錢 ⑯ 籞篆作御 籐篆作滕 ⑰ 籋卒部 ⑱ 籬古通用離段氏曰杝字當之 籆祇作蒦 ⑲ 籱籗重文 ⑳ 籰籆之或體

米部

③ 籹字亦作敉篆本作桼 ④ 粃篆作粊 ⑤ 粟网部罙重文 粰稃重文 粖鬻部鬻重文 粕通作魄 ⑥ 粢食部餈重文 粥篆作鬻在鬻部 ⑦ 粇篆作秔 粽篆作糂糝 粳篆作稉 粮糧之俗字 粂字又作遷篆作屎在辵部為徙之重文 ⑧ 粻篆作糧或作張 粸 棐皆即粊字 ⑨ 糉疑稯之俗字 糊俗又作餬篆作黏作粘 糅玉篇糅同粈又食部餌音義竝同 ⑩ 糞篆作䊜在華部 糖即餳之俗字 糕又餻之俗字篆作膏 [illegible]詳前水部滆下 ⑪ 糠篆作穅 糜篆作[illegible] 糚篆作妝通作莊 ⑫ 糦饎重文 ⑭ 糲篆作糲 ⑰ 糱篆作糱 廿 糷篆作糷 糶韋部[illegible]重文

糸部

③ 紂篆作緇又作純說詳糸部緇篆下 ④ 索𣎵部 紜篆作[illegible] 紗古通用沙 紋篆作文亦可作彣 紒古通借作結篆作髮 ⑤ 紽篆可作佗 絁篆作纏 絃篆作弦見部首 累說文有絫無累累積之累篆作絫在厽部 紱篆作市見部首重文作韍紱即韍之變體 ⑥ 絪易繫辭傳天地絪縕說文有縕字無絪字壺部曰壹壺壹壺也即絪縕之正字李善引易天地烟熅二字皆从火亦段借字也俗又作氤氳亦非 絏篆作紲唐石經避諱凡从世之字皆

改从曳如絏緤洩拽之類是也 [illegible]篆作緊在臤部 絚篆作緪 絨[illegible]之俗字 ⑦ 綀疑疏之俗字 綍篆作紼玉篇綍同紼 絼周禮封人置其絼鄭司農云著牛鼻繩所以牽牛者今時謂之雉與古者名同據此漢時通作雉而陸釋文曰絼本又作紖是陸所見本有作紖者 ⑧ 網部首网重文 絻同部冕重文 綽素部繛重文 緋疑古作非 緅即纔之別體 綣通作卷又即桊之別體 綯宋氏翔鳳曰廣雅綯索也字當作絛 綼俞太史樾曰疑即禆字 綖經典多作延 綷篆作[illegible] 緎篆作黬 絵古紟字籀文作[illegible] 綳篆作繃 綻綻裂之綻作袒補綻之綻作組 綵祇作采 ⑨ 緞鍛重文 緩素部𦅈重文 緗或作桑 [illegible]篆作緇 緵篆作稯 [illegible]此字張敞所造篆作著 ⑩ 縡即綷之別體又作載 縚篇韜皆縚同韜亦段作弢 縏篆作鞶亦段借作盤 縰篆作纚 縝篆作稹 ⑪ 縶馬部馽重文 繁篆作緐 繂字又作[illegible]篆作[illegible] [illegible]篆作[illegible] 縲篆作纍 縵祇作曼 ⑫ 繖鈕云疑古作[illegible]段云當作[illegible] 纀字又作襆篆作纀 [illegible]篆體作纇 ⑬ 繶疑古祇作意雷浚曰疑是繶字 繸古祇作遂 ⑭ 繾通作遣 繽篆作闠按繽紛之正字作闠闠 ⑮ 纆篆作纆

缶部

⑤ 缻即缶之俗字 ⑫ 罇篆作[illegible]作尊見酋部 ⑮ 罍櫑重文 ⑯ 罏見甾部為盧之重文又作鑪 ⑱ 罐即灌之俗字

网部 冈罒同

④ 罘篆作罦 ⑤ 罞釋器釋文曰本或作茅 ⑥ 罣俗又作罫篆作絓 ⑦ 罥篆作羂亦作絹 ⑧ 罭或作緎 罫同罣詳上 ⑨ 罳通作思 署篆作盦 [illegible]因之俗字 ⑪ 罹即羅之別體通作離 ⑭ 羃石經作冪篆當作幎互詳冖部

羃下(十七)羇羈之俗字(十九)羉篆可作罠亦作羅說詳四部罠篆下

羊部

(四)敉養重文(五)羚篆作麢亦通借作靈羛義重文(八)羣音部羣重文

羫祇作空(九)羬篆作麙𦍧篆作挂(十)羱古本作莧見部首亦通借作原

(十三)羶部首羴重文羵篆作羒亦通借作墳

羽部 羿字須移前

(三)𦏱雩重文𦏲舞重文羾疑翁之別體或作虹羿篆作羿(四)翀

篆作沖翂篆作鳶(五)翎即泠之俗體或作零翌說文羽部有翊訓飛皃翌明翌日之翌當

作昱亦通作翼(六)習又部友重文(七)翛集韻以翛翛為一字(八)翩篆作翩(九)

翭篆作鍭翪祇作夋(十二)𦑶在飛部為翼之重文翻通作幡(十四)翿篆作翿

翳玉篇𦒢翳同(十)𦒦即罷字

耒部

(三)耔篆作秄亦通借作芓(四)耘篆作䎣在耒部為䅬之重文耗篆作秏(五)

耜篆作枱(九)耮篆作埈種篆作穜(十)耨篆作槈作鎒(十二)耬

麇篆作(十五)耰篆作櫌

耳部

(十)䎶頊重文(十二)聱即謷之俗字聳篆作㩳(十四)聽聽重文

聿部

(七)肄篆作肄作隸在聿部(八)肇肈之譌字在戈部

肉部月同

(三)肋筋部筋重文(四)肮祇作亢服篆作𦨈在舟部𦝫勹部匈重文肣圅重

文在马部肚食部飪重文肱又部厷重文肵雷浚曰疑可通作析肯篆作肎(五)

胔骴重文脈篆作衇作䘑在𠂢部胉篆作髆通借作迫(六)胸胸之俗字胸肥即胸忍

胷篆作匈勹部匈之重文胑即胸之異體脊篆作𦟝在𠦬部朕篆作𦨉在舟部胭

篆作咽𦙶篆體作㾽胱祇作光胵祇作至(七)𦛁即忍字互詳胸下胜胜之

譌字脗篆作吻或作䐇脗蓋䐇之變體豚部首豚重文脤篆作祳通作蜃(八)脣

通作念際腍食部飪或作恁又作肚腍蓋腍之形變腔疑空之俗字腋本字作亦見部首或通借作掖

腕又捥之俗字篆作掔腊篆作昔在日部為昔之重文胼篆作䑢腫篆作殖腑

本祇作府脹通作張(九)脗口部吻重文腱筋部笏重文腦篆作𡿺在匕部膄

篆作瘦腢篆作髃腛通借作渥腮俗又作顋古祇作思腰祇作要要在臼部篆作𦥺

腠古祇作奏腶祇作段䐢詣重文(十)脽尻重文又作臀即今臀字膟部首𦉭重文

膂部首吕重文膉疑嗌之別體如咽之作咽也腳內則膳腳膮膷二字公食大夫禮腳以

東膮牛炙鄭注古文腳作香膮作熏膈祇作鬲膇疑祇作追腿詳後骨部骸下(十一)

膝篆作厀䐓篆作胂(十二)膃篆作孕臑篆作胹膰篆作䐪在炙部或通借作燔

膢篆作瘤膱篆作戠亦作殖(十三)臄部首谷重文膿血部盥重文臀篆作𡱂在

尸部為尻之重文臉篆作顩䐿祇作奧臅疑古祇作蜀臈臘之俗字(十四)

臐篆作熏互詳腳下臍篆大作齎(十五)臏篆作髕(十六)臛篆作脽(十八)

臓本作藏藏亦新坿篆當作臧(十九)臡篆作腝

臣部

(十二)臨臥部

自部
㊀ 𦣹 部首白重文
至部
㊃ 耋 老部 致 篆作致在夊部 ㊈ 臺 屋重文又手部古文從回 ㊉二 ⿱執至 篆作摯
舌部
㊃ 舓 篆作舓作䑛古或作狧為段借字 ⿰舌今 篆作肣 ⿰舌冉 篆作西在谷部
舛部
㊅ 舜 篆作䑞見部首 粦 篆作粦在炎部
舟部
㊂ ⿰舟几 篆作⿰舟几 ㊃ 航 篆作杭在方部亦可作瀕 ㊄ 舸 疑柯之俗字 舵 字亦作柁

篆作杖 ㊅ ⿰舟夅 ⿰舟夅艭⿰舟夅艘皆俗字篆作夅雙 ⿰舟光 疑祇作光或作桄 ㊆ 艁 造重文
艇 疑梃之俗字 艅 艅艎通作餘皇 ㊇ ⿰舟侖 通作輪 ㊈ 艎 祇作皇詳艅下 艘
篆作棱 ㊉三 艤 篆作檥 ㊉四 艦 通作檻 ㊉八 艭 祇作雙詳艅下
艮部
艮 篆作𥃩在匕部 ㊀ 良 畐部
艸部
㊁ 艹 篆作艸在屮部 ㊂ 芊 通作千亦作俗 芅 祇作弋 芏 祇作土 ㊃
芬 屮部芬之重文 花 篆作𠌶見部首重文作𦬃古通用華 芙 芙蓉通作夫容 芾 篆作
术見部詩蔽芾甘棠之芾當作𦶇 苡 篆作苢 芷 篆作茝 芓 又芓之俗字篆作紺 芺
釋艸釋文曰蘻若芺芜陸 芺芜本亦作芺光 芁 釋艸釋文曰本亦作芁 芭 篆祇作巴 ㊄

荶 字又作蔭篆作芩

苶 疑薾之變體段云即闌字 苔 篆作菭 苻 苻之隸變 茵 釋艸茵芝俞梂曰疑茵之
誤字 苧 篆作紵 苲 古槎字 茌 篆作茬 苜 苜蓿祇作目宿 ㊅ 茯 紱重
文藥名茯苓乃伏之俗字不得作此 荂 部首𠌶重文 荇 篆當作莕莕之或文 為 莘
䕮重文 荀 篆作郇今人姓荀氏本郇侯之後不宜用此 茗 疑萌之俗體 荼 說文祇有荼字
荳 疑即萱之俗省 菻 䔲部蔣重文 茡 篆作芓 菑 俗亦作菑篆祇作甾見部首
䒱 篆作芝 茪 祇作光詳芺下 茙 祇作戎 茳 祇作江 茭 祇作受見部首
㊆ 莽 茻部 莫 篆作茻茻部 莓 篆作苺在屮部毐者即今每字 莋 通作筰又作笮
莖 釋艸莖薁菝藹邢疏引本艸蕪薁注云爾雅蕪薁則莖者蕪之譌字菝疑通作殺 莌 釋艸離南
活莌下文倚商活脫郭注即離南也則莌者脫之譌字 莘 有莘氏作姺亦作侁小雅莘莘亦作駪駪 莸 篆作
莌 蒠 篆作萁 莅 俗又作涖作蒞篆作竦見立部 䢅 古文農字 荽 篆作葰廣韻荾

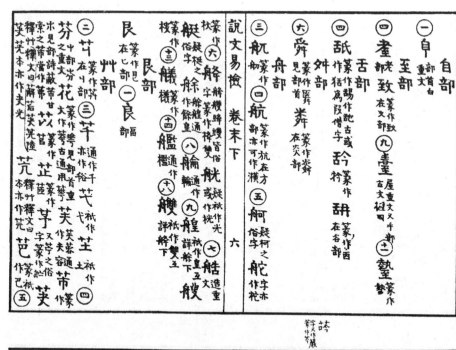

萎接三字同 莛 祇作延 ㊇ 菱 篆作蔆 萏 篆作藺 䔢 疑華之變體 菽 篆作尗見尗
部首 菘 與嵩同字嵩亦新坿依說文當作崇 菏 水部 菴 通作闇作盦藺祇作奄閭菴 菧
疑古祇作底 菤 祇作卷 菥 祇作析 菖 祇作昌 菰 各本有菰篆核即菰之譌字今芟
菰 即苽之譌字漢書作瓠 ㊈ 葬 茻部 萬 公部 葟 舜部重文雞 菌 篆作䕡
菟 字或作䖘亦新坿依說文當作兔涂亦可作兔 著 本作箸鈕云即藷之省文 萮 篆作萸在木部
葸 篆作諰又通借作偲 萲 艸部藼或作蘐萱萲者薏之俗省 蓳 篆作蓳 葅 篆作菹
葫 凡葫瓜葫蒜等字均不从艸祇作胡又葫蘆即詩匏斷壺是也單呼曰壺纍呼曰壺盧今字作葫蘆
不古甚矣 萼 篆作咢在吅部咢即今咢字 蕴 篆作蕴 䔋 祇作毒在屮部 蒟 祇作朐
朐 葐 祇作盆 葖 祇作突 葳 祇作威 葒 篆作紅 葓 廣韻葒葓同字篆祇作紅 ㊉ 蒎
舜部蕣重文 蓉 芙蓉祇作夫容 蓀 通作荃 蓑 鈕氏曰疑莎之俗體通作蓑 蕓 耒部

穎重文　蘤吳都賦封豨蘤李云蘤豨聲許學切段氏云即嗐字　蒯篆作蔽姓氏之蒯疑當作郿
酒即糟字　蒓篆作蓴　蒗祇作浪互詳蒘下　蒨篆作茜　菍篆作蒻　蒢
篆作茶　蓑祇作衰　蕣祇作挐　蔱祇作殺　蒵祇作奚　蒠祇作息　蒴
祇作芻艸部　蓓祇作倍　蓑祇作衰　蒛祇作缺　蒺祇作蒺　蒞詳上莅下
（十二）
蔑首部　蓻丮部埶重文　蓫小雅言采其蓫陸釋文曰本作蓄當作苗蓋蓫一名蓄說文苗蓨也从艸由聲徒歷切又他六切別體作蓫者猶苗从由聲別體作蓫說文竹部亦有笛無蓫其說甚當　蔌詩蔌蔌方有穀毛傳蔌蔌陋也後漢書蔡邕傳速速方轂即用此文而其字作速又可作遬速小篆遬籀文大雅其蔌維何此蔌字當作遬　餗在鬲部作遬鬻　蓰呂刑其罰倍蓰史記周本紀作倍灑廣韻四紙內有灑無蓰此古字之僅存者
蓙善蓙也一切經音義卷三云扶蓙作扶薛按薛即說文薛字俗作薛一變而為薛再變而為蓙今又變而為
矣　薩　蓒艸一切經音義引爾雅釋艸蓒鼠莞知古本作蓒　蔬通作疏　蕢字又作蕢篆作蕢　蔀

蘯字又作蕩篇均皆見本

篆作蓍　蔮篆作槶　蔔篆作菔　蔋篆作蔋　蘆疑即苴之別體　藄篆作綦
蔠祇作終　蔏祇作商　蓯祇作從　蔻祇作寇　蓿祇作宿
（十三）
蔵疑古作蔵　蓩蓩之譌字　蕙篆作蕙在叀部為惪之重文蕙其變體也　蔄篆作菽亦通借作萱
蕺篆作蕺　蕊心心見部首俗又作蘂　蘂篆作　蕣蕣字祇作毐在中部玉篇蕣同蕃說文無亦
蕀祇作棘　蕖祇作渠　蕍祇作渝　蕮祇作舄
（十三）
蕤大鼓重　薌通作香亦
作蔹　敹爾雅釋艸的蔹陸釋文曰蔹當作敹按說文攴部曰敹光景流也非其義篆當作敹　蒿篆作縞
蔓篆作蔓　蕧篆作蕧　薏篆作薏　薜篆作薜　蕢篆作　薢
葭　蕩篆作蕩玉篇蕩同蕩　薤篆作韰在韭部　蕡古祇作與　蕾祇作雷文作靁篆
蕮蕮部
（十四）
藏通作臧　藼通作蕿　薩篆作蕯詳上蕯下　蘗爾雅釋艸
蘗蘗陸釋文曰蘗本亦作蘗按蘗說文作櫱　蘄篆作罰互詳蘗下
說文亦無蘄字陸釋文曰蘄本又作罰

蕩蕩之俗字蕩蕩見水部遏下　蕖篆作
藳篆作稿从木　藐篆作藐　藻祇作澡
樸祇作樸　蕈祇作鼎
（十五）
蘦周禮大卜掌三夢之灋陸釋文曰蘦音夢本多作夢按說文
當作瘳　藡即荻字亦通作狄莊氏炘曰古祇作荻　藕篆作藕　藝篆作埶在丮部為埶之重文
藘通借作蘆　蘋篆作薲　藙篆作藙玉篇藙同藙　藺祇作閵　藹祇作藹
藤篆作滕在糸部
（十六）
蘉蘉之譌字　藿篆作藿　蘊篆作薀藴之蘊作蘊
醞說蘊隆蟲蟲之蘊當作熅
蘂又蕊之俗字篆作惢　蘅祇作衡　蘛祇作滕　蘖
篆作孼在子部
（十七）
蘩篆作蘇　蘚通作癬　蘭祇作闌　蘡祇作嬰　蘪
祇作縷　蘗蘗之俗體
（十八）
藏也一名苦參　藏篆作識○識艸　蘐篆作蘐稽廣韻蘐稽同　蘴
篆作葑通作豐　蘹篆作蘹　蘱可作藾篆作類疑
（十九）
醮字疑醮之俗字或作霰　蘼
蘪篆作蘪　蘺祇作贊
（廿一）
蘸釋艸蘸綬陸釋文曰蘸又作鷊按陳風邛有旨鷊作鷊亦段借字

說文鷊綬也引詩邛有旨鷊此其正字　蘻篆作檕　蘿篆作蘿
（廿二）
蘼醽重文
（廿三）
蘭篆作稱　蘢祇作龘

虍部从虍之字丗
（五）
處几部処重文　虛丘部　虝即虓之譌字
（七）
虜毌部　虪篆作虪
甝通作暴在本部
（九）
虪通作兔
（十二）
虧亏部虧之重文

虫部从虫之字丗後
（一）
虬篆作虯
（二）
虰古祇作丁
（三）
蝁字亦作蚔篆作蠙　蚝蚝蛄疑螟之俗字
（四）
蚤蚰部蚤重文　蚍蚰部蠶重文　蚊蟁重文　蚡字亦作鼢在鼠部為鼢之重文　蚝
蚕篆作蚢　蚢篆作蚢　蚘俗又作蛔篆作蛕　蚞篆當作沐　蚧字又作螺篆作蚧　蚋
蝸篆作蛃　蚅祇作厄篆文作戹在户部　蚑蚑蚑作肌浚　蚁祇作父　蚇祇作尺　蚪祇作

斗　蚕俗蠶字　⑤ 蛇部首它重文　蛆玉篇蛆亦作胆按古祇作且　蚮篆作蟘五詳蟘下
蛪古祇作礼亦可作蠶　蛀即蠹字　蛂詳蟘篆下　蚱字亦作蚝篆作蜡　[虫台]篆作胎
蚴篆作蚴　蚰蚰蜒篆作螾衍　[夗虫]祇作夗　⑥ 蛑重文蟊部蟲　蛛鼄重文
蛙虫部有鼃篆訓蝦蟇也蝦蟇之蛙當作鼃見黽部　衙本又作衙釋蟲蟥衙入耳陸釋文曰衙按說文亦無衙
字蓋古祇作衍俗又作衙又省作衙耳　蛜篆作蛜　蛥篆作蛥　[阜虫]篆作𠂤見部首即今
阜字　蛣篆作蛣又蛣中小蟲當作孑孓　蛔詳上蚘下　蛤篆文作盒　⑦ 蜂篆作蠭逢
蛷篆作蛷爲蠡之重文　[延虫]爲蚰蜒其字當作蜒又作蠕蜒釋蟲蚰蜒陸釋　蜉在蚰部爲蠹之
重文蜉蝣古作浮游　蜿文曰蜿或作䖤　蜍疑蟾蜍亦通作余篆作詹諸　蜊
淮南道應訓方倦龜殼而食蛤梨段梨字爲之　蜈蜈蚣說文有蚣無蜈篆作吳蚣　蛭篆作陸　蛩
篆作蠁　⑧ 蜚蠹重文　蜜䖵重文　蜫之重文亦通作蚰篆作䖵爲部首卵　蜢詳上蚝下

蚩蟲重文今字亦作蚩　蜘篆作鼅爲蠿之或文　蜇即釋蟲蜇螽斯螽　蜯篆作蚌
蜿蜿蜒龍兒又作蜿蟺按蜿蜒祇作宛延漢書揚雄傳作冤延至蜿蟺之蜿其正字當作夗　[虫屈]篆作蚍
蟯玉篇以蟯蛲爲一字　蝃蝃蝀篆作螮蝀　蜧篆作蜦　蜨篆作蝶　蜴本祇作易
[阜虫]祇作阜　蜠祇作囷　蜪篆作陶　⑨ 蝣篆作游　蝟希部彙重文　螋
篆作詳蛂下　[虫界]俗又作蚧篆作疥　[行虫]祇作衍五詳衙下　蝍史記蝍蛆字皆無虫旁　蝏
篆作蜻蜓篆作蜻蛉　蝻篆作蝻蝗蝻之正字當作蝝　蝕篆作蝕　[范虫]祇作范　蚪祇作科
蝳祇作毒在中部　⑩ 螓詳虫部蜻篆下　蝠篆作蝠　[殸虫]篆作蠹　螢篆作熒于
古當作鶾　螒篆作鶾此螒鳥同名後人臆改从虫耳　螂篆作蜋　蛢篆作屏　蠯篆作蠯
螈蝾螈篆作蠑蚖　螗祇作唐　螔祇作虒　⑫ [虫眾]蠡重文　[知虫]蠿重文
蜷祇作卷　螳祇作堂　螺蚌屬廣韻螺蠃同說文虫部曰螺蠃也爲今之細腰土蜂一曰虒蝓

即今之蝸牛皆非蚌屬之螺爾雅釋魚小者蝸亦段借字　蟀篆作䗜　蟤篆作䗁　螬篆作䗪
螱篆作蠶　螵篆作蟲　螯祇作敖在放部　螪祇作商文作啻篆　螪祇作商
蟦祇作責　蟱祇作務　螰祇作鹿　蟒祇作莽　⑫ 螃　蟟篆作二字同
夋在大部　蝸透重文鍇本無此　蠍詳前蛣下　蠆字又作蠤篆作蠆　[虫粦]篆作粦在炎部
蟘篆作蟘　蟉篆作蟉　蟪通作惠　蟴祇作斯　[虫黑]祇作黑　⑬ 蠆篆作蠆
薑　蠋篆作蜀案蜀本从虫無用更加虫有今字如此類者甚多　蟾祇作詹　⑭ 蠙玉部玭重文
蠕篆作蝡　蠑祇作榮　⑮ 蠛通作蔑　蠝字又作鼺篆作鸓　蠣篆作蠇
蟔祇作墨　蠽篆作蠽　⑯ 蠦祇作盧　蠩祇作諸　⑰ 蠨篆作蟰
掛　⑤ 螽篆作螽　蚔蚔重文　⑦ 蜃篆作蜃　⑨ 蝘蝘重文　蠆蠆重文
[西蚰]篆作蠹　⑪ [虍蚰]篆作蠦　⑫ 蠹篆作蠹　蝱篆作蝱　⑬ 蠹

又譌作蠹篆作蠹　⑯ [彊虫]強重文
血部
⑤ 衅釁之俗字　⑥ 衈禮襍記其衈皆于屋下鄭注衈謂將割牲以釁先滅耳旁毛薦之周禮有刏衈
按刏衈見秋官士師然經文實作刏珥鄭注珥讀爲衈則衈即可爲珥　⑦ [血夋]篆作胺　⑮ 盩弦部
行部
⑦ 衛篆作躛在足部　衞集韻曰獸角長曰衞篆當作犄
衣部
③ 衫或作襂　④ 衹緹重文此與衹各別今俗多溷之　衿俗又作襟篆作裣內則衿纓綦屨
其字當作紟或作縊　衱篆作䘿从衣亦可从巾者猶常裳之爲一字也　衲玉篇古或作納　⑤ 袠帙重
文　袪古祇作去　袘篆袘之隸變　袈袈裟本作迦沙說文亦無迦字篆當作迦互詳辵部迦下　袋

篆作䙢 衻篆作襘 ⑥褏篆作褎亦通作袖 袼禮深衣袼之高下陸釋文曰袼本又作胳
袽 𧙐篆作袈亦可作架 袴玉篇袴亦作絝今作褲尤俗 袿古衹作圭今作褂尤俗
袲篆體作移 ⑦袶釋艸圍被袶陸釋文曰今本或作絳 裓孫氏星衍曰衸即裓之正字
裗篆當作流 裟衹作沙 裎衹作呈 ⑧裳巾部常重文 𧛱篆作襋
䘸玉篇䘸同襘 衳篆作㡉爲幒之重文 褂詳上袿下 䘺亦即綻字篆作組作袒 裠
巾部帬重文 裶篆文作裵 ⑨褌幝重文 褖篆作緣 褏篆作褎 褅篆作
裲 褓篆作緥又通作褓 ⑩𧝆韋部韤重文 𧝍周禮巾車木車犬複駹車然說文無複字
巾部曰幦髼布也周禮曰駹車大幦即巾車之木車犬複車然複蓋兩涉而誤兩複字說文作幦則鑿然可據儀禮
既夕禮玉藻少儀皆作幦 禣篆作薄 褥古通用蓐 褠字又作構篆作韝 褲篆作絝亦
作襌說詳絝篆下 ⑪褶篆當作襲 襂篆作縿 褸篆作縷 襀篆作積 ⑫

襓禮少儀加夫襓與劍焉鄭注夫襓劍衣也韋部曰韜劍衣也襓即韜之異文夫篆可作袂 襀衹可
作潰 襥字亦作襆篆作纀 襉字亦作襇篆作蕑 襏篆作祓襏襫衹作發襫 襒
篆作撆 ⑬襖鈕云疑燠襖之俗字 襢篆作襃或用禮爲禮裼者其正字當作但 𧝵衹作𧝵
襍篆作褋 襟又衿之俗字篆作裣 襠衹作當 ⑭襆字又作襆篆作纀 ⑮
襼篆作袂 ⑯𧝏篆作禡 ⑰𧞭篆作褰 襳篆作縿 ⑱襴
同襉篆作蕑 ⑲襻篆作袢 䙬詳上襼下

見部

④覔篆㕣作覓 覔篆作否亦作覔 ⑤規篆作覞 覗篆作司 覕篆作瞥
⑥䚃覞之譌字 ⑨覩睹重文 ⑫覵篆作覸段云即覵字 ⑭覼篆作覼
⑮覿通作儥

角部

③䚗篆作觪 ④觖觖望之正字作映 ⑤觝角部衹有觝字爲觶之重文 ⑦
觫古衹作速 觩篆作觓 觲篆作觲 觹觿之譌字 ⑧觱篆作觱 觼篆作
⑩𧣍篆作䚡 ⑫𧤗蒦重文 觿篆作鐍爲觼之重文 ⑮觻鑣重文

言部

②訃古衹作赴 ③訑俗又作詑篆作訑 ④訡吟重文 訣通作決亦作玦 ⑤
訰篆作諄 訛譌之俗字詩或寢或訛又式訛爾心其字當作吪至俗語云訛詐字當作四
詎通作巨亦作渠 詑詳上訑下 註通作注 評衹作平 ⑥訹宋重文
詹八部 詢通作恂或作洵 訞段氏曰悝即今之訞字 詫篆作吒 ⑦䛉首部
教重文 誘厶部羑重文 誌通作志又作識 認古通作仞 ⑧諐愆重文

諑篆作椓 𧨧篆作娽 謏衹作叜 ⑨䛻厶部羑重文 䛨即謑之別體
謚諡之譌字 䛩即裡之異體 諠篆作諼通作吅 諵篆作詽 𧩎衹作浴 ⑩
訶歌重文 諤衹作咢篆文作咢見吅部亦通借作鄂 謎疑本作迷洪氏北江曰頪即謎之正字
謞篆作熇 謟篆作慆 謇篆作𡪫 𧬉篆作𧭿 䛳篆作嗑 䜝篆作訛
謏可作叟 ⑪謮嘖重文 𧫷速重文 謻篆作誃 ⑫譜通作
普或作表 譚篆作鄲 譈當依書作憝 𧫛篆作斳 謿同嘲嘲在新坿當篆
作嘲 ⑬譫本字作詹 ⑮讁篆作謫 ⑯讆廣韻讆同𢥠 ⑲讄
篆作讄 讚本衹作贊 ⑳讜通作黨 讞篆作𤅊

谷部

⑦谼篆作洪 ⑧谾篆作𧯀 ⑮𧮯瀆重文

豆部

⑥登與登異字玉篇作𤼷篆作𤼷　𧯠詳前舟部䑢下　⑧豐古文豐字　𧯷篆作𧯷

⑩豎豎重文在臤部　⑬𧯸篆作䖒　⑯𧰒祇作雙互詳舟部艭下

豕部

③𧰨冖部　⑤豙部首希重文　豿段氏云哮亦作豿　⑦豪篆作豪在希部豪之重文

⑪豴篆作䙿　⑮豵鬣重文

豸部

⑤豞祇可作狗　⑥貊篆作貘蠻貊之貊當作貉經典貉字當作貈爾雅貊其德音其字當作嗼　貄字又作貄篆作貄　貅古祇作休　貇篆作豤　⑦貐　貖即解廌之異字

⑧貄爾雅釋獸釋文曰貄眾家作肆肆在長部篆文作肆按肆亦段借字其正字當作希見部首　⑩貓䝙重文　⑫貕篆作𤢔

貝部

⑤貼通作帖　貽通作詒　貺通作況于古當作兄　貾釋魚餘貾黃白文陸釋文曰本作蚳

⑥賅奇賅之賅作侅兼賅之賅作晐　⑧賡在糸部為續之古文　賧古通用倓　賙祇作周　⑨䝿疑古作冒

𧶠賫之俗字　賣此買賣字篆作𧶠在出部又貝部有賣篆作𧶠為衒賣之正字

賭疑射之俗字或作都互詳賭下　⑩賽通作塞　賻通作傳　賺詳後賺下　⑪

贄舜典五玉三帛二生一死贄陸釋文曰贄本作摯說文女部摯下一曰虞書雉摯按即堯典之一死贄知摯者許之贄字

⑫贋字又作贗古通用鴈篆當作𤗼　𧸖本祇作猋　䞼有廣韻十一模䞼注云賭勝蓋字本作都後人加貝易又省作賭耳

⑬賺俗又作賺疑當作斂　贍通作澹亦作詹　⑭

贐篆作盡　贓祇作臧　贔即奰之俗字奰篆作奰在亣部贔屭篆奰屓　⑮贗詳上贗下

赤部

赤篆作烾在火部　⑥赩通作赫亦作奭　⑨赮通作瑕亦作蝦

走部

⑤趀篆作𧻮　⑥趑俗又作䟽篆作趑　⑦趕赶之俗字　⑭趪此篆見石鼓詩其戎趪趪鄭云今作奔或作走

足部

①足正重文　④趺又跗之俗字篆作柎　趾許書無趾字即止字也　跉同蹥蹥在新卌篆當作宂篆作沱互詳蹥下

⑤跗篆作柎　跚篆作姍　跆篆作𨄮　跅本作斥篆文作坼　跎

⑥跡篆作迹重文作蹟　𨀤又趑之異體篆作趀　跨篆作䠸　跬篆作趌

跢　跦皆蹢之別體篆作峙躅蹢　跭跭蹉又作解體篆作絳韉　⑦

𨀥迒重文　踁玉篇踁同脛　䟷蓋軓之異體　踆篆作竣亦作踆又字林云踆古蹲字

跼古祇作局　⑧𨁈𨁈重文　踟䟡皆俗字篆作峙躅　踘或篆當作䠞或用為鞠

踒誤字　踠篆作𧿳　踪又蹤之俗字篆當作䟞　踠古祇作宛亦通作蜿　踞尸部居重文

⑨踳部首舛重文　踸疑冘之別體　踶篆作䠲　𨂂部首厺重文

踏篆作蹋　蹀篆作𨄮　踴篆作踊　踵同跖篆作坼　⑩蹊徯重文　蹉作蹉跎通作差沱

⑫蹟迹重文　躚通作僊又疑遷之別體　蹙　蹠古祇作戚通作蹴　躍篆作趯

蹣作蹣跚篆作槃姍　蹤篆作躪作躪　蹜篆作縮　蹤俗又作蹤篆作蹤　⑬

蹼異重文　蹭疑增之俗體　蹬即登之俗體或作隥　蹯玉篇蹯同蹞在釆部為番之重文

蹵即蹴之異體　蹶又踳之俗字篆作蹻　⑬蹞釆部番重文　躁篆作趮

躇俗又作蹰篆作躕公羊躇階而走其正字當作辵 躃止部曰壁人不能行也即躃字又足部躄一曰跛也聲義亦相近亦通用作辟 躄篆作壁 躈篆作噭 （十四）躊躇之躊篆作蕙亦通借作篆壽 踁或通作鑿通作脛 （十五）蹴篆作𨆿或作通 躒篆作趮 躑篆作躑蹢 躅可作千亍 （十七）躃 躄篆作薜祇作薜 （十八）躤篆作踖 躖可篆作作畽躖亦 躨 祇作雙五詳跨下 （二十）躝字亦作躝篆作蹸 （廿二）躪篆作蹸 躅篆作躅

身部

（三）躬呂部躳重文 （四）躭篆作躭 （六）躬篆作侉 （十二）軃又䡨之俗字篆作䡨在奢部

車部

（二）軎軎之隸變如此 軏篆作軓通作范 （三）軏篆作軏 （四）軥字又作軥篆當作轟

軟又輭之俗字篆作偄 （五）軹篆作軹 軝篆作弘 軛祇作弘 軷篆作軷詳韓下 （六）較又較之俗字篆作校車較之正字作較 軷篆作軷 可作横 輊玉篇輊同摯亦通作摯 輀篆作輀 較篆作較 （七）輁既夕禮輁軸鄭注古文或作拱段氏以華字當之其言曰禮經輁軸輁即華之異者其說良確 輂篆作輂轝疑又當作輴 輈篆作周爲部首网之重文 輔篆當作輔 輛篆作網見部首 輤篆作輤 （八）輠史記孟子荀卿列傳注輠者車盛膏器也說文木部曰楇盛膏器讀若過則輠即楇字 輌篆作輌 輢篆作輢 輣篆作輣 輤禮襍記載以輤車鄭注輤讀爲輇說文無輤字據此可通 輗玉篇輗同輗亦通作楯 （九）輯 輹 輳篆作湊 輬俗又作軟篆作偄 輶同輶篆作轜 輹篆作輹玉篇又作輹 輯借作輇 （十）輾篆作輾祇作輾 轃篆作轃讀若蓁 轄篆作轄韻云轄或作轄作軌 轅字又作轅篆祇作轅 轂篆作輅 轇作轇 轆作鏕 （十二）轎通作蹻作轎 轏篆作轏 轓篆作轓 轎古通用橋 （十三）轖通作棧 轗古通作徹 轘可祇 （十三）轗轗軻當作坎坷亦通作感 轕 轔通作鄰亦作蹸

轕祇作蔑 （十五）轒又轒之異字篆作轒 轤篆作鹿盧 （十六）轤祇作盧 轥篆作㻐

辛部

（七）辢辣篆作剌 （九）辥重文 辪

辰部

（六）農篆作農在晨部 蜃古文 （八）辳重文農 （十三）辴又譌作䵷段說以爲 啟字說詳卷廿二畫䵷下

辵部

（三）迅重文起 迖重文撫 迄通作訖 迟字亦作迡文作迡迟迡二形蓋之古按遲 （四）迓許重文古通用御 迏篆作迏 迏又作彩體 迕字本作遻按石鼓詩有迕 迕篆當作午 皆𨑓之省變 字迂迋二形疑即逝之省變 （五）迢亦通作超 迤篆作迤 迦集韻以迦迦爲一字

迡詳上迟下 迨篆作隸在隶部亦通作逮隸 （六）退彳部復重文 逡後重文 迸篆作迸 逅篆作逅亦作解構 迥 迷篆作迷 逃 适篆作适在乃部 迥回之俗字 逢逢之俗體 （七）逪往重文 逍遙通作消搖 逌篆作逌在乃部亦通作攸 逜詳上迕下 （八）透篆當作㸎段氏云疑誘之俗體 逵九部馗重文 週祇作周 （九）遉動重文 遑通作皇 逼字又作偪篆作畐 逿見部首或作幅 遐通作假 （十）遙亦通作搖 遡俗作泝今作溯重文 （十二）遨 遬祇作敕在放部 （十三）遾又部及重文 （十三）邂通作解 邅篆作趋通作驙 邀篆作徼 遯字又作𨕣篆作𢒗在辵部爲挑之古文 （十四）邈篆作藐 （十五）遰重文 （十六） 邇同邇篆作藐 （十九）邏即羅之俗字

邑部

（四）邔 篆作郖　邔 當是沈之異體按古沈國字有作邔者　邪 字又作邪篆作衺（五）
邩 篆从邓从卩（六）郁 祇作存（七）郄 詳上郄下（八）郏 篆作郲按郲古通作來國名
之郲亦作萊（九）鄁 篆作鄁疑本作鄁後人改作鄁（十）鄉 罒部（十一）鄤 蓋即鄤之省文
鄜 篆作鄜　鄞 篆作鄞玉篇鄞鄞同　鄟 古祇作專（十二）鄬 古祇作隝（十三）鄤
鄍之隸變　鄒 公穀皆作樑（十四）鄸 篆作鄸　鄸 古祇作夢左傳昭公二十年曹公孫會自鄸
出奔宋穀梁作夢彼釋文曰本或作蘉（二十）酇 篆作酇

酉部

（二）酊 酩酊疑冥顛之俗字（四）酗 篆作酌（五）酡 楚辭美人既醉顏朱酡王逸注一本云酡
當作祀　酏 篆作酏（六）酩 詳上酊下　酪 疑酢之別體　酧 醻之俗字（七）酳 玉篇同酳
（八）醞 篆作醞　醁 文選吳都賦醁作綠酃　醱 篆作醊（九）醐 即餬之俗字

醒 通作星　醍 通作緹　醙 雷溲曰當是糟字　醢 篆作監在血部（十）醋 篆作酢
醝 五經文字曰周禮注作醝按醝亦段借字正字未詳何作　醨 篆作醇（十一）醬 篆作牆（十二）
𨡆 妃重文（十三）醳 部首酉下曰醳酒也醳即醳字（十六）醩 糟重文　醼 燕之俗字篆當作宴
（十七）醹 詳上醹下（十九）釁 釁部　釅 篆作醶

里部

（四）量 量重文（五）量 重部（十）釐 辛部重文

金部

（二）釘 篆作鍼（三）釪 木部采重文　釴 釋器附耳外謂之釴字當作翼　釨 祇作子
（四）釟 鋠之譌字詳下　鈑 爾雅釋器鉼金謂之鈑郭注周禮祭五帝即供金鈑陸釋文曰鈑本亦作版
（五）鉛 柗重文　鈿 疑田之俗字　鉢 通作盋盋亦新坿篆當作盌　鈜 祇作弘　鉁 即珍字

（六）銘 古本作名　銢 又譌作鉥篆當作劈刀通作擘疑古通作𠂢後人加金旁　鋘 詳鏵下
（七）銶 篆作梂　鉚 篆作鉚　鋒 篆作鏠　鋩 篆作芒　鋤 篆作鉏　鋗 同捐
篆作鋻通作堅　鋘 字又作鋘詳鏵下（八）鋼 篆作剛　鋟 篆作鑯　館 篆作輨　鍛
鍪 篆作鍪　鉼 篆作鉼　鉶 篆作鉶　鋄 通作叐　錞 篆作鐓（九）鍥 部首契重
文契即今琴字　鍋 車杠盛膏器字亦作輠篆當作檛又廣韻溫器即今習用之鍋釜字篆當作鬲在鬲部
鍉 字又作提篆當作匙又段借作提本又通作鍦　鎪 釋器鏤鏤也字當作鏤按　鋁 說文祇有鋁
錫 篆作鍚　鍔 篆作剽今字作剽　鍪 篆作鉳廣韻曰鍪亦作斛斛者古鍪字　鍦
字又作𨱍篆作鉈（十）盤 槃重文　鎡 鼒重文　鎚 篆作椎　鍫 即鍬之別體
鎖 通作瑣　鎒 篆作槈　鎋 篆作轄　鎰 古作溢（十一）鏘 篆作鏘通作將詩八
鸞鏘鏘字當作瑲　鏗 按說文凡三引鏗爾之鏗而無鏗字篆當作硻亦通作摼作臤　鏖 廣韻同鏕

鏚 祇作戚（十二）鐈 觼重文　鏵 字又作鋘作鈇篆作釫見木部　鏹 篆作繈
鐄 篆作鍠俗云鐄其字當作簧　鐆 即隧字（十三）鐻 虍部虡重文　鐮 篆作鎌
鐂 篆作鏐　鐬 篆作鉞祇作戉見部首斧鉞之鉞　鐀 篆作匱（十四）鑒 篆作鑑
（十五）鐧 篆作鑢　鐯 篆作櫡　鑕 祇作質（十七）鑮 篆作鎛　鑰 篆作闟
（十八）鑺 通作瞿　鑷 玉篇同鑷段氏云即籋字（十九）鑼 篆作羅（二十）钀 轙重文

長部

（六）肆 篆作肆（十）𨲠 篆作髮

門部

（四）閌 通作伉又疑通作阬　閍 釋宮閍謂之門篆當作祊爲示部鬃之重文　閞 閑之俗字
（六）閥 通作伐（七）閫 篆作梱閫之閫篆作壼在口部壼今字作壼（八）閿 篆作閺在

旻部 ⑩閺 或作窒又疑閺之譌文 ⑬闥 通作達 ⑮闢 篆作闢在門部

𨸏部

⑵阢 篆作卬 ⑶阠 疑古作營 阡 古祇作千 ⑷阧 俗又作陡篆作斗 ⑸
陀 陁 皆陀之變體 阬 字又作坑篆作陝 ⑹⿰阝西 土部垔重文 陒 垝重文
陌 古祇作百 陑 篆作陝 陓 爾雅釋地秦有陽陓陸釋文曰陓本又作紆非也按卄藪下云九州之卄藪
冀州楊紆周禮職方氏河內曰冀州其澤藪曰陽紆皆作紆爾雅作陓俗字陸氏未之攷耳潘廣文錫爵曰呂氏春
秋作陽華陓或是華之俗變 ⑺陣 篆作敶 陡 俗亦作阧篆作斗 ⑻⿰阝朋 崩重文
陫 篆作𨻰 陧 篆作隉 ⑼陻 或作堙尤俗篆作垔 陪 篆當作陰 陿 篆作陜
⿰阝叀 篆从叀作嗇叀古文賁字 ⑽隘 𨺅部𨽌重文 ⑾⿰阝虖 ⿰土虖重文 ⑿⿰阝需
陃 字亦作陋篆作陋 ⒀隩 篆作墺 隧 𨺅部首𨺅疑即隧字古通作遂 隤 鱜重文 ⒁

隮 篆作躋亦通作齊 ⒃隳 篆作隓

隶部

⑻隸 𨽻 皆隸之重文在聿部即今隸字

隹部

⑵隼 鳥部鵻重文 隺 冂部 ⑸雎 篆作鴡迖睢之睢見目部 雉 篆作雖
⑺雒 釋鳥雟大者蜀蜀子雒陸釋文曰雒或作餘 ⑻萑 鳥部舄重文 ⿱禾隹 又字
作鶩作鶩篆 霍 篆作靃在雔部 ⑼雖 虫部 ⑽雞 鶏重文 雛 鶵重文
⿰豈隹 鳥部鶵重文 雜 篆作襍在衣部 ⑾難 鳥部鷬之重文 ⒀矍 鸜重文
⒂[illegible] 鷬重文 ⒆[illegible] 鸝重文

雨部 霽靂二字移上十三畫

⑶雪 篆作䨮 ⑷雱 上部旁重文 雰 气部氛重文 ⑸雷 篆作靁
⑻霏 通作菲 霎 鈕云疑滑之俗字段云霎即霅之俗字 霈 本祇作沛 ⑼霞
通作墢 䨦 王篇同霏篆作菲 ⑾霧 篆作霚 霪 通作淫亦作霪 ⑿霰 西部
霚重文 䨏 篆作黮 ⒀霸 月部 霣 篆作濆通作霣 霶 本祇作滂 ⒁
霹靂 篆作劈歷見震字釋解中 靅 即對之俗字 霿 濛之俗字 ⒃靈 玉部
䨩重文 靄 篆作藹段氏曰當作藹字 ⒄⿱雨戠 篆作霰

面部

⑸靤 篆作皰在皮部 ⑿靧 玉篇靧與頮同頮在水部為沫之重文 ⒀⿰面亶 篆作䩉為靦之
重文玉篇曰䩉蒼靦同靦字書作䩉 ⒁靨 又疑厭之俗字又疑可作𩈣 ⒂⿰面蔑 篆作懱

革部

⑶靮 通作縶縶在馬部爲馬之重文 ⿰革弓 亦靸字篆作靸 ⑷⿰革厶 詳上靸下 靴 又鞾
之俗字疑篆當作鞾 ⿰革氏 軝重文 ⑸⿱由革 冃部冑重文 鞂 篆當作稭 鞢 即紲字
靽 絆之譌字 靺 祇作末 ⑹鞇 茵重文 鞋 篆作鞵 ⑺鞘 俗又作鞘作稍篆
作梢又作削義別 鞕 亦即硬字篆當作梗 ⿰革少 篆祇作沙互詳⿰革盍下 鞗 篆作鋚 ⑻鞚
篆作控 ⿰革音 篆作琫 ⑼鞫 鞫者鞫之俗字見卒部古書多通借作鞠 鞨 祇作曷
鞦 祇作秋 ⑽⿰革盍 ⿰革盍鞅二字連文篆作鞅沙 ⑾鞴 紴重文 ⿰革疑 俗又作鞵篆作襬
爲韇之重文 鞻 祇作婁 ⑿韡 疑韈之俗字 ⒀鞠 米部𥹋重文 韇
鼓重文 韁 篆作繮 ⒁韅 篆作㬎革 ⒂韈 篆作韤 韆 祇作遷 ⒄
韉 通作薦 韊 字又作䪁篆作蘭 ⒆⿰革麗 躧重文 ㉑⿰革蘭 詳上韊下

韋部

（三）韌通作刃作忍作紉作仞（五）韍部首市重文（六）韐市部韐重文（七）韛篆作韝
韒詳前革部鞘下（八）韠篆作韠（九）韗鞾重文（十）韞篆作
蘊（十一）韛字亦作韝篆作排（十二）韡篆作韡在𠌶部

音部

（四）韵吟重文（七）韸篆作彭（十）韻通作均

頁部

（二）頏篆作頏（三）頉篆作賸　項疑可作顜互詳顬下（四）頿髮重文　預
通作豫　頳今俗通行作鬍髯篆作顊（五）頵顩之譌字　頖篆作泮　頩祇作平　領
篆文作彭（六）顅器部顅重文　頷篆作頷　頗俗又作頗篆作囟見部首　頩即艴字
（七）頻篆作瀕見部首按即瀕之正字隸省作頻也　䫉部首皃重文　𩓣脣重文　頷

篆作顙　穎篆作積在禾部（八）顁古祇作定亦通作頂　𩕲篆文作䫶（九）顋
俗又作腮篆作思　額篆文頟（十一）顣古祇作戚　顢顢頇疑可作瞞䶎顢又通作懣　顖
篆作囟見部首（十二）𩕄皤重文（十三）題部首履重文　𩕜篆作噤　顑篆作顑
（十四）䫇篆作䳒（十八）顴篆作權

風部

（五）颭疑可通作占　颬篆作颬（七）颼篆作颼互詳颼下（九）颸疑可通作思
颾通作騷　颼廣雅作颼廣韵曰颼者颼之俗（十）䬕篆作搖通作䍃（十六）𩙪周禮
大宗伯飌師雨師飌者風之異文

食部

（二）飣祇作丁（三）飦鬻部𩱛重文（四）飲篆作㱃見部首　飮部首㱃重文

飷各本有此篆案即粈之俗體後人增之也今芟　飫篆作䭲　飰字又作餅篆作飯（五）
𩚸粒重文　飼篆作飤古通用作食　餅詳餅下（六）餌䰞重文　餃篆作祇作
該　餂疑可作西（七）餕通作作饌　籑　餗䰞重文　餐篆作餐　餖祇作
豆（八）䬴篆作䬴　餦字本亦作粻粻在新坿祇可作張（九）䬬　𩜂皆䰞重文在䰞部
餮篆作飻　𩝐篆作喙　餭食部餅下云粻程也粻程即餦餭粻在新坿正字可作張皇　餧
篆作萋（十）餼米部氣之重文　餻疑膏之俗字　餹篆當作餳（十一）饇篆當作飫
五經文字與飲同乃段借字　䭡恖之俗字（十三）𩞦篆作䭃為饎之重文（十四）饜篆作
猒在甘部經典通借作厭（十六）䭖篆作餽玉篇饜饎同餽廣雅祝亦同餽（十九）饞篆作嚵

首部

（二）𩠐項重文（五）𩠓髮重文（八）馘聝重文（九）𩠑顏重文

香部

（九）馥通作苾

馬部

（二）馭御重文　馯篆作馬（三）馵篆作馰即縶之正文　馱即佗之俗字（五）
駝駞皆佗之俗字駱駝篆作橐佗　駭篆作馬　騧篆作騧　駛與駃同字篆作䮕通作使
駑疑祇作奴　駏祇作巨（六）駃詳上駛下　駥通作戎亦作龍　駩釋嘼白馬黑脣
駩陸釋文曰駩孫本作牷　駤篆作騺　駬祇作耳　駣疑古作兆（七）駷公羊傳臨河駷馬何
注搖馬銜走俞太史樾曰疑是敕字說文敕擊馬也義正合　駺釋嘼尾白駺陸釋文曰本多作狼　駴篆作駭
䮊篆作駓　騂新坿作騂篆當作垟（八）騄騄駬篆作綠耳　騐此驗之俗字徵驗之驗當
作譣（九）騝釋嘼驪馬黃脊騝陸釋文曰騝本或作騫　騣即㚇之俗字說詳鈕氏新坿攷　䮞字又

作耆篆作畫通作劃　騜祇作皇　騥祇作柔　騕祇作要　⑩騵大雅四騵彭彭
說文無騵字疑古祇作原　騂今字作騂篆作𩣺　騙馬部曰騬犗馬也犗馬即騙馬　⑪⿰馬魚二馬
目白曰魚見騆篆解中驗者魚之俗字　騾篆作驘　驢祇作虘　⑫驎釋畕青驪驎驛
郭注作鄰陸釋文亦作鄰魯頌正義引郭注作鄰雷氏淺
曰驎圓俗字鄰鄰亦段借說文作驎馬部驎一日青驪白
驎文如黽然　⿰馬番篆作驛　驊祇作華　⑭⿰馬壽禂重文　⑮⿰馬樊祇作樊在犾部　⑯
⿰馬雟祇作雟在隹部　騊篆作騊

骨部

⑤⿰骨可字又作骰篆作骳　⿰骨去字又作骸篆作骸詳本篆下　⑦⿰骨系與骿同字　⿰骨殳字此
今俗通行作骸說文所無俞太史樾曰愚嘗謂咸九三咸其
股執其隨艮六二艮其腓不拯其隨兩隨字即古骰字隨
聲妥聲相近古段隨爲之後世依其聲製骰字此說精當　⑨骼篆作骼　⿰骨殿同骬詳上　⑩

髈膀重文　髊篆作骴　⑬髓篆作髓　𩪋屍重文

髟部

④髡說文髮下引詩紞彼兩髦紞即髧字　髳字又作䰂篆作䰂在黍部　髯字亦作頫篆作
頿在須部䫇頯部均在　髣字亦作仿亦作彷　髴篆作　⑤髵同髣詳上　髭篆作頾　髧篆作
髫即髫之別體　⑥髻通作結亦作紒　髯本祇作冄見部首　髹同髤詳上
⑧⿰髟隶長部肆重文即今肆字　鬇鬇鬡亂髮按說文艸部曰䓯亂艸也古艸亂與髮亂䓯兒䓯
不必分二字　鬅文祇作朋鬅鬙二字連　⿰髟采祇作采　⑩鬒彡部㐱重文　鬐
通作者　⑪鬘篆作鬗亦作曼通作曼　⑫鬢本祇作頻見部首　鬐詳上鬐下　⑬
鬠篆作髻又通作鬠亦作檜　⑭鬡詳上鬡下　⑮鬟疑古作環　字當作鬟移十三畫

鬥部

⑤⿰鬥利疑諒之俗字

鬲部

⑥⿰鬲而廣韻曰籒文鬴　⑩⿱羔鬲鬻部鬻重文　⑪鬺䰞鬻三字同又作䰠
篆作羹　⑬䰛鬻重文　⑭鬻䰞重文　⑯鬻䰝重文

鬼部

⑦魈字又作䰨篆作䰨　字又作䰫篆作類　⑩魑即螭之俗字篆作螭　⑧魏古祇有巍字在嵬部或為段借字　⑪魍魎篆作蝄蜽　⑭魌
魘即厭之俗字　⿰壴鬼篆作敺

魚部

②⿰魚又篽重文　④魮即玭之俗字　魱篆作互在竹部為笠之重文　魶篆作鰨

魰即魚字通作漁周禮作𩵍　⑤鮭篆作鮭　鮔篆作鱓又通作鱣　鮀篆作鮀
鮋同鰷篆作鯈　⑥魼陸釋魚谷釋文作鮎叔鮪　鮔篆作鮐　鮏篆作鮏　鮧
字又作鯷作鯞　鮭字當之段氏以鮭　鮚俗又作鯌篆作鮚　⑦鮿鯫之譌字　鯚
鯆鯆二字連文按說文鯆下曰溥浮即鯆鮬　鯊此與魦異字疑祇作沙　⑧鯤爾雅釋魚鯤魚
子說文無鯤字內則作卵也又齊風其魚魴鰥毛傳鰥大魚鄭箋鰥魚子許意當
如內則作卵也又齊風其魚魴鰥毛傳鰥大魚鄭箋鰥魚子許意當
子也按鰥鰥聲相近鄭云鰥魚子者鄭意鰥即爾雅之鯤
字鰥大魚者毛意鰥即鯤鯤之鯤字也又按卵之古文作𠧪
詩段爲總角丱兮之丱則鯤字當通作丱不當作卵也
雷氏淺曰鯤鰥一字明于理者自知之李陽冰曰當从𠧪
省是　鯖鯖下曰新魚精即鯖字　⑨鰈通作鰈　鯹篆作鮏
也　鯖之精即鯖字　鯞本祇作帚　鰂篆作鯽
鱽剌之俗字　鯶篆作鯇　鰍篆作鰌　鱖篆作鮍　鰐俗又作鱷篆作蝉
鯷鯑皆與鯜同字篆作鰨　鰓魚頰也本祇作思　⑩鰩此新附字鯅曰未詳

鰭禮少儀夏右鰭鄭注鰭脊也陸釋文作鬐著桒鬐著亦新坿古通作耆 鱄篆作溥五詳鮮下
鱯篆作鱯 鰣字亦作鰣篆作時 鮍字又作敝魚通作瀲篆作漁 鰞祇作烏 ⑪
鰿篆作責通作鰿 鯈字又作鯈篆作鯈 鱁祇可作逐 鱋祇作虛 鰲祇作敖見
枚部 ⑬ 鱍篆作鱍鱍說文鮁下引詩鱣鮪鱍鱍今本作發發爲段借字 鱛通作普篆作溥浮鱛鮮
鼂篆作鼂 鱔篆作鱓 鱘篆作鱏 ⑬ 鱭 文蠏重 鱐篆作鱐 鱇
鰎篆作鰎 鱮說鱮之字 鱵說鰔之字 ⑮ 鱴祇可作蔑 ⑯ 鱷字亦作鰐篆作蚌
鱏篆作鱏 鱸祇可作盧

鳥部

① 鳦部首乙重文 ② 鳪祇作卜 鳭說文鳥部曰鵰刀鶏刀即鳭字 ③ 鳿
鳲祇作尸 唯重文 鳶古通作弋夏小正十二月鳴弋是也大徐以鳶字當之非是玉篇云鳶同
鸃說文亦無鸃字今補 ④ 鳸雇重文 鵻篆作雖 鴰篆作雅 鵝 鵟
夫篆不作 ⑤ 鴖 文睢重 鴨俗字 鴣疑鷓之俗字 鴣作遮姑 鴐玉篇鴐同鴚
鴡篆作鴡 鴭鸚鴭即鸚鴭 鴟字又作䳫篆作鴟 鴿祇作令五詳鴒下 ⑥ 鵂
雀部舊 䳒作式 鵃義當釋鳥鵃鳩鵃鵂淮南釋林訓鳥力勝日而服於離禮高誘注離禮
重文 鵆 文鳥部曰鵝鵝
爾雅謂之裨笠案今爾雅無裨笠蓋即鵻鵙鵻者笠之俗字鵻當作裨
胡污澤也按污澤即鶘鵜 鴽文翟重 鵗篆作傺 鵒祇作弁 鴿篆作雒
鵠釋鳥鳭鳩鵠鳩鳩鵠鵠鶴按說文鳥部曰鶴鶴鶴桔鶴尸鳩也即爾雅之鳲鳩鵠鵠鵠鷫顧說文亦無桔字汲古閣大字本作桔曹風傳作桔鞠
才言作結誥 ⑦ 鵡篆作鵡 鵗說文雉下北方曰稀稀即鵗字亦通作希
鵛釋鳥鶾鵛鶾陸釋文曰鵛本作徑說文亦無鵛字疑祇作荼 鵋祇作忌五詳鵋下 鶿篆作
鷔 鶅篆可作舊 鵓鵓鴣字疑祇作勃姑 鵌作余 ⑧ 鵰文雕重

鶓篆作鶓在鳥部 鶉爲鶉之重文 鶉說文鷻之省文五詳雜篆下 鶒篆作鵝五詳鶙下
鶀釋鳥鶀鶀鶀老陸釋文曰鶀本亦作忌按說文雒忌欺也鶀欺老也可爲本如所陸據本作欺下
證文之 鶂 鶋說文鳥部曰鷽卑居也即鵯鶋之正字 鶩字亦作鶩詩段借作雒篆作雜
鵷通作鴛亦可作宛 鶡篆作鶡 鶆祇作來 鶇祇作卓 鶥祇作服 ⑨
鷊篆作鷊大徐于鷊下注云俗作鶂非是其誤在說文無鷊字鷊古祇作弋
東方曰鶅按說文雉下作甾陸釋文曰鶅本又作兔 鶗字爲鶗之 鶅 鷄 鶏釋鳥軌下文雉
䳸篆作䳸 鶙首篆作䳸爲部之重文 鷕鳥部篆作鵝鶙篆五詳下
鷄 鶘 鷀祇作突胡 ⑩ 鶲文雜重 鶺字又作鶺鴒通作脊令其正字當作
列精 鷁本作鶂 鶏文雞重 鷊即鷊字 鷏釋鳥鷏民蟲母五經文字引作田 鶭
鶨篆作鶨 鶠篆作鶠 鷓作鷓 唐鷓祇作唐屠 鷈祇作兼 鷅祇作栗栗在卤部篆作卤 ⑪

鷃文雇重 鷉鷉鵜即遮姑之俗字 鷜爾雅釋鵊鶆鷜字作蔞 鷔玉篇
鷙之重文 鷂篆作雒 鷂疑祇作荼五詳鶆下 鷙篆作笠五詳鶖下 ⑫ 鷃
篆祇作式 鷍隹部字作鷍 鷝篆作段 鷐作鷐 唐鷐祇作唐屠 鷖文
詳篆作欺五鶀下 鷗 鸇雎下 鷚 鷳 ⑬ 鷹篆作鷹在隹部
同氅氅毛在新坿疑祇作敞 ⑬ 鷹爲雁之重文 鷦篆當作澤五詳鷦下 鷵
字又作鴨 鸇鷄鶅即鸑鷟 ⑭ 鸏篆當作颿 鸐篆作翟本 鸘古祇作甯
篆作鷗 ⑰ 鷴篆作鷴 鷸說文鷸下作爾雅音義作鶵 ⑯ 鸛古祇作雚本以隹無用更按雚
加鳥旁今字如此類者甚多 鸚篆作鸚 ⑲ 鸝即離之俗字鸝黄之正字作離

鹵部

④ 鹹鹵部覃重文 ⑩ 鹺篆作鹺 ⑬ 鹼鹽部

鹿部

(四)𪊑 虎重文見部首 麇 祇作夭 (五)麆 釋獸牝麇其子麆陸釋文曰麆今作麤 麃 篆作麢 (七)麌 篆作噳 (十)麜 祇可作栗

麥部

(五)麩 篆作䴸 (六)麯 篆作𥺝在米部 (八)𪍑 俗又作麵篆作麴或作𪎿 (九)𪎊 俗文 作糊麵鏈之麵篆作䰞見鬻部糊粘之糊篆作黏或作粘見黍部 (十一)𪍾 麩重文

麻部

(八)𪎰 緆重文 (九)𪎹 篆作糜 (十三)黂 篆體作𪎴爲萉之重文

黃部

(四)黇 字亦作𪏇篆作黈 (五)黈 鈕云疑注之俗字亦作主 (六)黊 篆作䵂 (八)䵌 同黇詳上 (十三)黌 木部橫重文

黍部

(三)𪐴 俗又作粉篆作𪐶

黑部

(三)黓 疑祇作弋 (四)黕 肬重文 (八)黧 篆作黎 黦 篆作䵡書故書縝周作黤 黤 篆作黭淹 (九)黫 篆作𪑾亦通作殷 (十)黰 篆作鬒在彡部彡之重文 (十三)黬 通作澉

黹部

(六)𪓊 糸部紩重文

黽部

(三)𪓐 即蚓之異字 (十二)鼇 字可作鼇

鼎部

(十一)𪔂 按鐘鼎文有此篆說文作䰞字亦作鬺鬺鬵

鼓部

(五)鼕 又鼛之變體篆作𪔛 (六)鼗 鞀重文 鼜 段云鼛之譌字 (九)䶑 篆作𪔉 鼖 同鼛詳上 (十)鼛 篆作鼛在壴部 (十二)鼘 篆作鼘

鼠部

(四)鼣 釋獸鼣鼠陸釋文曰符廢反舍人云其鳴如犬也據音義當作吠 (七)鼯 篆當作鼯按荀子勸學篇梧鼠五技而窮楊倞注云梧鼠當爲鼫鼠此辨其名物五技而窮乃鼫鼠非梧鼠而荀子之梧字實即鼯推之鼮字也 (八)鼱 鼩篆下云精鼩鼠也精即鼱 (九)鼴 說文鼢下一曰偃鼠偃即鼴字 鼳 疑祇作昊 鼵 疑祇作突 (十)鼷 同鼷詳上 (十三)鼺 篆作鼺 (十五)鼶 字又作貙篆作蝠 鸓 (十七)𪕾 字又作獑篆作斬

鼻部

(九)齃 頞重文

齒部

(四)齖 齬之變體篆作𪗾 (五)齡 通作聆亦作軨 齟 篆作齬 (六)齦 篆作齗 齩 (七)齵 篆作齵 齪 詳下 齷 (九)齲 𪙚重文 齷 齪楚辭作偓促史記作握齪 (十)齹 篆作齹古祇作差 齻 既夕禮柱右齻左齻周禮典瑞大喪共飯玉含玉柱左右顛及在口中者陸釋文曰顛儀禮作齻則齻即顛字 (十三)齼 篆作齭

龍部

(六)龕 篆作龕

龠部

(四) 龡 籥之省變

凡無部可屬之字以字畫都數幷計于後

一畫

乁 又部及重文　𠄎 雲部首重文

二畫

丩 㐱重文　乂 五部首重文　𠃊 曲部首重文　刀 刀已列部

三畫

丈 十部　与 勺部　也 乁部　夂 終重文篆作夂　丫 篆作朩見木部又疑𠂇之隸變

四畫

屯 屮部　夬 又部　北 卯部首重文　三 四重文　𠁣 柙重文　尤 乙部　不 槃重文　丏 篆作丏與部首丏異　身 篆作㐆見氏部　乏 正部

五畫

号 部首來重文　失 手部　𠙹 丹部首重文　母 女部　乍 亡部　侌 雲部霒重文　𠂆 保重文又重文　王 己部首重文　朮 朮部　㠯 篆見巳部　以 字即㠯　匆 篆作　囟 息見部　卯 四重文

六畫

史 黃重文　玉 玉重文　中 中重文見丨部　甘 箕部首重文　目 良重文見畐部　𠕀　多重文見夕部　年 篆作秊見禾部　考 老部　并 干部　𢇍 爲重文　辰 辰部首重文　丽 麗重文　申 篆作申在申部

七畫

每 篆作每在中部　更 篆作㪅在攴部　采 平重文見亏部　豈 豆古文　𢍏 來重文見部首　𠙴 箕部首重文　㐭 嗇重文　求 裘部首重文　𣲜 汀重文　甬 马部

八畫

毋 番重文　臼 舄部首重文　𢪏 又部友重文　卤 乃部　𣲿 比部首重文　奉 収部　表 衣部　𢑚 部首良重文　孝 老部　乖 篆作𠂢在𠂇部　并 从部　丽 麗重文　承 手部　幸 篆作㚔在夭部　𢀖 部首廾重文　弗 東同皆由之隸變見部首

九畫

罟 篆作罟見吅部　南 𣎵部　𠦒 南重文　𠂤 部首𠂤重文　者 老部　奏 篆作奏在夲部　𣶒 淵重文　毒 篆作毒在屮部　歪 篆作竵　𠃏 篆作仇

𩵋 篆作魁　𠕀 部首申重文　囷

十畫

芻 艸部　卣 乃部　𡉉 殖重文　𡳿 芺重文　函 马部　彖 魅重文　袁 衣部　兼 秝部　㡀 尻重文　兟 兂重文　䜌 絲部　盟 盌重文　弱 彡部　非 𠂆重文　文見部首

十一畫

焉 烏部　兟 兂重文　𦣞 省重文見眉部　埶 丮部　孰 篆作𦏧見丮部　𢉖 廏重文　𧰼 豫重文　乎 手重文　梵 鈕云即芃之俗體　𧍒 篆作蟡

十二畫

喪 哭部　舄 烏部　𣫚 壺部𡖍重文今字作𡖍　𦜝 部首重文　琴 篆作珡見部首

絜劉重文 壹篆作壼在壺部 𠷎部首𩐁重文 琵琶篆作枇杷通作摝杷

又作韗鞶 𢾺篆作𢾺 喆篆作嚞哲之古文 𠚪斷重文 弒殺部

十三畫

𦘔嗌重文 𣧹殂重文 𩎟韋重文 𠧮乃部卣重文 壺篆作壼在口部閫閫

當作此畫 𣦻篆作𣦻在𣥆部 𡗜部首𡗜重文 琴琴部 𢇍篆作𢇍 𣓌泉重文

十四畫

𡊽八部 𡳾師重文 𠷎今字作壼在口部 𩁦亘垣重文 𡰪部首𠂤重文 𡿺

去部育重文 𦃇系部彝重文 𡖏篆作㐱為部首奢之重文 兢篆作兢見兄部 暢

篆作暘 𨷜詳部首𥡲文殺下 𣢤貯之俗字 𤰰 帽俗字作玳瑁又作

瑁無玳亦無瑇其 瑇瑁按說文有

已字當作毒冒

十五畫

𩫏城重文 輝篆作煇 𣢑篆作汔 幫同幫篆作幇作榜

十六畫

𧮬誖重文 𠷎商重文在辛部 磬韶重文 𩎟陴重文 𤎏炎部𤎖 𥾗

希部𥾗重文 𢇍絕重文 辨篆作辡在刀部 𤄏俗字 𩓦篆作𩓦通作澱

𩨹篆作𩨹 𩨹作𩨹 𩨹按垂不成字篆當作埀 館俗字 舉篆作擧在手部

十七畫

𦑠㞑重文 𦏧就重文 𡎏堵重文 營篆作營在宮部 𤔔辭重文 𦗗

篆作嘖或作讀 幫俗又作幫篆作幇通作榜

十八畫

𡕘𡕘中部𡕘重文 𤇾𤇾華部業重文 𡨳𡨳口部哲重文 𡘊在兄部今字作兢 𣦭𣦭𣦭重文

𩋓篆作𩋓在韭部

十九畫

𨣿聲部又部通作向 𦥯晨部晨重文 𦥯爨部 𨽁𨽁碣重文 𩫨墉重文 𨞛篆作𨞛在𨞛

二十畫

𩈋副重文 競篆作競見誩部 𣽉鬳部𩱛重文 𨻰陸重文 燿篆作燿

𩞤俗又作𩞤篆作𩞤見奢部

二十一畫

𦆽字又作綷篆作𦆽 𦅷篆作𦅷或作裸在衣部

二十二畫

嚴吅部嚴重文 囊𣎆部 𩧉駉重文 壘篆本作壘在晶部 𩨂吳都

賦東吳王孫𩨂然而咍劉注𩨂大笑皃善曰𩨂敕忍切即

王篇之𩨂字而說文亦無𩨂字欠部曰𣤶指而笑也讀若

𣢋即吳都賦之𩨂玉篇之𩨂𩨂

猶不失辰聲作𩨂則失其聲矣

二十三畫

舊觀重文 𩥽篆作𩥽 𩥽𩥽作𩥽

二十四畫

𨺆道重文 𩂏𠇿部 𩂏篆作𩂏埃𩂏 𥌍此字經史所無鈕云疑直之俗字疑亦可作𥌍

二十五畫

𩱀部首系重文 毒縣字亦作毒縣篆作縣說詳𡝩部卷四

二十六畫

鬻 鬻重文　鬱 華重文

三十畫

𪓿 艸部藟重文　靁 靁重文

三十一畫

𤳳 福重文

三十六畫

𪋻 麤部𪋻重文

說文易檢卷末下

余既集成易檢一書爲習篆之門徑而經典相承之字以及習俗所用而不可廢者每苦說文無之爰不揣簡陋于各家注釋中凡某字本作某或通作某者彙爲一編列于卷末卽篆文之同字而偏旁互異者以及大徐新坿之字羼爲玉艸木蟲魚等字後人于本字以臆著旁者尤多不及備載又字之尤俗者稍知涉獵之徒皆能識其非體無俟以許書校之也

光緒十有三年歲在丁亥仲冬蘭陵史恩緜識于鄂垣寓齋

图书在版编目(CIP)数据

说文易检／(清) 史恩绵著. —上海：上海书店出版社,2013.1
ISBN 978-7-5458-0663-2

Ⅰ.①说… Ⅱ.①史… Ⅲ.①汉字—文字学—研究 Ⅳ.①H161

中国版本图书馆 CIP 数据核字(2012)第 242389 号

责任编辑 张 冉
装帧设计 郦书径

说文易检
[清] 史恩绵 著

出 版 上海世纪出版股份有限公司上海书店出版社
(200001 上海福建中路 193 号 www.ewen.co)
发 行 上海世纪出版股份有限公司发行中心
印 刷 上海展强印刷有限公司
开 本 889×1194 mm 1/32
印 张 7.5
版 次 2013 年 1 月第 1 版
印 次 2017 年 6 月第 2 次印刷
ISBN 978-7-5458-0663-2/H·6
定 价 22.00 元